图书在版编目（CIP）数据

长征中的川籍女红军 / 王友平主编 . — 增订本 . —成
都：四川辞书出版社，2024.9
　ISBN 978-7-5579-0855-3

　Ⅰ . ①长… Ⅱ . ①王… Ⅲ . ①中国工农红军长征—女英
雄—生平事迹—四川 Ⅳ . ① K264.406 ② K825.2

　中国版本图书馆 CIP 数据核字（2024）第 065219 号

CHANGZHENG ZHONG DE CHUANJI NÜHONGJUN ZENGDINGBEN

长 征 中 的 川 籍 女 红 军　增订本

王友平　主编

策　　划　王友平　王祝英
责任编辑　胡彦双　杨　丽
封面设计　墨创文化
内文设计　王　跃
责任印制　肖　鹏
出版发行　四川辞书出版社
地　　址　成都市锦江区三色路 238 号
邮政编码　610023
印　　刷　成都国图广告印务有限公司
开　　本　700mm×1000mm　1/16
印　　张　31.5
版　　次　2024 年 9 月第 1 版
印　　次　2024 年 9 月第 1 次印刷
书　　号　ISBN 978-7-5579-0855-3
定　　价　86.00 元

● 发行部电话：（028）86361825

本书系国家社会科学基金项目《长征女红军对中国革命和建设的重要贡献研究》（立项批准号：20BDJ050）的阶段性成果

长征中的
川籍女红军

增订本

王友平／主编

四川辞书出版社

《长征中的川籍女红军（增订本）》编委会

（按姓氏笔画排列）

顾　　问：刘　建　　闫　东　　杨绍明　　管　严　　熊华源

主　　编：王友平

副 主 编：杨国军　　胡正旗

编　　委：马小驹　　王玉泉　　王祝英　　王新中　　王新民

　　　　　龙　铮　　代　堃　　朱新春　　刘南征　　李　宏

　　　　　李　洋　　李　馨　　杨　斌　　何光瑞　　何　丽

　　　　　张国新　　张崇鱼　　陈永安　　周　民　　郑延涛

　　　　　郑　林　　洪　虎　　贾晓慧　　郭江明　　萧　云

　　　　　董汉河　　董良羿　　谢亚旭　　詹全友　　谭戎生

前　言

"脚不缠，发不盘，剪个毛盖变红男，跟上队伍打江山。……"

这是一首形容当年中国工农红军第四方面军妇女独立团女战士的歌曲。入伍，她们剃成光头勤练兵；打仗，她们巾帼不让须眉。

这些巾帼英雄，参加了20世纪30年代那场艰苦卓绝、气壮山河、震惊世界的万里长征。她们是长征中一个特殊的群体——女红军。

在艰苦卓绝的长征路上，女红军和男红军一样爬雪山、过草地。但是因为性别的差异，女红军克服了一般战士难以克服的困难，承受了更多的艰辛和痛苦，经受了一般女性难以忍受的生命极限考验，做出了巨大的牺牲，创造了世界军事史上的伟大奇迹。她们"为了信仰而战"，"为天下穷人得到公平过上幸福生活而战"（老红军王定国语），其事迹与精神，可歌可泣，气贯长虹，令人震撼和敬仰。

在参加长征的全国女红军中，四川籍女红军独具特色，贡献巨大。

一是人数最多，牺牲特别巨大惨烈。在全国各路红军中，红四方面军里的女红军最多，参加长征的女战士也最多。据统计，1935年春，跟随红四方面军西渡嘉陵江参加长征的女红军有8000余人[①]，其中红四方面军妇女独立团两个团共有2000余人，妇女工兵营有500余人，总医院及各军医院女战士有千余名，总政剧团及三个分团（营的建制）女战士及各

---

①四川省妇女联合会.巴蜀巾帼壮歌——红四方面军女战士革命斗争实录［M］.成都：四川人民出版社，1993:2.

军宣传队员有近千名，其余为机关女干部及红军干部家属等，她们绝大部分是四川人。而其他各主力红军和非主力红军中参加长征的女战士共80余人。在所有长征女战士中，90%以上的是集中在红四方面军的四川籍女红军，其中许多人是童养媳出身。她们一般年龄为十六七岁，最小的才七八岁，绝大部分都在长征中献出了年轻而宝贵的生命，而且绝大部分都没有留下姓名。到甘肃会宁会师时，红军女战士仅幸存2000多人。长征结束后，紧接着有1300多名女战士被编入妇女抗日先锋团参加红军西路军西征作战，她们绝大部分也是四川人，后因西征失败，大部分惨烈牺牲，其余或被俘，或失散流落异地他乡。红军到达延安时，女红军仅存700余人；到新中国成立后，在工作岗位上的仅400余人①。

二是具有单独军事建制，斗争特别英勇顽强。1933年3月，为了加强后方警卫和有利于主力集中，中共川陕省委和红四方面军总部决定组建一支正规妇女武装，在四川通江县城成立了由陶万荣任营长、曾广澜任政委、秦基伟担任军事教官的妇女独立营，共400余人，下辖三个连，直属红四方面军总部领导，成为红军中唯一一支具有独立建制的女兵部队。同年秋，红四方面军供给部以女工厂的女工为基础，组建了由林月琴任营长、王泽南任政委、刘百兴任副营长的妇女工兵营，共200余人（后发展到500余人）。1934年3月，妇女独立营扩编为妇女独立团，辖3个营，曾广澜任团长，张琴秋任政委。妇女独立团承担了艰巨的战勤任务，负责宣传、警卫、运输、交通、护理及转运伤员等，并参与配合主力部队作战。1935年3月红四方面军西渡嘉陵江开始长征前夕，妇女独立团发展为两个团（妇女独立一团、二团），共2000余人。随红四方面军长征后，1935年5月中旬，红四方面军总部进驻四川茂县时，对妇女独

---

① 四川省妇女联合会. 巴蜀巾帼壮歌——红四方面军女战士革命斗争实录［M］. 成都：四川人民出版社，1993:7.

立团进行整编，缩编为一个团的建制，由张琴秋担任团长。1936年10月会宁会师后，又在原妇女独立团的基础上组建了妇女抗日先锋团（团长王泉媛、政委吴富莲），随红军西路军西征。这是红军史上绝无仅有的大规模的妇女武装。"红四方面军的女兵队伍，是古今中外人数最多、建制最齐、信仰最坚、理想最大、能征善战、功勋卓著，命运最为凄凉的、最富有献身精神的、唯一的一支英雄的女兵队伍。"（开国上将傅钟语）这支部队训练有素，在长征中历经千难万险，参加了攻打剑门关、伏泉山、千佛山，攻占天堑腊子口等激烈的战斗。她们冲锋陷阵，浴血奋战，特别英勇顽强。

三是大多三过草地并西征，征程特别曲折悲壮。由于受到张国焘分裂主义的错误影响，红四方面军（含红一方面军的五、九军团）南下作战失利后再次北上，三过草地，并连续进行激烈战斗，部队减员甚多。会宁会师后，红四方面军一部奉命西渡黄河，1936年11月渡河部队根据中央决定组成西路军。主要由川籍长征女红军组成的妇女抗日先锋团共计1300多人随红军西路军参加了艰苦卓绝的西征，血战河西走廊，同野蛮残暴的国民党部队马家军进行了殊死搏斗，最终在祁连山惨败，大部分红军女战士壮烈牺牲，少部分被俘，受尽折磨和凌辱，"她们临危不惧，血战到底，表现了中国妇女的巾帼英雄气概"[1]。

在长征女红军中，川籍女红军以巴蜀儿女独特的气质，以坚定的理想信念，以必胜的革命信心和坚毅顽强的斗争精神，同其他红军战士一道，克服了常人难以想象的艰难险阻，完成了伟大的历史使命，谱写了一曲曲感天动地、凄婉动人的历史壮歌，用鲜血和生命创造了中国红军长征史上的奇迹，为中国革命的胜利做出了重要贡献。在烽火硝烟中，

---

[1]徐向前.历史的回顾［M］.北京：人民出版社，2016：322.

她们历经了战斗洗礼，成长为坚强不屈的伟大战士。特别是妇女独立团这支英雄的女红军队伍，人数之多，时间之长，斗争之艰难，牺牲之惨重，在红军史上是绝无仅有的。她们为中国人民的解放事业立下了不朽的功勋。她们在战斗中所表现出的坚韧不拔、不畏艰险的英雄主义气概，为党为人民英勇献身的精神，永远值得我们敬佩、铭记和弘扬。

研究和宣传川籍长征女红军，具有特别重要的意义。然而长期以来，对于占整个长征女红军绝大多数、具有独立军事建制、其人数规模远远超过海南"红色娘子军"（共计100余人）的川籍女红军，却一直缺乏应有的关注和宣传。此偌大群体，其革命事迹和重要贡献却鲜为人知。尽管以前也有不少关于女红军的著作，但尚无一部全面系统反映川籍长征女红军的图书。鉴于此，2016年我们编撰出版了《长征中的川籍女红军》一书，以此作为纪念红军长征胜利80周年，家乡人民为参加长征、出生入死、英勇奋战的伟大巴蜀女性献上的一份薄礼。在中国共产党成立100周年、红军长征胜利85周年之际，我们又开始对原书进行全面系统的修订、增补、完善，增加了110多位女红军的生平简介和珍贵照片，在附录中增加了300多位长征女战士的姓名。

本书紧紧围绕长征事迹和长征精神，以丰富、生动、翔实的史料突显川籍长征女红军为争取民族独立和人民解放、实现国家富强和人民幸福所走过的艰辛历程。本书的出版，既是出于对巴山蜀水孕育的一代巾帼英雄的无限敬仰和缅怀，希望世人铭记众多川籍红军女英雄的光辉业绩，使之不至于湮没无闻，也是为了进一步弘扬长征精神，激励我们更好地沿着正确道路前进。在新时代全面建设社会主义现代化国家的新征程中，更需要我们永远铭记川籍长征女红军和所有长征红军战士的革命事迹和丰功伟绩，继承和弘扬伟大的红军长征精神，不忘初心，牢记使命，敢于斗争，继续前进。

在本书编写过程中，我们得到了中共四川省委党校（四川行政学院、四川长征干部学院）、中共四川省委党史研究室、四川省妇女联合会、四川省地方志工作办公室、四川省川陕革命根据地历史研究中心、川陕革命根据地历史研究会、长征女红军精神研究会和各地方党史研究机构等单位领导和专家学者的大力支持。

尤其难得的是，本书的编写还得到了众多川籍女红军及其后代的大力支持。在本书编写过程中，除了大量收集整理文献资料外，我们还通过红军后代联谊会、各地党史研究机构等与当时健在的7位川籍女红军（张文、刘文治、李鸿翔、万曼琳、赵桂英、王全英、王少连）及川籍女红军亲属取得联系，并对他们进行采访，收集到了许多珍贵文字和图片资料。本书顾问朱德元帅外孙、中国延安精神研究会副会长刘建将军，原国家主席杨尚昆之子杨绍明同志和原中共中央文献研究室第一编研部主任熊华源研究员一直关心和支持、指导本书的编写和修订再版。红军后代中有杨绍明、何丽等19位同志亲笔撰稿（书中均有注明），共有160余位红军后代无偿提供文字、图片等宝贵资料并审读了原稿。他们是：董必武与何连芝之女董良翬，洪学智与张文之子女洪虎和洪炜，王宏坤与冯明英之子王新中，王维舟与马奎宣之子王新飞，罗炳辉与张明秀之女罗鲁安，张令林与李玉兰之女张津飞，杨梅生与刘坚之子杨秋元，陈庆先与张静之子陈永安，刘昌与廖殿民之子刘国献，李中权之子李洋，张汝光与何曼秋之子张冀，赖春风与黄海云之女赖亚力，白志文与郭长春之子白玉平，白崇友与王顺洪之子白黎明，陈仁麒与黎萍之子陈晓洲，陈文彪与贾晔之女陈岩，陈美福与张云之女陈继荣，周子昆与何子友之女周民，黎同新与杨征鹏之女黎桦，李基与权卫华之子李湘沅，丁荣昌与王超之子丁桂华，任荣与黄琳之女任曼莉，樊学文与陈在如之子樊时青，石忠汉与杨淑兰之子石晓光，郑义斋与杨文局之子郑盟海，万曼琳之子路阿峰，马玉莲之子邢满堂，李中秋之子沈继武，吴朝祥之子乐洪，崔珍之子郑延涛，邬先碧之女张晓云，吕明珍之女徐保平，杜永莲之子王延川，赵明珍之女王莉莉，韩明珍之女范沁莲，曲飞之女徐莎莉，杨磊之子蒲松，杨琴之子张国新，胡莹之女胡珍，贾克林之女赵金琳，彭克昌之女姚景云，何炽之子宋涛，李天秀之女伏清香，史群英之子徐利京，孙克之子肖援朝，谭新华之子马立国，唐成芝之子赵太国，冯新之子杨京生，苏琴之子张秋明，侯正芳之女毛丽华，林江之子张林，李鸿翔之女陈艳林，李玉南之子徐维陶，徐美莲之女张抗战，刘万寿之子闫向真，刘学芝之女田苏华，彭云之子戴森元，蒲云之女郑复康，贺林之子杨庆苏，贺林声之子刘国华，刘汉润之子牛海清，童云之女朱伶俐，王世祥之女王莉萍，牟炳贞之子王家源，傅安帮之女王新琴，刘文治之女谢家喜，刘立清之子薛曙光，张庭福之子黄新世，张子清之女沙晓燕，陈其之子李学风，张诚之女李玲，苏力之子祝辉，姚树兰之子郑志强，林波之子钟小朝，陈明之子牟光灿，李明之子陈新民，安明秀之子马玉虎，王秀英之子谢太平，马光清之子杨毅，张英桂之子王地理，翟清明之子郭玉彬，熊芝兰之子白描，卢桂秀之女赵玉兰，张艺之子许建民，姜萍之子傅建长，郑光明之子龙伟，蒲秀珍之女王小玲，岳克之儿媳薛莉华，赵英之子陈奉春，赵桂英之子田冲，高秀英之女钟小兰，赵珠明之子李藻强，赵桂兰之女王亚琴，赵正富之子赵苏友，翁琳之女杨苏英，许明贵之女王成珉，王全英之外孙肖宇，薛莲萍之孙薛季，郑秀英之孙薛艇，陈久红之外孙女邢春，周秀英之孙女刘华，李朝春之外孙女王洪英，岳坤之孙女赖菲等。董必武长孙、湖北省董必武思想研究会会长董绍壬也给予了大力支持。没有他们的支持，本书难以写成和修订再版，在此谨向他们表示衷心的感谢！

由于资料、时间和编写者水平有限，本书不足之处在所难免，敬请读者批评指正。

凡　例

一、本书正文收录人物均为参加过长征的四川籍女红军。

二、本书所指的四川籍包括1997年川、渝分治以前的重庆地区，凡是长征时属于当时四川省范围内的女红军均在收录之列。

三、本书正文收录至少有简历资料的川籍长征女红军共246名，分为人物长篇专文和人物简介两大部分，分别按人物姓氏笔画由少到多的顺序排列。收录标准主要依据人物的典型性、代表性和资料情况等，不完全以身份级别而论，力求客观、真实、准确。

四、人物长篇专文中，集中围绕长征事迹记述，但因资料差异等因素，有的只涉及长征前后，有的则不限于此时间范围。

五、附录为长征红军女战士名录，包括非四川籍的长征女红军，共计1456名。附录人物按姓氏音序排列。

六、本书采用公元纪年，人物的生卒年月以公历为准。

七、本书涉及的地点以当时地名为准，并尽量注明今地名。

八、参加中国工农红军，书中均简称为"参加红军"。

1963年3月8日，参加长征的红军女战士在武汉洪山大礼堂合影。其中有川籍女红军姜萍、何炽、岳琴、林江、刘学芝、张苏、卢桂秀、吴朝祥、赵明珍、何建平等　傅建长、宋太山、田苏华供图

1965年，8位川籍女红军在北京合影。前排左起：彭克昌、蒲文清、岳世珍；中排左起：杨素珍、谭新华；后排左起：黄琳、蒲云、贺林　马立国、姚景云供图

1983年，川籍女红军张庭福（前排右三）、马光清（前排右一）与通江县长闫华秀（前排左二）等在红四方面军妇女独立团遗址留影　黄新世供图

1992年四川籍老红军王定国、冯新、王克、孙克、贺林等与陈慕华副总理、刘英（张闻天夫人）在一起。前排左起：刘英、陈慕华、王定国；后排左二起：冯新、孙克、贺林、王克　杨京生供图

1996年，长征女红军签旗聚会（含部分川籍女红军） 何丽供图

1997年，40位长征女红军在北京聚会合影，其中大部分是四川人 杨庆平、徐莎莉供图

目 录 CONTENTS

万曼琳：10岁走完长征路

人物简介

万曼琳（1926—2023），四川南江人。1933年随兄参加红军，是红军长征路上年龄最小的女红军之一。1936年10月，红军到陕北后，万曼琳先后被分配到列宁剧社（抗战剧团前身）、抗战文工团等单位工作。1940年10月入延安中国女子大学特别班就读，之后在边区及中央军委机要局工作。新中国成立后，在西北军区、西安市地方工业局等单位工作。20世纪60年代，因身体长期患病提前离休，定居西安。荣获中国工农红军长征胜利80周年纪念章、庆祝中华人民共和国成立70周年纪念章。2023年1月在西安病逝。

跟随哥哥参加红军

万曼琳，1926年6月出生于四川南江县一个贫苦家庭。1933年秋，红四方面军转移离开南江。万曼琳的哥哥万兴煜当时是南江苏维埃政府秘书，红军撤退后，他担心家人遭到敌人迫害，只好领着一家人离开家乡避难。后来由于父母病故、失散，年仅7岁的万曼琳就成了孤儿，只剩下哥哥这唯一的亲人。哥哥带着她去找红军，他们沿路乞讨，睡草堆住街沿，日夜兼程，走过一村又一村，翻过一山又一山。由于年龄太小，她走累了只好由哥哥背着。兄妹俩历经千辛万苦，终于在广元附近找到并参加了红军，从此正式走上了革命道路。

小曼琳长得十分可爱，圆脸、圆眼睛，战士们给她取了个外号叫"小皮球"。因哥哥要经常参加战斗，"小皮球"就跟着炊事班一起拾柴、择菜，有时还到战壕里去送饭。虽不上战场一线去战斗，但活泼可爱的小曼琳有机会就给大家唱个歌、跳个舞，成了大家的"开心果"。

"没有战友，我肯定走不完长征路"

1935年3月，万曼琳所在的红四方面军奉命退出川陕革命根据地，西渡嘉陵江，这时只有8岁多的万曼琳作为炊事班的一名"红小鬼"，也随之开始了艰苦卓绝的长征。哥哥被调到了骑兵团，兄妹二人就此失去了联系，多年后她才得知哥哥已牺牲。万曼琳深深怀念自己的哥哥，曾著文《和哥哥一起当红军》。

长征路上九死一生，幼小的曼琳在战友们的帮助下走过千山万水。一次，战友们把万曼琳放在马背上过河，由于水流湍急，她连人带马一起被河水冲走。当她醒过来时，自己已躺在岸边，身上已被大家裹上皮袄。过草地时，战友们怕她掉进泥潭，就把绳子系在她的腰上，一旦掉进去好把她拉出来。另有一次，小曼琳跟炊事员上战壕送饭，突然敌机轰炸，炸弹就落在不远处。炊事员迅即扔下手中扁担，奋力一扑将她推进战壕。尚未反应过来的她只听得轰隆巨响，便不省人事，醒来才知，那位救她的战友已永远闭上了眼睛。过雪山时没有粮食，大家纷纷解下皮带准备煮，小曼琳也要解，连长说啥也不肯，说："你人小衣服大，离不开皮带，不到万不得已决不用你的。"后来，她一直系着这根皮带，走到了陕北。

1936年7月2日，红二、六军团与红四方面军主力在四川甘孜会师。万曼琳见证了这历史一刻。"长征胜利了，大家特别高兴，战士们有的把帽子抛得很高，有的把衣服脱下往高处抛，大家还把我抱起来扔得老高。……"她回忆说，走出草地的战士们看到有人烟的地方都特别兴奋，尤其是到甘孜看到地里的绿油油的庄稼、饱满的玉米棒子，大家都兴奋不已。甘孜会师之后，万曼琳被派到康克清身边当勤务兵。万曼琳说，这实际上是组织对她的照顾，因为她年龄小，又是女孩。当年10月22日，10岁的万曼琳又见证了红军三支主力在甘肃会宁的会师。

回顾长征，晚年的万曼琳无限感慨地说："没有战友，我肯定走不完长征路。""还有一些战友为救我而死，真的要感谢他们！""没有长征中的兄弟姐妹和组织的照顾关心就没有我的今天，常想起那个艰苦的岁月，就越发感到今天的幸福生活的确来之不易，希望我们的下一代好好珍惜。"

演出照片入选《西行漫记》

1936年10月，跟随红军到达陕北后，万曼琳观看了一次列宁剧社演出，她觉得很好玩，康克清就问她想不想参加剧团，她当即点头答应，成为抗战剧团一名小小的文艺战士，后来加入八路军抗战剧团。剧团排练十分辛苦，可小曼琳从不叫苦叫累，还经常加班加点排练，深受大家喜爱。

1938年春，万曼琳所在的八路军抗战剧团从延安南下到国民党统治区西安，沿黄河各县宣传党的主张和思想，但遭到国民党地方顽固派千方百计的刁难和破坏。后来，上级决定，剧团年龄大的同志回延安，只留下24个小孩，打扮成"流浪儿"，组成"抗日流亡孩子剧团"，在西安、临潼、渭南、韩城、郃阳（今合阳）等地辗转演出，继续进行抗日宣传。他们出色的抗日宣传工作，受到了当时八路军西安办事处主任林伯渠的夸奖。

后来剧团成员又返回延安，继续排练演出。万曼琳和同伴们跳的《海军舞》受到了毛泽东主席等中央领导同志的高度评价，还被斯诺拍照，照片入选《西行漫记》一书。

老红军万曼琳自豪地说："我的童年是'红色童年'，虽然苦些，但很有意义，我这一辈子能有这么一个'红色童年'，值了！"

2011年8月，红军后代何丽在西安采访万曼琳（右）　何丽供图

2017年6月，本书主编王友平（左）与万曼琳（中）及其儿子路阿峰（右）在西安合影

马奎宣：与王维舟风雨同舟

胡正旗

胡正旗

人物简介

马奎宣（1912—1998），原名苏光明，中国无产阶级革命家王维舟的夫人，四川开江人。出身于贫苦农民家庭。1932年参加革命，协助王维舟发展川东游击军（后改编为红三十三军）。1933年，在红三十三军做宣传、后勤工作，后调到红三十三军医院做文书工作。1935年春随红四方面军长征。1936年冬到达延安。1937年先后在陕甘宁边区会计训练班、医务班学习。1938年春随王维舟到陇东（庆阳），在八路军一二九师三八五旅工作，参加生产自给运动。1938年10月加入中国共产党。1946年3月根据中央安排一家人同到重庆，在八路军驻重庆办事处工作，后由于蒋介石下令王维舟限期离开重庆，在中央的安排下，与王维舟一起被国民党飞机送往南京。1946年9月几经

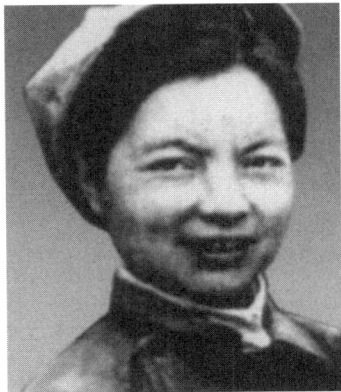

周折回到延安。1948年夏随王维舟到陕甘宁晋绥联防军司令部做后勤、拥军工作。1951年4月治病休养。1952年在西南军政委员会工作。1954年秋在中共西南局党校学习，毕业后分配到西南民族事务委员会人事科工作，后又调到西南民族学院（今西南民族大学）工作。1955年春至1969年在中共中央监察委员会做秘书工作。1978年当选为中华全国妇女联合会第四届执行委员会委员。1982年9月离休。

1931年，马奎宣在开江县广福学校读书，在校长蒋群麟（共产党员）和几位老师的影响下，追求进步，积极参加学生运动，组织妇女协会。这时，王维舟奉中共四川省委指示，在开江县的广福场等地从事革命活动，与蒋群麟建立了秘密联系。通过蒋群麟的表兄、广福学校原校长曾亚光（共产党员）的介绍，马奎宣与王维舟相识并相爱。王维舟（1887—1970），四川宣汉人，1911年参加辛亥革命，1920年在上海加入旅华朝鲜共产主义组织，1927年加入中国共产党。1932年，马奎宣与王维舟结为夫妻。

协助王维舟发展川东游击军

1931年4月，王维舟参加中共四川省委在成都召开的重要会议，省委决定重组川东游击军（1929年王维舟曾在万源起义时成立中国工农红军川东游击队第一路，后遭敌人镇压，被迫解散），由王维舟任中共川东军委书记兼游击军总指挥，在川东发动第三次游击战争。1933年春，这支游击军发展到上万人。在此期间，为了发动革命，马奎宣与王维舟同甘共苦，经常废寝忘食、夜以继日地操劳。为了躲避国民党反动派的

1975年，五位川籍女红军老战友在麦田合影。
左起：马奎萱、王定国、何连芝、赵惠兰、赵明光　赵辉供图

搜查，马奎宣改名换姓，四处躲藏，风餐露宿。在极其艰难的斗争环境里，马奎宣所生的两个孩子都夭折了。马奎宣强忍悲痛，擦干眼泪，继续为革命奔走。在宣汉东部的大山坪游击队根据地，她充分发挥自己的特长，在教妇女读书写字的同时积极开展妇女协会的工作，对游击队的发展壮大起到了重要的作用。她协助王维舟开展争取上层人物的工作，使大山坪有威望的士绅成为革命的同行者，有的还参加了农会和游击队。

1933年10月底，川东游击军与红四方面军胜利会师后被改编为红四方面军第三十三军，王维舟被任命为军长。12月，红三十三军投入了反击刘湘"六路围攻"的战斗。马奎宣在红三十三军经理处做宣传、后勤工作，积极组织妇女缝军衣、纳军鞋，支援前方部队打仗。后来，她又被调到红三十三军医院做文书工作。

"连背带拖"走出草地

1935年3月底，红三十三军渡过嘉陵江，开始长征。长征路上，王维舟和马奎宣相互扶持，风雨同舟。

过草地时，缺衣少食，天气变化无常，马奎宣不幸染上了伤寒病，持续高烧不退。当时，部队里有不少同志染上伤寒病，身体虚弱，大多赶不上队伍。部队上只好发一点口粮，让他们留在当地。马奎宣原本瘦弱多病，在异常艰难的情况下，全凭坚强的意志和丈夫王维舟的扶携，才能紧跟队伍。

为了照顾妻子，王维舟把配给自己的马让给她骑，自己则深一脚浅一脚地往前走。马奎宣昏昏沉沉地伏在马背上，胸中似有一团火在燃烧，烧得她嘴边布满了水泡。恍惚之间，她觉得自己的身体仿佛失去了重量，轻轻飘向白云悠悠的蓝天，她昏了过去。不知过了多久，她才听到了一阵急切的呼唤。她用了很大的劲才睁开眼睛，目光缓缓掠过人们的脸，她看到了丈夫黑瘦的脸庞和焦虑的眼睛。

王维舟紧紧握住她的手，目光中充满了关切和鼓励。

马奎宣终于挣扎着站了起来。她凭着顽强的毅力和丈夫那双有力的胳膊，硬挺着走出了草地。

翻越大雪山时，马奎宣的身体仍然十分虚弱。王维舟用牛皮将她裹在里面抵御严寒，又推又拉地一起向上攀登。艰难地登上山顶，空气稀薄得令人窒息，马奎宣几乎站立不稳了。王维舟只好将绳子拴在她腰上，下山时连滑带放，终于把大雪山甩在了身后。

由于张国焘搞分裂另立中央，红四方面军南下准备攻打成都，失败后又撤退北上，马奎宣和红四方面军许多战士一样，三过雪山草地，克服了难以想象的困难，直到1936年到达陕北。王维舟后来回忆长征，曾对妻子说："我连背带拖，才把你带出了草地！"

"比起那些牺牲的革命先烈，我们已经很知足了"

长征磨炼了马奎宣不畏艰险的坚强意志，也见证了马奎宣与王维舟这对革命夫妻患难与共、忠贞不渝的爱情。

长征后，在漫长而艰辛的岁月里，马奎宣始终陪伴在王维舟身边，她承担了全部家务，抚养教育孩子，照料丈夫。她生活简朴，任劳任怨，总是默默地工作，尽量替丈夫分忧解愁。

马奎宣是参加长征的老干部，其职务和级别却比同时期参加革命的同志

马奎宣与丈夫王维舟20世纪50年代初在重庆　王新飞供图

要低得多。有同志曾建议王维舟向有关部门提出来，但王维舟说："不能向组织伸手，比起那些牺牲的革命先烈，我们已经很知足了。"多年来，马奎宣一直记着王维舟的这句话。王维舟去世后，全家从原来住的四合院搬到一套只有三间住房的公寓。马奎宣生活一直比较拮据，但她始终不向组织伸手，不求特殊照顾。子女们也始终遵循着父母的教诲，勤恳工作，认真办事，清白做人。

晚年的马奎宣生活俭朴，她的寝室陈设简单朴素，墙上挂着王老的遗像，床、写字台、沙发等家具都是陈旧的。当有记者请求这位历经磨炼的坚强女战士谈谈她的革命经历，谈谈她和王维舟风雨同舟、甘苦与共的不平凡爱情时，她谦逊地说："我没有做什么工作，没有什么值得写的。"

王长德：红军中的"连长姐姐"

胡正旗

　　王长德（1916—1971），原名王秀英，四川阆中人，开国大将谭政的夫人。1933年8月参加红军。1934年加入中国共产主义青年团，任中共川陕省委川北道委巡视员。1935年3月调入川陕省工农总医院任第八连连长。红四方面军南下后，任中共大金省委妇女部巡视员。1936年1月任大金省委侦察队队长。到达陕北后，进入中央党校学习。1936年10月，加入中国共产党。抗日战争时期，在抗日军政大学、中央党校等单位做政治工作。抗战胜利后，随谭政赴东北，任东北军区后方医院政治处主任、东北军区政治部干部部干事、财经委员会人事科科长等职。1949年平津战役后随中国人民解放军第四野战军南下，任四野政治部政治处主任和中南军区干部子

弟学校校长。1955年5月调到北京，任国务院城市建设总局人事处副处长。1956年7月任中共中央直属监委监察员。1960年被授予上校军衔，任军人俱乐部副主任。1964年11月任中国人民革命军事博物馆副馆长。1966年在江西赣州离休安置。

童养媳参加红军

王长德出生于一个贫雇农家庭，家中生计全靠父亲王云安给人当雇工维持。王长德从小就学会了捡柴、放猪，10岁就提着篮子卖盐蛋。11岁入村小学读了一年半，又回家劳动。不久，家中迫于无奈，把王长德送到别人家当童养媳。童养媳每天都要干很多活，稍有过失就会遭到一顿打骂。

1932年底，红四方面军从鄂豫皖转战到了川陕边区，王长德参加了红军。冲破封建牢笼的王长德，爱唱爱笑，她积极参加妇女解放运动，在苏维埃政府的领导下开展宣传工作，不久就被选入妇女委员会。中共阆南（旧县名，1933年在川陕苏区设立，治所在今阆中市南部，1935年红军北上后撤销）县委成立后，17岁的王长德被调入县委当妇女干事。爱唱爱跳、热情泼辣的王长德把歌声和欢乐带到了红军队伍中，首长和战士们都亲切地称她为"川北幺妹"。

敢作敢当的"连长姐姐"

1935年初，红四方面军战事十分频繁，伤病员增多，王长德被调入川陕省工农总医院任第八连连长。在这种严峻形势下，王长德既要照顾伤员，又要做宣传鼓动工作。伤病员们断炊，她把自己有限的口粮让给他们，自己则经常以野菜、树叶充饥。伤病员缺鞋，她把自己的鞋脱给他们……王长德对伤病员照顾得很细心。她正直、爽朗、热情、泼辣，是典型的四川姑娘，战友们都亲切地称她为"连长姐姐"。

当时，"肃反"扩大化运动波及川陕苏区，常有同志被当作"反革命分子"受到审查。这场运动也波及工农总医院，很多同志感到恐惧、不安。李开芬等几个有"反革命"嫌疑的小姑娘住进了王长德所在的第八连，由于精神上过度紧张和压抑，她们没过几天就染上了伤寒病，一个个发高烧，说胡话。王长德天天为她们熬药、喂饭、梳洗，像亲姐姐一样关心、照料她们。

一天深夜，几个"肃反"干部闯进病房，不分青红皂白把李开芬从床上拉起来，恶狠狠地说："你父亲到底是干什么的？""快说！不说就把你拉出去！"说着就要动手。王长德闻声赶来，她两手叉腰，怒目圆睁："你们想干什么？她是我的病人，绝不许你们动一根汗毛！"这时病友们都围了上来。"肃反"干部一看众怒难犯，只好无可奈何地走了。李开芬对王长德十分感激，视之为救命恩人。

1935年春，红四方面军开始了长征。由于张国焘在党内搞分裂，不久红四方面军南下，王长德任大金省委侦察队队长。

1936年1月，王长德带领侦察队追击一伙顽匪，历经一天一夜，不仅生擒了匪首扎布冬西，还缴获了大批金银、麝香等贵重物品。红军女杰王长德的传奇故事也在部队中流传开来。

长征途中，王长德运送医药、给养，救治伤员，在枪林弹雨中，多次负伤。与许多红四方面军战士一样，王长德跟随部队，三过雪山草地。特别艰难的是部队进入少数民族地区之后，很难找到粮食，有时候几天都吃不上一口饭。过雪山草地前，李开芬送给王长德一些干粮、花椒盐和一副墨镜。几十年后，王长德回忆长征，常提起这件事。她说："那副墨镜和花椒盐还真管用，没有它，我也许就过不来了。"（摘自李开芬《悠悠故人情——回忆战友王长德同志》）过雪山时很多人得了雪盲症，而更多的战友因饥饿和寒冷长眠在了雪山草地。

延安喜结良缘

1937年5月，在延安，经罗荣桓、林月琴夫妇介绍，在中央党校学习的王长德与红军后方政治部主任谭政结婚。谭政是井冈山时期毛泽东的第一任秘书，深得毛泽东的赏识和信任。他们结婚前，罗荣桓、林月琴夫妇曾向王长德这样介绍谭政：谭政出身书香绅士家庭，本人是个书生，但他参加革命，参加秋收起义，我们一同上井冈山，他经历了严酷的锻炼和考验，成为一个坚强的政治工作领导者，一个好同志！但是从另一个方面讲，谭政虽然是"三十而立"的人了，但还有"书生气"，这是他家庭出身带来的"心气"。……王长德听了，满意地笑了。王长德和谭政二人结为夫妻前，都是有过配偶的。谭政原配是陈赓的四妹陈秋葵，陈秋葵不幸因病早逝。此后13年，谭政一直思念亡妻，不想再婚。而王长德年少时因生活所迫，给人家当了童养媳，天天起早贪黑，还长期受丈夫和公婆的打骂，后来毅然参加革命。二人婚后一直

王长德与丈夫谭政　李宏供图

互敬互爱，同甘共苦，是名副其实的革命夫妻。1937年10月，谭政担任中共中央军委总政治部副主任（政治部主任最初由毛泽东兼任）。1955年，谭政被授予大将军衔。

大笑一声归去也

长征之后，王长德又经历了抗日战争、解放战争，为革命事业做了很多工作。新中国成立之后，她积极参加新中国建设。她忠于党，忠于人民，敢说敢当，勇于伸张正义。

1951年底，在"三反"运动中，王长德任中南军区干部子弟学校校长。上级派到学校的工作组听信不实之词，要将一位已怀孕数月的女干部打成贪污犯。王长德挺身而出，坚决保护这位女同志，避免了一起冤案的发生。

20世纪50年代末60年代初王长德与战友合影，从左至右：王长德、寒先佛、郭志瑞、李开芬 朱新春供图

1958年，王长德回故乡探亲，看到干部作风存在问题，农民生活仍然困苦，回京后便立即写信如实向组织反映情况。

王长德自己没有儿女，但她热爱孩子。王长德参加革命前文化不高，但通过刻苦学习提高了自己的文化水平，还练就了一手好书法。她对教学质量要求很严，经常对学生进行革命传统教育。孩子们都亲切地称她"王妈妈"。

1958年，王长德（左一）与吴朝祥校长陪同罗荣桓元帅（左三）和夫人林月琴（左二）视察武汉军区八一子女学校　乐洪供图

在"文化大革命"中，谭政和王长德夫妇都遭到了迫害，被异地关押，夫妻二人再未见面。

1971年10月13日上午，被离休安置在江西赣州的王长德，听赣州军分区组织向她传达了"九一三"事件的文件内容，得知林彪、叶群机毁人亡的消息，她不禁纵声大笑，突发心肌梗死，抢救无效而逝世。在场的人无不为她疾恶如仇、刚直不阿的品性而唏嘘感叹。

1979年11月19日，中国人民解放军总政治部决定为王长德平反，恢复名誉，在八宝山革命公墓为她举行骨灰安放仪式。那天，谭政抚摸着王长德的骨灰盒放声痛哭，所有在场的人都为之动容。

王永忠：人如其名永忠诚

肖 星

人物简介

王永忠（1913—2008），四川苍溪人。1930年担任儿童先锋队队长，1933年参加红军。曾在红四方面军妇女独立营任连长、指导员，在红九军中担任宣传队长。1935年参加长征。1937年红军西路军西征失败后，流落于甘肃。1987年，红军身份得到确认。20世纪90年代末，迁回四川老家。

像她的名字一样，倔强的红军女战士王永忠毕生忠于党。她的一生只有一个信念："跟党走！"她的一生中，耳际经常回响起父亲的呐喊："女儿，一起革命！"

"女儿，一起革命！"

昔日，在重男轻女的苍溪县农村，作为长女的王永忠，从小就担起家庭的生活重担。20岁的时候，"老姑娘"王永忠被卖到离家30里地的一个乡做"只让干活不让吃饱饭"的媳妇。在受尽打骂之后，她逃离了婆家，跟随中共秘密党员来到通（江）南（江）巴（中）地区，成为儿童先锋队的第一个成员暨队长，为地下党送情报。刚开始的时候，参加儿童先锋队的人不多，作为队长的王永忠思考着用新颖的宣传方式吸引来往路人的关注。她天生有一个大嗓门儿，于是每天变着法地唱歌做宣传，这个方法很快吸引了不少穷苦人家的小孩儿。王永忠认真地给大家讲解红军的政策，还用自己的亲身经历鼓励受苦受难的孩子们。因为王永忠的宣传，先锋队成员迅速增至200多人。

1932年底，红四方面军由鄂豫皖苏区入川，开辟川陕苏区，发动工农群众参军参战，掀起妇女解放运动。1933年初，王永忠经红四方面军政治部主任张琴秋介绍参加了红军，并加入中国共产党。1933年3月，妇女独立营在通江成立，不久王永忠被任命为妇女独立营的连长。她带领女兵学习、训练，不到三个月，改任指导员，配上了盒子枪，继而刻苦训练，成为弹无虚发的女神枪手。

1935年3月下旬，为接应中央红军北上，红四方面军决定在苍溪、阆中之间西渡嘉陵江。嘉陵江是四川四大河流之一，沿途尽是崇山峻岭、悬崖峭壁，此外沿江西岸有川军邓锡侯、田颂尧部队53个团，防线长达数百里。红四方面军各部在徐向前总指挥的带领下不断发起进攻，战斗24天，攻克9座县城，歼敌12个团。在战斗中，王永忠看到了许久未见的父亲，才知道父亲和两个弟弟也参加了红军。"女儿，一起革命！"父亲只对她说了这一句话，那是父女俩最后一次见面。就是这句话，成了王永忠毕生坚守的信念；就是这句话，成了新中国成立后她"逼"独子上朝鲜战场，"迫"两个孙子参军报国的动因。

参加长征和西征

1935年6月中旬，中央红军和红四方面军在懋功（今小金）会师。这是红四方面军与中央红军长征以来的第一次大会师，部队上下欢腾，士气大振。王永忠所在的连队决定给中央红军战友们做布鞋当礼物，短短几天内，她们就做出了100多双深受将士们欢迎的布鞋。

北上长征最艰难的当数过草地了，茫茫草地，沼泽密布，天寒地冻，缺粮断食……在如此困难的情况下，王永忠同战友们还因为张国焘的错误指挥，三过草地。很多同志辛苦筹集的粮食在第一次过草地的时候就吃完了，第二次、第三次再过草地的时候，大家只得强忍饥饿，舔舔空空的粮食布袋，继续前进。在过草地时，王永忠失去了父亲和一个弟弟。1936年10月，王永忠和战友们所在的红四方面军与红一、二方面军胜利会师。接着，她随红军西路军踏上了西征的新征程。

为了集中主力向西发展，夺取宁夏、甘肃，打通苏联的供给线，红军西路军执行西进任务并取得了阶段性胜利。但由于西路军孤军深入，缺少后援，遭遇的敌军（主要是马家军）太强大，在浴血奋战后西路军弹尽粮绝，几乎全军覆没。王永忠在回忆中说道，1937年初的倪家营子战斗是"西路军的死湾"。在战斗中，王永忠因右臂和右腿中弹昏迷了过去。醒来的时候，敌人正在用刺刀检查有没有活着的红军，"一刀戳死一个"。所幸有一具尸体盖在她的身上，她才躲过了敌人的检查。在敌人全部离开之后，她环顾四周的战友尸体，抚摸着被鲜血染红的土地，强忍着心中的苦痛，内心只有一个信念——向前爬！不知道爬了多久，王永忠才被居住在石洞里的两个老人救下来。而在这次战斗中，与她刚结婚3天的丈夫——红九军干部马金六壮烈牺牲了。

落叶归根的老红军

在西路军西征受伤获救后，王永忠流落在甘肃，生下了烈士丈夫马金六的遗腹子"黑娃"（马登云）。解放战争时期，王永忠在甘肃与一位姓王的解放军战士结婚。两年后，丈夫在剿匪作战中牺牲。从此王永忠再未嫁人，与自己唯一的儿子相依为命，并让儿子参加了解放军，参加了抗美援朝战争。直到1987年，王永忠的红军身份才得到确认，可她一直对党忠心不改。20世纪90年代末，儿孙满堂的王永忠觉得自己老了，说死也要死在老家，便坚持从甘肃回到了四川苍溪。

王永忠回川后住在苍溪县红军院里。看到新来的县委书记为百姓做了不少好事，这位一向节俭的红军老妈妈花了二十多元钱给县委书记做了一面锦旗，上面书写着6个大字："人民的好书记"。王永忠把徐向前元帅家人送的一床毯子，还有"西路军红军老战士光荣证"，开国将军、苍溪老乡任荣寄来的问候信和一枚瓷质毛主席像视为宝贝，不轻易拿出来示人。当被问到这辈子最大的遗憾时，她总是斩钉截铁地摇着头："我电灯电话用过了，楼房住过了，男人也嫁过了，还有什么遗憾呢？"永远忠诚于党，她从不觉得遗憾。

王克：一位长征火线宣传员的信念与追求

崔小芹　崔利群[*]

　　王克（1921—2010），曾用名王子明，四川平昌人。1933年7月参加红军，被编入红四方面军新剧团。1935年参加长征，先后在红军三十一军医院、红军大学医务所、中央党校医务所、延安陕北公学医务所从事护士工作。1938年6月，被派往陕北公学学习，9月被选送到延安抗日军政大学二大队学习，10月在抗大加入中国共产党。1938年12月，被选送到延安抗大二分校学习，1939年3月毕业留校，在学校图书馆当管理员。同年9月到晋察冀边区党校学习，12月到晋察冀抗大二分校任政治部青年干事。1940年9月至1943

---

　　*本文作者系王克之女。

年11月，在晋察冀二分区供给部工厂工作，任指导员、党支部书记。1943年12月，被派往晋察冀军区电台中队学习。1944年5月开始，先后任晋察冀军区电台中队、晋察冀军区三处报务员。1949年10月转业到政务院内务部干部司任副科长。1950年7月，参与筹建中央民族学院（今中央民族大学）工作，任人事科副科长。1952年3月，到中央民族学院附属中学工作，先后担任副校长、校长。1958年8月，在中央民族学院历史系任党总支书记、副主任。1963年4月开始，在中央民族学院人事处、组织部等部门工作，先后担任人事处副处长、组织部副部长、人事处处长。1982年12月离休。

2010年4月17日上午，八宝山东礼堂，我们亲爱的母亲躺在鲜花翠柏丛中，身上覆盖着党旗，枕边叠放着红军军装军帽，面容平静、安详，母亲生前最喜欢的《长征组歌》中"过雪山草地"的乐曲在礼堂上空回荡。我们仰望着母亲的遗像，透过朦胧的泪光，仿佛看到年轻时的母亲，仿佛回到了硝烟弥漫的战争年代……

小女孩偷偷参加红军

1921年11月，我们的母亲王克出生于四川省平昌县一个农民家庭。母亲自幼家境贫寒，9岁时在地主家做工，挨打受骂。当年的平昌，土匪到过，国民党军到过，红军到过。只有红军关心穷人，给乡亲们讲穷人翻身做主人的道理，母亲认定红军是穷人的队伍，想参加红军，可是姥爷、姥姥因她年幼不放心而不同意。1933年7月的一天，她瞒着家里，跳窗与小姐妹们走了十几里路报名参了军，从此杳无音讯。姥姥因过度思念母亲而哭瞎了一只眼睛。那时母亲才12岁，正是长身体的年龄，她每天肩负着几十斤重的背包行军打仗，她和许多战友的个子都比较矮小。参加红军后，她和小姐妹们既当宣传员，又当卫生员，还当战斗员。参加红军，使她明白了很多道理，她开始学习文化，学习唱歌跳舞，学习战场救护。正是红军这个大熔炉，使她锻炼成长为一名勇敢的革命战士。

漫漫长征路

长征途中，母亲与杨国金、冯新、李敏、邬先碧、何连芝、严荣、翁琳、吕敏芝、贺林、苏琴等战友在一起，随红四方面军三十一军过雪山草地，吃过的苦很多。前有荒无人烟的雪山草地，后有敌人的追兵，一场仗打下来，母亲她们六七个女战士抬着受伤的战友走。断粮了，她们吞树皮、咽草根，甚至从前面走过的人的粪便中挑出青稞，在河水中洗净了吃。

一次过河，母亲掉进了湍急的水流中，战友们寻了两里多路才把她救上来。过草地时，有的姐妹不幸掉进沼泽中，她眼睁睁地看着她们被吞蚀。过大雪山，有的战友一停下来就再也站不起来了。母亲当时是宣传队员，战友们爬雪山，她就站在山路边唱着歌儿给大家鼓劲儿。一次，康克清阿姨遇到我们的母亲，就叫母亲拉着她的马尾巴过雪山。

一路上，国民党飞机狂轰滥炸，许多战友在母亲的身边倒下。母亲经历了血与火的洗礼。几年前，我们问过母亲："那时候您想的最多的是什么，靠什么信念支撑着熬过那艰难的日子？"母亲回答说："活下去！"我们有些不解，母亲接着说："只有活下去，才能看到革命成功；只有活下去，才能建设新中国！"母亲的眼睛里闪着坚毅的光芒，我想那也许就是信仰的力量。

母亲对艰苦卓绝的长征有着刻骨铭心的记忆，她生前最喜欢的歌是《长征组歌》。多少年来，每逢节假日，我们兄弟姐妹都会为母亲高唱《长征组歌》，我发现每次唱到"过雪山草地"时，母亲的眼睛里总有泪光在闪动，也许她在思念逝去的战友，也许她在回忆那艰难的岁月。

投身抗日烽火

1936年长征到达陕北后，母亲先后在延安抗日军政大学、陕北公学、红军大学学习。1938年10月，她光荣地加入中国共产党，从一名红小鬼成长为坚定的共产党员。在延安时，她与红四方面军干部詹道奎结婚，李先念、许世友、詹才芳等到场祝贺。母亲曾在红军三十一军医院、红军大学医务所等单位从事医务工作。1939年，她又到了晋察冀边区党校学习，后任抗大二分校青年干事。

1941年，詹道奎在阻击日寇时壮烈牺牲。这时，大哥大姐被寄养在河北省平山县的老乡家里，杳无音讯。年仅20岁的母亲，每天黄昏时分独自坐在延河边，望着滚滚东去的延河水发呆，战友谢邦选、贺林、苏琴等人怕她想不开，远远地跟着她，陪着她。一个月过去了，她坚强地挺过来了，她把悲痛深深地埋在心底，坚决要求到亲人战斗过的地方工作，组织上派她到晋察冀军区做抗日救亡工作。

母亲在晋察冀军区二分区供给部工厂任指导员、党支部书记时，有一次日本鬼子扫荡，母亲所在部队奉命撤退，途中一位战友疲劳过度，坐在地上死活不走了。鬼子追兵将至，情况万分紧急，无论如何不能让战友落到鬼子手里。这时，一向温和的母亲突然大发雷霆，用枪命令她站起来，紧接着以自己瘦小柔弱的身体架着高她一头的战友远离了危险。

1937年在延安抗日军政大学，王克（左一）与战友合影

　　有一次，母亲高烧几天不退，生命垂危，白求恩大夫救了她一命。母亲总说起白求恩，让我们永远记住他。

　　抗战时期，日本鬼子在边区实行"三光"政策，母亲目睹了很多村子成了无人村，日军连小孩都不放过，丧尽天良。她让我们永远不要忘记这段血泪史。

　　1943年底，由于工作的需要，母亲被派往军区电台中队学习。1944年5月开始，她先后到晋察冀军区电台中队、军区三处任报务员，直到新中国成立。在这里，她认识了我们的父亲崔侃。父亲于1937年在山西参加革命，1939年加入中国共产党，1945年后任报务主任、晋察冀军区电台台长、纠察台台长、集中台台长。

参与创办中央民族学院

母亲在报务员这一岗位上迎来了新中国的诞生，他们随着党中央进入了北京。1949年10月她转业到了内务部干部司任副科长。这一年，她与我们的父亲结婚。

刚建立的新中国百废待兴，党中央、毛主席重视民族工作，制定了党的民族政策，并决定创办民族院校，培养各民族优秀人才和民族统战人士。1950年7月，由组织安排，母亲开始参与筹备中央民族学院的建院工作。作为民委系统为数不多、经历过长征的红军战士，母亲发扬了红军长征的光荣传统，她兢兢业业，不辞辛苦，严于律己，宽以待人。她全身心地扑到民族教育事业上，扑在她热爱的少数民族学生身上。她先后担任中央民族学院人事科副科长、民院附中校长、历史系党总支书记、校人事处处长等职。因工作太忙，她从未回过四川老家。除了工作她还到大学、中学、小学作长征报告，用长征精神教育感召后人。因工作过于劳累，她不到50岁就患脑出血、半身不遂，一度说话都很困难。但她坚持中西医结合治疗，奇迹般地恢复了健康。

"文化大革命"以后，百废待兴，母亲拼命工作。她想方设法为教师解决困难，人家送礼致谢，她一概婉拒，有时保姆收了礼物，她知道后会立即让我们送回去。有一位教师，夫妻两地分居多年，母亲很快解决了他的问题。为了表达感激之情，这位老师特地从老家宁夏带来一大块儿鲜美的羊肉送给母亲，母亲坚决不收，那位叔叔含泪提着肉离开了我们家。20世纪70年代末，每个家庭一个月只能凭票买两斤肉。我们知道母亲特别爱吃羊肉，就说，一块羊肉收就收了呗。母亲严肃地批评了我们。那几年，家里几乎天天有人上门谈工作，我们习惯了饭桌边常常坐着陌生人，来人若没吃饭，母亲会热情地招呼人家一起边吃边谈。母亲忙得不可开交，从未给我们开过一次家长会。我们小时候老盼着自己生病，只有生病时我们才能得到母亲的特别关爱。

母亲太累了，几年下来，她做了大量工作，终于有一天昏倒在办公室，才不得不离开她心爱的工作岗位。

国家有政策，长征干部可以回部队，各方面待遇要比民院强很多。老战友们纷纷劝她回部队，可她说，她舍不得离开民院，她喜欢每天散步时见到老朋友、老同事，和他们一起聊聊天，话话家常。

有一年春节，一群五六十岁的当年的少数民族学生从各地来家里看母亲，他们异口同声叫着"王妈妈"，叫得那么亲切、自然。格日勒图、伊勒格其争着告诉我们，自己几十年前刚到北京上学时，母亲是怎样照顾、疼爱他们的。那时几乎天天有学生来家里找"王妈妈"，连保姆王阿姨都知道哪个学生爱吃什么，难怪他们对我们说："你们的家就是我们的家，你们的母亲就是我们的母亲！"母亲笑眯眯地望着学生们，我们在旁边静静地观察她。母亲老了，脸上布满了皱纹，每一条皱纹里，藏着多少我们不知道的故事呢？

母亲经历了太多的风风雨雨。她是老红军，是院里受人尊敬的老前辈，可她从不居功自傲，总是严格要求自己和子女。当年父亲母亲收入较高，我们兄弟姐妹却常穿带补丁的衣服，我们的铅笔盒从小学一年级用到大学毕业。母亲自己也始终保持着艰苦奋斗的传统，省吃俭用。但一旦哪里发生自然灾害，她都会慷慨解囊。她还多次给家乡捐钱，支援家乡建设，对来京打工素昧平生的乡亲也是有求必应。

母亲一辈子与人为善，对历任保姆都像家人一样。她心胸宽广，对曾在"文化大革命"中整过她的人也不计前嫌。母亲去世后，家中设灵堂，前来吊唁的叔叔阿姨们拉着我们的手，含着泪讲述母亲过去的故

2006年，王克在中国人民革命军事博物馆给学生讲长征的故事

事，有的人进门就对着母亲遗像痛哭，说母亲是救命恩人。曾在本校历史系工作的刘阿姨，提起四十多年前的往事仍激动不已。当时母亲是历史系党总支书记，刘阿姨生孩子难产，她爱人正在云南出差，无人照顾她。母亲几乎天天去医院看她，帮助她，还四处恳求系里教授们将学院特殊供应的每天半磅奶让给孩子吃。刘阿姨说："看到你母亲这样的党员就想喊'共产党万岁'，她做的好事太多了。"

作为一位老党员，母亲就是这样用无私的爱温暖着周围的每一个人。用什么词语能概括母亲的一生呢？坚强，勇敢，善良，博爱……她的学生、中央民族大学乌日娜教授给她的挽联写道："亦慈亦善，生为良师；求真求正，死当明镜。"

我们为有这样一位红军母亲而感到自豪。

王定国：夕阳未必逊晨曦

谢亚旭*

人物简介

　　王定国（1913—2020），四川营山人，中国无产阶级革命家、全国政协原副主席谢觉哉的夫人。自幼丧父，家境贫寒。1933年10月参加红军，同年12月加入中国共产党。1935年春随红四方面军参加长征。1936年冬随红军西路军参加西征。1937年后任八路军驻兰州办事处管理科科长。1946年任延安市妇联主任。新中国成立后，任最高人民法院党委办公室副主任，是第五、六、七届全国政协委员。2012年获第三届"孔子和平奖"提名。2016年荣获中国工农红军长征胜利80周年纪念章。晚年的她仍是一名出色的社会活动家。

*本文作者系王定国之子。

2016年10月21日，我陪我103岁的红军母亲王定国出席了在北京隆重举行的纪念红军长征胜利80周年大会，现场聆听习近平总书记的重要讲话。我的母亲一向身体很好，经常外出参加各种社会公益活动，做了许多人们认为在这个年龄段不可能做到的事。母亲14岁就出来参加革命，爬过雪山，走过草地，抗日战争和解放战争中那些时常跟死亡打交道的事都经历过，这在许多书籍和影视作品中都有过详细的描写，就不再重复了。本文中我挑选了她晚年生活中（70—100岁）的几个故事展示给读者，希望读者看后，能对这位亲身经历了中国革命、社会主义初期建设、"文化大革命"、改革开放和走向民族复兴等历史进程的百岁女红军战士有一个更深刻的了解。

寻找46年前的战友

1936年长征结束后，中国工农红军随即组建了西路军，为执行打通国际路线，争取得到苏联援助的中央命令，两万余名红军将士渡过黄河开始西征。由于敌人的强大和自身指挥上的失误，西征最终失败。许多人员被俘、失散，我母亲就是其中之一。

抗日战争爆发，国共两党再次合作，我党在兰州设立了八路军办事处，该办事处工作中的一项重要任务就是寻找和营救西路军的被俘、失散人员。我母亲被营救回来后就留在办事处参与这项工作，到处寻找失散的战友，前后营救回来了近千人。后来国民党再次掀起反共高潮，办事处被迫撤离兰州，这项任务就此终止。

1983年，我母亲听说甘肃河西走廊还有当年和她一起出生入死幸存下来的战友，心情非常激动，当即决定自费去寻找他们，去完成党交给她的尚未彻底完成的任务。46年后又一次踏上了寻找战友的路程，这一年母亲71岁。

20世纪80年代王定国（中）与西路军失散红军老战友合影

在兰州南关一个街道办事处下属的纸盒厂的厂房里，我母亲见到了当年西路军文工团的团员陈淑娥，她坐在桌子旁边，在昏暗的灯光下叠着纸盒，这时有人跟她说："陈淑娥，北京的王定国大姐来看你了。"70多岁的陈淑娥目光呆滞，脸上没有任何表情。40多年的风雨，使这个四川妹子完全变成了西北人。由于生活贫困，人非常消瘦，颧骨突出，下颚尖细，整个脸成了一个丁字脸。她在街道纸盒厂叠纸盒，每叠一个纸盒能得到1分钱报酬，她就靠着这微薄的收入养活自己。我母亲没有说话，在她的旁边坐下帮助叠纸盒，周边没有一个人说话，一直看着，大概叠了有五六分钟，陈淑娥忽然放声大哭，用地道的四川话说道："王定国，你怎么才来呀？我等得好苦呀。"

我母亲的回忆录里写道："为了营救这些战友，当时的八路军办事处曾向社会上发出过100多张纸条，上面写着八路军办事处的地址和'请你们到八路军办事处找王定国'。然而她没有能够赶上。"

陈淑娥是红军西路军文工团里最漂亮的女战士，是红九军军长孙玉清的爱人。红军西征失败的时候，陈淑娥已经怀上了孙玉清的孩子。孙玉清被国民党俘虏后，蒋介石劝降不成，下令砍掉了他的头颅。陈淑娥被俘后，即被马步芳的部下马元海看中，抢去做小老婆。陈淑娥为了她腹中的孩子，忍辱负重，生下了孙玉清的孩子，将其寄养在老百姓家里。新中国成立前夕，马元海逃到了台湾，陈淑娥留在了甘肃，后来找到了自己的孩子，从此两人相依为命，艰苦度日。

由于这一特殊的历史经历，陈淑娥在新中国成立以后，每次政治运动都要受到牵连，她的孩子不能上大学，不能参加工作。我母亲了解到这些情况后，立即找到甘肃省民政厅，和他们说应该承认陈淑娥是红西路军的战士，是孙玉清军长的夫人，是革命烈属。当时民政厅领导说："怎么才能证明她是孙玉清的爱人呢，他们有结婚证吗？"我母亲愤愤地说："我和谢老结婚就没有结婚证。那个时候还没有这套呢。我们讲的是历史，应该正视历史，承认历史。"

将近两个月的时间，行程上千公里，母亲先后找到了陈淑娥、姚子珍、何之芳、任一智等数十位红西路军老战士。在了解他们的生活现状后，母亲返回北京向中央起草了考察报告。报告中说："他们都是勇敢的红军战士，红军西征因指挥上的失误所造成的失败，不应该让这些出生入死的战士们去承担，这是不公平的。他们没有过错，组织上应恢复他们的名誉和生活待遇。"

为了尽快解决问题，母亲找到了这段历史的亲历者——徐向前元帅和时任中共中央顾问委员会常务委员的伍修权同志，请他们在报告上签名给予支持。

这份报告引起了中央的高度重视，当时的总书记胡耀邦同志即刻作出批示。然而事情推进的难度很大，母亲上下呼吁多方奔走，两次赴甘肃调查取证，用了将近3年的时间，最后邓小平同志作了"查实有据，一定要落实"的指示，此事才最终得到解决。由财政部、民政部、卫生部和解放军总政治部联合发文，大体内容是：1. 恢复政治名誉，统称为红西路军老战士。2. 享受老红军医疗待遇。3. 每月每人发45元的生活补助费。

1986年的秋天，几十位七八十岁的西路军红军老战士来到北京。我母亲带他们去看天安门，告诉他们：这就是你们为之奋斗的新中国。老战士们做梦也没有想到，几十年后会有人来给他们恢复名誉，他们非常感谢母亲为他们所做的一切，称呼母亲为"中央首长"，我母亲说："我不是什么首长，多年前党交给了我这个任务，我现在终于完成了。你们不应该感谢我，你们应该感谢党。"

情系长征路

长征在我党的历史上是伟大的，在我母亲的记忆中是不可磨灭的。

2006年是红军长征胜利70周年，母亲很想在这之前到当年走过的地方再去看一看乡亲，看一看革命老区，看一看留在家乡的战友。考虑到年纪比较大，不可能沿着原来的路线再重走一遍，我就挑选了在她记忆中的一些关键点，并打算用几年的时间来完成她的心愿。

2004年5月，91岁的长征老战士，开始了她重走长征路的行程。

嘉陵江是四川四大河流之一，自南部县的新政坝开始，宛转于深山峡谷中，水流湍急，凶险难渡。1935年3月底，红四方面军为策应中央红军北上，发起了强渡嘉陵江战役，从此揭开了红四方面军的长征序幕。

站在江边，母亲回忆说："草地我走了3遍，翻了5座大雪山，文工团员要做宣传鼓动工作，行军途中跑前跑后，走的路远远不止二万五千里，应该是两倍以上。我在雪山上还冻掉了一根脚趾头。"我问："疼吗？"她说："就是用手一拨趾头就掉了，不疼，也不流血。"

长征路上的艰苦、恶劣条件对身体的折磨，母亲都不在意，她说这些都是可以克服战胜的，而对人格的侮辱才是难以承受的。看着滔滔江水，母亲说，面对那么残酷的军事斗争，红军内部还在进行着所谓的"肃反"，清理阶级队伍。她的一个女伴是一个知识分子家庭的女儿，在当时来讲算是文化水平比较高的，可由于这样的出身，女孩一边行军打仗一边还要接受组织的审查。这个20岁出头的女孩无法忍受这种冤屈，一天晚上就在嘉陵江边投江自尽了。她赶到的时候只捡到了女孩的一只鞋。

母亲感慨地说："这种自己人整自己人的历史，不应该再重演了。"

泸定县隶属甘孜藏族自治州，古代被称为"唐蕃古道""营盘古道"。现在的川藏公路穿过县城，素有"康巴东大门"之称。红军长征时期著名的强渡大渡河、飞夺泸定桥的战役就发生在这里。

到达泸定县，我们稍作休息就走上了铁索桥。那天的江水特别湍急，站在桥面往下看都头晕。母亲非常兴奋地在铁索桥上不用人搀扶走了一个来回。当时桥头有十几个少先队员，他们听说有个老红军在这桥上时，就围拢了过来，缠着母亲讲红军故事。母亲讲完飞夺泸定桥的故事后，他们围着母亲跳了一段集体舞并与母亲合影。

母亲高兴地跟我说："他们是接班人啊，要让他们了解历史。"随后又说："长征中我走的不是这条路，但你们父亲是从这条铁索桥上过去的。当时他已经50多岁了，我这次带你们到这里来就是让你们感受父亲当年的不容易。"

这样的话，母亲到江西瑞金参观中华苏维埃政府，在父亲当年住过的房前也说过，并且要求我们做儿女的，有时间一定带着自己的孩子到这里来看看他们的爷爷，要告诉他们，不要忘记过去，不要忘记历史。

2005年5月底我们走到了雅安市的天全县。那里有一个程家村，由于四面环山，故又叫程家窝，红四方面军南下时的总部就安排在这里，驻扎了100多天。从天全到程家村路程不算远，但路况极差，又是多雨的季节。那一天从早上就开始下雨，一直不停。村主任打来电话问："下着雨老人还能不能来？"我母亲把头一甩说："上车，出发！"随即我们就上了车，考虑到道路的颠簸，我从宾馆里头拿了七八个枕头塞在车里。当车行了一多半的路程时，电话里传来村主任兴奋的声音："雨停了，老红军回来，天公都要感动啊！"当我们到达村口时，头上已经是太阳高照、晴空万里了。

看到当年生活过的地方，母亲兴奋不已，在一片绿油油稻田的田埂上行走如飞，我们都跟不上。她径直跑到一个农家小院。院门口站着一个老阿婆，她叫彭映珍，86岁，是这户农家的主人。老阿婆举起双臂，迎接70年前的女红军战士，现今92岁的访客。

在曾是红四方面军总政治部驻扎的小院里，热情的主人早已在宽敞的院子中摆好几张长凳。我们刚坐定，闻讯赶来的村民就把小院挤满了，大家都想看一看当年的红军。

母亲面带微笑，亲切地和大家打招呼。她摸了摸彭映珍的衣服问："现在家庭生活怎么样？你房屋后面的那口井现在还在用吗？"然后又到她的家里去看了看她的米缸，看了看她房梁上挂的腊肉、熏鸡。当我母亲感觉到她生活还是很不错的时候，脸上露出了一种欣慰的笑容，回过头跟我说："他们生活得好，我们革命的苦就算没白吃啊。"聊天中，她俩竟唱出了同一首红军时期的歌曲，我在旁边打趣老阿婆说："当年就是我母亲教你唱的这首歌。"老阿婆回忆道，当年这里住了很多女红军战士，教她唱歌跳舞，动员她参加红军，那年她16岁，由于父母疼爱女儿，没有让她跟红军走。

在与村民的交谈中，我母亲了解到，70年前在这里住过的红军中，她是第一个回来探望的人。由于当年跟党闹分裂另立中央的张国焘住过这个地方，大家怕政治上受到牵连，所以这么多年没有人敢回到这里来看一看。

母亲的到来让群众很感动，他们觉得红军没有忘记他们，国家没有忘记他们。一位会唱当地民歌的大爷主动要求唱一首民歌，歌词是这样的："当年红军南下行，打到四川天全城。总部设在程家窝，十八道水享太平。"母亲听后连连称好。这位大爷随后又唱道："奶奶是个老红军，万里长征来天全。我为奶奶唱歌谣，天全人民欢迎您。"淳朴悠扬的歌声引来一片鼓掌声和叫好声，母亲高兴地连声道谢，此时这个农家小院里一片欢声笑语。

在程家村待了两个多小时，村民越聚越多，陪同的人考虑到时间比较长了，人太多也不方便，建议我们返回县城。走到村口时，我母亲对着村民突然说了句话："70年啦，这个地方山没有变，道路没有变，房屋没有变，没有变化就是没有发展！"此语一出，使当时市里和县里陪同的同志一下子愣了。片刻后县委书记回答说："天全是一个农业县，经济比较落后，我们希望打造红色老区，开发红色旅游，创造红色品牌，以此来推动经济发展，提高人民的生活水平，希望王老回到省里能帮助我们呼吁一下。""没问题，你们写个材料，我去说。"回到成都，在与省里主要领导见面时，母亲转交了天全县委的材料，并说："天全县是革命老区，他们为中国革命做出了贡献。党和国家对老区扶持是有政策的，不应该因为某一个人的历史问题而阻碍党和国家的政策在这些革命老区的落实与实施。"

老红军的"绿色长征"

2012年4月22日，母亲在99岁的时候，带领着祖孙四代，在北京的西郊种植了一百棵松树，大家称为"百岁林"。此事新华社向全国媒体发了通稿。

20世纪90年代，母亲在与一些科学家交流中得知，国家很多地方荒漠化、沙漠化已十分严重，沙漠离北京最近的地方不到70公里；同时了解到沙棘这种植物对防沙固沙有非常好的效果，当时的水利部部长钱正英正在努力推广沙棘的种植。母亲即刻行动起来，不仅积极参与推广，还组织召开了两届沙棘防沙固沙国际研讨会，取得了很好的效果。也就是从这个时候开始，为了国家的生态建设，母亲迈开了她称为"绿色长征"的步伐。

2004年，母亲在广西考察正在建设中的大型造纸厂项目。交流中，她听到有关专家介绍防止和治理造纸业污染的国外先进理念，觉得很有道理，随即向国务院写出报告，建议我国造纸业借鉴国外的先进经验，走林、浆、纸一体化的科学道路。这一建议现已落实，改变了我国现代造纸业的生产模式。

2005年，母亲以中国长城绿化促进会名誉会长的身份带队，在河南考察黄河故道的生态恢复，并在生态园内种植了两棵银杏树。她在12天

2012年4月22日王定国在北京参加植树活动

2009年6月1日，王定国和儿子谢亚旭在黄河壶口瀑布前

里，共看了16个项目，随后向河南省委省政府和国家林业局提交了考察报告，建议推广有关黄河故道生态恢复的经验。时任国家林业局局长亲自复信表示感谢，当年即在河南省召开了现场会。

此时母亲已经92岁了。此后，每到一个地方，她都会种一棵树，这些年在全国各地种了十多棵树，当地政府和老百姓都把她种的树称为"红军树"。

2006年，母亲出任南水北调两岸绿化工程工作委员会名誉主任。在人民大会堂召开的成立大会上，母亲以老红军的身份，向全国发出"进行伟大的绿色长征"倡议书。

同年11月，母亲在父亲谢觉哉的家乡湖南宁乡县（今宁乡市），会见乡亲们畅叙乡情时说："谢老曾说大树是老人，小树是孩子，我们要像爱护老人和孩子一样来爱护树林。希望家乡在发展经济的同时，把生态建设得更好。"

2008年母亲回四川营山县老家，考察南北两河综合整治工程。她在红军公园种植了一棵黄桷树；在营山中学和师生们一起，种植了两棵银杏树。

2009年，母亲出席了在北京林业大学举行的生态中国门户网站www.eco.gov.cn正式上线的新闻发布会，鼓励大学生为建设生态文明、弘扬生态文化做出努力。她还参加"生态中国体验行"的启动仪式，向社会评选出的体验行队员授旗，希望有更多的普通公众参与到生态文明的建设当中来。

2010年听说重庆举行"保护母亲河，重庆在行动"大型生态绿化活动，已经97岁高龄的母亲积极要求参加，与重庆市150万干部群众一起在长江边植树造林，并亲手栽种了一棵桂花树。

2011年母亲在给国务院领导写的报告中说，国家的生态建设，不仅是有关职能部门的事，更是全社会的事，需要通过几代人的不懈努力，才能见到成效。建议组建综合性的群众团体，调动全社会的力量，来共同弘扬生态文明，倡导生态文化，推动生态建设，促进人与自然和谐发展。此报告得到国务院领导的高度重视。

2012年3月，经过反复研究，国务院正式批准成立了中国林业生态发展促进会。我母亲以发起人的身份，出任终身名誉会长。

"曾是红军宿将，如今绿化先锋，勇胜当年，老树长青。"这是全国绿化委员会授予母亲"中国生态贡献奖特别奖"的颁奖词。夕阳未必逊晨曦，母亲活到老、工作到老、奉献到老的精神，让人感动！

王理诗：满门革命赤子，一首壮丽史诗

王友平

人物简介

王理诗（1882—1936），四川达县（今属达州市）人，开国少将李中权的母亲。一家的革命经历极具传奇色彩。全家9人参加红军，5人献出生命，其中4人（包括王理诗及其长子李中泮、次子李中池、女儿李中珍）在长征途中先后牺牲。1937年，其子女在陕北团聚时，只剩下4人。1995年，被民政部、解放军总政治部授予"英雄母亲"称号。

有人说："长征是一首壮丽的史诗，英勇、牺牲和忍耐贯穿它的主旋律。"对于开国少将李中权一家来说，当年在母亲的带领下举家参加

长征、4人在长征途中壮烈牺牲的事迹，正如他母亲王理诗的名字所寓意的那样，为革命的理想信念谱写了一首英勇的壮丽史诗。

丈夫牺牲，举家长征

王理诗与丈夫李惠荣居住在四川达县东北方一个四面环山的小村庄——碑牌河乡石家坝，家境贫寒。为了改变贫穷的面貌，王理诗与丈夫李惠荣从孩子中选中第三子李中权（1915—2014）去读私塾。1928年，李中权在达县蒲家场第五高小读书时，受到老师、共产党员张爱萍（1910—2003）的进步思想的影响，加入中国共产主义青年团，从此走上革命道路，于1932年参加红军。

1933年4月，李惠荣随红军走到大巴山麓的通江河谷边上，为了掩护红军通信员，他戴上红军帽，把敌人引向自己。他在搏斗中杀死两名敌兵，最后身负重伤而牺牲。

1935年，红军在撤出川陕苏区时，因儿子李中权参加了红军和共产党，又在本地杀了两个土豪恶霸，王理诗全家无法继续在原处安身。因为国民党反动派只要听说谁家有人参加了红军或共产党，就要把这全家都抓起来杀光。于是，坚毅、果敢的王理诗决定全家参加红军。他们当时立下誓言："宁肯跟着红军死，决不回家受敌辱！"

随红军长征时，王理诗已经53岁。从小裹脚的她以顽强的毅力，挪动着小脚，带领幼小的三个儿女（李中柏、李中衡、李中秋），跟随红军家属和根据地群众，从川东走到川西，艰难前行，左小腹还长了一个毒疮。即使如此，她仍凭着惊人毅力和战马的帮助，走过了四条江（嘉陵江、涪江、渠江和岷江），翻过了大雪山，在15个月里，走过了近二万里的路程。

长征途中，母子三次相遇

在长征途中，李中权任红军大金独立第二师政委，率部另路行军，母亲王理诗曾与他三次相遇。

第一次是在1935年4月。母子俩在行军中相遇，母亲最初隐瞒着一个不幸的消息，最后才告诉儿子，他的父亲已经不幸牺牲。母子俩放声痛哭。王理诗擦着眼泪对儿子说："娃儿，你要努力革命，把敌人消灭，等革命成功了我们再回家去。咱们穷人不靠红军靠谁呢？"

第二次是在1936年3月，在西康省宝兴县城（今属四川省雅安市），李中权正准备过草地。那天黄昏，他再次遇见体弱多病的母亲带着他的三个弟妹在赶路。王理诗同儿子彻夜未眠地谈了许多事，问了许多问题，但李中权没有告诉母亲他二哥李中池和五妹李中珍夫妇在长征中牺牲的消息。

第三次是在1936年5月，在西康省丹巴县（今属四川省甘孜藏族自治州）东的边耳地区，时任大金独立第二师政委的李中权率部在此遇到了带着弟弟妹妹的母亲。此时母亲已病得很重，在两个弟弟的搀扶下吃力地走着。妹妹说："三哥，怎么办？娘不行了，娘腿肿了，走不动了。"李中权说："小妹，你知道我的心情。长征要北上，母亲身体不好，但就地安置是不行的。可要是回家去，我们也已经无家可归了，我们家早就没有了。"这时母子之间都心照不宣，这可能就是最后的诀别。在警卫员再三催促下，李中权留下战马、一块大洋和一袋干粮，忍痛与母亲和弟弟妹妹挥泪告别。

三过草地，魂断炉霍

1936年7月7日，红四方面军第三次过草地时，走到四川炉霍县东一喇嘛寺附近大草地边，备受毒疮折磨的王理诗再也走不动了，又病又饿。她抓着儿子的手离开了人世。她临终时，还用极虚弱的声音对孩子们说："娃儿们……跟红军……走……"就这样倒在了长征路上。

李中柏、中衡、中秋兄妹用手刨土，一起把母亲埋葬在一眼水井旁，墓边有棵梧桐树。他们哭喊着母亲，久久不忍离去，直到最后一支掩护分队催促才含悲而去。他们追上家属队伍，还拄着母亲留下的拐杖，一直走到陕北。

两个月后的一天，李中权在甘南行军中与弟弟李中柏相遇。李中柏告诉他母亲去世的噩耗。李中权悲痛万分，他安慰弟弟说："我们兄妹现已没有亲爹娘了，我们要继续长征，到陕北去找毛主席、党中央，那里还有我们伟大的母亲——伟大的党，我们的前途将会是光明的。"

靠着坚定的信仰和惊人的毅力，李中权四兄妹终于走完了长征，胜利到达陕北。在延安，李中权见到了中衡、中秋。李中秋哭着对李中权说："三哥啊！爹娘、大哥、二哥、五姐都牺牲了，我们没有家了……"李中权忍着泪水慢慢地给她讲道："我们的母亲和亲人都为革命献身了，过去的家虽然没有了，但现在好了，长征胜利了，我们来到陕北，到了延安，到了党中央所

李中权与妹妹李中秋合影　李滨供图

在地，这就是我们的新家了。我们的一切，包括学习、工作、生活，党会很好地安排的。你年龄虽小，但也要努力学习，好为革命工作，为伟大的抗战事业奋斗，打倒日本帝国主义，建设新中国，以继承许许多多革命先烈和我们父母、兄姊未竟的事业……"

回顾长征，将军忆母泪沾襟

新中国成立后，李中权每当回忆起长征，心总是隐隐作痛，万分思念自己的母亲。可是母亲生前没有留下任何照片。晚年的李中权在家里挂着一幅母亲的画像。那是他找了多位画家，凭自己的记忆描述，让画家们画出来的。

李中权将军常常回忆草地痛别母亲的情景，曾作诗道：

> 家仇国恨忆当年，跟党从军过雪山。
> 草地征途亡父母，悲歌一曲动人寰。

1937年李中权（右一）四兄妹在延安合影（左一李中秋、左二李中柏、左三李中衡）　李洋供图

为纪念伟大的红军母亲，李中权将军和弟弟李中柏著有《母亲万岁》一书（解放军出版社1986年出版）。

在纪念红军长征胜利60周年之际，李中权将军赋诗一首，题为《思念母亲》：

谁人没有母亲情，

我痛长征丧母亲。

常日心思终恨事，

睡乡梦泪湿头巾。

明知永远最终别，

不忍回头再看亲。

此事绵绵难已矣，

留待后世去书评。

在纪念红军长征胜利70周年之际，91岁的李中权将军说："往事经常浮现在我的眼前，尤其是我母亲的身影。……每当想起最后一次告别慈母的情景，我总感悲痛万分。"

全家9人都参加了红军，在长征中4人牺牲，这在红军中是非常少见的。中央军委原副主席迟浩田将军赞其为"满门革命赤子，辉煌永留青史"（1995年迟浩田为《李中权征程记》一书题词）。

王新兰：9岁参军的开国上校

萧 云[*]

王新兰（1924—2022），原名王心兰，四川宣汉人，开国上将、全国政协原副主席萧华的夫人。1933年9月参加红军，1935年参加长征。历任红四方面军第四军政治部宣传队队员、宣传队分队长。1937年3月加入中国共产党，同年进抗日军政大学学习，毕业后又被选派到中共中央军委通讯学校学习。1938年5月，被分配到新华通讯社国际新闻台实习。1939年11月与萧华结婚，并任八路军东进抗日挺进纵队报务员，后任一一五师政治新闻台报务主任、台长，辽东军区司令部机要秘书兼电台台长。新中国成立后，先后任总政

---

*本文作者系王新兰之子。

治部机要科副科长、专家室主任（同时进入俄语学院进修3年）。1955年被授予上校军衔。后转业到交通部，先后任干部科科长、外事处处长。1959年回到总政治部，先后任秘书处副处长、军委副秘书长办公室副主任和总政治部主任办公室副主任。"文化大革命"中被非法关押3年，"文化大革命"后任兰州军区后勤部副政委。1985年底以正军职待遇从军委办公厅离休。1988年荣获二级红星功勋荣誉章。2016年荣获中国工农红军长征胜利80周年纪念章。2022年12月在北京病逝。

小小女娃要参军

我的母亲王新兰，原名王心兰（参加红军后自己改名王新兰），1924年6月出生在四川宣汉县（今属达州市）清溪镇王家坝村。外公叫王天保，是清朝末年的贡生，人称"王二贡爷"。外婆共生了12个子女，母亲是最小的女儿。

1933年，母亲的家人不是参加红军就是随苏维埃政府一起转移了，家里只剩下9岁的母亲，母亲哭着喊着要当红军。已经在红四方面军第四军当宣传员的十姨王心国没有办法，只好把她领到红四军政治部主任徐立清跟前，说妹妹要参军。徐立清笑着打量了一下这个眼巴巴看着自己的小女孩：剪裁合身的小旗袍，透着生气的短头发，白里透红的圆脸蛋，可爱极了。不过他还是叹了口气说："你太小了，还是找一个亲戚家避一段时间再说吧。"母亲的眼泪扑簌簌流下来。十姨在一旁替她求情说："白匪来了，和红军沾边的都得杀，留下她来不是等着让白匪杀吗？就让她跟着红军走吧，我晓得她太小，没法子，能活下来就活，活不下来就……"十姨说着，眼泪也流了出来，"她小是小，却懂事，不会给队伍添麻烦。"

徐立清想了一阵子后，与她击了一下掌，说："你，红军收下了。"母亲破涕为笑。从此，红四军政治部宣传队多了一个9岁的宣传员。

10岁渡江翻雪山

1935年春，红四方面军西渡嘉陵江，开始了长征。当时，母亲还不满11岁。

在等待渡江时，母亲瞪大了眼睛看着她身边走过的每一支队伍，希望能看见她的哥哥姐姐。一天晚上，她发现一个很像二哥的战士在向江边靠近的队伍里，她连忙向前赶了几步，从那人背后喊了一声"二哥"，队伍里好几个战士都同时回过头来看她，其中就有那个战士。她这才发现并不是她的二哥，那一刻，母亲的眼泪都快流出来了，呆呆地站在那里发愣。

过了一会儿，有人拍她的肩膀。母亲回过头，是许世友军长（许世友1934年初调任红四军军长）。那时，他们已经很熟了，许世友是员猛将，但偏偏爱孩子，这种天性一直持续到他的暮年。当许军长第一次看过母亲的演出后，立即喜欢上了这个长得十分乖巧的女娃儿。有一次看完演出，许将军到后台看望演员。大家都知道许军长在少林寺当过和尚，嚷着要许军长露一手武功给大家看。于是许世友指着一张八仙桌，叫母亲站上去，把眼睛闭上。不知道许军长施了什么法，母亲只觉得耳旁呼呼生风，过了一会儿，风停了，许世友喊了一声："把眼睛睁开。"周围响起一片喝彩声和鼓掌声。母亲看着许军长，不知道刚才发生了什么。原来，当母亲站上八仙桌，把眼睛闭上后，许世友用一只手抓着八仙桌一条腿，像抡一把纸扇一样，一口气抡了十几圈儿，然后轻轻放回原处。

1937年摄于陕西三原，左起：党之光、胡明秀、王新兰、彭道华、胡莹

在嘉陵江边的那个晚上，许军长问："你一个人站在路边干什么？"母亲说："我把一个人当成了哥哥。"许世友问："你哥哥是哪个部分的？"母亲说："两个哥哥和一个姐夫在三十三军，一个姐姐在省委。"许军长沉吟了一会儿，摸摸母亲的头，说："快回去，等过了江，我帮你找。"母亲破涕为笑："谢谢军长。"然后给许军长敬了个军礼，欢欢喜喜回到宣传队的队列里。

许军长和母亲怎么也不会想到，就在他们在嘉陵江边说那番话之前，母亲的四位亲人早已不在人世了。他们四人分别是母亲的二哥王心敏、三哥王心正、十姐王心国和已担任营长的六姐夫任峻卿，他们不是牺牲在战场上，而是死在张国焘"肃反"的运动中。一个好端端的主要由川东游击队组建的红三十三军，在"肃反"过后，人员由二万多人减为五千人。而这一切，母亲是不知道的，一直到了延安，母亲才得知四位亲人在"肃反"中被错杀的消息，这是以张国焘为代表的"左"倾机会主义分子给我党我军带来的血的教训。

过江以后，宣传队走上了川北崎岖的道路。为了防止掉队，宣传队员们用绳子把胳膊拴到一起，一个人倒下了，十几个人一起往上拉。行军中，他们带着竹板、洋鼓、洞箫、横笛、锣镲等简单乐器，边走边宣传鼓动。部队打仗时，他们就和群众一起抢救伤员，有时一天要抬几百个伤员。母亲年纪小，抬不动伤员，就扶着轻伤员走。母亲会讲笑话，有她的地方，总有许多笑声。

过江半个多月，母亲染上了重伤寒，吃不下饭，身体一天比一天虚弱。每天拄根棍子，无言地跟着队伍往西走。宣传队的大哥哥大姐姐们要她歇一下，她摇摇头。母亲十分清楚，无论如何，不能掉队。这个时候掉队，等待自己的只有死亡。一天早晨，母亲挣扎着刚走了十来里地，眼前一黑，就一头栽倒在地上。战友们用树枝扎了担架抬着她继续往前走。部队走到川西时，她已牙关紧闭，不省人事了。没过多久，头发眉毛全都脱落了。伙夫老谢来送饭，摸摸她的额头，翻开她的眼皮看了看，神情哀伤地说："这娃儿怕是不行了。"宣传队的彭道华大姐抱着一线希望，天天把饭嚼烂，掰开她的嘴，一点一点喂她。渐渐地，母亲又奇迹般地睁开了眼。

宣传队抬着重病的母亲行军，行动十分艰难。在一个村子宿营时，有人建议给房东30元大洋，把母亲留下来。红四军政治部主任洪学智得知后，赶忙来到宣传队，说："这孩子表演技术不错，一台好的演出，对部队是一股巨大的精神力量。"他给宣传队下了一道死命令："再难也要把她带上，谁把她丢了，我找谁算账！"当60多年后，母亲带着我去看望老首长洪学智和夫人张文（老红军，也是红四军的）时，张文阿姨对我讲，洪学智和我母亲关系近，因为他们都是政治部的。母亲躺在担架上，被战友们抬了个把月。渐渐地，她开始进食了，脸色也好起来，部队到达理番（今理县）时，她已经能勉强坐起来了。当母亲能下地以后，又拄根棍子，拖着红肿的双腿，紧紧地跟着队伍，走那永远走不完的路。母亲人小腿短，别人走一步，她得走两步。所以母亲后来讲，别人都是走过长征，而她是跑过长征的。

1935年6月中旬，红四方面军终于来到了海拔四千多米的雪山下。一天凌晨3点，母亲睡得正香，队长、指导员把她叫醒了，告知她大部队定在5点动身上山。队长给每人发了一块布，让把脚裹好，又让大家把能穿的、能披的东西都带上。每人喝一碗辣椒汤之后，挂上头天准备好的木棍，向雪山走去。母亲刚开始爬山，就感到了雪山的厉害。地上的雪冻得硬邦邦的，走到山腰狂风大作，冰雪横飞，风吹到脸上，像刀割锥刺。越往上爬，空气越稀薄，呼吸越困难。有些战士爬上雪山，在山上坐了一会就被冻僵，就这样牺牲了。宣传队指导员带领大家在寒冷的风口子上搭起宣传台，母亲打着小竹板说着顺口溜：

> 同志们，加劲走，
> 赶快穿过大风口。
> …………

等部队过完了，宣传队员们才学着前面部队的样子，坐着冰"飞机"，滑下山去。

翻过大雪山后，红一、四方面军在懋功胜利会师了。十万大军聚集在一起，两个方面军的同志相互倾诉、相互慰问、互赠礼品……到处热气腾腾，空气中充满歌声和笑声。

过草地见证会师

但是，红军上层的危机正在慢慢向广大指战员靠近。张国焘倚仗他兵多枪多，频频向党中央毛主席发难、要挟，在马拉松式的会议上，一次又一次地与中央讨价还价，要职要权，致使红军在草地南端滞留了两个多月。天在慢慢冷下来，疾病开始流行，食物越来越少，红军开始挖野菜充饥。8月上旬，洪学智主任来到宣传队，对大家说，为了北上抗日，红军两大主力以军为建制，统编为左路军和右路军，红四方面军的第四军和第三十军编入了以红一方面军为主的右路军，中央机关也随右路军一同行动。8月下旬，我母亲随右路军，走进了凶险莫测的草地。她背着一条线毯、一双草鞋、一根横笛，挂着根小棍，紧紧跟着前面的同志，踏着他们的脚印，一步一步地挪动。部队在懋功一带停留过久，没有筹到多少粮食。进入草地后，七八个小宣传队员共用一个脸盆，部队一住下休息，就四处拔野菜，弄回来后小心翼翼地倒上点粮秣，用脸盆煮熟，每人分半缸子，用小木棍拨着吃。越往前走，断粮的越多，野菜找不到了，就吃草根，后来草根也没有了，整天饿得发慌，挪动一步，浑身摇晃，眼前直冒金星，晚上栽到泥地里，再也不想起来。队长分得一点炒面，路上舍不得吃，悄悄地走过来给每个孩子的缸子里倒上一点。这是队长的救命粮啊！母亲噙着泪水，望着队长那直冒虚汗的额头，久久不能下咽。是指导员把母亲扶起来，把食物一点一滴拨到母亲嘴里。到了第四天第五天，是进入草地最艰难的日子，泥潭越来越多，部队早就断粮了。艰难的跋涉，使大家双腿像灌了铅似的，一脚下去就很难再抬起来。偏偏这时，天气又来捣乱，一会儿下雨，一会儿飘雪，一会儿又下起冰雹。草地上无房无树，母亲把小背包举到头顶上，头护住了，肩膀还是被冰雹打得火辣辣地疼。晚上，又饿又冷，两人一对背靠着背坐在草地上，怎么也睡不着。指导员到附近找来枯草，生起一把火，领着大家搓手、跺脚、唱歌。

歌声驱散了寒夜，迎来了黎明。早晨起来，不少人坐在那里一动不动，大家去抬一把，却发现他们浑身冰凉，不知何时他们坐在那里牺牲了……

在草地走了七八天，母亲跟随着右路军走出了茫茫草地，来到了草地北缘若尔盖地区的班佑。

8月29日至31日，母亲所在的红四军一部与同属右路军的红三十军经过激烈战斗，攻占了上下包座，全歼胡宗南部第四十九师，毙伤敌师长伍诚仁以下五千余人，缴枪一千五百余支，还缴获大批粮食和七八百头牦牛。包座之战，是红一、四方面军会合后，在党中央指挥下的一次战斗，它为红军北出甘南打开了通道，粉碎了蒋介石阻止红军北进的企图。

但是，张国焘一直沉醉于他的南下计划中，本来约定好的左路军北进计划迟迟得不到执行。毛泽东、党中央多次去电催促无效，与张国焘同在左路军的朱德总司令反复劝说，也无济于事。张国焘密令右路军的陈昌浩率右路军南下，并提出"彻底开展党内斗争"。为了避免可能发生的冲突，9月10日凌晨，毛泽东、党中央率右路军中的一、三军团迅速脱离危境，单独北上。而张国焘反诬中央造成"红军大分裂"，率原四方面军的部队南下。跟随红四军一块行动的母亲又一次过草地和雪山。在错误路线指引下，随着国民党中央军薛岳部步步紧逼、川军的疯狂抵抗，红军陷入被动，伤亡很大。1936年2月下旬，红四方面军再次翻越夹金山、折多山等大雪山。当3月到达道孚、甘孜一带时，红四方面军从南下时的8万人锐减到4万人。

母亲和她的战友们的"水兵舞"依然旋转在寒冷的冬夜，但却多了几分沉重；他们的歌声依然婉转在行军路上，但融进了几丝迷惘……从这时起，11岁的母亲除了顺从之外，还懂得了思考。在那个漫长的冬天，也有令人鼓舞的好消息：红二、六军团已经北上，要和红四方面军会合了。为了欢迎远道而来的兄弟部队，上级想了许多办法，筹集了一些羊毛、牦牛和青稞，组织女同志打毛线、织毛衣，准备送给红二方面军的同志。母亲说她就是那时学会打毛衣的。

1936年7月1日，长途跋涉了一万多里的红二、六军团齐集甘孜，同红四方面军主力会师。母亲第一次看到闻名已久的贺龙、任弼时、关向应等同志。由于朱总司令、任弼时、贺龙、关向应等同志的努力，南下走到绝路的张国焘不得不同意北上与中央红军会合。就这样，母亲随红四方面军第三次走进草地。1936年10月，走过万水千山的红一、二、四方面军三大主力在甘肃会宁胜利会师，长征结束。1937年春，母亲光荣地加入中国共产党。

革命伉俪颂长征

在随后的日子里，母亲在三原碰到了父亲萧华，最终结为夫妻。由于父亲的关系，母亲有幸结识了党的许多领导同志，像毛主席、朱总司令、周总理……开始了她更加绚丽多彩的人生。

1938年，由毛主席提议，中央军委急电，命父亲率一支精干的小分队挺进冀鲁边区，开辟新的抗日根据地。但随后又发来急电，叫父亲稍等几天，报务员王新兰随后赶到。原因是毛主席在延河边碰到我母亲，当他得知母亲是父亲的未婚妻后，和母亲开玩笑说："萧华去的目的地渤海与日本只有一海之隔，近得很哪！你再不去找他，将

王新兰与萧华
1940年夏摄于山东滨海区朱樊村

来他到日本去了，当心日本姑娘把萧华抢走了！"主席的关怀使父亲非常感动，他随即回电："主席，来电尽悉，国难时期，一切以民族和党的利益为重，个人问题无须顾虑。"主席接到这份电报后，派人转交给母亲，母亲一直珍藏着这份电报。

1964年春天，得了严重肝炎的父亲在周总理命令和安排下，由母亲陪同到杭州养病。当时全国都在准备庆祝红军长征胜利30周年纪念活动，许多单位约父亲写有关长征的作品。

父亲早就有讴歌长征的冲动，又有了空闲的时间，于是决定用组诗的形式来写。父亲找来大量有关长征的资料，但是他不太了解红二、四方面军的情况，恰好母亲是红四方面军文艺宣传队队员，所以母亲成了组诗第一读者和第一位被征求意见的人。

有一天，父亲问母亲，长征中最大的感受是什么，母亲不假思索地说："一是觉得路怎么那么长，总也走不完；二是肚子总是在饿；三是冷，除了雪山，就是草地……"父亲听罢，顺手就写了下面几句：

> 雪皑皑，
>
> 野茫茫。
>
> 高原寒，
>
> 炊断粮。

在几个月里，父亲把全部精力投入到《长征组诗》的创作中。虽然有母亲和医护人员的精心护理，但父亲的转氨酶还是增高了四次，体重减了好几斤。父亲将刚创作完的《长征组诗》分送中央和军委的领导。这是一部名副其实的呕心沥血之作。周总理第一时间仔细阅读，并随即给父亲打来电话。母亲首先接电话，电话的另一边传来周总理熟悉的声

2016年1月，王新兰（前排着白衣服蹲者之后）和与会的革命后代合影　本文作者萧云（前排站立者左三）供图

音："我是恩来呀，请萧华同志接电话。"母亲知道，总理给父亲打电话都是直呼其名，有重要的事情才加同志二字，赶紧将话筒交给父亲。总理在电话中说："萧华同志啊，你为党、为国家、为人民、为子孙后代做了件大好事，我谢谢你。"父亲拿着话筒激动得久久说不出话来，最后只说了一句："谢谢总理。"随后有着深厚民族音乐底蕴的战友文工团的晨耕、生茂、唐诃、李遇秋接受谱曲的任务，创作出《长征组歌》。在周总理、我父母、北京军区杨勇司令员、廖汉生政委等一批老红军的亲自指导下，加上战友文工团一大批优秀歌唱家的表演，《长征组歌》成为脍炙人口的经典之作。

当我看到《长征组诗》的手稿里满是泪痕，我被极大地震撼了，我知道父亲母亲两位老红军都有着深深的长征情结。

尹清平：一生践行长征精神

何光瑨*

人物简介

尹清平（1916—1986），四川旺苍人，中国无产阶级革命家、全国政协原副主席何长工的夫人。出身于雇农家庭，青少年时代就参加了革命。1933年5月参加红军，同年8月加入中国共产主义青年团，1936年9月加入中国共产党。土地革命战争时期，历任中共巴中县（今巴中市）、江口县妇女部部长，组织妇女解放协会，动员人民群众特别是广大劳苦妇女参加红军。1935年3月参加长征，任红四方面军妇女独立师营长。红军到达陕北后，先后在红军大学、抗日军政大学学习和工作。解放战争时期，任东北军政大学女生队队长兼指导

---

*本文作者系尹清平之女。

员。新中国成立后，任中央监察委员会驻地质部监察小组办公室副主任、主任。1975年10月重返部队，后在国防大学离休。

"当上女兵上前线，跟着队伍打江山"

1916年5月，我的母亲尹清平出生于四川省旺苍县（今属广元市）黄洋镇。贫穷、饥饿伴随她的童年。穷人的孩子早当家，母亲青少年时期就肩负起了家庭的重担。

1932年12月，红四方面军由陕西南部进入四川北部的通江、南江、巴中地区，开辟川陕革命根据地。此时，红色革命浪潮席卷广元大地，大批妇女参加了革命。当时流传的歌谣唱道："从前女儿受熬煎，好似掉在锅里边。红军来了世道变，砸碎封建铁锁链。脚不缠，发不盘，剪短毛辫搞宣传，当上女兵上前线，跟着队伍打江山。"1933年5月，17岁的母亲毅然投身革命的洪流，参加了红军。

1935年2月，红四方面军总指挥部为迎接中央红军入川共同北上抗日，把从苏区各地撤到旺苍来的妇女工作人员集中起来，连同原来的两个妇女独立团共2000多人，在旺苍县王庙街成立妇女独立师。妇女独立师由红四方面军总指挥部直接领导，师长张琴秋，政委曾广澜。独立师下辖两个团六个营，母亲当时任营长。

母亲回忆说，妇女独立师正式成立那天是她终生难忘的日子。成立大会那天，在土操场上，军旗猎猎，彩旗飘扬。女红军们都剪着短发，打着绑腿，脚穿布鞋。红四方面军总指挥徐向前正式为妇女独立师授了军旗。检阅开始，会场上掌声雷动，鼓号齐鸣。两个团共六个营的女红军，排成六个方阵，每个方阵各有两名女军官走在前面。母亲和她率领的营队也在其中。

长征中的女营长

1935年3月，母亲和所在红军部队参加了举世闻名的长征。

1962年5月，母亲回到阔别27年的故乡四川旺苍县黄洋公社（今黄洋镇），向黄洋小学全体师生讲述她长征中亲身经历的过草地、翻雪山的英雄事迹。母亲清晰而生动地回忆道：

1935年4月中旬，我们红四方面军全部撤离川陕苏区，从旺苍出发过嘉陵江长征。当时，我被调到妇女独立师当营长，妇女独立师刚成立不久，即奉命把庙二湾红军总医院的1000多名伤病员转送到嘉陵江东岸。我带着全营女战士，抬着伤病员，从庙二湾出发，翻过几座大山，把伤病员安全送到180多里外的永宁铺。任务完成后，又把贮存在旺苍的粮食、盐巴、棉布等军用物资运往嘉陵江东岸地区，准备渡过嘉陵江。

长征一开始，部队天天都在和敌人打仗，前有敌军堵截，后有敌军追击。与敌人作战算不了什么，只要勇敢，不怕死就行。最艰苦的是过草地、翻雪山了。……8月中旬，我们进入了纵横数百里的大草地。

茫茫的大草地渺无人烟，连鸟儿也不从那里飞过。稀疏的水草地下，是大片大片的沼泽地带。草地气候一日多变，变化无常，来得格外突然。8月也正是草地冰雹逞凶的季节。刚才还是火热的太阳烤着大地，瞬间，天空就涌起乌黑的浓云，像一口巨大的铁锅扣在头顶上。霎时，雷鸣电闪撕裂了天空，暴雨夹着冰雹就劈头盖脑地打下来。这铺天盖地而来的"大赛鸡蛋小似胡豆"的冰雹，让战士们在草地里无处藏身。几分钟或十几分钟过后，云开雾散，毒热的太阳又晒得人头皮都发痛。尽管冰雹打的时间很短，但对我们来说损失是严重的，不少同志被打伤，有的竟被冰雹打死了。像这样的天灾，每天总少不了四五次，甚至多到八九次。我们的衣服全都湿透了，太阳一烤，浑身热气腾腾，穿在身上很不是滋味。就这样，衣服湿了又干，干了又湿，白天黑夜穿在身上，叫人怎么能不生疮害病呢？身上被湿漉漉的衣服裹着，经火热的太阳逼烤之后，再遇上一天几场雨淋，露在衣服外面的手臂、脸上就会脱下一层皮来。白天在水草洼地里蹚着算不了什么，到了夜晚，就在稍微凸起的水草丛生之处露宿，又冷、又饿、又累。就是一个班的人也不能全在一堆，只能三五个人在稍高一点、水没淹到的草丛上背靠背地坐着，这就叫睡觉。每到夜半更深，冻慌了想站起来费力动一下暖和身子，但谁也没有这个胆。就是解小便，也只好就地方便。因为这地方连白天走路一不小心脚踩到草根没有连在一起的地方，就会有陷入烂泥潭里去的危险。人一陷进去，越是挣扎，越是陷得深，直到没顶。别人又无法拉他，如果去拉，不但拉不起来，反而会将自己拉进泥潭里去。我们的一位炊事员背着铁锅就陷入泥潭牺牲了。

在草地里行军最困难的是吃饭问题。进入草地前，每人所带的青稞炒面仅能维持两天，后来就靠挖野菜、吃草根。走在前面的部队还可以挖到野菜和可吃的草根，可我们走在后面的部队连野菜、草根也挖不到了，就把皮带、皮鞋拿来煮着吃。大家饿着肚子，还是坚持向北走去，走着走着，有的同志便倒在路旁，再也没有爬起来。有的同志不堪忍受饥渴之苦，不慎喝了有毒的水，吃了有毒的野菜，因而牺牲在这荒无人烟的大草地上。

一个多星期过去了，我们第一次走出了草地，到达班佑、巴西等地，便在这个地区暂时停了下来。不久，不知怎的，上级通知我们不北上，要南下打成都。我们就奉命南返，10月中旬，再次经过草地往南行进。后来才知道，这是张国焘在搞分裂。

我们再过草地，所遇到的困难、所经过的艰险比第一次过草地时要强几倍。不少同志不是牺牲在敌人的枪口下，而是被这荒凉无垠的草地夺去了生命。我们饿着肚子，顶着烈日与风暴，拖着疲惫的身躯，凭着对革命必胜的信念，侥幸地又走过草地来了。10月底，我们向终年积雪的夹金山行进……

（摘自常天英《女红军尹清平回黄洋的日子》，载《旺苍文史资料》第二十二辑）

1938年尹清平与丈夫何长工在延安

1935年10月底，部队又向终年积雪的夹金山行进，在雪山上，母亲所带领的一个营中就有7名战士被一次狂风刮走，消失得无影无踪。她们在险象环生中连夜爬上山顶，有的战士实在走不动了，一坐下就再也起不来了。

由于张国焘分裂党和红军以及南下方针的错误，红四方面军连连受挫，人员伤亡惨重，不得不向西转移。途中又经过了几座更大更高的雪山。1936年7月1日，母亲所在部队在甘孜地区

1977年8月，何光瑶与父母何长工（左）、尹清平（中）在山东烟台合影

与红二、六军团会师。7月5日，红二、六军团即组成为红二方面军。随后，又遵照中央指示，红二、四方面军一同北上，再次经过草地。同年10月，母亲和战友们终于走完长征，胜利到达陕北。

在长征途中，母亲和时任红九军团政委的父亲何长工相识，并在战火中结为知己。从此，我父母亲相濡以沫，并肩战斗了半个世纪。

长征精神扎根在心中

艰苦卓绝的长征胜利了，扎根在母亲心中的长征精神一直激励着她。长征到达延安后以及抗日战争期间，母亲先后在红军大学、抗日军政大学学习和工作，她不计职务高低，服从工作需要，工作勤恳负责，很好地完成了学习和工作任务，多次受到上级的表扬和嘉奖。

在抗日军政大学学习时，学校的粮食和柴火供给困难，粮食都要从外地运来，柴火都要学生自己去打。母亲那时已生了我的大哥，虽然家务缠身，但是无论学习、操练、生活，她处处严格要求自己，一次也没有缺勤过。母亲自小身体壮实，她每次都要比别人多背一些柴草。虽说力气大些，可是遇到恶劣天气，便没那么容易了。一次，她在一个山沟里砍柴，突然天降大雪，本来路就不好走，加上雪中的山坡陡峭湿滑，一阵大风吹来，她连人带柴一下子跌到了山坡下面，浑身上下多处受伤，但她强忍着寒冷和剧烈的疼痛，一步步把柴背了回来。

母亲既有坚韧不拔的战斗精神，又有淳朴善良的慈母胸怀。记得抗大转战到河北前南峪村时，母亲随校住在了一个农户家中。农户家有一个12岁的小男孩，大名叫郭明祥，小名叫"卫生子"。他的父亲为了生存远走他乡，他的母亲因为饥饿和疾病过早去世，家里只剩下"卫生子"和姐姐"卫娥子"姐弟两个。没吃没穿的郭明祥每天就光着屁股在街上跑，饿得走不动爬不动了，就趴在地上昏睡。母亲住到这家时，"卫生子"连走路都不会走了。村里的人都说，这个苦命的孩子是真活不成了。母亲看到他悲惨的样子，止不住一阵阵心酸，决心全力救活这无辜的孩子。母亲不嫌脏累，给他擦屎端尿，洗头洗澡，想办法做点好吃的饭菜，精心照顾"卫生子"。经过母亲一段时间的精心照料，"卫生子"终于渐渐恢复了健康。

"卫生子"虽然恢复了一些，但还是不能走路。母亲又继续坚持，和学员同志们一起轮流帮着"卫生子"练习走路，就像教自己的孩子学步一样，起初用两个手扶着走，慢慢改用一只手牵着走，到后来给他一根小木棍让他自己拄着走。就这样，"卫生子"逐渐自己能走路了。这件事影响很大，是一次活生生的革命人道主义精神的宣传。一时，老乡们都感动得四处传颂称赞，说八路军从阎王爷手里把"卫生子"夺回来了！新中国成立后，担任了邢台大河菱镁矿矿长的"卫生子"郭明祥，每谈起这段往事都热泪盈眶，激动万分。他永远忘不了母亲的救命之恩，经常携家人来北京看望我的父母。

"共产党培养出来的干部，不讲送礼"

新中国成立后，我母亲转到地方工作，曾任中央监察委员会驻地质部监察小组办公室副主任、主任。她虽然在战争年代积劳成疾，身患多种疾病，但她一直保持着革命军队的优良传统和作风，工作积极负责，是非分明，严于律己，克己奉公，表现了共产党员的优秀品质。

母亲常常对我们子女讲长征中爬雪山、过草地的千难万苦，每次谈及长征中被饿死冻死的战友，她都禁不住落泪。她教育我们要永远艰苦奋斗，不能腐化堕落。她自己更是身体力行，用长征的艰苦奋斗精神要求自己，对贪图享受的腐败之风深恶痛绝。

有一件事深深地感动、教育着我。母亲惦记着自己的家乡旺苍，那是走出了许多红军战士的红色故土。她多次回旺苍探亲。1962年，母亲返乡时，看到县委领导都是步行下乡处理公务，工作效率低，她心里很不是滋味。回到北京后，她努力与相关部门协调，给旺苍县捐赠了一辆小汽车，这是旺苍历史上第一辆小汽车。为了感谢母亲，县里派人来接车时顺便带了几斤木耳、腊肉等家乡特产。没想到母亲却当场婉言拒绝，并嘱咐送礼的同志说："共产党培养出来的干部，不讲送礼，送来的东西你们还是拿回去吧。"经办的同志感动得说不出话来，只好将礼品带了回去。母亲后来曾讲过，收一点土产之类的东西本是小事，可常常如此而忘了党的艰苦奋斗本色，养成贪污腐化的习惯可就是大事了。

邓秀英：父母姐弟一起长征

胡正旗

邓秀英（1922—2014），四川通江人。出身于贫苦农民家庭。父亲邓心科为通江县地下党员，任陈家坝区委书记，1932年底参加红军，被编入红四方面军七十三师（后整编为三十一军）。1933年，邓秀英加入红军童子团，1935年初参加红军。1935年3月红四方面军开始长征时，她背着6岁的弟弟邓玉乾，同母亲一起随父长征。1935年10月行至丹巴地区时，父亲得伤寒去世了，她与母亲、弟弟一起流落川西地区，被当地土匪卖作奴隶。1945年被弟弟找到，后逃到阿坝县城与母亲相聚，靠帮佣为生。新中国成立后，成为解放军工作组藏语翻译。1963年和母亲、弟弟一起回到老家务农。

邓秀英的父亲邓心科是通江地下党员，一开始全家并不知情。1932年红四方面军入川后，邓心科才公开了他的身份。但是邓心科的党员和红军身份并没有给全家带来什么好处，反而使全家陷入了惶恐不安之中。"河对面乡长那家，晚上一开门，全家都被杀了。"在家中排行老二的邓秀英回忆说，"杀完那家人天亮了，否则就轮到我们家了。"为了躲避土匪丧尽天良的屠杀，邓秀英一家几次躲到了山里。1935年初，邓心科回到通江接全家参加红军。1935年3月，邓秀英一家随红四方面军开始长征。年仅13岁的邓秀英和父亲、母亲、大哥、弟弟、弟媳、妹妹，还有一个姐夫，全家一共八口参加长征，家中只留了一个弟弟守着老屋。

背着弟弟，随父长征

邓秀英的大哥在战斗中牺牲了，3岁的妹妹出痘死了，还没过门的弟媳参加了红军的宣传队，姐夫走散了。一家八口，到过草地前就只剩下四人。扛枪打仗的父亲走在前面的队伍里，母亲则带着姐弟俩紧跟在部队的家属队伍里。母亲要背更重的铺盖，只好用一根麻绳把6岁的弟弟邓玉乾牢牢绑在邓秀英背上。身高不到一米三的邓秀英，背着弟弟，缺吃少穿，土匪的子弹不时在头顶嗖嗖作响，但她必须紧紧跟随队伍。一旦掉队，就更是生死难料了。

过嘉陵江时，邓秀英和弟弟险些丧命。一颗子弹飞来，弟弟头上的帽子被打飞到几米开外。邓秀英慌忙把弟弟解下来抱在胸前，趴在地上一动也不敢动。

最可怕的是饥饿，弟弟几次被饿得哇哇大叫。邓秀英和母亲找来几棵野葱，茎叶喂给弟弟，自己和母亲只吃一点根须。一次，邓秀英发现树丛中有一些小小的红果子，但怕有毒又不敢去摘来吃，直到看见几只乌鸦飞去吃果子，才赶紧过去从乌鸦嘴里抢食。母亲有一次饿晕在地，弟弟以为母亲死了，趴在母亲身上哭。幸亏一位叔叔赶过来给母亲喂了一把豌豆面，母亲才又活了过来。

流落川西，被卖为奴

1935年冬，随部队行至丹巴地区时，父亲邓心科染上了伤寒病。部队将邓秀英一家人安置在一个挖过金的山洞里，发给了他们三块木板，说若是病好了，就赶快来追赶部队。

四天后，邓心科去世，什么话也没有留下。此时正值新年第一天，在寒风夹杂着雪花的川西草原上，一家人呼天抢地。

邓秀英与母亲、弟弟用那三块木板安葬了父亲，并且将一件大衣裹在了父亲的身上，这是全家最奢侈的衣物。母亲说，要让父亲走得暖暖和和的。

不久母亲也生了病。邓秀英只好搀扶着身体虚弱的母亲，背着走不快的弟弟，沿着红军部队沿途留下的标语告示连夜追赶。一路上无数次被土匪拦住去路，有时被抢去物品，有时甚至被土匪扒个精光，只好将路边死人的衣服穿在身上。

有一次，她们藏在草丛中躲避土匪，竟看见土匪剥人皮。母子三人吓得差点魂都掉了，幸好没被土匪发现。

最后一次，来了一伙土匪。他们抓住邓秀英母子三人，将他们带进一个小树林里。树林里还有几个年轻的红军医院护士，她们被逼着站成一排。接着就来了几个买主挑人，其中一个买主走到邓秀英面前，将两只手放在头上做成赶牛的样子，邓秀英点点头后就被买主一把揪住带走了。邓秀英拼命哭闹挣扎，但是与母亲、弟弟已经越来越远。

此后十年，邓秀英经历了人世间难以想象的苦难。她不断地从一家被卖到另一家，都已经记不起给多少人家当过奴隶了。买主根本不把奴隶当人看，下雨、打霜、下雪都要逼奴隶上坡种地，皮鞭抽打是家常便饭，奴隶稍有不从就会遭到更为严酷的惩罚。由于经常挨打，邓秀英两手严重变形，关节异常粗大，手指都无法伸直。一次，邓秀英逃跑被抓了回去，被人脱了衣服在荨麻丛中来回拖，浑身血淋淋没有一块像样的皮肤。

十年苦海，终获解放

1945年的一天，邓秀英在门外砍柴，看见一个喇嘛从远处走过来，她一眼就认出了这个喇嘛是已经长大成人的弟弟。原来弟弟与母亲的经历更为曲折：当年在丹巴的树林里，母亲与弟弟因为没有买主，土匪就把母亲与弟弟往冰冷的河里赶，要淹死他们。母亲与弟弟走到河里，水都齐腰深了，土匪几梭子弹打过来，在左右溅起水花，母亲放声大哭。这时一位路过的藏族老人看不下去了，掏出身上所有的钱，买下了母子俩，母亲与弟弟才幸免于难。

这位老人虽然救下了母子俩，却没有能力帮他们维持生活，因此母亲与弟弟又被转卖给了另一家人。母亲不分昼夜地干活，弟弟则上山放牛，虽然苦，但总算是保住了命。这样过了几年，弟弟渐渐长大了。一天，一位藏民告诉母亲，主人可能要杀掉弟弟了，因为按当地规矩，外来成年男子要杀掉。母亲听说后急忙叫弟弟逃跑。弟弟邓玉乾跑了几天几夜，逃到阿坝城一座大寺庙里当了杂工。

两年后，邓玉乾偷偷回到自己放牛的那户人家，趁母亲下地干活时，拉上母亲就跑，一直跑到阿坝城。此后，邓玉乾又穿上一件喇嘛长袍，到当年姐姐被买去的地方，方圆几十里，一家一家寻找姐姐，终于找到了邓秀英。几个月后，邓秀英按照与弟弟的约定，谎称到庙里探望母亲，终于逃出了火坑。

十多年来，邓秀英母子三人在川西地区艰难求生，并不知道当年的红军北上抗日，后来又打败了国民党反动派，建立了新中国。1952年，解放军开进阿坝时，邓秀英心中仍忐忑不安。一天，邓秀英到阿坝城里去看望母亲。在母亲帮佣人家的院子里，站着好几个荷枪实弹的军人。母亲走出来，一见邓秀英就哭着说："红军来了……"

身着藏袍的邓秀英这才慢慢说起了汉语，十几年来第一次说出自己的红军身份。

由于邓秀英会说藏语，阿坝县政府请邓秀英给解放军工作组当"通司"（翻译）。跟随解放军下乡，邓秀英找到了再当红军的感觉。十多个人背着枪，走村串户，搞宣传，发救济款，发衣服，发农具。藏语翻译邓秀英总是对当地百姓说："不要怕，我们是来救济穷人的。"

1954年，邓秀英和一个支前民工结了婚。到了20世纪60年代，年近七旬的母亲思念故乡，执意要回老家。邓秀英只好退了职，全家回到了四川通江县新场乡。

回到老家的邓秀英和邓玉乾，最终当了一辈子的农民，虽然日子过得也并不容易，但毕竟有吃有穿，家人团聚。她觉得，这样的日子挺好。长征中的忍饥挨饿，生离死别，时间上虽然已经渐渐远去，但对于邓秀英而言，仍然是永远无法抹去的记忆。

甘　棠：一位饱经风霜的长征女战士

甘延华*

人物简介

　　甘棠（1910—1971），原名阚思颖，又名阚思英、阚世英、阚士英，四川南溪人，中共早期党员、著名军工专家刘鼎之妹。1926年加入中国共产党。1934年10月随中央红军长征。1935年3月奉命留川南，任中国工农红军"川南游击纵队"政治部宣传队队长，后调司令部任指导员兼组织干事。1936年11月在战斗中被俘。出狱后经由潘汉年与罗世文接上组织关系。1938年起先后任中共四川省工委秘书长、中共川康特委妇委书记。1940年到延安。1948年调任中共石家庄市委妇委书记、市委执委等职。1949年11月随军南下，参加解

---

*本文作者系甘棠之女。

放大西南战斗。新中国成立后，先后任中共重庆市委妇委书记、中共
中央西南局妇委副书记、四川省高级人民法院副院长兼党组副书记、
中共四川省监察委员会常委、四川省妇联执委等职，是第三届全国人
大代表。"文化大革命"中惨遭迫害，含冤逝世。

最近我在巴黎接到我表弟夫妇刘文山（刘鼎之子）和唐雷的来信，
讲到《红色太行》杂志的杨宏伟总编等在北京买的一本旧书中发现了甘
棠的人大代表证。甘棠就是我的母亲，一位饱经风霜的长征女红军。恰
好今年又是红军长征胜利80周年，回顾红军长征历史，追忆母亲的革命
经历，我平静多年的心中像河中扔了一块石头一样激起了千层浪，一时
波澜起伏。千头万绪，真不知从何写起。

记忆中的母亲

我母亲很少同我谈到她过去的经历，在我的印象中，她经常出差，
一直是没日没夜地忙。我小时候她没有时间照顾我，我也很少见到她。
虽然也有母女两人聊天及共同度过的愉快时光，但这样的机会并不是很
多。

有一次，母亲同在延安一起工作学习过的同事回忆往事。当提到她
当年在晋城工作、国民党的飞机多次来侦探晋城、民众跑警报的情况时，
我问母亲："我们也跑吗？"她说："你趴在壕沟里。国民党飞机在上空
飞行，我蹲在壕沟边上观察飞机的飞行去向。"这真让我吃惊，妈妈居然
和大多数人不一样，不躲敌机的射击，却在敌机临头时能镇静地观察飞
机的飞行去向。我感到妈妈有些神，居然会做我认为只有军人才会做的事

情。记得妈妈唯一一次带我
到公园划船游玩，妈妈送我
上岸以后，不料船身偏了，
她落到湖水里。不会游泳的
妈妈，没像很多人那样在
水里挣扎，而是平平地躺在
水面上。我吓坏了，以为她
死了，于是连哭带喊："妈
妈……妈妈……"正好有几

甘棠和女儿甘延华合影（1963年左右）

个人路过，听见我的哭叫声，赶了过来，把我妈妈救上岸来。由于她冷静
地平躺在水面上，没有像一些溺水的人一样大口进水，可她的衣服湿透
了。她被救上岸后，没有马上领着我坐公交车回家，而是坐在路边的一块
石头上休息。这时，她对我说："你怕妈妈死了？不要怕，我死不了，你
妈妈经过训练，有办法处理这样的突发事件。"此后，我常想起当时的情
景，我就奇怪：我的母亲不会游泳，为什么她掉到深水里，却没有慌了手
脚拼命地挣扎，而是静静地平躺在水面上呢？她是从哪里学来这个自救方
法的？她说她经过训练，她何时何地受过这样的训练呢？

　　更奇怪的是，我母亲认识很多中央级领导的夫人。如朱德总司令
几次到成都休假，每来一次，朱老总的夫人康克清——我称她为"康妈
妈"，就通知我妈妈带我去见她和朱老总。见这些大人物，我当然很愉
快。那时认为能面对面见到开国元勋、国家领导人，是一种荣耀，何况
朱老总和康妈妈对我很亲切和善。我们和他们，在他们的居住地成都金
牛坝招待所一起散步、照相（可惜这些照片康妈妈没有给我）。妈妈对
我说："康妈妈可喜欢你了，当时在延安，你刚出生时，因为我缺奶，
康妈妈就派人送来一只分给老总补营养的母羊，你就是靠喝这头母羊的

奶，才活了下来。"原来我妈妈和康妈妈有这份深情。

再有，蔡畅蔡妈妈和李富春到成都时，也请我妈妈带我去见他们，一起叙旧畅谈。我还发现我妈妈和邓颖超邓妈妈有书信往来。还有，那是我在重庆上西南人民小学一二年级的时候，我那时是住校生，周六才回家。一次周六，我拿着一些布头坐在大路边的台阶上等妈妈来接我时，就听见一个和蔼的声音说："这是谁家的姑娘啊？你拿这些布头做些什么呢？"我看看阿姨，不认得。正巧，妈妈来了，没想到她和说话的人一见面，就像老朋友似的聊上了。我问妈妈："这是谁呀？"妈妈说："傻丫头，这是西南局第一书记邓小平的夫人、你们的校长卓琳卓妈妈呀。"我只有伸舌头的份儿了。特别是1962年暑假，正好妈妈也休假，带我到北京去度假，住在一直很照顾我们娘儿俩的刘鼎舅舅和易辉舅妈家。有一天，妈妈对我说，要带我去见周总理的夫人邓妈妈，我高兴极了，我又能见到一位革命老前辈——周总理的夫人，说不定也能见到我一直敬仰的周总理。到了邓妈妈和周总理住的地方，我坐在她们的身边，看着妈妈和邓妈妈聊天的那种神态，很亲热很融洽，有说不完的话叙不完的旧。我想，怪事！我妈妈怎么和这些老一辈革命家的友情不一般，如同贴心的亲姐妹？我知道妈妈在延安中央党校学习过，但她从没有进过中央领导机关，怎么和这些人物熟得不能再熟？可是妈妈一直对我绝口不谈她过去的经历。

母亲的革命经历

以前很长时间，我对母亲的过去不甚了解，直到我上大学以后，特别是从1966年开始的那场"文化大革命"运动中，我才知道母亲的革命经历。

我的母亲原名阚思颖，1910年农历八月十九日出生于四川省南溪县城关镇的一个商人、开明士绅家庭。我外公在商号做账房，深得老板器重，年终可得红利，家境随之殷实。他工于书画，尤其工于画兰花、青竹，在川南地区小有名气，有"读书人"之誉称。又因他乐善

1937年在延安，甘棠与哥哥刘鼎合影　刘文山供图

好施办慈善堂，出钱修路修堤坝修码头，深得一方百姓的拥护和爱戴。我外婆原籍湖北黄安县（今红安县），入川后，先是帮工，常被人欺凌虐待，于是辞工打零工谋生，养成了自力更生、勤俭朴实的习惯。她和我外公成亲后，并没有养尊处优，而是自己纺织，担负全家的穿衣缝补以及修理家什等事务。

我母亲自幼就帮助我外婆做事，外婆摇纱、纺线、绩麻，妈妈一起跟着干；我外公写字或画画时，妈妈就帮他磨墨牵纸。我妈妈7岁入小学读书。1924年，她考入宜宾女子中学。在上中学期间，五四运动对她有很大的启示；她大哥刘鼎（即阚思俊，1936年化名为刘鼎）的革命思想对她也有很大影响。大哥刘鼎比她长8岁，在家乡上中学时，就结识了中国早期的共产主义者、南溪人孙炳文。

在哥哥刘鼎和学校进步教师的影响下，母亲在学校里看了很多进步书刊，如《共产主义ABC》《新社会观》《青年》等，由此，她的思想发生很大变化。她对重男轻女和"三从四德"的封建思想很是反感。她父母要给她裹小脚，她坚决不同意，最后父母拗不过她，只有放弃，不再逼她裹脚。但是她的脚受到伤害，脚趾不能再伸直。她考上中学时，她父亲就给她这个14岁大的女孩订了婚事。对这个包办的婚姻，她坚决

反对，她不畏父亲的责骂，不顾断绝学费的压力及威迫，也不怕各种风言风语，毅然离家出走，躲到李淑宁（赵一曼）的姐夫郑亮臣家的夹墙楼角去住，不再回家。从此后，她更坚定了革命理想。"五卅"惨案以后，她积极地投入反帝反封建的斗争，冒着大雨上街宣传，饿着肚子到河边参加抵制日货的活动，虽然亲友们劝她注意身体，小心危险，可是她毫不动摇，一次比一次更加坚强勇敢。

在学校地下党组织的帮助下，她能看到党的书刊，加深了对社会发展规律的认识，对实现没有腐败、没有压迫、平等自由的共产主义社会充满了信心。她认为共产主义是人类最理想、美满而又幸福的社会，她也明白在当时的社会情况下，要达到理想的共产主义社会，就必须经过流血斗争和长期的艰苦奋斗。由于她坚定了对共产主义的信念，她向校内的地下共产党组织提出入党要求。1926年5月5日，由郑蜀雄、郑秀石介绍，她加入了共青团。同年12月，由郑焕如、郑蜀雄两位党员介绍，再经宜宾特支的批准，她加入了中国共产党。

母亲入党后，由杨闇公（中共重庆地方执行委员会书记）帮助并解决路费，于同年12月底到达重庆，住入中法大学，在党的领导下，半天学习，半天做宣传工作。1927年3月31日，她积极参加了重庆反对英美军舰炮击南京的爱国示威运动，示威运动遭到国民党军队的镇压，此即国民党制造的重庆"三三一"惨案。在示威运动中，母亲的头部受到枪托打击，手臂被刺刀穿透，身受重伤倒在血泊中，被同伴救至医院治疗。稍愈，没经医生许可，她便出院赴武汉，在孙炳文家里住了一个多月。

1927年7月中旬，组织通知母亲离开武汉去上海。到了上海，她被编入法南区街道支部，由济南总会主任王弼介绍，免考入上海文治大学学习。1928年初，经法南区委介绍，调入由中共中央军事部部长周恩来领导的中央特科担任交通员，专职负责上传下达的通讯工作。1931年4

月，因中央特科负责人顾顺章叛变，地下党组织特科被破坏，在上海的党中央机关撤离。母亲转移去香港，找到在香港的中共交通站的王弼，请求工作，经王弼介绍入江西苏区。她到苏区后，担任地下党交通总站秘书。为了筹集经费，组织决定将打土豪时没收的黄金首饰熔为金条，我母亲也参加了熔化工作。在熔化的过程中她因硫酸蒸气熏染酿成严重的气管炎。病愈后，被中央局派到苏维埃大学国民经济部训练班学习。1933年经党组织批准，她在瑞金党校高级班学习了八个月，结业后被调入中央局妇女部当秘书，由李维汉直接领导。

1934年，母亲被调到中央工作团，由董必武、徐特立带队，到红军总卫生部、总供给部帮助工作。后中央工作团撤销，成立政治部，她在该部任宣传科长。1934年10月15日，她作为红一方面军的"特殊连队"——中国工农红军中央纵队总卫生部干部休养连的成员（党总支书记为董必武），参加了长征。

1935年2月，当部队进入云南扎西时，党中央召开了扎西会议。为了击破敌人新的围攻，牵制敌人，配合主力红军作战，决定在川滇边区创建新的苏区根据地，中共中央和中央军委抽调干部成立中共川南游击纵队。我母亲和另一个女红军李桂洪奉命调入川南游击纵队。在中央直接领导下，川南特委负责领导红军川南游击纵队及长江以南、金沙江以东，包括泸县中心县委工作地区在内的一片区域的地方工作。我母亲那时留任纵队司令部秘书，后任机关党总支部书记和政治部宣传队长、司令部指导员兼政治部组织干事。队伍开赴黔北，与黔北游击队汇合，成立总支，她被任命为总支书记。在川南特委领导下，我母亲和同留下的女红军李桂红到群众中做军运民运工作，带领群众开展抗捐、抗债、抗租的斗争，打土豪开仓分粮，有效地发动了群众。由此，引起国民党地方当局的注意，于是国民党地方当局联合川滇黔三军围剿这支游击队。

那时游击队成员既要做群众工作，又要和川滇黔三军迂回战斗。有时行军几十里甚至一两百里，时常奔走于崎岖蜿蜒的深山峡谷之中，滚得满身污泥，被树枝或石头划得遍体鳞伤。她们勒饥肠，卧田埂，蹲山沟，不仅不叫苦，反而信心百倍，多次粉碎了敌军的围剿。

1936年11月，由于叛徒告密，游击队被敌包围，在弹尽粮绝的情况下，母亲和李桂红不幸被捕，被连夜送到扎西。在关押期间，她们始终机智地和敌人周旋，随后被押送到昭通。她俩审慎而灵活地与敌开展斗争，始终坚持不泄露党组织的机密，只说自己是爱国青年。敌人没有办法，结果自问自答，给她俩扣上一顶"红军宣传员"的帽子，监禁起来。西安事变后，1937年5月母亲由昭通被押送去四川。途经南溪时，她父亲花钱把她保释了出来。她到家后被关在一间小屋子里，她父亲不许她再参加政治活动。不久她破窗逃出，乘船东下，去重庆寻找党组织。不长时间就和当时的八路军驻成都的代表、公开的中共代表罗世文接上头。经罗审查后，把她留在四川党组织工委里，于是她又投入到党的革命活动中。1938年11月，川康特委成立后，她任特委妇委书记、特委执委。在这期间她和中共四川省工委书记、川康特委副书记邹风平结为夫妻。

1940年3月14日，国民党军警、特务在成都制造了抢米事件，嫁祸给共产党，找借口抓捕了罗世文等人。为了保存革命力量，川康特委决定让相关人员尽快疏散。于是，中共南方局决定调张曙时、邹风平等人到延安，我母亲也和邹一同到了延安。他们到延安后，先到马列学院学习，半年后到中央党校一部。在延安整风时期，1943年邹风平因受康生诬陷被迫害致死。1944年我母亲同我父亲结了婚，之后我母亲一直在中央党校一部学习，到1946年10月，随党校疏散到太行地区，途中任中央党校三部生活干事。1947年3月，调任晋城五师家属队协理员及该师党校党支部书记。这年，我母亲同意和丈夫离婚，从此单身，和我一起生活。

1948年，母亲被调到华北石家庄市第二供销合作社任副主任，兼妇委委员。1948年9月调市委任妇委书记、市执行委员。1949年3月兼任妇联主任。11月中央组织部决定她随军南下，到大西南工作。

新中国成立后，母亲先后任中共重庆市委妇委书记兼市政府委员，西南妇联委员，全总西南办事处女工部副部长兼西南局妇委副书记。西南局撤销后，1954年，母亲担任四川省高级人民法院副院长、党组副书记。她作为新中国的女法官，十分注重调查研究，讲究实事求是，坚持依法办事。在办案时重视第一手材料，常深入到基层和群众中进行调查，反复研究核实，做到证据充分、定性准确、处理得当。

"文化大革命"期间，母亲与她大哥刘鼎惨遭迫害，兄妹都被林彪集团、"四人帮"诬陷为"叛徒"。刘鼎被关进监狱达7年之久。母亲遭到批判揪斗，于1971年因病得不到医治而去世。在她生命的最后一刻，我母亲仍坚信：正义必将战胜邪恶。

1962年夏，甘棠与哥哥刘鼎在北京合影　刘文山供图

母亲的叮嘱

知道了这些，我脑海中所有疑问都解开了。我母亲之所以和党中央领导的老大姐们结下深厚友谊，之所以在遇到危险时有冷静处理的经验，都源于她丰富的革命经历。母亲16岁加入中国共产党，就把自己融入革命事业，在白色恐怖的地下斗争中她把生死置之度外；在敌机轰炸敌兵追击的长征中，她经受了战斗与饥寒的磨炼；在与国民党军队开展游击战中，她历尽艰险，英勇善战，为开辟苏区根据地舍生忘死地工作；在敌军监狱中，她面不改色地与敌人智斗周旋；她抛弃安逸生活毅然离家投身革命。我那率直、忠诚的母亲，自始至终没有违背她的誓言，为了人民当家作主的新中国，抛头颅洒热血心甘情愿！

作为真正的共产党人，革命意志坚定的母亲，对我要求极严，常常叮嘱我："我们都是平常百姓，没有什么特殊的地方。你不要到处吹嘘自己，特别是在他人面前不要吹嘘自己的父母。我们干革命，取得今天的职位，是党的工作的需要，这是我们的事，和你们没有关系。你自己要努力学习，将来你能胜任什么工作，就得全靠你自己，不能靠我们。"母亲的叮嘱，我牢记心中。

我敬佩我的母亲，永远怀念我的母亲甘棠——一名走过长征的女红军，开辟苏区根据地的游击队女战士，为建立平等民主的新中国奉献一生的真正的共产党员。

史群英：开国大典的警卫战士

李国强

人物简介

　　史群英（1922—2014），四川旺苍人。1933年11月参加红军，被编入红三十一军政治部宣传队，后为总后方医院护士。1935年春随红四方面军长征。1937年1月加入中国共产党。后在陕甘宁边区医院当护士。1942年5月到延安医科大学学习。1946年4月在延安中央医院当实习医生，后到华北军区防空司令部医政科任副科长。1952年10月任海军青岛保育院院长。1953年任南京军区医院副院长。1961年任海军司令部直属政治部干部处处长等职。1960年被授予中校军衔。1978年以正师职离休。2014年6月8日，因病在北京逝世。

1949年10月1日，在中华人民共和国成立的开国大典上，有位27岁的华北军区直属部队的四川籍女战士，神情肃穆地站在北京金水桥石栏杆旁边，担负安保工作。她就是从长征中走出来的巾帼英雄史群英。她的革命经历，富有传奇色彩。

小女孩参加红军

1922年7月7日，史群英出生在四川旺苍县史家坝一个贫农家庭，父母种一小块地，父亲还做货郎担，以补贴家用，日子比一般穷人好一些。她是独生女，深受父母宠爱，还读过两年书。

1933年初夏，红军唱着《八月桂花遍地开》这支歌开进了史群英的家乡。当时，史群英还是一个不满11岁的小女孩。在红军到来前几天，被红四方面军打败的国民党部队，狼狈逃到史家坝村，大肆散布谣言，并胁迫全村男女老少上山躲避，害得他们三天三夜一直躲藏在深山老林里不敢出来。正当他们万分焦急之时，一个留在村里没走的老大爷上山来劝乡亲们回去。他说，红军让他给大家捎个信，他们是穷人的队伍，纪律严明，秋毫无犯，不要听信国民党反动派的谣言，叫乡亲们下山去安居乐业。乡亲们将信将疑，悄悄地陆续回去，史群英和家人也回了村。

傍晚时分，村口的场院上锣鼓喧天，乡亲们被吸引而去，围了个大圆圈，中间有红军女战士的精彩表演。一个十三四岁的小女兵头扎一朵红绸花，腰系一条长绿带，两手各握绸带一端，一边扭着秧歌，一边唱：

八月桂花遍地开，鲜红的旗帜竖呀竖起来，张灯又结彩呀，张灯又结彩呀，光辉灿烂闪出新世界。……一杆红旗飘在空中，红军队伍要扩充，亲爱的工友们哪，亲爱的农友们哪，拿起刀枪都来当红军。……

史群英平生头一次听到这么好听的歌，不禁边看边跟着轻声哼唱起来。

红军表演了一些节目后，一位中年男子站出来向乡亲们讲话，说红军是共产党领导的，共产党是为穷人谋幸福的，工农群众只有团结在共产党周围，拧成一股绳，消灭军阀，打倒土豪劣绅，穷人才能过上好日子，并号召乡亲们积极报名参加红军。村里当场有两个穷光棍报名参加了红军。

那天晚上，史群英兴奋得久久不能入睡，女红军宣传员的英武形象，《八月桂花遍地开》的优美歌声，在她脑海里翻来覆去地出现。

1933年11月7日，在旺苍坝召开纪念俄国十月革命十六周年和中华苏维埃共和国临时中央政府成立两周年的军民大会。史群英也参加了庆祝大会。会上先有红军宣传队表演精彩节目，接着红军首长讲话，号召大家踊跃报名参军。史群英决心参加红军，可当时她穿的是一件漂亮的小旗袍，怕红军觉得她是富家小姐而不要，赶紧找到一位正在那儿顶着盘子卖糖的堂姐，要求两人对换衣服穿。正在这时，一位女红军走过来说："小鬼，为什么新衣服换成旧衣服，是不是想当红军啊？"史群英点头称是。于是，那位女红军把她带到设在庙里的红三十一军政治部，她剪了发换了装，报名参加了红军。报名填表时要写姓名，可原来她一直没有名字，家里都管她叫"小端午"，她急中生智，突然想起一个参加苏维埃工作的堂姐叫"史成英"，于是她给自己起了个名字叫"史群英"。史群英后来得知，那位带她去报名参军的女红军叫严秀华，是扩红宣传队的女兵班长。

接着，班长严秀华把史群英领去见政治部主任张琴秋。张主任见带来一个女孩，便上下打量一番说道："小同志，你这么小的个子，连枪都背不动，到部队来能干啥子呀？""我可以当宣传队员。"史群英连

1951年史群英与丈夫徐士凯合影　徐利京供图

忙回答道。"你会唱歌跳舞吗？""我会。"史群英马上唱起了《八月桂花遍地开》。张主任点头称赞，史群英如愿以偿，她被分配到政治部扩红宣传队。宣传队有300多人，大都是女战士，年岁都不大。宣传队下分几个班，史群英所在班的班长恰好是领她报名参军的严秀华。

　　当时，刘湘统率四川各路军阀部队正在向川陕苏区发起"六路围攻"，史群英所在宣传队的主要任务是宣传革命，武装群众，扩大红军。史群英聪明、活泼、伶俐，勤劳肯干，在宣传队班长的帮助下，把宣传材料背得烂熟。第一次随队下乡宣传，她就不怯场，与战友们轮流表演节目，演讲革命道理。他们表演的节目多种多样，当时经常表演的节目除《八月桂花遍地开》以外，还有一些歌颂党的自编歌曲，如：

　　　　共产党领导真正确，工农群众拥护真正多。

　　　　红军打仗真不错，粉碎了国民党的乌龟壳。

　　　　我们真快乐！真快乐！

还有动员群众参加红军的顺口溜《问老五》：

> 王老五，苦不苦？黄连加上苦瓜煮。
>
> 今天你上哪里去？投奔红军打官府。
>
> 官府衙门兵刀多，革命哪怕丢脑壳。
>
> 打倒官府干什么？夺得江山人民坐。

史群英的说唱，博得群众一片掌声。

这些通俗易懂、群众喜闻乐见的宣传，收到了很好的效果。穷苦百姓纷纷报名参加红军。红三十一军很快由几千人扩充到近两万人。史群英因宣传扩红成绩突出，获得了很多小奖品。在女宣传队员中，史群英的年龄比较小，每天行军几十里，刚开始她连蹦带跑还行，后来就不行了，又生了病。她受到班长严秀华大姐的格外关爱，生病时，还有位高个子队长背着她行军。史群英回忆说，自从延安重逢过一次后，就再也没见到那位背她的高个子队长，新中国成立后她曾多方打听他的下落，也想登报寻找，但因记不清他的姓名，终未如愿。也许那位高个子队长在战争中牺牲了。史群英深情地说："每逢我漫步天安门广场时，总要去瞻仰人民英雄纪念碑，仔细端详碑基上栩栩如生的英烈群像，仿佛能从中找到我们扩红宣传队的高个子队长。"

"肃反"时险遭冤杀

1935年初，红三十一军奉命西进，准备发起广（元）昭（化）战役，宣传队队长决定把史群英送到后方根据地去，不让这位年纪小的女队员上前线，可史群英一心想上前线杀敌，很不情愿留在后方，还气得哭了好几天。从此以后，她就离开了扩红宣传队，当上了后方医院护士，尽心尽职地护理红军伤员。

可是，这时张国焘在四方面军中搞极"左"的那一套，乱杀知识分子，甚至凡是识字的想参加红军，他一个也不要。一天晚上，史群英到屋外散步，在月光下看到墙上有条标语："中国共产党万岁！"因为她父亲叫史运中，这个"中"字她认得，就连猜带蒙地读了起来，结果没想到被人听见上报了。当时张国焘"肃反"有个荒谬逻辑：识字，就读过书，读过书，家里就有钱，家里有钱，就出身不好，出身不好，就是打进来的"AB团"，就应被清洗掉。这使得史群英一下子蒙受了不白之冤。她被关押起来，给她送饭的战友对她说："你将被处死。"当时，一向勇敢的史群英也不知道害怕，在这种情况下她只希望被一刀砍死算了。也许命不该绝，幸好有一天，红三十一军政治部张琴秋主任路过此地，在与院长谈话时，听院长说要杀掉三个"改组派"，其中一个就是史群英。她立即怒斥道："简直是胡闹！史群英是我们三十一军政治部宣传队的，表现一直很好！"史群英因此捡回了一条命。临走时，张主任还叮嘱她以后要小心从事，并送给她一条毛巾、一把牙刷。

长征中大难不死

1935年春，红四方面军退出川陕革命根据地，开始长征。一路上，红军常与敌人交火，仗打得很残酷，红军伤亡很大。总医院挤满了伤员，史群英一个人要护理100多个伤员，夜以继日地工作，头脑昏昏沉沉的。一天晚上，她给伤员换完了药，从临时宿营的藏民竹楼的楼梯上走下来，身体一晃跌下来，膝盖被竹根戳了一个大洞，顿时血流如注，她赶紧抓起地上的泥土来堵。当时突发紧急情况，同志们顾不上带她，给她留下一点吃的东西就走了。快到天亮时，她发现了另一个因病掉队的红军女战士在附近呻吟，两人接上了头也壮了胆。不久又恰好红一方面军的五军团从此经过，她们俩被抬上担架，追赶前面的部队，第二天终于找到了红四方面军总医院。

1935年6月，红一、四方面军在懋功会师后，张国焘自恃人多马壮，和党中央闹分裂，反对北上，主张南下丹巴。10月，红四方面军又翻越夹金山等雪山，向西康撤退。

过雪山，越往山上走，空气越稀薄。嗓子眼直冒烟，头疼得像要爆炸。史群英走不动了，想蹲下来。战友一把将她扯起，拉她走，因为在山上一蹲下去就会起不来。

部队过草地时，史群英被编入总医院三所。事先，一人领到了两袋青稞炒米、一些盐和一个洋瓷碗。炒米由班长统一掌握，吃的时候由班长发给大家。开始每顿一人吃一碗，接着减少到半碗，后来一人只有一手心，最后只能用野草充饥了。

沼泽地里，到处是危险的泥潭，陷进去就丧命。每天，天刚亮就开始行军，天一黑就蹲下来就地宿营。一个班或一个排的人蹲在一起。人蹲的地方地下水慢慢地漫上来，一直漫到胸口，不能擅自挪动地方，因为瞎闯会出危险。史群英年纪小，大家让她蹲在中间，战友们的体温暖了水，水暖了史群英，而蹲在周围的战友们胸前到凌晨都结了冰碴子。

走完草地用了12天，战士们觉得似乎过了12年。通过了渺无人烟的草地，史群英随红四方面军总医院机关来到了天险腊子口，这里是山高路窄的峡谷。红军战士们刚通过山洞，就意外地与国民党一股流窜部队遭遇了，双方激烈交火，红军只有迅速突围。战斗到第二天凌晨，史群英发现仅红军总医院二所就少了几十名战士。战斗还在继续，她亲眼看见红四方面军总医院贺诚部长、周光坦政委等首长骑马冲到路口，面对汹涌而来的敌人，沉着指挥突围的场面，并目睹一位总医院的"红医官"英勇牺牲的情景。他们一口气跑了二十多里，敌骑兵最后把他们追到一个悬崖上，红军战士遭逢绝境，谁也不肯当俘虏，于是一个个毫不犹豫地跳下悬崖，许多战友牺牲了，而史群英跳崖后却幸运地挂在了树枝上。后来，红军作战部队赶来，把敌人消灭，史群英得救了。

历经千辛万苦之后，14岁的史群英随大部队终于在1936年10月到达陕北。

夫妻齐抗战

到达延安后，史群英被分配到陕甘宁边区政府卫生所（后改为中央总卫生处、中央卫生部）工作。她每天都要随国际友人马海德医生到中央组织部训练班为学员看病。1938年11月，经组织部批准，史群英到训练班参加学习。当时，毛泽东主席和其他中央首长非常重视这个训练班的学习。毛泽东、朱德、陈云、李富春等领导同志，经常来龙王庙训练班讲课。经过四个月的艰苦、紧张学习后，史群英因工作需要而继续留在延安。在延安时，她经常给马海德、傅连暲等著名医生当助手。

1939年5月，史群英从中央总卫生处调到八路军第一二〇师部队工作。这时她已和徐士凯结婚。徐士凯，1913年出生，湖北红安人，1930年参加中国工农红军，1931年加入中国共产党，曾任红四方面军总卫生部宣传科长，参加过川陕革命根据地反"三路围攻"、反"六路围攻"和长征。抗日战争时期，他先后担任八路军第一二〇师干事、第三五八旅组织科长、独立二旅政治部主任。

一次，鬼子来扫荡，情况万分紧急，史群英抱着才十个月的孩子骑上马就跑。她和战友们冒着敌人的炮火，渡过黄河，赶到陕北，看见许多村庄被烧毁，看到一个小孩被敌人挑在刺刀上。由于缺食少药，她的孩子在路上病死了。她强忍着悲痛，振作精神，把感情寄托在了革命事业上。

出色的医务工作者

从长征时起，史群英就一直从事医务工作。在抗日战争时期，她曾在延安医科大学十九期学习，她以坚强的毅力，一边照顾她和徐士凯的第二个孩子，一边刻苦学习，取得了优良成绩。抗战胜利时，史群英也在医大毕业了，并在中央医院实习。她成了一名医术高明的军医，还曾给董必武、谢觉哉、徐向前等中央领导同志看过病。

1961年，史群英、徐士凯夫妇与子女合影。前排左一史群英、右一徐士凯；子女从上到下：徐俐弟、徐帜红、徐利京、徐利宁、徐立新、徐小风　徐利京供图

新中国成立后，史群英先后任华北军区防空司令部医政科副科长、海军青岛保育院院长、南京军区医院副院长、海军司令部直属政治部干部处处长等职，成为一名出色的医务工作者，为我军医疗事业做出了突出贡献。

权卫华：一颗红心卫中华

胡彦双

权卫华（1919—2002），原名权克英，四川阆中人，开国少将李基的夫人。1933年10月参加红军，在宣传队工作，同年加入中国共产主义青年团。历任区妇女部巡视员、少共妇女部长，丹巴县少共妇女部长。参加了川陕革命根据地反"六路围攻"。1935年春参加长征，1936年10月加入中国共产党。1937年到1946年，先后在延安鲁迅师范学校、抗日军政大学女生队、中国女子大学及中央党校学习。1948年赴东北，任十纵队四十七军留守处家属学校政治教导员。1949年任中南军区四野后勤部文工团政治教导员。新中国成立后，先后任湖南军区后勤部干部科副科长、北京农业大学人事室主任、人民大会堂管理处副处长、军委工程兵司令部直属政治处副主任、总参

工程兵部政治部政策研究室研究员等职。1955年被授予中校军衔，荣获三级八一勋章、三级独立自由勋章、三级解放勋章。1961年晋升为上校军衔。1983年离休。1988年被授予二级红星功勋荣誉章。著有革命回忆录《征程漫忆》。2002年1月9日，因病在北京逝世。

剪掉辫子参加红军

权卫华出生在川北阆中的一个穷山冲的贫苦农民家庭，原名权克英。她排行老大，下有四个弟妹。父母靠租种地主土地养活一家。权克英12岁时就已经开始干成年人的农活了，她担着重重的水桶，本该有着天真笑容的脸蛋上却满是凄凉和无奈。家里的日子实在过不下去了，父母含泪把她送到深沟里的一户人家去当童养媳，以保她能有口饭吃。

1933年秋天，红军的宣传队来到了山沟里，他们穿着军装，军帽上有颗红色的五星，每个人都精神焕发，让权克英好生羡慕。战士们说，红军是共产党领导的人民军队，穷人要拿起武器闹革命，推翻地主土豪的剥削压迫，为劳苦大众争解放，还宣传男女平等。穷苦百姓听了这些话，备受鼓舞，纷纷争着参加红军。权克英看着叔伯哥哥当了红军，也沉不住气了，瞒着婆婆偷偷跑到观音场区苏维埃报了名。她和女红军聊着穷人和妇女受苦受难的经历，越说越起劲，越说越愤恨，拿起剪刀剪掉了头上盘着的辫子，光荣地加入了红军，当时她才13岁半。

敢在戏台子上讲话的小红军

当上红军的权克英接受的第一个任务就是在红四方面军第三十军做

群众工作，宣传革命道理，鼓励群众参加红军。

一次，她要在观音场群众大会上讲话，那是一个两丈高的戏台子。权克英做梦都没有想过要在这样的台子上，给那么多人讲话。她壮着胆子爬上戏台子，腿不禁抖起来。于是，她咬咬牙，鼓足勇气，大声讲起来："我叫权克英，是本地凉水井人，13岁，原来是童养媳……"这是她从老同志那里学来的开场白，看着台下群众信任的目光，她继续讲下去："我们穷人太苦了！一年到头干活，还是吃不饱饭，自家的女孩要送给人家做童养媳。要想吃饱饭，过上人人平等的生活，就要当红军！红军专打土豪劣绅，是为穷人闹翻身的队伍……在红军里男女平等……"

昨天还是个童养媳，今天就是个穿上军装宣传革命理想的女红军。群众听到她的讲话感到震惊，却又格外亲切。在她的宣传下，观音场区群众参加红军的热情高涨起来，她姑姑的儿子、儿媳妇都参加了红军。

前进，继续前进

搞了一段群众工作后，权克英跟随红四方面军开始长征。战斗激烈，伤员众多，表现出色的权克英被编入野战医院当连长，负责组织管理伤员。1935年6月，红一、红四方面军在懋功会师后，权克英调到红四方面军党校，跟随左路军北上。那是一段走在死亡边缘的征途，特别是在1936年春翻越党岭山时，权克英不知过了多少次鬼门关。

党岭山常年积雪、气候多变，战士们一个挨着一个小心谨慎地前进，必须踩着前面战士的脚印才能确保安全。山上空气稀薄，让人胸闷得喘不过气来，头晕眼花，稍有不慎就可能跌落悬崖。权克英看见好多战友坐下就再也没有起来，就和其他战士大声喊："不能坐下去！要走！要起来走哇！"

好不容易爬到山腰，大家找了一块雪薄的地方，几个人紧紧抱在一起，风雪像刀子一样往脸上刮，身体不久就麻木了。半睡半醒中，天已经亮了。权克英双手用力撑起身子，可是，两条腿都已经没有了知觉，她一次次努力地抬起身子，可每次都重重摔在地上。她拼命地拍打着双腿，却没有任何效果。已经绝望了的她，流着泪哀求战友："你们

1961年权卫华与丈夫李基合影　李湘沅供图

先走吧，不能大家都冻死在这里。我就在这儿，看腿过一会儿还能不能好。好了，我再去追你们；好不了，我就死在这儿……"战友们怎么舍得扔下同甘共苦的姐妹，赶快找些柴草来，生起一小堆火，大家轮流用手给她搓腿，这样她才逐渐恢复了知觉，又坚强地跟着部队继续前进。

刚走过千难万险的雪山草地，红军又在甘肃渭水河边与敌人遭遇。以逸待劳的敌军用强大的火力压制红军，没有桥也没有船，红军只有强渡。河水湍急，战士们手牵着手才能艰难地通过，稍不注意，就会被河水冲走，大家也只能眼睁睁地看着，无力搭救。炮弹打过来，掀起一个巨浪，也会把几个战士卷到河水里去……权克英这时只想着："前进，继续前进！"她拉着马尾巴，被河水冲得上一下，下一下，河水呛得她喘不过气，她紧紧闭着双眼，只听见子弹在耳边穿梭的声音……终于，她随着马一起活着到了对岸。

1936年，红军到达了陕北。权克英穿着新做的军装，成为一名光荣的中国共产党党员。此后，她改名为权卫华。

回忆长征

回忆起长征前后的艰苦岁月，权卫华写了一首《忆阆中》：

二月桃花真鲜艳，嘉陵江畔阆中县，

那年英勇红军到，全县人民齐欢笑。

自从来了共产党，劳苦大众得解放，

童养媳妇翻了身，十三青春上战场。

无产阶级建政权，地主恶霸被打倒，

没收财产给群众，人民拥护歌声高。

革命奋斗几十年，艰苦岁月变甘甜，

人老心红志愈坚，团结奋斗永向前。

　　她说："（这首诗）今天的年轻人听来，可能是不值得一听的，但对于像我这样从国内革命战争时期过来的人来说，确是发自内心的感受。是党的培养教育才使我这个旧社会的童养媳获得新生和解放，并成了新中国的建设者和保卫者。……回忆起50多个春秋的戎马生涯，特别是长征中，爬雪山、过草地、吃草根、啃树皮，历尽千辛万苦的峥嵘岁月，使我深感共和国来之不易，也使我受到了战火硝烟的锻炼。尤其是在延安时期党让我多次参加学习的不平常经历，才使我真正领会到只有马列主义、毛泽东思想才能救中国的这一真理。"

1973年全家合影。前排左一权卫华、左二大孙女、左三李基；后排从左至右为：大女儿李安沙、二儿子李东光、小女儿李京沙、小儿子李湘沅、大儿子李曙光、二女儿李延沙、大儿媳石远征　李京沙供图

曲 飞：曲折艰难仍奋飞

肖 星

人物简介

　　曲飞（1923—2004），原名罗坤、罗正坤，四川苍溪人。1933年参加革命，任儿童团团长。1933年冬加入中国共产主义青年团，后任川陕省苏维埃革命法庭女看守队队长。1934年参加红军，调至妇女独立团当排长。1935年随红四方面军参加长征。长征后，担任康克清警卫员，出任妇女独立团一连二排排长。1937年加入中国共产党。1952年在中央财经委员会行政司工作，后到中南局商业部五金公司、石油煤建公司、医药公司等单位任经理职务。1960年调到中国人民银行总行任干事、信贷处长，后又调到湖北省人民政府驻北京办事处任主任。1985年离休。

幼年遭遇家庭变故

1923年腊月，曲飞出生于四川省苍溪县，她有一个可爱的乳名叫"腊香子"。腊香子小时，罗家尚能维持生活，父母悉心耕种着几亩薄田，四个哥哥、两个姐姐在外给富人家做工赚钱，小腊香子还跟着教书的伯父念了两年私塾。年幼的腊香子哥哥疼姐姐爱，学着《百家姓》《三字经》，会认些简单的字，还帮父母做力所能及的事。古灵精怪、活泼可爱的腊香子觉得自己是世界上最幸福的人。

可是好景不长，几年后，四川军阀开始混战，整个家庭的生活急转直下。1929年，腊香子的家里来了一位神秘的黄天民大哥。自从黄大哥住下后，周围的长工会定期来到罗家，而腊香子则专门负责在门外放哨。每次谈话完毕，她总能看见长工们神采奕奕地走出家门，嘴里还反复念叨着"打土豪，分田地"的话。虽然不知道是什么意思，但腊香子无形之中却把这些话深深地记在了心里。不久后，黄大哥离开了罗家。罗家老大、老二兄弟俩开始带着长工上山打游击，因为缺枪少粮，长工游击队很快就被国民党苍溪县保安团长马汉如的部队打散了。罗家二兄弟被反动派残忍杀害，母亲因两个儿子被害郁郁而终，父亲罗世堂因两个儿子是"土匪"被抓入监狱，罗家老三、老四也被迫逃离了家乡。为了赎出父亲，刚满10岁的腊香子被卖给东河镇刘家当童养媳，开始了牲口般被使唤毒打的生活。反动派的残忍行径、封建家庭的严酷冰冷，使得腊香子幼年体会过的温暖瞬间化为泡影，腊香子常常想：这样活着还不如追随自己的亲人去死。

儿童团里的"小红人"

1933年，红军打垮了四川军阀田颂尧的军队，解放了腊香子的家乡。因为国民党的反共宣传，镇上的人都以为红军是"共产共妻"的军队，跑到山里躲起来了，而刘家寡妇却强迫腊香子守在家里。腊香子听到外面轰隆隆的枪炮声，躲在水缸中瑟瑟发抖。等枪炮声稀疏以后，腊香子被几个红军小战士从水缸里抱了出来。红军小战士们不仅没有对腊香子说一句威胁恐吓的话，反而和她拉起了家常，腊香子开朗活泼的性子逗得小战士们哈哈大笑。腊香子明白了：这就是黄大哥口中的神秘队伍，解放穷人的队伍。于是腊香子接下了找回躲在山上的乡亲们的任务。乡亲们纷纷下山后，红军把地主的粮食分给大家，大伙儿奔走相告：穷人真的翻身把歌唱了。那些日子，腊香子每天跟在红军后面，蹦蹦跳跳地，像回到了以前那个温暖的家一样，别提多高兴了。

至此，腊香子决定无论多难，今生要跟着红军走，决意不再回到那个冰冷的刘家。可是红军嫌她年纪太小，纵使她磨破嘴皮也不同意她加入。回想家庭的变故、刘寡妇的刻薄、参军的挫折，腊香子伤心极了，跳进河里想要了结自己的生命。时任青茨芽乡（当时苍溪县的一个苏区）苏维埃政府妇女委员长的何连芝正在距腊香子跳河不远的岸边与各村妇女代表议事，发现后立即将腊香子救起，并关切地询问她的情况。谈话中机灵活泼的腊香子感动了何连芝，于是何连芝带着她去乡政府报名参加了儿童团。也正因为如此，腊香子回忆往事的时候常挂在嘴边的一句话就是："何连芝是我参加革命的领路人，是保全我生命的救命恩人。"参加了儿童团以后，腊香子觉得自己得到了新生，也就不再称自己为腊香子了，改名为罗正坤。后来在延安时期改名为罗坤，新中国成立后，进入北京时改名为曲飞。

儿童团的生活是紧张而充实的，早起出操、学习文化、站岗放哨，穷孩子们个个干劲十足，对领导交代的任务认真执行。两次站岗查路条的经历让曲飞成了儿童团里的"小红人儿"。一次例行站岗时，曲飞和儿童团另一位团员秋香发现一个神色慌张的过路之人，拿出的路条也是模糊不清、难以辨认。曲飞立刻警觉起来。和曲飞预感的一样，这神色慌张的人确实是国民党派来刺探情报的奸细。曲飞和秋香丝毫没有被奸细的伪装和花言巧语蒙骗，甚至不惧奸细狗急跳墙后的凶相毕露，最终在群众的帮助下将奸细押送到区苏维埃。但更让曲飞记忆深刻的一次站岗是"擒"住了红四方面军副总指挥王树声同志。因为革命警惕性高，两个"红小鬼"死活不肯给没时间开路条的王树声同志放行，最终首长提议和曲飞同行至前线指挥部确认身份，这件事才得以解决。事后，儿童团受到了表扬，他们每人还被奖给一支铅笔、一本笔记本。也因为此事，儿童团团员的革命警惕性更高了。

1933年底，曲飞作为儿童团的代表出席了苍溪县工农兵代表大会。会后，她被选派到巴中苏维埃干部学校学习。由于天资聪颖，加上读过两年私塾，曲飞思想和政治水平提高得很快，在学校光荣地加入了共青团。学习结束后，她被分配到川陕省苏维埃革命法庭任女看守队队长。

长征路上追红军

1935年春，红四方面军强渡嘉陵江，开始了艰苦的长征。红四方面军在长征路上边打仗边宣传。有一次，曲飞和另外11个"红小鬼"到乡下搞宣传，半个多月返回后，才知大部队因为战事变化已经全部撤走了。有的"红小鬼"急得哭了起来："红军都走了，我们可怎么办啊？"12个"红小鬼"中年纪稍大的何连英建议："沿着红军走的路，赶大部队去。"于是，这支"特别行动小组"装扮成叫花子沿途乞讨，昼行夜宿，跋山涉水。追赶红军的征途可不是想象中那么简单，这12个瘦弱的"红小鬼""抢"菩萨的口粮、"吃大户"、摆脱人贩子的拐卖、躲过野兽的袭击、战胜病痛的折磨、克服心理上的畏惧，从川北到川西，途经剑阁、江油、中坝、北川、茂县，历时三个多月，经历了常人难以想象的困难，终于在草地边缘追上了部队，走完了属于这12个"红小鬼"自己的长征。在追上部队的那一刹那，"红小鬼"们欣喜的泪水一股脑儿地涌了出来，红军亲人们把这些小家伙紧紧地搂在怀里。

后来，这些"红小鬼"们一直紧跟大部队行动，三过雪山草地，不怕苦不怕累。曲飞稚嫩的脸上永远充满欢笑，成为漫漫长征路上的小开心果，给大家带来了无限的快乐和希望。

正义凛然护耀邦

1954年，31岁的曲飞在何光秀和王定国大姐的帮助下，看望了时任中国新民主主义青年团中央书记处书记的"红小鬼"胡耀邦，并由此开始了30多年的友谊。"文化大革命"期间，胡耀邦被当成走资派批斗。有一天，曲飞挤进批斗场，听到有人高喊"把'走资派'胡耀邦押上来"，"让胡耀邦从狗洞子钻过来"，曲飞气得火冒三丈，但她知道不能鲁莽行事。转瞬间，她计上心来，随即高喊起来："红卫兵小将们，我知道胡耀邦是长征路上的'红小鬼'，在延安多次受到毛主席的表扬，因此，他是毛主席的'红小鬼'。今天，红卫兵小将又是毛主席的红卫兵，咋能让他钻狗洞子呢？让胡耀邦钻了狗洞子，毛主席知道了不高兴，咱们自己也不光彩！我建议，凡是被毛主席表扬过的，不论是

'红小鬼'还是红卫兵，都是毛主席的好战士。作为战友，胡耀邦有错就帮他改正错误，暂时没错就进行下一个！"

她的喊话得到了许多人赞同，红卫兵气急败坏地问曲飞是什么来头，鼓掌那边有人高声回答："她是'红小鬼'，毛主席在延安表扬过她，她叫曲飞，在毛主席那都挂着号。"这一来二去还真唬住了那些红卫兵，他们安排胡耀邦站到已进行完的一拨人当中去。接下来的岁月里，曲飞经常探望慰问胡耀邦。1989年胡耀邦去世，因为行动不便，曲飞派二女儿徐莎莉和女婿郑知行前往吊唁。

和平年代，作为一名普普通通的党员，曲飞兢兢业业地工作着。她说："光说我好的人，升不了我什么官；故意找我毛病的人，也免不了我什么职。"除此之外，她的"六不"原则也在单位内外广为人知："不贪污、不盗窃、不投机、不倒把、不违纪、不枉法，是为'六不'。"这就是曲飞，豪爽、刚烈、正义凛然，曲折艰难仍奋飞！

1996年曲飞（右一）与王定国在北京合影　徐莎莉供图

伍兰英：长征中的妇女独立团连长

刘 蒨[*]

伍兰英（1916—1982），又名伍登英，四川苍溪人，开国中将刘忠的夫人。1932年加入中国共产主义青年团，同年12月参加红军，任红四方面军第三十一军九十一师宣传队长。后任苍溪县苏维埃政府内务部长、省财委会会计等职。1935年参加长征，曾任红四方面军妇女独立团排长、连长。1937年1月加入中国共产党。后任太岳军区三八六旅卫生处指导员、太岳二分区干属纺织所指导员、太岳四纵干属学校党支部书记等职。1946年被晋冀鲁豫四纵队评为"劳动英雄"。新中国成立后，先后任南京军事学院军需处管理员，北京高等

---

*本文作者系伍兰英之女。

军事学院家属委员会主任、院务部协理员等职。1959年被评为"劳动模范"。1960年获"三八红旗手"称号。1979年离休。1981年在病中撰写了14万字的回忆录《从军五十年》。

虽然母亲在66岁时就离开了我们，但她朴实的身影和爽朗的笑声至今还清晰地留在我们心里。

真想知道母亲的传奇人生啊！长征女红军、双枪女英雄、掩护过邓小平、解放战争时期的"劳动英雄"、新中国的"三八红旗手"，生育了11个孩子（战争年代去世了5个）的母亲！就在她诞生100周年的前一个月，我们很幸运地从中共苍溪县委党史研究室找到了母亲的自传回忆录《从军五十年》。

苦难童年

1916年大年初一，正值军阀混战，母亲出生在四川苍溪县三川乡伍家坪的一个贫苦农民家里。她是家里的第三个孩子，大家都叫她三妹。母亲3岁时，外婆去世；4岁时，外公又撒手人寰。她一直由哥嫂抚养。7岁那年，因家里欠了地主很多债，无法生活下去，万般无奈之下，哥嫂只好含泪把她送到地主家干活抵债。

母亲每天都要上山放牛、割草、打柴，烧火做饭，什么活儿都得干，稍有一点做得不好，就要挨打受骂。14岁那年，在又一次挨了毒打之后，遍体鳞伤的母亲趁着一个漆黑的夜晚，偷偷地跑回了家，跟着她的哥哥到了昭化。兄妹俩找到母亲的姐夫袁镜（中共秘密党员），经袁镜介绍，同为秘密党员的哥哥进了汉阳兵工厂做工，母亲则帮着姐姐、姐夫带孩子、煮饭。从此，母亲开始了全新的生活，并通过姐夫认识了秘密党员陈子谦、王子和等人。陈子谦、王子和见母亲聪明懂事，忠实可靠，便发展她当了秘密交通员，经常叫她把秘密信件送到宝轮院的秘密党组织那里去。开始她还不懂得送信的意义，后来逐渐明白自己是在做革命工作，所以每次送信，她总是想尽办法，巧妙地躲过狼狗一般的民团的搜查。由于她工作出色，16岁那年，由陈子谦、王子和介绍，母亲在昭化县（今广元市昭化区）加入了共青团。这时，她才有了自己的名字"伍兰英"。

1932年春，川北一带农民运动风起云涌，如火如荼。当时三川乡的农民协会准备举行暴动，党组织派母亲回家乡参加农民协会工作。国民党反动派闻知农会准备暴动，于是勾结地主豪绅加紧镇压，到处搜捕共产党人，三川乡笼罩着一片白色恐怖。母亲回到家乡不久，哥哥和姐夫均被捕遇害。亲人被杀的噩耗传到母亲耳中，她对天发誓：一定要为哥哥、姐夫报仇。

这时，国民党反动派嗅到了母亲的行踪，并悄悄向她伸出了魔爪。一天夜晚，母亲刚和衣睡下，砰砰砰的敲门声突然把她惊醒了。原来是地主的团丁包围了母亲的家。母亲赶紧藏进草垛中。嫂嫂说："三妹，你赶紧逃命去吧，可不要被敌人抓去了啊！"母亲忍着悲痛离开了嫂嫂，沿着狭长的山沟逃出了敌人的包围圈。天黑得伸手不见五指，她摸了一夜，天亮前才找到作为秘密联络站的孟鲁侯家。从他那里知道，党内出了叛徒，党的组织遭到破坏。为了避开敌人的追捕，天一亮，母亲就同孟禄青、孟结青等人离开三川乡，前往通江苦草坝，找到当地党组织。

参加妇女独立团

1932年12月，红四方面军由鄂豫皖苏区开进了四川。母亲天天盼望的红军终于来了，她和王子和、朱士焕、孟禄青、孟结青几个人在苦草坝一起兴高采烈地参加了红军，母亲被分配到红四方面军第三十一军九十一师政治部担任宣传队长。之后，又在组织的安排下担任过苍溪县苏维埃政府内务部长、省财委会（即当时四川省银行）会计、工农饭店司务长、卢森堡妇女合作社采购员等职。

1932年底，国民党蒋介石的军队和四川军阀刘湘的部队向红军逼近，红军向西转移到了长池、木门地区。一天，母亲看到一队队的女红军背着枪，每个人的腰上还挂着三个乌黑乌黑的手榴弹，胸前挂着装满子弹的子弹袋，雄赳赳、气昂昂地从她面前走过，非常羡慕。一问，原来是红四方面军的妇女独立营奉命掩护兵工厂和银行转移到旺苍坝去。母亲心想：我要是能像她们一样在红军中当个前线战士，多带劲啊！晚上，母亲和几个女同志商量，一致要求由宣传队转到作战部队去。过了几天，正赶上妇女独立营进行扩编，吸收随部队撤出川陕苏区的地方机关中的妇女同志参军，成立红四方面军妇女独立团。领导终于批准了母亲由宣传队转到妇女独立营（1934年3月扩编为妇女独立团）的要求。

1935年大年初一的那天，母亲和李保珍、吴英、宋学珍、孙桂英等五个女同志一起被编入妇女独立团第一连。开始分配母亲当七班的班长，没几天又提升母亲为二排排长。当时一连的连长是廖正英，一营营长是陶万荣，团长是张琴秋。

母亲到了妇女独立团后，把头发剃得光光的，穿上新军装，打起绑腿，戴上斗笠，背上步枪，同男红军战士一模一样。到村里去宿营时，老乡们还认为她们是男人，不让她们到妇女的房间里去，也不允许同妇女接近。后来才知道是妇女独立团，干部、战士全都是妇女。开始有的老乡还是不相信，女战士们就让他们看耳垂上有戴耳环留下的痕迹，老百姓才相信她们是女兵。

在妇女独立团里，紧张的军事训练开始了。天不亮，她们就起床出操、爬山头。早饭后，进行队列训练，练习瞄准、射击、投弹、刺杀，有时还到野外去演习。这种崭新的军队生活非常紧张、严格。开始过紧张的生活时还不太习惯，但大家心里非常高兴，朝气蓬勃、劲头十足。大家都懂得，只有练好兵，才能打好仗，才能打胜仗。一空下来女战士们就唱家乡的小调，驻地到处飘着歌声，洋溢着欢乐、活泼的气氛！

1935年3月的一天，张琴秋团长传达了总部的命令，要妇女独立团担任转运伤员的任务，女兵们可高兴了！有的说："男同志在前方同敌人拼命，流血牺牲，我们女同志在后方做一点工作算得了什么！"有的说："我们不能到前方去打仗，担任抬伤员的任务也是很光荣的！"于是大家砍竹子的砍竹子，搓绳索的搓绳索，很快把担架都准备好了。为了迎接妇女独立团成立后上级交来的第一个任务，这天晚上大家都兴奋得睡不着觉。第二天，天刚蒙蒙亮，她们就到总医院去抬上伤员向王家坝进发。山越来越高，路越走越窄。走了几十里路，上了庙儿湾前五里路的大山，路更陡了。她们虽然都是劳动妇女出身，但抬起担架送伤员还是第一次，肩上压得又红又肿，火辣辣的痛得难受，汗水也湿透了衣服。可是看到伤员同志们为革命流血，她们也就不觉得肩上疼痛了。第二天天不亮又出发了，女兵们终于把伤员运到了王家坝总医院。刚送完伤员又接到了总部的命令，让妇女独立团马上回旺苍坝担任运盐的任务。她们接到命令立即回到旺苍坝运盐，两个人扛一包，每包六十斤，送到离王家坝一百二十里路的永宁铺（今苍溪县永宁镇）兵站。运完盐接着又出发走了三十五里到竹儿关，砍竹子架浮桥渡过嘉陵江，进驻江油。在江油主要工作是向当地群众宣传党的政策、组织赤卫队，打土豪、分田地，建立苏维埃政权。她们用缴获来的枪支弹药装备自己，把粮食、衣服分给当地的贫苦农民。

1935年4月，国民党胡宗南和四川军阀刘湘的部队又紧紧地追上来了，妇女独立团奉命从江油出发到沙溪河，去中坝抬伤员，这里已经很接近前线了。抬的伤员都是从火线上下来的红九军的战友。母亲她们将伤员抬到沙溪河的总医院后，就跟着红九军向北川、茂州前进。妇女独立团在茂州城内进行了整编，从党团员中选编两个连，每个连一百四十人左右，成立了川陕妇女党团学校，由刘桂兰任校长，其余的人员被分配到兵站、医院和后方机关去工作。当时，母亲被分配到妇女党团学校第一连，任务是掩护银行转移。过了沙溪河后，一连每天大部分时间都是上军事课、政治课，学射击、抢山头。妇女党团学校第二连奉命到北川去给老百姓割麦子、栽秧。一天，敌人追上来了，二连非常英勇地边打边走，从茂州后面的北山走了八十里，一直打到威州。当红军主力部队全部过了威州河后，张国焘下令把威州的铁索桥炸断了，造成了二连的一百四十余名女战士无法过河，只能与敌人拼死战斗，最后全部阵亡。

　　1935年5月上旬，总部命令川陕妇女党团学校一连掩护银行从茂州出发去理番。母亲她们每人要背上三十斤黄金，还要随时准备敌人来了就作战。当日傍晚安全地到达了理番县，刚吃完饭，忽然听到外面哒哒哒的马蹄声，接着有人说话："党团学校一连到了吗？有命令，要这个连明天赶到杂谷脑，杂谷脑的反动喇嘛造反了！"第二天一早，母亲和战友们就急行军赶到了杂谷脑。在杂谷脑驻扎下来，积极准备攻打喇嘛寺。原来在杂谷脑西北面高山上有一座喇嘛寺，里面的反动武装残酷地剥削压迫人民，并且和刘湘勾结在一起，企图阻止红军前进。

　　妇女部长张琴秋和红三十三军军长王维舟来了。王维舟军长给部队做战斗动员说："同志们，你们川陕妇女党团学校一连，虽然都是女同志，但都是党团员，是党的好儿女、红军的好战士。我们相信你们一定能够把喇嘛寺拿下来，消灭反动武装，完成党交给你们的任务。"接着，他做了具体的作战部署。女兵们非常兴奋，纷纷表示决心，一定要打好这一仗，完成党和上级交给她们的第一次战斗任务！一切都准备好了。第二天拂晓，王维舟军长亲自指挥，命令一排正面攻击，二排打右翼，三排打左翼。母亲和战友们开始向喇嘛寺靠近。刚刚靠近一点，敌人就发觉了，向一连开枪、开炮。敌人用的是土炮，当时就有三个同志中弹牺牲了，母亲的脚腕也被打伤了。反动武装凭着高墙厚壁，继续顽抗。到傍晚时，在火力的掩护下，母亲和战友们用汽油把寺庙的门点着了。这时反动武装开始向后山仓皇逃窜，喇嘛寺终于被女红军们攻下来了。

战斗结束后，母亲被送到医院去治疗。当时医院的药品很少，伤员们就自己到野地去找一种叫紫花地丁的刀口药，用石头砸碎或用嘴嚼碎敷在伤口上，再用绷带一扎就行了。母亲的伤就是这样治愈的。出院归队后，川陕妇女党团学校一连又接受了运粮和后方警戒的任务。她们每个人要背上七八十斤重的干粮和牛肉干，从杂谷脑向马尔康进发，每天要走七八十里路。这个运粮的任务非常艰巨，但是母亲她们克服了种种困难，胜利地完成了。

长征路上

1935年的6月下旬，红一、四方面军已经会合，开始了第一次北上，在大草地的边缘行军。从杂谷脑到查理寺约有六百里，翻山越岭，道路十分难走。特别是卓克基到马尔康的一段路，非常险要狭窄。不是过河、就是爬山，上上下下都是擦着山岩走。下面是悬崖深沟，一不小心滑下去，连骨头都找不到。当时正逢雨季，天气变化无常，一会儿下雨，一会儿下冰雹，道路泥泞难走。加上当地反动武装常常向红军打冷枪，或将大石头从山顶上推下来，给部队造成了不小的伤亡。在这样的条件下，母亲所在的一连掩护着省委银行等机关向卓克基、马尔康、查理寺等地前进。不久，部队进入了茫茫无边的大草地。这里没有人烟，连续几天都在草地上露营。经过近十天的长途行军，终于在1935年7月到达了查理寺。就在到达查理寺后的第三天，组织上决定调母亲回省财委会去工作。母亲真不愿意离开党团学校，但命令是必须要坚决执行的，就只好到财委会去报到。财委会主席赵炳瑞同志一见到母亲就说："兰英同志，你回来了很好。我们全军要南下，打回通南巴，调你回来还是干你的老本行——当司务长。"母亲当时就吃了一大惊，问道："当司务长？在这一望无际的大草地，连麻雀都看不见一只的地方，我到哪里去买东西来给大家吃呀？"在这样的困难环境下，搞伙食可不是开玩笑的，一百多人就是全都吃草也要用镰刀割呀。当时母亲急中生智，请求赵主席做出决定，动员大家在部队休息时，一起挖野菜。赵炳瑞主席同意了母亲的意见，通知大家休息时要人人动手挖野菜。

部队从查理寺出发向大小阿坝进军。每个人的口粮只有四斤，十多天的大草地行程，每人每天平均只有三两糌粑，真是人无粮、马无料。老天爷还给红军添麻烦，一会儿出太阳，一会儿下冰雹。冰雹个个像鸡蛋大，打在头上和身上，疼得让人难以忍受。母亲说同志们非常自觉，就连轻病号都出来找野菜。正在生病的阎秀同志也出去找野菜，她发现了一堆新土，上面插着的一个木排子上写着：此处有牛骨头！阎秀跑回来叫上李保珍，两个人把牛头和牛骨头挖出抬了回来，大家看见都高兴极了，这些牛骨头是先头部队留下来的。因为自从进入草地后就从没见过肉。大家洗的洗，劈的劈，把牛头上边的毛烧光、洗净，把牛骨头砸开放在锅里煮。汤烧好了，再把洗干净的刺角菜、苦菜、刀口菜统统下在锅里煮。没有咸盐，母亲去找赵炳瑞主席，动员每个人拿出一点儿盐来，放在锅里煮上就香味扑鼻。煮好后，母亲吹哨子让大家站队开饭。同志们都说，今天吃了一顿山珍海味——牛骨头汤，太难得了。

　　1935年的腊月，因为硝盐厂郭厂长患病，组织上决定由母亲接替他的工作。硝用来制造手榴弹和子弹，盐供给机关、部队食用。硝、盐的生产对红军非常重要。刚到硝盐厂时母亲什么都不懂。因郭厂长就在厂里休息，有不懂的，母亲就向他请教。母亲到厂的第二天，就产出硝一百三十多斤、盐九十多斤。母亲高兴极了，因为机关、部队已经有半年多没有吃上盐了。特别是在目前情况下，没有什么粮食吃，都是吃的野菜，在野菜里放点盐那就好吃多了。为了多出硝和盐，母亲每天同工人一起上山背硝土，一块儿提炼硝盐。这样就同工人建立了深厚的感情，也就便于向工人们宣传共产党的主张和政策了。母亲说："我们红军是来帮助你们打倒寨主、土司的。我们穷苦人民和娃子只有团结起来，在共产党、毛主席的领导下，才能翻身解放。"这些奴隶娃子们，吃尽了寨主、土司的苦头，很容易接受简单朴素的革命道理，觉悟提高得很快，因而干劲就更大了。过去一天只背四趟硝土，现在增加到背五六趟；过去一天出硝一百三十多斤、盐九十多斤，而现在出硝一百九十多斤、盐一百三十多斤。这个成绩使母亲打心眼里感到高兴。母亲在硝盐厂工作了四个月，上级又调母亲回总社去工作。工人们听到母亲要调走的消息，都跑来哭哭啼啼，不愿意让母亲走。

　　调母亲回总社是让她当采购员，总部指示要准备干粮北上。包括总医院在内，每个人要带上三到五斤干粮。筹粮这个繁重的任务又落在母亲的身上。母亲愉快地接受了这个任务并且圆满完成了。

　　在马尔康休息了五天后，部队向黑水、芦花前进。由于连续四天的大雨，又是山路，行走起来更加困难。翻山越岭走了一天多才到黑水、芦花。在黑水、芦花住了两天，就向毛儿盖进军。沿途都是山路，很少有人家，或是有房无人。根本没有粮食，只有挖野菜，配点糌粑充饥，有的人还从马粪中捡拾未消化的整颗胡豆煮熟吃。继续走了两天多才到毛儿盖。

毛儿盖是在大草原的边缘。机关、部队为了通过大草地精简了装备，把不必要的东西都埋藏了起来，并积极地准备干粮。之后部队向分水岭、班佑前进。每人背上十五斤干粮，够吃半个月的。带路的通司给部队讲解过大草地时应注意的事项。他说，过了分水岭就是沼泽地，不能到处乱跑，一定要沿着前面部队走的道路走，不然陷下去是拉不上来的。母亲就曾看到一匹马陷进了沼泽地，眼看着马向下陷，一点办法也没有。

长征途中，母亲经常帮助战友们，她曾经帮助过年龄比她小的男兵尤太忠背枪，还把自己不多的口粮分给他吃，帮助他顺利走出草地。新中国成立后，时任二十七军军长的尤太忠见到母亲时紧紧握着她的手说："没有伍大姐，我早就死在草地里了！"

母亲跟着前面的部队走了三天半才到班佑。再从班佑出发，母亲和十几个女同志就随着第三十军的二六七团走。又走了半个多月通过腊子口，到达甘肃省的岷县境内。

在岷县召开了群众大会，向群众宣传我们党的主张和政策，组织农民协会，建立苏维埃政权，把地主的土地、粮食、物品分给了农民。农民得到了胜利果实，都纷纷来参加工农红军，兵员得到大量补充。可是妇女独立团就补充不上新兵，因为这里的妇女都是小脚，无法参加红军。团长张琴秋很着急，要求把调到各部队的老同志再调回来。这样母亲又回到了妇女独立团。

1937年5月上旬，上级选调一批红军连、排干部到延安边区政府会计学校学习。母亲就是其中之一。

延安喜结连理

到达延安后，母亲在会计学校任排长。当时，会计学校的40多位女同事都有了对象，唯有21岁的母亲还是单身。通过老领导张琴秋和孙树云的介绍，母亲认识了时任抗大第三大队大队长的父亲刘忠，父亲干脆爽朗的性格打动了为人淳朴的母亲。母亲说："爱刘忠的原因，是他老实巴交会打仗。"

1937年7月，组织上批准了他们的结婚报告。7月15日，父亲借来27块边币，买回了山药蛋、苞谷面，请来了罗瑞卿、胡耀邦、莫文骅、张琴秋、孙树云等人，在宝塔山下，举行了一个简朴的婚礼。

第二年，母亲生下了大哥正安。1939年8月，二哥兴安降生。在受命突破同蒲路日军封锁线时，母亲背着二哥一夜急行30公里，二哥被活

1945年在山西长治刘忠、伍兰英夫妇与长女刘青漳合影

活颠死在她的背上。1940年冬，父亲出任抗大第六分校校长，母亲带着大哥留守八路军三纵队后方政治部，负责照看30多个儿童，她常常用大哥的保育费买来棒子面，填饱孩子们的肚子。1941年，时任抗三团会计的甄子明、李金雪夫妇奉命去华中工作，可刚出生的儿子甄怀志无人照看。母亲主动承担了养育责任，精心照料怀志，而自己的长子刘正安却因营养不良而病逝。几次痛失爱子，作为母亲，她的痛苦可想而知，但她却坦然面对，表现出了异常的坚定。

巾帼英雄的壮举

1942年5月，父亲率三八六旅七七二团二营护送邓小平政委去山西阳城东哄哄村工作。5月9日凌晨，母亲上厕所时突然发现他们被日寇包围，立即叫醒父亲。父亲立即率部掩护邓小平等领导突围。母亲迅速背上刚4个月大的大姐青漳，为吸引日寇，让部队向相反方向突围，她迅速沿着山梁一边奔跑，一边用双枪射击敌人。此举成为当地百姓流传至今的佳话。

1946年5月，母亲任晋冀鲁豫四纵（三八六旅）干属学校的指导员和党支部书记。她把部队家属（约400人）组织起来，建了被服厂、豆腐坊、粉坊，为前线将士们做棉衣、织袜子，可以供应四纵部队近一半的被服。1946年9月，在打响歼灭号称"天下第一旅"的国民党军整编第一旅的战斗前夕，母亲在指挥家属们转移的过程中，为了干部和群众的安危，毅然丢下了自己年仅8个月大的女儿。在1946年10月纵队英模大会上，母亲被评为"劳动英雄"，戴上了大红花。

1949年12月，母亲身背一对儿女，率领一个排奉命押送装有500支步枪、700顶钢盔，还有70亿人民币（旧币）的6辆汽车前往成都。她指挥车辆绕行于秦岭的崎岖山路中，组织兵力多次击退土匪的袭扰，顺利完成了护送任务，保证了成都入城式的按期举行，受到了贺龙司令员的赞扬。

保持红军本色，发扬长征精神

新中国成立后，父亲历任西康军区司令员、川西军区司令员、南京军事学院副教育长兼院务部部长、北京高等军事学院副院长兼院务部部长、中国人民解放军军政大学副校长等职。三年困难时期，父亲安排母亲担任北京高等军事学院的家属委员会主任，母亲虽然有些想法，但为了支持丈夫工作，毅然放下架子，以正营职干部的身份愉快就任。此后，她积极组织干部家属自力更生，为国分忧。她艰苦朴素，平易近人，吃苦在前，享受在后，任劳任怨，关心群众疾苦。沙发工周子君第二胎生了个双胞胎，孩子的牛奶钱不够，母亲知道后主动承担了双胞胎每月的牛奶钱，直至双胞胎3岁。

1979年12月，父母亲双双主动提出离职退休。享受副师级待遇的母亲不顾晚期宫颈癌的折磨，撰写了回忆录《从军五十年》。1982年7月25日，母亲走到了生命的尽

1971年刘忠、伍兰英夫妇在中国人民解放军军政大学家门前合影

头。临终前，她握着父亲的手，深情地说："我先走了，30年后我们在马克思面前重逢。"身后，母亲的存折里仅仅有4000元。

母亲辞世后，父亲总觉得妻子没有离开他，只是出了一趟远门。他经常到母亲的卧室，看着照片上的母亲对着他微笑。2002年8月7日，父亲在北京逝世，享年96岁。

2016年春节前，我们为纪念母亲诞生一百周年，在北京开了个座谈会，母亲生前的许多领导、战友和战友的孩子们都来了。当年三八六旅文工团员、现已91岁的王恩田叔叔演唱了母亲当年教他们唱的抗日歌曲《红缨枪》；99岁的原南京军区司令员向守志上将为母亲题写了"巾帼英雄"的条幅；罗援少将也即席赋诗一首：

> 昔有木兰从军行，今有兰英上战场。
> 谁说巾帼让须眉，看我妇女独立团。
> 横刀跃马挎双枪，威风凛凛美名扬。
> 巴蜀儿女多奇志，一腔热血溅红装。

原南京军区司令员向守志上将为纪念伍兰英同志诞生100周年书写"巾帼英雄"条幅，由其子向孝华赠送给伍兰英的女儿刘蒨

华全双："我们时代的花木兰"

廖亚菱

人物简介

华全双（1920—1999），四川巴中人。1933年1月参加红军，同年加入中国共产党。曾任川陕省委妇女部巡视员、县妇女部长、红四方面军妇女独立团政治部主任等职。1935年春随部队参加了长征。1936年11月任红军西路军妇女抗日先锋团政治处主任，参加西征，后被俘，艰难辗转逃出虎口。抗日战争时期，任延安八路军留守兵团办事员、陕甘宁边区抗联主任等职。解放战争时期，任雁北军分区宣传员、政治指导员。新中国成立后，先后任国营六一八厂干部科科长、国务院第五机械工业部保卫处副处长等职。"文化大革命"中遭受迫害。曾荣获"英勇杀敌女红军""巾帼英雄"称号及兵器工业部特殊荣誉奖章。1982年离休。

有位曾受到毛主席夸奖，被谭政大将誉为"我们时代的花木兰"的长征女红军，她能征善战，多次出生入死，与敌周旋，一生极富传奇色彩。她的名字叫华全双。

苦难孩童当红军

1920年3月，华全双出生于巴中县下八庙乡（今巴中市巴州区下八庙镇）一个佃农家庭。父亲除租种土地外，还是个织布的手艺人。华全双是长女，下有两个弟弟。当时四川军阀混战，民不聊生，苛捐杂税多如牛毛，田赋已经预征到30年后了。华全双家中生计本已困难，可是"屋漏偏遭连夜雨，行船又遇打头风"，一场大火烧毁了华家的所有财产，华全双的父亲救火受伤致残。全家穷困潦倒，难以为生，只得四处乞讨。无奈之下，父母忍痛将7岁的大女儿华全双卖给何家当童养媳。

华全双是个性格倔强的孩子。那个凶狠的地主婆对她说："死丫头，你若是跑，我就打断你的双腿。"她斩钉截铁地回答："死不了我就跑！"地主婆接着说："你是我拿四斗米换来的，我们买下了你，你就得老老实实地给我家干活。你就是逃到天涯海角，我也要把你抓回来。"

华全双痛苦万分，但她想到家中父母弟妹的艰难，为了不给他们带来更多的麻烦，她只好先忍气吞声待在何家干活。华全双是给何家的"二狗子"当童养媳，何家还有一个大儿子的童养媳姓陈，比她大两岁。这两个苦命人在何家根本没被当人看待，累死累活，还经常挨打受骂。有一次，华全双被打得遍体鳞伤，罚跪一夜，并且三天三夜不准吃饭。她饥饿难忍，因此产生了轻生的念头，想要悬梁自尽，幸好被同病相怜的童养媳陈姐救起，两人抱头痛哭。这样的日子苦苦熬了两年。

1929年4月的一个夜晚，在面临被再次卖掉的危险时，华全双和陈姐决心逃跑。她俩一口气跑了十几里路，终于逃出了虎口。幸好，一位住在庙里的老爷爷收留了她们。从此，她俩就跟着老爷爷在山里打猎、采药、养兔、养鸡。在这里，虽然清苦，但总算平静地度过了三年。

1932年12月的一天，深居庙中的华全双从赶场回来的老爷爷口中得知，解救穷人的红军来了，于是她急急忙忙跑回自己的家中。那天晚上，她的舅舅忽然派了两个卖烟叶的人到她家。烟叶里裹着许多宣传品，全是打倒土豪劣绅、打倒恶霸地主、红军解放百姓、反对封建礼教、男女平等等标语口号。她父亲和张家姑父把传单标语连夜分发到各联络站，也让年小尚不识字的全双当帮手，担负张贴标语的任务。

不久，红九军来到了华全双的家乡下八庙乡。她的父亲和姑父都当了苏维埃干部。头戴八角帽的红军来此招兵，华全双前去报名。开始红军首长还嫌她年纪太小不收，可她苦苦要求，紧跟着不走，最终如愿了。入伍后，她先是搞宣传，同时组织妇女做军鞋、军衣，站岗放哨。1933年春，她在通江参加了川陕省妇女代表大会，会后被选送到妇女干部学校学习。她勤学苦干，进步很快，不久便担任省委妇女部巡视员，主要任务是组织发动群众搞生产、保卫苏区、发展党员、扩大红军。她还曾担任过阆中、城口、大金川、懋功、道孚等县的妇女部长。在城口县任少共妇女部代理部长时，她同万源县（今万源市）的女红军干部何连芝等协同战斗。这时，她过去跟父亲和庙里老爷爷学的武术以及在妇女干部学校学的军事技术都用上了，城口战役，大获全胜。

历经艰险长征路

1935年3月下旬，红四方面军西渡嘉陵江开始长征。有大量伤病员要转移，华全双所在的妇女独立师承担了这一艰巨任务，同时配合部队作战。4月，华全双参加了配合部队攻打剑门关天险、攻占剑阁县城的激烈战斗。

在与杂谷脑匪徒的作战中，华全双所在的妇女独立师二团兵分三路出击，她们身先士卒，英勇顽强，迅速击溃敌人。战后，二团受到红四方面军总部的嘉奖。

长征中，华全双同战友们一起爬雪山过草地，历尽千辛万苦。1936年8月1日，红四方面军经过近一个月的长途跋涉，艰难行军，第三次过草地以后，到达包座地区。8月2日，红四方面军按照毛泽东、周恩来、彭德怀的电令，"速出甘南、速占天险腊子口"。这时遇到敌人在甘南阻击红军北上，红四方面军发起岷（州）、洮（州）、西（固）战役，妇女独立团配合红三十军八十八师抢占被称为甘南门户的天险腊子口，担负抢救伤病员、通讯联络及警戒任务。华全双参加了惊心动魄的腊子口之战。

自1935年9月中央红军在毛主席率领下攻破腊子口北上后，守敌鲁大昌已闻风丧胆，对红军早存戒心。1936年8月9日，红八十八师吸取了中央红军奇袭制胜的经验，派尖刀连从陡峭的崖壁攀登上去，迂回至敌后，直捣敌指挥所，配合正面进攻部队一举攻占腊子口。妇女独立团在进攻中担任后卫。在枪林弹雨中，主攻部队每前进一步，妇女独立团就紧紧跟上，使每个伤员都能及时得到救护。主攻部队发起冲锋，妇女独立团勇猛进击，围歼守敌，抓捕俘虏，有力地配合了主力部队夺取战斗的全胜。在攻下腊子口后，妇女独立团二团又继续向北疾进，配合第二纵队，经野狐桥、新堡向洮州（今临潭）进攻。8月20日攻克洮州城，歼灭守敌鲁大昌新编十四师一个营，继即遭到敌新编第二军马步芳警备第一骑兵旅的猛烈反攻，激战一周才将敌击退。攻腊子口、克洮州城，打破了敌人妄图阻止红军北进的计划，为北上抗日开辟了胜利前进的道路。

1936年10月，红一、二、四方面军三大主力在甘肃会宁胜利会师，结束了艰苦卓绝的长征。华全双与妇女独立团的战友们，同全军指战员们一起庆祝了这令人欢欣鼓舞的胜利。

西征血战祁连山

三大主力红军会师后，为了执行中央军委的"宁夏战役计划"，红四方面军总部率部分部队奉中央军委命令，组成西路军（共二万余人），转战河西，承担在河西建立根据地并接通"远方"（苏联）的任务。同时，组建了红军西路军妇女抗日先锋团（简称妇女先锋团），王泉媛任团长，吴富莲任政治委员，华全双任政治处主任。华全双是当时妇女先锋团年龄最小的女干部，当时只有16岁。妇女先锋团1300多人，随同西路军主力部队向西英勇进击。

两万多西路军战士，经过长途跋涉艰苦行军之后，深入到地势狭长、堡塞稀疏、补给困难的河西走廊，与数倍于己、熟悉地形、装备精良的国民党军阀马家军（马步芳、马鸿逵等匪军）进行了历时五个月之久的浴血奋战。战斗非常残酷，红军先后消灭马家军25000多人，但最终失败。

西征中，妇女先锋团掩护红军主力撤退至祁连山，同马家军的最后一次血战是1937年3月在临泽东南倪家营子的梨园口战役。红军在此以寡敌众，展开了20多天的防御决战。一天晚上，华全双正在梨园口地堡里指挥战斗，副总指挥王树声突然来到地堡察看。见敌人密如蝗虫般往上爬来，他忙说："啊，这样不行，你们要吃亏！"并命令华全双立即带领部队撤退。她坚定地说："副总指挥，我们顶住敌人，你们先走吧！"王树声严肃地说："不行，这是命令，快撤，统统撤下去。"

"那，这里……"

"这里有人来接管。"

话音刚落，一个排长带领几名红军战士立即冲到前沿阵地，与敌人打起来。

华全双刚撤下几步，就听到机枪嗒嗒嗒地响起来，敌我双方激烈交火。

第二天，敌人的骑兵把红军全部包围。华全双从火线上被叫去参谋部参加紧急会议。参谋长在会上传达上级决定：由妇女先锋团接替主力部队阵地，不惜一切代价，拖住敌人，掩护主力部队突围。紧接着，她们各带一个营，分兵把守三个山头，华全双带领二营。为了迷惑敌人，她们全都剃光头，假装主力部队的男兵，说话也仿男声，不得尖声细气叫喊。战斗十分激烈，不少女战士献出了年轻的生命，华全双眼看着警卫员陈桂平中弹牺牲。

经过几天的浴血奋战，女红军只剩下了一百多人。双方肉搏厮杀后，马家军得知这些都是女兵，并非红军主力时，发动了更加猛烈的进攻。他们把红军女战士围在了一个山头上，歇斯底里地狂呼："冲上去，活捉共产丫头，一人赏一个小老婆！"情况万分紧急，华全双带领部分战士突出重围，又被困在祁连山脉牦牛山的一个山头上，她们弹尽粮绝，但决不愿意投降，有的女红军已割喉自杀，有几个战士拥抱在一起，拉响了最后一颗手榴弹。眼看着气势汹汹的敌人不断向山头逼近，她们打不能打、退无处退，最终大家决定舍生取义，华全双等五名女战士手挽着手，高唱《国际歌》，准备从后山悬崖纵身跳下。正在这时，敌人的连珠炮弹打来，巨大的气浪把她们掀下悬崖。其他四位战友牺牲在寒冷的山谷里，华全双则被挂在下面的树枝上，昏迷过去了。后来搜寻她们的战友发现了昏死过去的华全双。华全双获救后，和几名战友在祁连山活动了两个月，在一次敌人搜山时不幸被捕。

华全双在梨园口战斗时早已剃成了光头，又穿着和男兵一样的衣服，所以她被俘后敌人就把她和男红军战士关在一起，他们后来才发现她是女的。当时马家军的旅长韩起功将她分给了下属补充营副连长刘云库，控制在兰州。

后来，华全双忆及当年祁连山那场残酷激烈的战斗时说，当时喊杀之声，响彻山谷，真是尸骨成堆、血流成河。20世纪80年代初，八一电影制片厂派人专访了华全双，深入了解红军西路军血战河西走廊，妇女先锋团掩护主力部队撤退的动人事迹，据此拍成红色经典影片《祁连山的回声》，引起强烈反响。

逃出虎穴去抗战

华全双被关押在兰州十多天后，敌人叫他们的军官把家眷都送回家去。于是，刘云库令其弟弟和两个彪形大汉把华全双押送到他的老家青海互助县一个村子里暂居。华全双到此地之后，当然不甘心，决心要逃出虎穴回到陕北。她后来曾这样写道："当时我想，我是一个共产党员，受党培养教育多年，一定要跟着党革命到底。西路军虽然失败了，还有党中央，还有一、二方面军，革命终究是要胜利的。我亲眼看见了马步芳的骑兵像野兽一样，残害我们的革命同志，我只要活着，就要为他们报仇，决不能听敌人的摆布。"

因此，她时刻想方设法逃出虎口去找自己的部队。她在刘云库家被关押一个多月后，刘云库从张掖回家住了三天，她听说刘云库准备以五百块大洋把她卖掉，这更加坚定了她要尽快逃跑的决心。据说刘云库的老婆也是抢来的，结婚8年没有生育，备受刘家人欺侮虐待。经过努力，她终于做通了刘云库老婆的工作，1937年8月的一个夜晚，她俩逃了出来，走上东行的道路。路上，因野狗追咬而丢了衣服干粮，她们只好靠讨饭度日。出青海省边境时，遇到马家军的一个逃兵，带她们过了黄河。离兰州很近时，那人露出凶相，逼她嫁人。华全双拼死不从，结果仍以三块大洋被卖给黄河边上一位姓关的纤夫当用人，经常挨骂受气。她一边当用人，一边四处打探党组织的消息。一个多月后，她听说兰州有八路军办事处，就逃出来找，被姓关的追到，两人厮打时，被警察发现，在兰州济良所关押了一个多月。华全双在狱中认识了一位从苏联回来在兰州被捕的女共产党员林健。林健出狱时，把高金城夫人牟玉光的地址留给她。在狱中，敌人还对她进行"反宣传"，并多次动员她嫁人，华全双坚决不肯。1937年12月，经八路军驻兰州办事处党代表谢觉哉和处长伍修权的营救，华全双最终获释。她按地址找到牟玉光，牟玉光将她送到八路军办事处，见到了伍修权处长，激动万分。伍修权告诉她，他们去了三次函，国民党警察才将她释放。休养一个多月后，1937年底，华全双由组织安排，辗转到了延安。

1938年6月，华全双和新婚丈夫李传珠奉命去山西雁北开辟敌后抗日根据地，李传珠被中央军委任命为雁北军分区政治部主任。

在去雁北之前，华全双夫妇参加了由八路军副总指挥彭德怀和中央军委总政治部副主任谭政在王家坪召集的一次会议，分析雁北地区的抗战形势和任务。会后送别到延河边，彭总最后同华全双握手时说："小鬼，你叫华全双，当年妇女独立团政治部主任就是你吗？果然名不虚传，小小年纪带兵打仗很勇敢得力，这事毛主席在延安开军事会议上讲过的呢！""首长过奖了……"华全双说。这时，谭政也过来同她握手说：

"哎呀！你多次到我家同你的四川老乡王长德玩耍，我没注意。你这名字我也听说过，可是未对上号，今天才知道你就是我们时代的花木兰啊！真是好样的，以后有机会再去我家玩去。""好的，谢谢首长，这次上前线，在战场上不死，以后少不了要麻烦啦！"她说得大家都笑了。

华全双和李传珠一行13人，日夜兼程，经过两个多月的长途跋涉，沿途同鬼子多次周旋和战斗，最终到达了雁北。他们很快组建了一个骑兵团、一个步兵团，共两千多人的兵力，还组织了抗日救国会等民间抗日团体，发动群众抗击日寇。1939年夏，华全双担任了雁北边区抗联主任兼区长及军区后勤管理员，带领雁北边区人民同敌人作斗争。一次，她在嘴子山上突然被日本鬼子包围，困在半山腰，眼看就要被俘，她急中生智想起腰间挂着的两颗手榴弹，待至转弯处，瞄准上下敌人，各扔一颗手榴弹，轰隆两声巨响，敌人炸倒两片，自己则趁机滚下悬崖，幸好被树枝拦住，捡回性命。

1943年2月，华全双同李传珠被一起调回延安，而他们在危崖石洞中降生的孩子"急生"还寄养在老百姓家，后来经组织帮助找回并送到延安中央保育院，夫妻俩又奔赴抗日前线作战。不幸的是，1944年李传珠在同蒲铁路遭日寇伏击壮烈牺牲。之后，华全双同长征时在毛泽东主席身边工作过的吴云辉（曾任红军中央警卫团团长）结婚。但结婚短短几月，1945年2月，时任河北冀中军区十一分区司令员的吴云辉牺牲。

后来，华全双带着已上大学的儿子急生去拜访四川老乡王定国时，王定国的丈夫、革命元老谢觉哉了解到孩子出生及其父亲牺牲的情况后，感慨万端，即兴赋诗一首，赠华全双母子：

战鼓凄其夜，危崖征急生。
麒麟天上降，龙虎雨中惊。

有子万事足，无夫一身轻。

孜孜勤脑手，看到大功成。

历经磨难志更坚

华全双历经血与火的战争考验，千辛万苦把四个子女养育成人。在"文化大革命"中，这位革命意志坚定的长征老红军、革命老战士却惨遭迫害，被戴上"叛徒""反革命分子"的帽子，挨批斗，关牛棚，被抄家、开除党籍，80高龄的母亲和孩子们都被扫地出门，战火中出生的急生不知下落。华全双的两个弟弟参军后，一个在抗美援朝战争中受伤去世，一个转业后被"四人帮"一伙迫害致死。面对如此的坎坷不幸，华全双坚强地挺了过来，她坚信正义必将战胜邪恶。

"四人帮"终于被粉碎了。党的十一届三中全会以后，华全双再次获得解放。1988年8月，她和王定国等人重到西宁，出席中国工农红军西路军纪念馆落成典礼，那些幸存的原西路军女战士闻讯赶来看她。回忆往事，大家涕泪交流，华全双挑了最好的桃子递给她们，说："吃吧，咱们四川通江的桃子就这么好！"这次在西宁，她收到了青海省红西路军纪念活动领导小组书赠的条幅：

忆昔慷慨百战多，长征英雄看巾帼。

1990年三八国际妇女节时，华全双参加了在人民大会堂举行的庆祝活动，见到了来自祖国各条战线的妇女英豪，见到了多年不见的老首长、老战友，她心花怒放，格外欣喜。晚年患有白内障的她还争分夺秒，查阅资料，赶写回忆录，她曾为《血染河湟》一书撰稿，为后人留下精神财富。

刘天佑：妇女独立团的军事教员

王友平

人物简介

　　刘天佑（1916—2009），四川巴中人。1933年10月参加红军，从事宣传工作，随后调到红四方面军妇女独立团担任军事教员。1935年春随部队长征，1937年初到达延安。1944年12月因病退伍。新中国成立后，在延安市八一敬老院休养。2006年1月27日，受到中共中央总书记胡锦涛的亲切接见和慰问。2009年9月23日在延安病逝。

少年从军得姓名

1916年1月，刘天佑出生在四川省巴中县（今巴中市）的一个贫苦农民家庭。9岁时父母双亡，留下她和哥哥相依为命。为活命，她卖过醪糟，也到别人家当过用人，喂猪、照顾小孩都干过。

一天，17岁的刘天佑去赶集，刚好碰见红军的宣传队伍，她就过去看，其中一名妇女主任问她："小妹妹，你家庭怎么样？"刘天佑说："谁也靠不上，要什么没什么。"妇女主任说："你成分好，愿意参加红军吗？"她马上激动地说："愿意。"当时她并没有名字，红军区委书记给她取名叫"刘天佑"。

参加红军以后，刘天佑先在红四方面军从事宣传工作，不久调到妇女独立团担任军事教员，也做过医护工作。

长征历险失战友

1935年春，刘天佑随部队长征，先后翻雪山、过草地，经历了千难万险，始终抱着坚定不移的信念。

刘天佑说，长征中红军不畏艰难，团结一心，在困境中相互帮助，最终取得了胜利。她回忆道：

"记得过大渡河时，水流湍急，有3个女战士一下子就被水流冲走了，男同志不顾个人安危，下水连成人墙，护送我们女战士过河。长征中每人发给5斤炒面，我舍不得吃，只是把口袋里备用的盐拿出一些放入碗里，在沼泽中舀点水，搅起来当饭吃，把节省下来的干粮分给战友们吃。

"长征中我们都有一个心愿，那就是一定要到陕北去，因为那里有毛主席，有陕北红军。最困难的时候是过草地，一不小心就陷入沼泽，非常危险。我有一个女战友，我们俩一前一后走着，我让她拽着我的衣服，结果她因为太困太累，没拽牢，一脚踏空，掉入沼泽，很快就被淹没了……"

想起牺牲的战友，老人眼里噙满泪水。

烽火洗礼志弥坚

在1936年10月甘肃会宁会师后，刘天佑遇到了红军战士李明道。李明道是甘肃人，1935年2月参加中国工农红军，曾任军医护理长，跟随党中央到达延安。1937年初，刘天佑也随部队胜利到达延安。两人在革命战争中结下深厚情谊并结为夫妻。

抗日战争爆发后，在党的领导下，刘天佑与丈夫李明道双双投入全民族抗战。李明道1937年在战斗中受伤致残，荣获"抗日英雄"奖章，1943年10月退伍。1944年12月，刘天佑也因病退伍，此时她已是4个孩子的母亲。

刘天佑生性刚强。1947年3月，胡宗南进犯延安，当时李明道虽已退伍，但依然给人民军队工作。一天，李明道跟着游击队的医院转移，边区政府给了刘天佑一头毛驴，刘天佑就独自带着4个孩子钻山沟躲兵祸。由于惊吓过度，年仅9岁的大儿子在途中夭折，随后2岁多的三女儿也病死在转移途中。但是，刘天佑没有放弃，她依然不用别人照顾，自己拉着一头毛驴硬挺过来了。

"总书记给我送红包"

新中国成立后，刘天佑与李明道这对因伤残和疾病过早离休的革命功臣在延安八一敬老院疗养。

2006年1月27日，除夕前一天，胡锦涛总书记赶到八一敬老院，看望和慰问在这里安度晚年的老红军、老八路。胡锦涛拉着刘天佑的手嘘寒问暖，关切地询问她的生活情况。在交谈中，总书记深情地说："当年，你们跟着毛主席，跟着共产党，不畏艰险，不怕牺牲，前仆后继，浴血奋战，为中国革命的胜利做出了重要贡献。你们是党和人民的功臣，党和人民永远不会忘记你们的历史功绩。"胡锦涛还嘱托敬老院一定要让老人们吃好、穿好、住好，过幸福的晚年生活，健康长寿。"见了胡锦涛总书记，我高兴得啥都不会说了！"刘天佑激动不已地说，"胡总书记还双手递给我一个红包呢！"

九旬奥运火炬手

2008年7月2日，北京奥运圣火在延安传递。92岁的刘天佑作为陕西省第一棒奥运火炬手开始了火炬传递。2日8时10分，头戴红军八角帽的刘天佑一出场，就成为现场最大的亮点。她对采访她的记者说："我来传递奥运火炬，就是在传递延安精神。"这天，刘天佑老人在自己的胸前，挂着最珍贵的"中国人民抗日战争胜利60周年纪念章"，以及"星火长征路"等另外两枚纪念章。

2008年7月2日，老红军刘天佑在延安传递奥运圣火

刘立清：智勇双全的红军连长

刘祯贵

人物简介

刘立清（1917—1989），四川万源人。1933年参加革命，曾任万源县石塘坝乡工作队队员、万源县苏维埃宣传队队长。1934年调入红四方面军妇女独立营，历任排长、连长。1935年春参加长征，同年加入中国共产党。曾参加金川喇嘛寺战斗。1936年10月进入红四方面军党校学习，随后转入中央党校学习。1937年任中共甘泉县委区妇女部长、妇女抗日救国会主任。后在延安中共中央社会部、保育院工作。新中国成立后，先后在华北医院、中国科学院、国家安全部工作。1983年离休。

"我要参加苏维埃"

刘立清出生在万源县石塘坝的一户贫苦家庭。父母亲共生育了8个孩子，她排行第二。全家人多不说，还没一分土地耕种，全靠父亲帮地主家干活养家糊口。家中日子可谓苦不堪言，经常是吃了上顿没下顿，父母被迫在刘立清10岁那年将她送给一李姓人家当童养媳。谁知到了婆家，刘立清的日子更苦。在婆家，她每天起早贪黑做家务，吃的连猪狗食都不如。此外，她还经常受到婆婆的毒打、责骂。一次，婆婆叫刘立清去拿一个盛猪油的钵子。由于她在厨房找了许久也没找着，婆婆就冲进厨房，一边操起一根棍子向她劈头盖脸地打来，一边还骂道："你这个死丫头，只会吃不会做，打死你算了！"刘立清身上被打得青一块、紫一块。类似的情况多次发生，她忍无可忍，多次从婆家出逃。

当时，万源县地处红四方面军所开辟的川陕革命根据地，苏维埃政权在许多乡村像雨后春笋般诞生。饱受地主豪绅欺压的穷苦大众，纷纷起来参加革命，加入苏维埃。刘立清又一次从婆家逃到石塘坝附近一个村子。听说该村已成立了苏维埃，她决心去找苏维埃参加革命。1933年初夏的一个早晨，刘立清来到石塘坝镇苏维埃政府大门口，看见一个胳膊上戴着红袖章、模样像个干部的人出来，就径直奔向前问道："这里是苏维埃吗？我要参加苏维埃。"这个干部模样的人详细询问了刘立清年龄、成分，并问她为什么要参加苏维埃。刘立清眼含泪水，述说自己的苦难生活。在刘立清将满肚子苦水倒出后，这个干部模样的人轻轻拍着她的肩膀说："好吧，姑娘，从今天起，你就是我们苏维埃的人了。往后，跟着共产党，跟着红军，好好干吧！"

有勇有谋的宣传队员

刘立清在参加苏维埃革命斗争中认识到，只有跟着共产党闹革命，打倒地主、土豪，穷苦人家才能消除贫穷。因此，自参加苏维埃后，刘立清积极工作，不怕吃苦，与土豪斗智斗勇，表现非常突出。

在苏维埃工作队攻打一刘姓土豪家时，刘立清率先冲进刘姓土豪家大门。土豪家一狗腿子看见刘立清是一个女娃娃，就顺手拿起一根木棒想吓唬她。刘立清毫无惧色，抢起所带马刀，唰的一下将狗腿子的木棍砍落，又立即扬起刀向狗腿子砍去，吓得狗腿子直往后逃。此次打土豪大获全胜，工作队从刘家搜出许多粮食及银圆、财宝、衣物等，分给穷苦大众。

此后不久，刘立清因工作需要任万源县苏维埃宣传队队员。一天，刘立清同两名男队员到一个乡完成发动群众打土豪、参加红军任务后，返程途中，行近万源县九王坝乡时，发现后面尾随了几十名"还乡团"员，于是他们快速朝前面一个村子跑去，刚在一个农民家坐下，外面就传来砰砰砰的枪声。"还乡团"的人在屋外叫道："快出来，你们被包围了！""要是不投降，就把你们三个红军羔子的脑瓜全砍了！"两名男队员欲往外冲，刘立清立即拦住他们，冷静地说："咱们人少，他们人多，硬拼要吃亏，得用计策来对付他们！"她对着门缝大声地向外面喊道："喂，你们听着，我们不怕你们！要是武来，叫你们进来一个，留下一个脑袋；要是文来，就派代表来谈判！"敌人怕死，不敢贸然进屋，于是就派两个代表来谈判。刘立清对谈判代表说自己的大部队就在附近，并教敌人如何应对上级长官："你们回去跟长官说'那几个红军跑了，没抓住'不就行了吗？"同时将从地主家搜出来的三捆烟土送给这两名谈判代表。不一会儿，几十名"还乡团"员撤走了，刘立清和两名男队员立刻赶往县城，向县委书记汇报所发生的情况。按照县委书记的安排，刘立清领着一排战士火速向敌人追去，将几十名"还乡团"员包围，一举歼灭。此后不久，刘立清被提升为万源县苏维埃宣传队队长。

红军连长长征路上入党

1934年春，刘立清被抽调到妇女独立营（后改名妇女独立团），后担任二连连长。刘立清和女战士们一起，把头发剃得精光，戴上红军帽，穿上红军服，打上绑腿，个个都如同神气十足的男兵。早晨，刘立清带领战士们出操、投弹、瞄准，练习刺杀。有时，两个连队还进行打仗演习。一有任务，往往就要急行军去执行任务。平时，无论刮风下雨，战士们都要站岗、放哨，或者分班轮流到街上背米，到山上打柴，以保证给养。

1935年春，刘立清随红四方面军强渡嘉陵江开始长征。妇女独立团行军至金川时，在大山中有一座喇嘛寺，反动武装霸占了寺庙，残害百姓，无恶不作。上级领导决定要消灭这股敌人，刘立清主动请战。

傍晚时分，战斗打响。三路人马把寺庙团团包围起来。敌人凭借坚固的门墙顽固抵抗。战斗一直持续到第二天中午，敌人终于沉不住气了。刘立清和几个战士找来一根大木桩，撞开了大门。她紧接着冲进庙门，挥舞马刀，砍倒了好几个敌人。大批红军战士涌进庙内，剩下的敌人惊慌失措，很快就被消灭了。这一战，刘立清和战士们缴获了许多枪支、弹药以及粮食、盐巴、牛羊肉等物资。

长征路上，刘立清在部队翻越大雪山前一天入了党。入党誓言深深地烙在了刘立清的心上，风雪交加，连鸟也飞不过去的大雪山似乎也变得不那么可怕了。在茫茫草地上，刘立清把仅剩下的一点青稞面都送给了伤病员，还把伤病员的枪也背在了身上。她默念着革命到底的誓言，以顽强的毅力，最终走出了草地。

1936年10月，红军三大主力在甘肃会宁会师。随后，刘立清被组织安排到红四方面军党校学习三个月，然后到甘泉县从事地方工作，担任区妇女部长和妇女抗日救国会主任，开始了新的革命征程。

刘　坚：长征路上的"小钢炮"

> 石秀娟

　　刘坚（1919—2005），原名萧成英，四川通江人，杨梅生中将的夫人。1932年12月参加红军。1933年3月加入中国共产主义青年团，7月被破格批准转为中共党员。1934年被选为川陕省委常委。1935年任川陕省委妇女部长。在长征途中，经朱德、康克清夫妇介绍，与红四方面军总部纵队参谋长杨梅生结婚。1939年，被调往新四军，负责民运等工作。新中国成立后，相继任湖南军区后勤部副政委、广州军区司令部直属政治部副主任（副军职待遇）。1955年被授予上校军衔，同年荣获二级八一勋章、二级独立自由勋章、三级解放勋章。1988年荣获二级红星功勋荣誉章。战争中曾两次负伤，被评为三等甲级伤残荣誉军人。1973年离休。2005年8月31日在广州逝世。

"我从小吃苦受罪，投身革命后，更是历尽艰险。我改名叫刘坚，就是要让自己一辈子志坚如钢，自强不息，把自己磨砺成人民需要的革命战士。"女红军刘坚如是说。

投奔红军"世道变"

刘坚出生在四川通江大黄坝萧家湾一个佃农家庭，父亲萧春长是一个老实巴交的农民。刘坚兄弟姊妹7人，先后病死饿死5个。她一生下来，母亲就想把她溺死在便桶里，幸亏被奶奶发现才活了下来。家里经常没什么吃的，走投无路之下，刘坚的父亲参加了抗粮运动，被地主恶霸吊打，生活更加困苦。她7岁的时候，外婆去世，父母亲把她寄养在姑父家里，不料姑父竟用她换了三两大烟土，就此她开始了童养媳生活。

刘坚小时候经常听父亲说"我们要坚强地活下去，世道一定会变的"，也就是这句话一直支撑着她，她盼望着世道会变。1932年冬，红四方面军一路征战，由陕西南部向四川北部的通（江）、南（江）、巴（中）一带转移。12月的一天，刘坚的父亲托人给刘坚带去了话，让她晚上在后山跟着自己一起去投奔红军。

当刘坚和父亲如约在树林里见面时，突然从树林里传来一阵嘈杂声。仔细一听，原来是婆家人来抓刘坚回去。父女俩躲进了事先找好的深坑，才逃过了此劫。

1980年冬，刘坚（前排居中）、王定国（前排右一）与康克清（前排左一）等在一起
杨秋元供图

这一夜，刘坚和父亲一路穿过森林，爬过雪山，终于在第二天下午找到了红军十一师三十三团。在父女俩的一再央求下，红军干部终于同意接收这个刚刚满13岁的女孩子参加红军。扎起麻花辫，戴上八角帽，刘坚的命运从此改变。

川陕苏区的省委常委

刘坚参加红军后，被编入妇宣队，主要负责宣传工作。她在两河镇住了三天，就随着部队到瓦石铺搞宣传。在一个码头上，人来人往，13岁的刘坚走上了演讲台，开始了平生第一次演讲。

"我们是中国工农红军，是为穷人谋利益求解放来的。红军不打人，不骂人，官兵平等，男女平等……谁愿意参加红军，请来自动报名。"刘坚还把自己的经历加入演讲当中，大家听得津津有味，深受启发，当即就有很多百姓报名加入红军队伍。刘坚的演讲算得上是旗开得胜，战友们对这个初出茅庐的小姑娘不得不另眼相看。

有一次，红军缺盐，组织给刘坚下达了找盐的任务，她当即率领12名战士神不知鬼不觉地从敌占区背回了四麻袋盐。她说话办事都很泼辣，简直像一个成熟的大人。1933年3月，刚满14岁的刘坚，加入了共青团，7月经特批转入中国共产党。1934年，她出席了川陕省委党代会，并被选为省委常委，后担任妇女部长，成为川陕苏区红军中最年轻的省级领导人。

长征中的"小钢炮"

1935年春，刘坚随红四方面军开始长征。那时，刘坚带着一群小姐妹，主要任务是抬伤员、背物资和做宣传工作。她们在崎岖险峻的山路上抬担架，一不小心就会摔下山谷。但她们表现出坚强的意志与超人的能力，没有丢掉一个伤病员。朱德表扬她们是一支"强队伍"。刘坚也是个出色的宣传员，行军时她常常带宣传队先期来到部队将要经过的地方为官兵唱歌、数快板，以鼓舞士气。如过党岭山时，刘坚就站在半山坡唱道："山再高，高不过我们的脚背；路难走，难不倒我们的两条腿……"

长征路上，不仅是恶劣的自然环境，还有政治方面的因素困扰着红军战士。左路军与右路军分开行军后，张国焘拒不执行中央的方针，在左路军党的活动分子会上，妄图分裂红军。素有"小钢炮"之称的红四方面军妇女部长刘坚在会上仗义执言，一些同志对她说的话表示赞同，张国焘对此很生气，但又无可奈何。1936年秋，在洮州（今甘肃临潭）召开的"西进"动员会上，又是这门"小钢炮"出面反对张国焘的"西进"计划，力主北上。敢在会上当面顶撞刚愎自用的张国焘，确实需要过人的胆识。康克清就曾说："'小钢炮'不简单，这一炮打到点子上了，把张国焘打哑了。"

新中国成立之后，刘坚任湖南省军区后勤部副政委、广州军区司令部直属政治部副主任（副军职）。离休后，她还发挥余热，一直撰写关于长征的文章，发表的作品有《南瓜请客》《草地晚餐》《奇怪的小号兵》等。其中《草地晚餐》被选入初中语文课本。

刘坚与丈夫杨梅生中将合影　杨秋元供图

刘照林："我是红军的人"

李 军 李开建 李开祥*

　　刘照林（1912—1991），原名刘仕英，四川通江人。1933年参加红军，最初被分配到南岭妇女被服厂（妇女工兵营前身），之后她同张茶清等人创建了巴中恩阳河妇女工兵营第二连，曾任妇女工兵营排长。1934年任妇女独立团一连连长。1935年2月调到红四方面军军部后勤独立二团担任连长，随后不久参加长征，到达延安。1941年调到延安市政府妇联工作。1950年与丈夫一起参加了抗美援朝战争。回国后，调中国人民解放军辽宁省开源县速成中学学习，任中队长，后因病休养至离休。

---

　　*本文作者系刘照林之子女。

从童养媳到红军连长

1912年农历九月一日，母亲出生在四川通江县大兴乡刘家梁一户贫苦农民家中，母亲原名刘仕英（后改名刘照林）。外祖父是生意人，将山里的土特产背到汉中去卖，又将汉中的盐巴和机织布背回通江卖，搞长途贩运挣些苦力钱，维持一家人的开支，生活还算过得去。随着时间的推移，孩子多了起来，又有了三个妹妹、两个弟弟，生活一年不如一年。因为家境贫寒，为了小弟、小妹的生存，我外祖父忍痛割爱，将母亲卖到草池乡狮子岗罗家坪一个家境比较富裕的人家当童养媳。旧中国的童养媳，名义上是少东家未来的老婆，实际上只是东家的长工。

母亲在罗家起早摸黑，有干不完的农活和家务事，从来都吃不饱穿不暖，没有睡过一天安稳觉，稍不留意就要挨打受骂，没有过上一天安稳的日子。

1932年冬，中国工农红军第四方面军撤离鄂豫皖苏区，过陕南，翻巴山，进军川北，于12月18日占领通江两河口，25日攻克通江城，旋即挥师直下巴中、南江。12月29日，在通江成立了以邝继勋为主席的川陕临时革命委员会，建立了川陕革命根据地。

红军每到一地就打土豪、分田地，使千百万受苦受难的穷苦百姓翻身得解放，人人有衣穿，个个有饭吃。"红军是穷苦人民的大救星""红军是穷苦劳动人民的军队""红军是好人"的消息不胫而走。母亲听到这个振奋人心的好消息，几个夜晚都睡不着觉，经过几天的思想斗争，在某天晚上，她趁着夜色从狮子岗一口气跑到大松树渡口，坐渡船过河，沿着河边的小路向通江县城方向跑去。整整一个晚上，她沿着崎岖不平的山区小路，深一脚浅一脚地奔走。天亮了，她终于来到通江城。她东找西问，找到了红军的报名处。

报名处的红军说，他们现在只收男兵，不收女兵，并动员母亲回去，让她过些日子再来看看。母亲说："我是童养媳，从婆家偷跑出来参加红军的，我已经没有家了，回罗家我是活不成的。我从罗家坪跑到通江城，把他们罗家的脸都丢尽了，我是没法活了。"听母亲说完，红军领导同意了母亲参加红军，把母亲安排到被服厂。那个被服厂刚成立，母亲去时总共只有两个人，也没有机器做衣服，都是用手一针一线地缝。几天后，被服厂增加到十八个班，女战士将近二百人，编成三个排，母亲当了一个排的排长。

母亲参加红军后，罗家就到刘家梁要人，我们的外祖父刘新民来到通江城，找到母亲，动员她脱下军装跟他回罗家坪。母亲坚决不回去，外祖父气得发抖说："你不回去，你从此就不是刘家的人，你也不能再叫刘仕英。"母亲则说："我是红军的人，今后我不叫刘仕英了。"之后，母亲便改名叫"刘照林"。

1933年10月，红四方面军妇女工兵营组建，它的前身是总经理部所属的妇女被服厂。妇女工兵营成立后，不仅要打仗、筹款、运送伤病员，还要做群众工作，为红军征集公粮。1934年3月川陕省委根据第三次党代会的决议，在长赤以原妇女工兵营为基础，成立了妇女独立团，三个营近千人。团长曾广澜，政委张琴秋，母亲为一连连长。

漫漫长征路

1935年3月红四方面军突破刘湘围剿，强渡嘉陵江，退出川陕革命根据地，开始了艰苦曲折的长征。母亲又被调到军部后勤独立二团担任连长，团长是林月琴。这时的红军一边行军打仗，一边深入农村发动群众，打土豪分田地。母亲跟随红四方面军，突破敌人重重封锁包围到达川康边界的夹金山，但部队因粮食准备不足，不能长途行军，在突破敌人的包围后，经过党岭山退守在炉霍、甘孜一带。

经过一段时间的补给，红四方面军继续北上。我母亲所在连每人带步枪一支、子弹一百多发、粮食二十多斤，每三个人还要准备担架一副，行军中来不及煮饭，就生吃苞谷米、蚕豆、土豆、南瓜、菜秧子等充饥。经过48天的艰苦行军，战士们终于到达了雪山脚下。在爬雪山时，母亲穿的是一身单衣，爬到半山腰时冻得打寒战，到处都是积雪，越往上走越感到吃力。身体弱的红军战士倒下去了，再也没有爬起来；走不动的坐下休息片刻，也再没有站起来。经过两个星期的行军，战士们才翻过了连绵不断的大雪山，到达山脚下。母亲和战士们利用休息的机会，把青稞采来，用火烧了烧就大吃起来，这就是当时的山珍美味。又经过一段时间的行军，战士们到达了西康、青海藏民区。随后，战士

1937年至1938年间拍摄于延安，右一刘照林

们每人准备了13天的干粮，准备过草地。

这是一个一望无边的大草原，到处是一尺多深的泥潭，行军异常困难，一不小心就会踏入深深的泥潭。在过草地时，战士们遭遇的困难是难以想象的。开始每天吃半斤干粮，后来减少到四两，最后几天一点粮食也没有，于是，战士们吃树皮、野菜、草根、皮带、皮鞋等来充饥。草地上的野菜、草根有些是有毒的，如果误食是有生命危险的。每当战士挖来野菜、草根，母亲总要首先尝一尝，如果身体没有反应，这些野菜、草根就是一顿充饥的食物。有一次母亲吃到毒草，呕吐不止，差点把命丢了。夜晚战士们就找一块干地，三三两两背靠背地睡觉，第二天早晨醒不来的人，就永远留在那里。因为阴雨连绵，身体虚弱，反动武装不断骚扰、打黑枪，原本预计13天走完的路，战士们28天才走完。

1936年10月，母亲跟随红四方面军终于到达了甘肃会宁。红一、二、四方面军胜利会师，标志着三大主力长征的胜利结束。

1962年刘照林与丈夫李新耀、女儿李军合影，拍摄于沈阳

孙　克：长征路上一枝莲

胡彦双

人物简介

孙克（1922—2008），原名孙文莲，四川巴中人。1933年参加红军，1934年由共青团员转为中共党员，历任宣传员、护理员、排长、队长、指导员、协理员等职。新中国成立后，在中央调查部工作。1990年被授予"国家安全战线英雄勋章"。

参加红军剧团

孙克，原名孙文莲，老家人都叫她莲子。

1932年底，红军由陕西南部进抵四川北部的通江、南江、巴中地区，开始了创建新的根据地的斗争。孙克的哥哥是位敢于同旧势力抗争的年轻人，他跟着红军一起斗地主，一帮穷人跟着他一起闹起革命来。在哥哥的影响下，小孙克参加了童子团，跟着大人们打土豪，分田地。

当时，孙克的哥哥是巴中第一区的苏维埃主席。有一次，中共川陕省委组织部长余洪远同她哥哥讲："我们要成立一个新剧团，宣传党和红军的政策。要从童子军中吸收一批小孩子，教他们唱歌、跳舞，把他们培养成演员。像你妹妹就可以去参加培训。"

晚上，哥哥一提这件事，娘表示反对："你、你二弟，都革命了，我不拦你们。可你妹妹，一个女孩子家，出去疯疯癫癫的，像个啥样子？以后还怎么找婆家？"

"参加剧团是好事，以后有了出息，还怕找不到婆家？"

"不行，我还指望她给家里干活呢！"

"我是区苏维埃主席，自己的妹子都不参加，怎么动员别人？看看咱们身上穿的，嘴里吃的，地里种的，哪一样不是红军给的？没有红军，咱们能有今天？"

娘低头不说话了。莲子也在一旁央求道："我要跟哥哥一块儿出去干革命！"

就这样，孙克成了县剧团的小演员。

参加演出，辅助扩军

参加红军新剧团后，孙克不仅学习了文化，还学习了唱歌、跳舞，她们负责宣传演出，帮助扩充红军。那时演过的戏有《刘湘投江》《活捉田颂尧》等，这些反映打土豪分田地的戏，讲的都是老百姓知道的事情。每次演出都会有很多群众前来观看。演员在舞台上"打土豪"，百姓就在下面欢呼；演员表演的穷苦百姓在台上哭，台下的百姓也跟着流泪。

每当唱起《讨饭歌》，小孙克的眼泪就止不住地流：

> 叫声我的爹，叫声我的娘，不该养我在世上，穷人真惨伤。
>
> 穷人真惨伤，家中无有粮，儿女饿得叫爹娘，只得去逃荒。
>
> 落雪又冰冻，脚手战兢兢，怀中抱根冷竹棍，儿女牵衣襟。
>
> 白天去讨饭，晚上住石岩，寒冬腊月无铺盖，儿女抱在怀。
>
> 穷人好伤心，为何这命苦？这个社会太可恨，何日得翻身？
>
> 如今世界上，有了共产党，把我们穷人来解放，大家有福享。
>
> 革命有红军，帮助我穷人，打倒土豪和劣绅，消灭白匪军。
>
> 革命成了功，穷人不受穷，有吃有穿又有用，世界得大同！

看着这些戏，老百姓就知道红军是替老百姓撑腰的队伍了，参加红军的人越来越多。巴中县那时只有8万多人，可先后就有几千人参加了红军。1933年8月1日，川陕省委和省苏维埃政府授予巴中县"模范县"称号，这光荣的称号里就有孙克的一份功劳。

随医院前进，过雪山草地

1933年10月，蒋介石和四川军阀对川陕根据地进行围攻，红军采取诱敌深入的方针，暂时撤离巴中县。孙克随部队到达通江县后，因病住进设在王坪的红四方面军总医院。病好后，留在医院当了一名护士，很快学会了打针换药和护理技术。在她的精心护理下，很多红军战士恢复了健康，重上前线杀敌。

1935年3月，红四方面军开始长征。孙克跟随医院，和兄弟姐妹一同走过了那段永生难忘的艰难历程。

翻越雪山时，上山的路十分难走。越往山上，空气越稀薄，小孙克开始走不动了，与队伍落得越来越远。后来幸好收容队上山来，给孙克递过一条马尾巴，她才死里逃生。

过草地时，没有方向，没有道路，孙克跟着前面的部队小心翼翼地前行着。在草地里，如果谁一不小心掉进泥坑中，那别人就只能眼睁睁地看着他一点点沉入坑中，连搭救都不能。天气也琢磨不透，一会儿是雨，一会儿是风，一会儿又是冰雹，红军战士浑身都是湿漉漉的。

难以想象的自然环境摧不毁红军战士的坚强意志，但是连粮食都没有的日子实在难熬。粮食吃完了，只能挖野菜，用脸盆煮着吃。可是，那种凶险环境下的野菜有些竟是带毒的，战士们吃了都中毒发肿。没有药吃，只能听天由命。身体好的扛一扛活下来了，身体不好的就牺牲在那里了。

兄妹战地重逢

第三次过草地的时候，战士们的粮食几乎没有了，死牲口都被吃了，而且还不够分。这次过草地除了艰险的自然环境，周围还隐藏着不少国民党反动派的人，他们朝红军打冷枪。有一次，孙克和几个同志掉队了，天亮了以后，他们看见前面山下在冒白烟，就以为是自己的队伍，正想走过去，恰巧碰上侦察的同志过来。这可算是死里逃生了，因为对面的白烟是敌人升起的，在侦察同志的带领下，孙克他们最终赶上了部队。

一天下午，担架队送来一批伤员。其中一名伤员的伤势很重，孙克急忙为他检查伤口，进行包扎。这时候她惊奇地发现，这个伤员的声音好像自己的大哥。包扎好后，她掀开被单一看，突然惊叫起来："大……哥……"

已经奄奄一息的大哥用尽力气，一个字一个字地说："我……不行……了，挂了这么重的彩。妹妹……你要继续前进，跟着党……北上！"说完，就牺牲了。孙克用毯子把哥哥包裹着，埋进了那片草地里。

几天之后，孙克又意外地见到了二哥。二哥又告诉了她一个噩耗：舅舅在一次战斗中牺牲了。孙克也把大哥牺牲的消息告诉了二哥，兄妹二人抱在一起，失声痛哭。

1973年，孙克与丈夫肖赤合影

二哥因为受伤，后来回到老家。好在伤势并不严重，伤好后，他带着群众继续闹革命。孙克也没有因为亲人的牺牲而丧失斗志，她将失去亲人的悲伤转化成更加坚定的意志，继续上路。

"多亏了两个小女兵"

一天晚上，孙克和一个小姑娘站岗，在黑暗中她们看见一个黑乎乎的影子越来越近。正好，护士长来查哨，三人悄悄地接近那个黑影，一举将"黑影"擒获。孙克用刺刀挑开"黑影"身上的狗皮，原来是一个抹了黑脸的人。她们将"黑影"带回审问，才知道这是一个国民党特务，敌人已经知道红军后方空虚，派这个特务做内应，很快就要来偷袭。孙克选了一匹最好的战马，骑着它奔向主力部队。

就在敌人刚刚向红军后方发起进攻的时候，红军大队人马赶到了。红军里应外合，彻底消灭了这股敌人。红军首长表扬道："多亏了两个小女兵！"

1936年10月，孙克胜利到达了延安，完成了哥哥当年"继续前进，跟着党北上"的遗愿，也完成了她一生中最重要的行程。在延安，经人介绍，孙克与从红一方面军长征过来的延河县河防司令部保卫局局长肖赤喜结良缘。

苏　力："长征精神激励和影响了我的一生"

胡正旗

人物简介

　　苏力（1927—2022），四川青川人。1934年参加红军，被编入红四方面军第三十一军被服厂。1935年春随红四方面军参加长征。1935年5月被编入妇女独立团，为首长张琴秋当通信员。1937年初成为丁玲组织的西北战地服务团的一名歌唱兼舞蹈演员，后加入山西青年决死队五团（后改编为长城演剧团）。1938年被组织选送到山西一所师范学校学习。1945年初到延安中央医院学习护理。1945年9月抗日战争胜利后到东北，曾任黑龙江省阿城公安局行政科长。后随第四野战军南下，先后担任江西省吉安专署行政科长、万安县妇委书记兼妇联主任、江西医学院第二附属医院总支副书记等职。1960年随丈夫到上海，任上海市卢湾区教卫部调研员、卢湾区民政局副局长。1983年12月离休。

居住在上海的苏力老人，身材不高，健谈，常常笑容满面。看上去她显得普通平凡，然而她却是一位8岁走上长征路的女红军。

地主家丫头当红军

1927年1月，苏力出生于四川青川县乔庄镇一个贫苦农民家庭，是家里的独生女。苏力1岁时父亲就去世了，体弱的母亲将独生女拉扯到7岁，迫于生计，只好将她卖到一王姓地主家当丫头。小小年纪，苏力每天除了要照看与自己年龄相仿的小孩外，还得扫地、洗碗、干农活，一刻也不得休息，只要稍微出点差错，就会招来一顿毒打。苏力身上至今还留有不少伤疤，她记得那是地主婆有一次将她绑在凳子上，用皮鞭猛抽后伤口化脓发炎留下的。

小苏力曾经5次从地主家逃跑，但都被抓了回去，换来的是一次比一次更狠毒的鞭打。1934年秋，红军来到青川。地主老财们都领着自己的佣人和丫头躲到了山里面。在山里，苏力听说红军是专救穷人的队伍，里面全是像她这样的穷苦人，就在一个夜晚偷着跑下了山，一直跑到了红军的被服厂所在地。

苏力一连去了三四趟被服厂，红军大姐见她太小，都没收她。但她实在没其他地方可去，又一次次地折了回来。她最后一次跑到被服厂恳求："回去我会被打死的。"红军大姐被这个瘦小的小姑娘感动了，就问她："小妹妹，你会干什么？""我会钉扣子！"苏力答道。不一会儿，苏力将当场钉好扣子的红军服展现在了红军大姐面前。就这样，小苏力就成了红四方面军第三十一军被服厂的一名"红小鬼"。

在红军队伍里，小苏力感觉快乐无比。"再也没有了地主婆那种凶神恶煞的目光和一次狠过一次的毒打。整天见到的，是红军大哥哥、大姐姐一张张和蔼可亲的脸。他们都非常关照我这个小妹妹。"苏力回忆说。

拉着大姐姐的衣服走不掉队

1935年春，红四方面军就开始了长征。8岁多的小苏力，只知道跟着大姐姐、大哥哥走，实在走不动了就拉着大姐姐的衣服。在她的眼里，翻雪山、过草地虽然艰苦，敌人的轰炸虽然残酷，但是必须要跟紧大姐姐、大哥哥，千万不能掉队。一掉队，就有可能永远地离开红军队伍。当时她只知道跟着部队往前走。她回忆说："过了好几年，我才知道那就是长征。"

长征的头一个月，苏力和战友们一路上都在躲避国民党飞机的轰炸。她回忆说，看见成批战友倒在血泊之中，"我没有恐惧，只有愤怒"。在一次国民党飞机的猛烈轰炸中，一颗炸弹在苏力身边爆炸。苏力只听到轰的一声巨响，就失去了知觉。等她醒来时，发现身上压着一位大姐姐。尽管自己身上满是鲜血，但丝毫没有受伤，原来这是那位大姐姐的鲜血，大姐姐用身体保护了她，而那位大姐姐已经牺牲了。苏力含着泪把这位不知名的红军姐姐掩埋在了一个沟谷中。

1935年冬天，红军部队准备了干粮打算穿过草地。大姐姐们突然对苏力说，这里离她的家并不十分遥远，走不动的话可以回家。"不！"小苏力急得哭了，"我回去要被打死的。"她边说边给大家看额头上的累累伤痕。苏力的那股倔强劲儿感动了大姐姐们，她们没有再坚持让苏力回家。

川西北的茫茫大草地，是一望无际的沼泽。这些沼泽地暗藏着危险，有的地方看上去是非常坚实的草根，往往一踩上去就会陷入泥潭，根本爬不上来，旁人也只能看着无声的烂泥慢慢吞没昔日的战友。苏力人小身轻，踩着草根比大人们更为轻快，竟然从没陷进过泥潭。有时，踩到一块比较坚实的草根，调皮的小苏力还会在上面跳一跳，吓得大人们连连警告，苏力反而向大人们做起了鬼脸。

一次，苏力实在饿得不行，把规定到宿营地才能吃的干粮在路上吃完了。到了宿营地，她只能默默地坐在一边，看着大哥哥、大姐姐们吃。一位大姐姐发现了，就将自己的炒面倒到了苏力的小手里。周围的战士也围过来，你一把，我一把，把小苏力的茶缸装满了。

从那以后，小苏力不仅懂得了储存粮食，还学会了挖野菜。一天部队休息时，她和另一位比自己大不了几岁的女战士结伴到附近去挖野菜。一位红军大哥哥不放心，跟了上来。当他们返回宿营地时，队伍已经出发，他们掉队了。

在广漠的草地里，在若隐若现的月光下，红军大哥哥一手挽着一个小红军，艰难地追赶着大部队。小苏力很要强，大哥哥要背她赶路，她不肯，坚决要求自己走。但苏力实在走不动了，大哥哥就强行将小苏力背到了背上。经过了大约半天时间，他们终于赶上了正在一块开阔地上宿营的大部队。

苏力回忆说，这位姓刘的红军哥哥，其实当时也只有十八九岁。这是长征路上唯一背过她的大哥哥。苏力说："那时候并不懂得什么革命道理，但从这些红军大哥哥大姐姐身上，感受到他们是最好的人。"

一天行军，苏力发现自己喝水兼吃饭用的茶缸不知在什么地方丢了。于是，小苏力偷偷跑到附近的一座藏族寺庙里，拿走了供台上的一只小木碗。班长李大姐知道后，勒令她赶紧将小木碗放回原处，并召开了一次行军中的班务会，对她进行了严厉的批评和教育。为此，小苏力还被关了一天禁闭。

苏力说，红军正是由于有严明的纪律，才能得到人民群众的衷心拥护，才能顺利通过一个又一个少数民族居住区，并最终取得革命的胜利。

"长征精神不能忘"

回顾长征，今天我们很难相信，八九岁的小女孩也能三过雪山草地，在枪林弹雨中行程上万里。然而，小苏力就这样走过来了。在此后几十年的革命生涯中，苏力到西北战地服务团和山西青年决死队当过演员，到延安学过护士，去东北从事过公安工作，随第四野战军南下到井冈山地区开展过土改工作。其间又遇到过无数的困难，但她都一一克服，挺了过来，用她的话说，这是因为长征精神始终鼓舞着她。

"每每想起那些舍生忘死、无私友爱的战友，想起长征途中克服的种种艰难险阻，后来遇到的困难都不算什么。"苏力这样说。一直在战争环境里长大的苏力没有文化，她就在行军的时候，让前面的战士背一张纸，纸上写字，自己在后面学。到了宿营地，她就拿着棍子，在地上写。在井冈山进行土改时，傍晚开完县委会，她还能身背着未满周岁的儿子，一个人走几十里山路，连夜赶到另一个村庄发动群众。她从不与别人争权夺利，每次加工资时，她都把名额让给比自己级别低的同志。

晚年的苏力常常叮嘱年轻人："长征精神不能忘啊！长征精神可是伟大的中华民族精神的重要组成部分啊！"

2016年7月，苏力在接受记者采访时说："长征是我革命生涯的起点，长征精神激励和影响了我的一生。"

李开芬：三次面对死亡的长征女红军

朱新春[*]

人物简介

　　李开芬（1917—1999），四川达县
（今属达州市）人，开国上将朱良才的
夫人。1931年参加革命，1933年参加
红军，1934年加入中国共产党，历任宣
传员、宣传队长、医院看护队长等职。
1935年春随红四方面军长征。1936年
到中央党校学习，后任西路军妇女抗日
先锋团秘书，兼该团一营（保卫营）分
总支书记。抗日战争时期，为抗日军政
大学第四期学员，后任晋察冀军区政治部分总支书记。解放战争时期，
任华北军政大学直属大队政委。新中国成立后，历任华北军区司令部政
治部直属政治处主任、第四机械工业部政治部副主任、北京军区后勤部
副政委。1988年被中央军委授予二级红星功勋荣誉章。

---

　　*本文作者系李开芬之子。

第一次面对死亡——"肃反对象"的长征路

1931年，我母亲在达县女子师范学校学习期间，在国文老师于民声的引导下，参加革命活动，并加入中国共产主义青年团。

1932年底，红四方面军从鄂豫皖根据地转战进入川陕地区，并于1933年建立了川陕革命根据地。16岁的母亲，为了解放穷人，实现世界大同的理想，毅然放弃读书，离开有钱的家庭，在家乡参加了红军。

当"左"倾机会主义的"肃反"扩大化之风刮到川陕革命根据地时，母亲成为"肃反对象"。在这个过程中，她受到红四方面军政治部主任张琴秋和川陕省工农总医院病号连连长王长德的保护，才幸免于难。

1935年春天，戴着"肃反对象"帽子的我母亲，在保卫人员的监视下，踏上了长征之路。

行军路上，一个偶然的机会，我母亲遇到了已经调到外单位的王长德，她兴奋得跳起来，抱住了最亲密的姐姐战友，眼泪成串地流了下来。

"开芬，别哭呀！怎么样？那档子事还没完？"

"帽子还戴着，怎么能算完呢？"

王长德打断了我母亲的话，果断地说："开芬，要活下去！一定要活着走到目的地，我在那里等你。"

"姐姐，你放心，我不会走绝路的。自从参加革命的那一天起，我就下定决心革命一辈子了。就是在我背着比别人重一倍的东西过大渡河的铁索桥时，我的手还紧紧抓住铁索。我不能掉下去，别人失手落水是为革命牺牲，是光荣。我若掉下桥去，就是自杀，就成了一个畏罪自杀的反革命。我一定要活下去，我要拼尽自己的最后一口气走到目的地，用行动证明我李开芬是一名真正的共产党员，不是反革命，也不是投机分子。"

王长德高兴地挥了挥拳头，使劲地说："好！开芬，认准的路，就走下去。一直走下去！"

进入山多地少的民族地区绥靖之后，因实在无法征集到粮食，医院只好组织大家到野外去挖野菜、采集中草药来挽救处于饥饿和病痛中的伤病员。可是，杯水车薪难以奏效，医院领导决定派小分队去敌人盘踞的山寨夺粮。

政治部李植林主任指定我母亲和王秘书带队，率领三十多个人（以女同志为主）的小分队出发了。

没有月亮的夜晚，我母亲带着队伍悄悄靠近一个敌人占据的寨子。简单观察后，我母亲就先让司务长带两个侦察组分左右两路进寨，又让王秘书带几个人留在原地负责接应和掩护。布置妥当之后，我母亲自己带上十几个手提口袋的战士，迅速越过前面的围墙，紧随左路的侦察兵直插寨内。一个侦察员跑来报告说敌人并未发现他们，正在屋里呼呼睡大觉。另一个侦察员紧接着报告说前面拐弯处的磨坊里正在磨面，只有牲口拉着磨转，不见负责磨面的敌人的影子。

就在这时，正面的一路侦察兵被敌人哨兵发现，打了起来。枪声一片，喊声不断，我母亲毫不犹豫地把手一挥，喊了声"上"，就带领十几个战士飞快地冲进磨坊，把刚刚磨成的面粉和一部分粮食装入带来的口袋。正要撤退，从正面的大房里突然蹿出来十几个敌人。我母亲立即果断地下达命令："不要开枪，马上撤！"

从大房里冲出来的那股敌人，向着枪声密集的左寨跑去了。我母亲借机带着人把十几口袋米面运出了山寨。

医院沸腾了。那些饥肠辘辘的伤病员用拐杖捣着地说："这是救命粮啊！应该给李开芬、王秘书、司务长请功！"

政治部李主任也高兴地握住我母亲的手说："李开芬同志，医院全体人员感谢你呀！"

就连负责监视我母亲这个"肃反对象"的人都说："人家是提着脑壳干革命，我汇报啥？我得向人家学习！"

要过雪山草地了，专门来看我母亲的王长德，送给我母亲一双布草鞋，我母亲则把自己买的一包花椒盐和一副墨镜回赠给她。

狂风怒吼的雪山上，我母亲穿着破夹衣、单裤，蹬着王长德送的布草鞋，背着一篓粮食，一会儿手脚并用在没膝深的积雪中奋力攀登，一会儿和负责监视她这个"肃反对象"的战士们一起，肩顶手拉地将五十多岁的老中医——赵主任推着拖着前行。

茫茫无际的草地中，我母亲主动负责"探路"。她拄着一根长长的木棍，冒着雨雪严寒，走在最前面，一步一探地绕过一个接着一个深不见底的沼泽泥潭，为伤病员和医护人员踩出了一条前行之路。宿营了，我母亲又主动去拾柴烧火，还强打精神，为疲惫、饥饿的伤病员们唱上一支歌。

1936年10月，红四方面军终于在历尽千辛万苦、三过草地之后到达了甘肃会宁。红一、二、四方面军胜利会师。长征路上，表现出色的我母亲，也被组织认定为"党信得过的红军战士"，她戴了三年的"肃反对象"的"帽子"也终于被摘掉了。

后来，我母亲被送进中央党校学习。当中央党校总支书记康克清大姐了解到这个聪明、漂亮、坚强的19岁小红军的坎坷经历后，十分同情她，也非常喜欢她，经常帮助她，鼓励她，给她讲井冈山的故事，讲革命的理论。

第二次面对死亡——铁血西路军

1936年10月，在党校的学习还没有结束，我母亲就被调到西路军妇女抗日先锋团去当秘书兼该团一营（保卫营）分总支书记，踏上了西征之路。

西路军一过黄河，就陷入了艰难的苦战之中。

高台失守后，西路军主力撤至张掖南部的倪家营子，面对7万多敌人的进攻，红军昼夜血战，伤亡惨重。

一天天黑时分，我母亲奉总部命令，带领100多人的担架队，抬着30副担架，去三十军八十八师阵地抢救伤员。还有老远，大家就隐隐约约地看到旷野上，一个个穿着单薄破军装的红军战士正在用刺刀同骑着战马、挥动马刀的敌人进行激烈的肉搏战。在我母亲的指挥下，女战士们按照事先演练好的战斗队形，也不说话（怕暴露女战士的身份），成集团队形快速扑了上去。只要看到突入我阵地内的马匪，女战士们就三对一、五对一地群起而上，将敌人砍倒在地。

一看是妇女先锋团上来了，八十八师的士气大振，有的推开担架队的女战士，坚决不上担架；有的被抬上担架后，又从担架上滚下来，继续向敌人爬去。经过奋战，担架队终于救出了负伤的战友。

经过半年多的浴血奋战，西路军还是悲壮地失败了。

1937年4月初，从敌人数道包围圈中突围出来的妇女先锋团的十几个女兵和十来个男同志，在王泉媛团长的带领下，沿着荒山雪岭，顽强地向着东方进发。一天傍晚，他们在荒山脚下发现了没门、没窗户的三孔破窑洞，决定休息一下再走。二十几个人就横七竖八地躺在地上睡着了。我母亲陪王团长安排好哨兵，拴好马，这才挤到窑洞里边，将冻得浑身发抖的15岁的小战士吴秀珍抱到自己怀里。

熟睡中的我母亲，突然被谁在肩上狠狠地推了一把。她猛地一下睁开了双眼，只见朦胧的晨光下，几把明晃晃的刺刀已抵住了她的胸膛，睡在外边的同志已被敌人押了起来。我母亲推醒了还在睡梦中的吴秀珍，整了整衣服，在弯腰站起来的一瞬间，将已经没有子弹的小手枪，塞到身下的浮土里藏了起来。就这样，我母亲和团长王泉媛、特派员曾广澜等二十几个人，全被马步青的士兵抓了起来。

我母亲和一百多名女红军一起被关在凉州（今武威）马步青设置的一个临时监狱里。马步青妄图用恐吓和感化来征服红军女战士，然后再把女战士赏赐给他的军官们当太太。"慰问"，训话，发衣服，组织"参观"、"游览"、看电影……敌人挖空心思，要弄一个又一个花招。我母亲和曾广澜、王子俊、何福祥、沈秀英等同志秘密串联在一起，结成了新的战斗集体，组织、领导大家同敌人展开了坚决的、有策略的斗争。

一次放风，我母亲正走着，就听见围墙外面有人低呼她的名字。

"你是谁？"战友沈秀英上前低声搭腔。

"我是老家来的，找她有事情。"墙外人说。

我母亲听出来了，墙外人是她上小学时的国文老师、地下党员于民声。

"于老师！"我母亲又惊又喜。

于民声低声说："你在这里干得很好，和敌人斗争得很坚决。现在，中央在兰州设立了八路军办事处，办事处的秘书长就是朱良才。他奉中央的命令，专门负责营救西路军失散、被俘人员。我们就是他派出来联络、营救你们的。希望你们把党员组织起来，与敌人有策略地进行斗争，争取早日返回部队。"

于是，白天敌人来训话，晚上我母亲她们就分散到战友中去给大家讲革命故事，唱革命歌曲，鼓舞大家的斗争勇气。敌人要是组织"参观"，她们就鼓动大家装病；敌人让给其部队缝袜底，她们就怠工或故意缝得歪七扭八的。我母亲还代表全体女红军给党中央写信，并设法发送出去。

8月的一天上午，忽然来了一大队敌人，将她们一百多人全部押到了马步青的军部大院。先是马步青胡诌了几句假惺惺"关怀"的话，然后就宣布第一批获"自由"的名单。事情来得太突然，又无法碰头商量，我母亲只好警惕地注视着事态的发展。开始念名字了，整个队伍静极了，一个、两个、三个……每念完一个红军女战士的名字，就有一个同时被念到名字的敌军官站到了女战士身旁。

"同志们，拼啊！"随着一声炸雷似的怒吼，我母亲猛地跳了出来，振臂高喊道，"快把姐妹们抢回来呀！跟敌人拼啊！"

顿时，大家全惊醒了——这原来是敌人的毒计呀！瞬间，只见大院乱成一团，一百多个女红军一边喊着："要杀就杀，要毙就毙，宁死不受侮辱！"一边又咬又打、又踢又撞地和凶残的敌人扭打在一起。经过几十分钟的搏斗，寡不敌众，有三十多个姐妹被眼睁睁地抢走了。

敌人不甘心失败，一再当众宣布："谁要是不听话，谁要是逃跑，就抽了谁的脚筋，就将谁分给士兵们'共妻'，然后再吊死、喂狼狗。"敌人还改变了策略，采取拉拢、分化与零敲碎打的办法，将女红军们三个一批、两个一拨地"分"了出去。最后，监狱里只剩下十几个人了。

这天，敌人的一名军官将我母亲叫到一间房子里单独谈话："实话告诉你吧，马军长看你长得漂亮，又知道你知书达理，决定让你去给他当秘书。"我母亲高昂着头回答："要杀要砍随你便，要我当秘书、当'老婆'——休想！"

谈话失败后，我母亲被带到凉州城外的一所民房里，和沈秀英等三人住在一起。当夜，正在熟睡中，一阵突然的砸门声将她们惊醒了，还没来得及下炕，门就被一脚踹了下来。三个手持马鞭、马棍的敌人闯了进来，连打带踢将另外两人赶了出去。他们不由分说，举起马棍、马鞭就打我母亲。我母亲赤手空拳地和三个如狼似虎的敌人拼搏起来，没几个回合，一个敌人的马棍就打断了，他嘴里狠狠骂了一句，解下武装带，劈头盖脸更加残暴地打过来。马棍、马鞭、武装带像雨点一样地打着、抽着，一直把我母亲打得不省人事，他们这才扬长而去。

敌人一走，沈秀英等人赶紧跑了进来，小心翼翼地将我母亲抬到炕上，只见我母亲的背、胳膊、腿全被打烂了，血肉模糊，惨不忍睹。即便是这样，我母亲也没有吭一声，只是咬紧牙关，狠狠地骂道："打吧，打死我也不屈服！"

被打伤的我母亲，每天只能一动不动地趴在炕上，吃饭、换药、梳洗全靠姐妹们轮流照顾。敌人以为我母亲被"打服了"，看她连动都不能动一下，也就暂时放松了对她的监视。可我母亲，一时一刻也没放弃越狱的念头，身子不能动，就通过沈秀英继续做工作，终于争取到了一个姓盛的传令兵。

经过十几天的准备，逃跑的各项工作全部就绪，我母亲伤口虽然还没痊愈，但已能下炕走动了。我母亲决定趁敌人麻痹之机，立即逃走。

9月的一个夜晚，传令兵和沈秀英搀扶着我母亲，悄悄上了事先准备好的两匹马，向着东方飞驰而去。

历经艰险，10月的一天上午，我母亲终于跨上了兰州黄河大桥。尽管他们对答如流，守桥的警察还是扣留了他们，将他们押到桥边的警察所里。警察所长厉声问道："你们到底是干什么的？"

我母亲飞快地思索着，她决心破釜沉舟，亮出真正身份，便平静地

1937年李开芬与朱良才结婚照

回答："我们是红军。"

"红军？"

"对，我们是红军。现在我们要回八路军驻兰州办事处。"

"八路军办事处？"警察所长一边转动着眼珠子，一边装糊涂，"八路军在这儿没什么办事处啊！"

我母亲毫不迟疑地将办事处的门牌号码、负责人的姓名告诉他，并郑重地警告那个所长："请你立即通知'兰办'，说李开芬三个人回来了。如你故意刁难、阻挠，一切后果由你负责！"

看到我母亲如此了解情况，态度又是如此坚决、强硬，生怕承担"破坏国共合作"之责的警察所长，只好放行了。

当我母亲见到迎出来的党中央代表谢觉哉，八路军驻兰州办事处主任彭加仑、秘书长朱良才、工作人员王定国时，就像久别刚归的孩子见到自己的母亲一样，只说了一句："我回来了！"就再也抑制不住自己的感情，泣不成声了。

谢老轻轻抚摸着伏在王定国大姐怀里痛哭的我母亲，慈爱地说："一个女孩子，能从敌人虎口里逃出来，真是不容易啊！你不仅自己逃出来了，还带回来一个女红军，并争取了一个马步青的人参加了革命队伍，真是一个坚强的革命女战士！"

第二天，路过办事处去苏联的贺子珍大姐听到此事后，特意将我母亲拉到身边左看右看，赞扬道："年纪不大，能从敌人虎口里逃出来，真不简单！"

第三次面对死亡——永远的女红军

抗日战争中，我母亲先是在抗日军政大学第四期当学员，毕业后留在抗日军政大学第一分医院担任指导员，后来，就和任晋察冀军区政治部主任的我父亲朱良才一起，一直在晋察冀根据地工作。解放战争时期，她担任华北军政大学直属大队（女生大队）政委。新中国成立后，她先是在华北军区，后到第四机械工业部（简称"四机部"）工作。

"文化大革命"爆发不久，四机部在南京的重点国防工厂就全乱了套。

周恩来总理亲自把四机部部长王铮叫到跟前，让他立即设法控制住局面。王铮告诉总理："造反派头头已经放话，谁敢来南京，我们就叫他有来无回。"

周总理严肃地说："那就派不怕有来无回的干部去！"

王铮部长决定派我母亲去。

我母亲临危受命，来到南京。经过几天紧张的调查研究和与各方的磋商，我母亲拿出了可行的解决方案，胜利返京了。

没想到，一下火车，我母亲就被等候已久的北京造反派给抓了起来，并被当作四机部部长、开国中将王铮的"黑干将"，押到长安大戏院批斗。

拳头、皮靴，漫骂、吼叫……可我母亲就是挺胸而立，死不低头……

批斗完，我母亲被关在一座楼房里，门上、窗上、墙上都糊着标语："打倒李开芬！""大叛徒李开芬罪该万死！""死不改悔，死路一条！"……

三天一小斗，五天一大斗。不久，造反派故意放出风声："李开芬畏罪自杀了。"

没过几天，"被自杀"真来了。这天，当造反派再次将我母亲打成半昏迷状态时，忽然停住手，一个小头头俯下身，指着打开的窗户诱惑道："李开芬，这是三楼，窗户开着的，你跳！你从这儿跳下去！你只要一跳下去，就什么事儿也没了。"

我母亲强制自己保持头脑的清醒，在心里不断地叮嘱自己："不能跳，坚决不能跳。只要一跳，就是畏罪自杀，就是'自绝于人民'。"

造反派"被自杀"的阴谋破产了。

一天，来了两名军官，拿出一张照片给我母亲看，要她证明照片上的人是不是共产党员。

说来真巧，照片上的人，正是30多年前在大会上宣布我母亲是混到革命队伍里来的反革命的那个人！

我母亲心里明白：既然部队来人调查他的历史，就说明这个人在部队里度过了几十年的岁月，如今，肯定也是有一定身份地位的领导干部了，若不证明他，他很可能被活活地整死。

我母亲毫不犹豫地证明了他的身份。

告别时，见四下无人，两位军官悄悄地对她说："你是个真共产党员！"

1969年10月，我父亲借"战备疏散"之机，上书党中央，要求公正地处理我母亲。

父亲的上书，引起中央的重视。在周恩来总理的亲自过问下，被非法关押了两年的我母亲，被强行"要"了出来，随我父亲疏散到广东从化。

1972年，平反后的我母亲，又回到部队，担任北京军区后勤部副政委。在这个岗位上，她又为部队的建设勤勤恳恳地工作了十多年，直至1983年4月从第一线退下来。

李光明：经历了两次"长征"的女红军

谭戎生[*]

李光明（1921—2011），原名华金香，四川通江人，开国中将谭冠三的夫人。1933年5月参加红军。1934年12月加入中国共产主义青年团，1937年3月加入中国共产党。1935年随红四方面军长征，任战士、卫生员、宣传员。抗日战争时期，先后在冀中军区南进支队、八路军太行总部任报务员。新中国成立后，任中国人民解放军第十八军妇女干校中队长、中共西藏工委妇委组织部副部长、拉萨市妇联副主任、西藏妇联副主任、西藏军区司令部办公室机要秘书和群工部部长、成都军区司令部办公室秘书（正师级）等职。1961年被授予少校军衔。1988年离休。曾荣获三级八一勋章、解放奖章、二级红星功勋荣誉章、中国人民抗日战争胜利60周年纪念章。

---

*本文作者系李光明之子。

参加红军见光明

1921年3月26日（农历二月十七日），我的母亲李光明出生于四川省通江县华家坪一个贫雇农家庭，原名华金香。她出生时已有一个哥哥和姐姐，但从没见过自己的父亲，据说父亲是外出谋生未归、生死不明。后来哥哥上山砍柴也失踪了，我的外婆只好带着两个女儿改嫁到瓦室铺肖口镇一个姓李的农民家里，艰难度日。母亲四五岁时，就被送到一个名叫杨三生的家里当童养媳，备受虐待，苦不堪言。不久我的外婆病逝，母亲成了孤儿。在那暗无天日的旧社会，母亲天天盼着脱离苦海。

1932年12月，红四方面军主力从鄂豫皖转战入川，开辟川陕革命根据地。通江瓦室铺（今瓦室镇）也来了红军队伍。母亲为了脱离苦海，决心参加红军。1933年初夏的一天，她趁出去打猪草的机会朝着红军行军的方向急奔而去。追了三五里路，仍然不见红军的踪影。这时她心想参加红军没有希望了，顿时瘫坐在地，抱头痛哭起来。不知过了多久，在她几乎绝望的时刻，听到有人在说话，还有人轻轻拍她的肩膀。她抬起头一看，原来是四个红军女战士站在她的面前，她们都满脸笑容地看着她。一个年纪稍大一点的女红军问她："妹娃子，天都这么晚了，你怎么坐在这里还不回家呀？"她鼓足了勇气大声说："我没有家，我是人家的童养媳，我要参加红军！"那位女红军对她说："你年纪这么小，怎么能参加红军呢？红军要打仗、行军，要吃好多好多的苦！"母亲说："吃苦我不怕！你们红军是大好人，我一定要参加红军！"她们问了我母亲的身世后，深表同情，便同意她参加红军。于是母亲便同她们一起向红军大部队行进的方向奔去，一直走了两天两夜，过了通江河的毛浴镇，第三天赶到通江的南岭才追赶上大部队。母亲最初被分配到红四方面军总被服厂（后改名为妇女工兵营）。

　　妇女工兵营营长林月琴（从鄂豫皖入川的老红军，后来成为罗荣桓元帅的夫人），非常关心那些新到红军队伍里的女娃娃兵。大家也都很尊重她，叫她"林大姐"。林月琴对我母亲特别关心、爱护，不久把她调到身边做勤务工作。林月琴还教我母亲识字，学习文化，并给她起了一个名字——"李光明"，寓意走向光明。我母亲心想，这真是盼到光明了！后来林月琴为了培

李光明

养她，把她送到红四方面军总卫生部总医院剧社做宣传员，同时让她学习护理知识。这样我母亲就离开了林大姐，直到长征到达延安后她们才又见面。1934年底，母亲加入了中国共产主义青年团。

雪山草地历艰险

　　1935年春，红四方面军为策应中央红军北上，西渡嘉陵江开始长征。母亲随红四方面军参加长征。她先后在红四方面军总卫生部、总医院和妇女独立团任剧社社员、宣传、卫生员和战士。由于战斗频繁，救护伤病员的任务十分繁重。像我母亲这样的女红军战士，年纪小、体力差，要8个人分组轮流抬一副担架和伤病员一起行军。她们的脚磨出血泡，肩膀也磨得红肿流血，但大家仍然咬着牙，忍着疼痛坚持。

在长征途中，母亲随部队翻雪山过草地。他们翻越的几座大雪山有的海拔四五千米，十分寒冷。在翻雪山时，我母亲随身背着一个脸盆，遇到下雨、雪、冰雹，就把脸盆扣到头上。这个脸盆随她走完了长征路。但许多指战员因受伤受冻，经不住恶劣气候的煎熬而倒在雪地里，再也没有能够站起来。母亲记得，他们在翻越夹金山时，上到山顶后天色已黑，又摸黑走了一段路，因为雪山路滑非常危险，部队只有就地宿营。不料天亮出发时，与她一同宿营的三位女战士再也没醒来，她们被风雪吞没了。想到昨天还活蹦乱跳的战友，过了一晚就牺牲了，母亲心情极为悲痛，她们都只有十八九岁，都非常年轻。

过草地更加艰难，更加危险。许多体弱的红军指战员牺牲在茫茫的草地里。部队宿营，都是睡在连泥带水的草地上。草原和沼泽地里遍地是蚊虫，咬得人浑身痛痒，起脓包；有的同志不慎被毒蛇咬了，就中毒牺牲了。女同志生理上的痛苦就更没办法解决了，只有随它去，所有女战士在长征中都患有妇科疾病。有许多同志没能度过这些难关，默默地长眠在这茫茫无际的草原沼泽地里。

过草地时，我母亲遇到最危险的一次是过一条湍急的河流。因为水流很急，大家就手拉手一字队形前后排开，涉水过河。母亲因为个子小，身体单薄，走到水流急的地方根本站不住，几次被冲进急流中，幸亏都被战友及时救出来了。有一位骑马的首长看到这种情景，就骑着马朝她这里走来，他叫其他同志把我母亲扶上他的马，坐在他的身后，把她驮过河去。后来才知道，他是我们红军医院的医官，新中国成立后任解放军总医院的院长，名叫蒲荣钦。

当走出草地的时候，大家都欢腾起来，跳啊、唱啊，高兴极了。可是互相打量对方时，谁也认不出对面的同志就是自己朝夕相处的战友了。长时间的饥饿，已经使人变形了。你看我两眼深陷，面黄肌瘦，皮包骨头，破衣烂衫，我看你也是一个样子。大家互相拥抱在一起，流出了激动的热泪。大家感到，是党中央、毛主席把他们从张国焘的错误路线里拯救出来了，红军的阶级友爱、官兵一致和钢铁般的意志让他们战胜了千难万险，是对共产主义的坚定信念和对党的无限信赖使他们从曲折中迎来了胜利的曙光。他们从心底高呼："红军万岁！共产党万岁！"

1936年10月，母亲见证了红军三大主力胜利会师，红军长征胜利结束。

延安奋斗结良缘

长征结束后，为了实现党中央确定的"西渡黄河，夺取宁夏，从北面打通同苏联联系"的战略计划，红四方面军在会宁进行了休整和部队整编，组建了红西路军，并成立了妇女抗日先锋团。这时本已被编入红西路军妇女抗日先锋团的母亲没能渡过黄河，和另一些也没能参加西征的红军女战士们被集中送到陕西云崖妇女学校学习。学校共有4个连队，母亲被编在一连，和她一起学习的川北老乡还有伍兰英、赵惠兰、李玉兰等一大批女同志。在这里，母亲光荣地加入了中国共产党。她们这批女战士从妇女学校学习结业后，在何长工同志率领下奔赴延安。

到了延安后，母亲被分配到延安留守兵团后方政治部剧社当社员，从事宣传工作。"西安事变"和平解决后，延安已成为全国有志青年和爱国人士心目中的革命圣地。党中央和毛主席特别重视宣传党的共同抗日纲领，以团结更多的人参加到这个阵营里。因此，政治部剧社的工作非常繁重，几乎每天都有演出和联欢任务。这时，经刘忠、伍兰英夫妇和八路军后方政治部宣传科科长李兆炳的介绍，我母亲与我的父亲——

1963年，李光明少校（后排右）与吴朝祥上校（前排左）、林月琴大校（前排右，罗荣桓元帅夫人）、王新兰上校（后排左，萧华上将夫人）在北京合影　萧霜供图

随中央红军走过万里长征、时任抗大政治部俱乐部主任的湖南籍老红军谭冠三相识了。彼此经历相似，有许多共同语言，经组织批准，他俩于1937年8月在延安结婚。后来他俩一起参加了抗日战争和解放战争。父母一共生育了六个孩子，由于战争环境的恶劣和残酷，有两个孩子不幸夭折。

1949年1月北平解放后，为了迎接新中国的建立和革命胜利后的建设任务，母亲迫切希望进一步学习文化知识，提高文化素质。这样，在庆祝胜利的鞭炮声中她把两个小的孩子（女儿齐峪1岁，小儿子戎丰刚生下来7天）分别寄养在当地的两个农民家里，把两个大一点的孩子（老大戎生，即我，仅8岁；老二延丰刚满4岁）送到北平华北军区荣臻学校（后改名为北京军区八一学校），母亲随即到石家庄中共河北省委党校学习，直到成都战役结束。

进军西藏再"长征"

1949年12月底成都战役后，母亲奉命即刻从石家庄到北京集中，前往重庆中国人民解放军第二野战军报到。她立即赶赴北京，把我和延丰接到招待所，母子相见，格外高兴，难舍难分。但她想到党的召唤就是命令，革命的利益高于一切，她必须摆脱孩子们的"纠缠"，按时起程。于是，母亲便趁我们睡熟之际，强忍心酸的泪水，匆匆离开了我们，迅速赶往重庆。

到达重庆后，父亲对母亲说："现在新中国建立了，是应该过和睦团圆的日子了。但是，我和全军指战员已经接受了党中央、毛主席和刘、邓首长下达的进军西藏、解放西藏的光荣任务。刘伯承司令员甚至强调，进军西藏的任务极其艰巨和意义重大，可以称作是'第二次长征'。……我作为政治委员，应该旗帜鲜明地表明自己的态度和立场，

1950年在乐山，李光明和丈夫谭冠三接受进军西藏的任务

1962年，本文作者（中）与父母合影

我和你不在川南安家，也不能把孩子接到川南安顿。为了西藏人民的解放，我们只有舍弃小家，只有舍弃儿女情长的牵挂，以我们的实际行动去感染和教育全军将士，率领他们去完成历史赋予的光荣使命，把五星红旗胜利插到喜马拉雅山上。……我们一起进行'第二次长征'吧！"母亲回答说："二万五千里长征我们走过来了，抗日战争那么艰苦、残酷的年代我们也都熬过来了，蒋介石也被打垮了……为了西藏人民的解放，进军西藏，我义不容辞。我为能同你一起参加'第二次长征'而感到自豪。孩子们我已做了安排，比在战争年代稳妥、安全多了，这些你都放心吧。"就这样，我的父母亲一起接受了进军西藏，进行"第二次长征"的光荣任务。

1950年3月4日，天气晴朗，红日高照，十八军在四川乐山举行了庄严隆重、气壮山河的进军西藏誓师大会。当时母亲被分配到十八军妇女干校任第三中队中队长，在体检时发现我母亲已身怀有孕了，组织上动员她暂缓进藏留在后方，她坚决表示随部队进军西藏。于是她被派到军司令部通信科做报务工作，随军直机关从新津启程。行军途中，母亲不幸流产大出血，但仍坚持随部队前进。

在两千多公里的漫漫征途中，十八军将士发扬大无畏的革命英雄主义精神，凭着对党、对人民的无限忠诚，以顽强的革命意志，翻越了十几座高峻的雪山，渡过几十条湍急的河流，穿越了广袤的茫茫草原和原始森林，踏过了高原流沙和冰川地带。他们战胜了高原雪山的奇寒缺氧，抗过了狂风骤雨的袭击，克服了物资极度缺乏的困难，历时1年零8个月，历经千辛万苦，终于在1951年10月24日胜利到达拉萨。

西藏和平解放后，母亲和父亲又一起坚持在西藏工作了十余年。他们和无数的老红军战士一样，为中国人民的解放事业和中华民族的伟大复兴做出了自己积极的贡献。

1988年，李光明在成都军区被授予二级红星功勋荣誉章

李自珍：活着的"烈士"

杜先福

李自珍（1914—2004），四川达
县（今属达州市）人。1933年参加红
军，历任红四方面军第四军三十三团
三连八排战士、排长，身经百战，多
次负伤。1935年春随红四方面军参加
长征，后因在战斗中受伤失散，流落
到四川资阳临江镇，从此隐瞒红军身
份长达30余年。"文化大革命"中，
被迫说出自己的红军身份，但由于各
种原因，直到1990年才被政府部门确认为失散红军，享受相关待遇。

慈母"来路不明"

1969年的一天，家住四川省资阳县（今资阳市）临江公社二大队一小队（今资阳市雁江区临江镇水井村一组）的青年农民赖玉良被大队党支部书记叫去，书记严肃地告知他，其母亲李自珍来路不明。那个年代，如果谁的家里出了一名来路不明的人，人们多半都会向特务、叛徒、漏划地主、牛鬼蛇神方面去猜想。当时赖玉良如遭当头一棒，天旋地转。心想，假如母亲是暗藏的特务或者牛鬼蛇神什么的，问题可就严重了！

赖玉良从小就知道母亲李自珍是1945年逃荒到临江镇后嫁给父亲赖发荣的，1948年生了他。1957年父亲赖发荣不幸病逝后，母亲含辛茹苦，终于把他抚养成人。

沐浴母爱20余年的赖玉良，无论如何也不愿更不敢想象母亲可能会成为阶级敌人。但是他又不得不怀疑母亲的真实身份，"逃荒女"会不会是潜藏特务，会不会是漏网地主或牛鬼蛇神？如果是，后果就不堪设想，真是太可怕了！

经过几番思想斗争后，赖玉良最终决定向母亲摊牌，无论如何得让母亲讲清楚她的真实身份。

终于道出的身世

一天深夜，在儿子跪着相逼的情况下，李自珍不得不打开尘封了数十年的历史，从头至尾讲开了她的身世。

1914年，李自珍出生在四川省达县石庙场申家坡五保九甲（今达州市通川区金石镇）一个贫苦农民家庭。她母亲被称作李郑氏，一共生育了6个子女，李自珍是幺女，她还有三个哥哥、两个姐姐。1932年12月，红军第四方面军由陕西南部进抵南江、通江、巴中一带，建立川陕革命根据地，扩充红军队伍。在一个名叫吕明珍大姐的介绍下，不到19岁的李自珍参加了红军，与堂侄女李长秀被分配到红四方面军当战士。

参军后，李自珍所在的部队在平昌、巴中、通江、南江、旺苍一带，两年时间大大小小打了一百多次仗。李自珍先后十多次受伤，浑身留下无数伤痕。在通江县铁佛场的一次战斗中，李自珍所在班的班长不幸牺牲。战斗结束，领导就叫李自珍当了班长。那年她21岁。

1935年，上级首长告诉大家：毛主席领导的中央红军到了四川，红四方面军要去和中央红军会师。之后，部队在和中央红军会师途中，打下了川北重镇广元。部队西进时，在江油、昭化、梓桐、北川等县穿插，又打了不少恶仗。

在红四方面军总指挥徐向前的领导下，全军将士前赴后继，继续向西挺进。进入茂县时，四川军阀孙震的三个旅前来阻击，土门一战，红四军伤亡惨重，几百名将士牺牲。在这次战斗中，李自珍左肩窝也被子弹打穿，负了重伤。她坚持一边养伤，一边行军。红四方面军于6月间在懋功与中央红军会师。部队在松潘住了一个多月，开始过草地，走着走着，部队接到命令，叫他们往回撤，将士们不知道是什么原因，只好往回撤，反反复复走了很多地方，天天行军，也不知到底走了多久。李自珍所说的往回撤，便是历史上张国焘背离中央红军，擅自成立伪"中央"，命令红四方面军西进。

红四方面军在四川雅安、芦山、天全一带，遭到四川军阀的围剿追杀，伤亡极为惨重。直到1936年，才与红二方面军再次会师，奉命北上。在甘肃西渡黄河时，国民党飞机狂轰滥炸，临时架设的铁索桥被炸断，李自珍落水与部队失去了联系。而未渡过黄河的部队被迫折回四川，李自珍也随小部分红军将士回到了西康（即今雅安等地），因缺少给养，没有弹药，失散的红军将士只能躲进深山老林，过着非人的生活。将士们白天分散在深山老林，夜晚设法聚集，在芦山、天全、小金县坚持了一年多的斗争。在一次战斗中，李自珍与敌人拼刺刀，左手被刺伤，滚下悬崖没了踪影。

受了重伤的李自珍，被一位姓王的孤寡老太太救起。老人将她藏进山洞，精心治好了她的刀伤。她不敢暴露自己红军战士的真实身份，又没法与失散的红军取得联系，便在那位王姓老人家住了下来，认老人为干妈，并改姓王。

过了八九年，王老太太不幸病死，李自珍无依无靠，决定回老家达县。她沿途乞讨，于1945年步行到资阳县临江镇，因疾病和饥饿昏倒在沱江边上，被江边洗衣服的一名叫赖素君的大姐救起。在赖素君的撮合下，李自珍与赖素君的弟弟赖发荣结了婚。

这就是李自珍的身世。

听了母亲的诉说，赖玉良惊得目瞪口呆。他根本不敢相信，自己的母亲居然是一名红军。对于儿子的质疑，李自珍解释说，当初，她之所以没有回到老家去，是担心回去后遭到反动派的迫害。她在临江镇留下来，仍然害怕反动派迫害，所以依旧不敢暴露自己红军战士的身份。

新中国成立后，李自珍本来想找政府，讲清自己的身份，可是她找不到任何人给她证明。后来，又听说张国焘当年叛变了革命，而她曾是张国焘领导下的红军战士，她认为没脸讲出自己的历史。

母亲的理由，无法使赖玉良完全相信。无论是红军战士也好，或是牛鬼蛇神也罢，母亲终于有了出生地。赖玉良想，他一定要把母亲的真实身份弄个水落石出。

女红军已被追认为"革命烈士"

1969年12月，赖玉良请求大队出了个证明，来到了达县，几经周折，找到了当年的石庙场。在党委书记李天觉的办公室，赖玉良竟愣在那里，瞪大眼睛看着李书记，好半天没有说出话来。因为，在他眼里，李书记的五官长相简直就像是他母亲李自珍的翻版。他怀疑李书记与他母亲有某种联系，但他没敢贸然地说出来。

李书记看过赖玉良的介绍信以后，竟然也好长时间看着赖玉良一句话不说。过了好久，李书记说，李自珍死了，已经死了几十年了，她的亲人也没有了。

这无疑是兜头一瓢冷水，浇得赖玉良浑身透凉。他想，他母亲可能编了一套谎话，冒充了李自珍。这么一想，又气又恨又悲哀的赖玉良，竟难以自控地放声大哭，不知该如何回去向组织和领导交代。

赖玉良哭了很久，当他准备离开时，李书记却对他说，小兄弟，你既然来了，就把你母亲的情况讲来听听，看看你母亲李自珍和我们这里的李自珍是不是同一个人，如果不是，我们倒可以帮你找一找你母亲李自珍的亲人。

听李书记这么说，赖玉良便把他外祖母、外祖父的姓名报了出来，又说了母亲的出生年月以及母亲的哥哥姐姐叫什么名字，李自珍又是如何参军，有哪些人一同参军，以及后来如何流落到资阳和他父亲赖发荣结的婚，又如何到现在才说出自己的身份。当时，李书记听得目瞪口呆，等赖玉良讲完了，李书记一把抱住赖玉良，喊道："小表弟，我是你表哥，我是你大舅李自凡的儿子，我叫李天觉，你母亲就是我的姑姑李自珍啊！"

闻听这话，赖玉良简直惊呆了。眼前的李书记竟是母亲的亲侄儿，难怪第一眼他就觉得李书记酷似他母亲。赖玉良也激动万分，不由得一把抱住表哥大哭起来。

李天觉告诉赖玉良，他的几个舅舅都还活着。大舅李自凡（也就是李天觉的父亲）已经70多岁了。新中国成立后，同李自珍一起参军的李长秀、李天才回到了家乡，都说李自珍过黄河时被飞机炸死了。并且，在北京军区当了干部的吕明珍也证实，李自珍被炸死了。因此，达县人民政府就追认李自珍为革命烈士，祖母李郑氏（也就是赖玉良的外祖母）享受烈属待遇。祖母死后，因为李自珍的大哥李自凡身体不好，政府就让其继续享受烈属待遇至今。刚才之所以说李自珍死了，亲人也没有了，是怀疑赖玉良可能假冒。因为以前经常有人假冒红军烈士的亲友，骗取政府优抚。

听说已被追认为烈士很多年的李自珍还活着，当年李自珍的战友如李长秀等人以及年长的乡亲们，都来目睹"活着的烈士"的后代。赖玉良在母亲的家乡，受到非常热情的招待。表哥李天觉叫他回家把他母亲及全家迁到达县，赖玉良说他回家征求母亲的意见，然后拿着有关他母亲真实身份的证明，欢天喜地回了家。

确认红军身份

1970年，离别家乡38年的李自珍，在儿子的陪伴下，回到了她几乎已经陌生的故土达县，回到了亲人的怀抱。"活着的烈士"回来了，消息不胫而走。昔日的战友都来看望李自珍，问起李自珍的现状，都说李自珍应该找政府，让她享受老红军优抚待遇。达县人民政府得知李自珍还活着，便取消了其烈士称号。鉴于李自珍不愿回故乡定居，当地政府便出具证明，证明了李自珍失散老红军的身份，希望李自珍能受到资阳县人民政府的特殊照顾，使其享受红军优抚待遇。

李自珍拿着证明，去县城找到当时的资阳县革命委员会。那个年代，造反派当权，人们忙于"造反"，哪里还顾得上为李自珍落实什么政策。他们不仅不落实政策，反而说李自珍是钻革命的空子，是冒牌货，更说她属于叛徒张国焘的部队，没弄她来批斗就算便宜她了。造反派收去了李自珍的证明，把她臭骂了一顿，说以后不准再来了，再来就把她弄去批斗。因此，李自珍不敢再要求落实政策。

就这样，李自珍又沉默了十来年。

1978年，党的十一届三中全会以后，全国平反了许许多多冤假错案，很多老一辈无产阶级革命家重见了天日。李自珍虽然识字不多，但她参加红军也懂得许多革命道理，她总觉得自己不应该不被承认。在平反热潮中，她在儿子陪同下，找到资阳县委信访办，信访办请她去内江找地委。内江有关部门表示，调查后给予解决。可是调查却没有任何结果。

直到1987年8月，达县有关部门又给李自珍寄来了失散红军的证明，并请求资阳县政府按有关政策落实李自珍的优抚待遇。原来，李自珍的老领导——从北京某部离休的老红军吕明珍回达县探亲，听说李自珍还活着，就把李自珍接到北京待了一个多月。当她知道李自珍还没有享受红军待遇，便通过总政治部给四川省去函，让达县再次给资阳县出具李自珍系失散红军的证明。1990年3月，李自珍终于领到了优抚证，享受到了失散红军待遇，晚年的生活有了保障。

2004年1月，李自珍在家安然去世。

李伯钊："最是长征风雪路，剧坛烽火放奇花"

杨绍明　杨　李*

李伯钊（1911—1985），原名李承萱，曾用名戈丽，巴县（今属重庆市）人，著名的戏剧家、教育家、作家，中国无产阶级革命家、政治家、军事家、原国家主席杨尚昆的夫人。大革命时期，在重庆读书时受到早期中共领导人萧楚女、张闻天的影响，参加革命运动。1925年加入中国共产主义青年团。1926年赴苏联学习。1929年夏在莫斯科同杨尚昆结婚。1931年加入中国共产党。1934年10月随中央红军参加长征，先后随红一、红四、红二方面军三过草地。新中国成立后，历任北京市文联副主席，北京人民艺术剧院院长，中央

---

*本文作者系李伯钊之子女。

戏剧学院副院长，中国戏剧家协会副主席，第五、六届全国政协常委等职。著有歌剧《长征》、话剧《北上》、纪实小说《女共产党员》等。

90年前，我们的母亲和父亲都是随中央红军从长征中一路走来。回首往事，我们深深沉浸在对父母的怀念与追忆中。这里要特别谈谈我们的母亲。她的一生经历了激荡起伏的革命岁月，经受了艰难曲折的历史考验，留下了令后辈景仰的闪光业绩。

大浪淘沙

1911年3月，正值辛亥革命即将爆发之时，四川省巴县一位贫苦知识分子家中，一个女婴降生了，这就是我们的母亲李伯钊。她的父亲李汉周是前清秀才，曾任县令，后来参加过同盟会，为人刚直不阿，为官清正廉明；她的母亲杨凤仙，出生在重庆一个小商人家庭，性格温柔，爱好文学。母亲7岁启蒙，8岁时不幸丧父，外祖母只得带领全家移居江北。母亲在江北一所小学插班，学名李承萱。

在外祖母的熏陶下，母亲自幼酷爱文学。她13岁考入在重庆的四川省立第二女子师范学校（简称"二女师"）读书。当时，张闻天、萧楚女两位革命前辈恰好在此执教。母亲最爱听时任团中央驻川特派员的萧楚女先生讲革命道理，也很喜欢听留美归来、思想进步的英文老师张闻天的课。在张闻天的组织下，母亲参加了由我们的四伯杨闇公与萧楚女、罗世文等人发起成立的"平民学社"，学习《新社会观》《共产主义ABC》，在此受到了马克思主义的启蒙教育。

1925年，大革命的高潮波及四川。这年初，我们的母亲14岁，由共产党员廖苏华（又名廖竹君，四川内江人）介绍加入中国社会主义青年团（不久后，中国社会主义青年团改为中国共产主义青年团），并成为当地学生运动中的一名骨干。她担任了二女师"平民学社"的负责人，参加排演反映社会现实的"文明戏"，揭露军阀的反动统治，启发群众的革命意识，初步显露出独特的艺术天赋。当时，母亲与我们的姑妈杨义君在二女师是同学，她常到位于重庆二府衙的杨家去做客。萧楚女、刘伯承、吴玉章和重庆地下党领导人也经常出入杨家。杨闇公非常喜欢自己的弟妹和他们的同学，也很赏识我们的母亲。

在与杨家的交往过程中，母亲受到革命思想潜移默化的影响。她与我们的父亲杨尚昆在这里相识。1925年"五卅运动"在上海爆发，很快席卷全国。母亲因积极参加爱国学生运动，被学校开除，后由重庆共青团组织安排赴上海大学学习，并改名为李伯钊。

同年冬，母亲乘轮船赴上海，在廖苏华的安排下住在上海大学内，准备考上海大学。组织上又分配她去浦东办平民夜校，并让她到浦东团地委工作，任宣传委员。母亲与廖苏华每周在上海大学定期会面，当地党、团活动分子也常在这里开会，由著名共产党人罗亦农、赵世炎等作报告。

1926年秋，母亲因从事革命活动被军阀孙传芳当局拘捕，押解到淞沪警察厅。年仅15岁的她在敌人面前坚贞不屈，机智勇敢，始终没有暴露自己的身份，成功保护了组织和同志。出乎意料的是，母亲在狱中与我们的父亲杨尚昆相遇了。在阴暗的囚牢里，他们被关在不同的木笼内，虽然彼此都认出对方，但都默契地保持沉默，只是机警地交换了一下眼神。原来，父亲在党组织的安排下，也于1926年5月来到上海大学读书，被军阀巡捕误捕入狱。父亲不久被保释出狱，立即将母亲被捕的消息告诉廖苏华。两个多月后，母亲也被组织营救出狱。随后，共青团中央决定送她去苏联莫斯科中山大学学习。

留苏岁月

1926年冬，母亲乘苏联海船经符拉迪沃斯托克赴苏联莫斯科中山大学学习。稍后，父亲也被党组织派来同一所学校学习。学生最初分成一、二、三班，后来增加到七八个班，邓小平就在一班，母亲在三班，与秦邦宪、张琴秋等同班。父亲属于中大第二期学生。徐特立、董必武、吴玉章、刘伯承、叶剑英、伍修权等人也在此学习。

这段时期，母亲努力学习马列主义的基本理论以及其他各门功课，对投身革命事业有了更深的理解和认识。正如她后来所总结的："留学苏联帮助我树立了革命人生观，懂得了为共产主义奋斗不是抽象的，而是要从事具体的革命工作。"为了便于回国后从事更多的实际工作，母亲学习过车工、纺织、医护和军事技术。她还如饥似渴地阅读古今中外文学名著，十分踊跃地参加文娱活动，受到了苏联传统的、革命的文化艺术的熏陶。

母亲学习非常用功，俄语很好。1928年夏，她为莫斯科召开的少共国际第五次代表大会担任少共国际代表团翻译，得到了周恩来、蔡畅等人的高度赞扬。

此时，同为四川老乡，同在中大求学，又拥有共同革命理想的母亲和父亲走得更近了，并于1929年夏天在莫斯科结婚，从此踏上了他们共同的革命人生之路。就在这年，她在莫斯科中山大学见到了斯大林，亲耳聆听了斯大林关于中国革命的报告，深受鼓舞。

风云突变，世事难料。1930年中大进行"清党"，母亲因为出身问题（外祖父曾在四川山区当过县官）而被划为"阶级异己分子"，又因为所谓与"托派"有联系，被开除团籍。按照当时的政治标准，我们的父亲必须同母亲离婚以"划清界限"，但是父亲很坚定，始终信任和支持母亲，两人不谋而合地产生"请求回国"的想法。但由于中大的"清党"尚未结束，父亲要留下来继续做翻译，父母只好暂时分手。1930年底，母亲背着"莫须有"的政治包袱离开莫斯科，回到上海，随即投入到火热的革命斗争中。

"赤色明星"

母亲从苏联回到上海后不久，1931年初，父亲也同张闻天一起回国，并在上海担任中华全国总工会宣传部长、中共江苏省委宣传部长。父母亲得以团圆，在上海闸北区的庆云里暂时安家。由于通往中央苏区的道路受阻，母亲最初被党组织安排在法兰区做工运工作。那时上海工人运动的形势日趋恶劣，母亲一方面要到法兰区香烟厂组织女工成立姊妹团，一方面要到附近的工厂从事其他工运工作，常遇当局巡捕抓人，时有危险。1931年3月，母亲被组织派往中央苏区。

1931年春，母亲从上海绕道香港进入闽西革命根据地。母亲热衷从事文化艺术工作，便暂留闽粤赣军区政治部任宣传科长兼闽西彭杨军事学校的政治教员。同年，母亲转入赣南中央革命根据地瑞金。在中央苏区，她先后担任中央红军学校政治教员、《红色中华》编辑、高尔基戏剧学校校长、中华苏维埃政府教育部艺术局局长。她在红军学校加入俱乐部戏剧组，经常表演苏联舞蹈，并自己编演节目。她还经常以"戈丽"为笔名在《红色中华》报上发表文章。

母亲是苏区红色戏剧运动中的一员骁将，拥有良好的政治与艺术素质，更集编剧、导演和演员身份于一身。1931年11月，在瑞金召开中华苏维埃第一次工农兵代表大会，成立了中华苏维埃临时中央政府。母亲与钱壮飞等组成文艺小组，负责大会文娱活动和组织编导节目。她亲自登台，表演拿手的苏联《红军舞》《海军舞》等专业舞蹈节目，深受欢迎。

1931年12月，母亲被调到《红色中华》报社任编辑兼校对。她来到叶坪中央局驻地，找中央革命军事委员会总政治部主任王稼祥报到，意外地见到了她还不认识的毛泽东。经朱德总司令介绍，她第一次同毛泽东握手。同月，根据毛泽东的指示，母亲与钱壮飞等带领一个宣传队，深入宁都起义部队（原国民党第二十六路军，起义后改编为红五军团）作巡回慰问演出。

很快，母亲周密的组织宣传才干、非凡的编导能力与娴熟的演技得以进一步展示。1932年春，母亲参加了苏区成立的第一个剧团——"八一剧团"（同年底发展为"工农剧社总社"）。1933年，母亲担任苏区创办的第一所艺术学校"工农剧社蓝衫团"学校的校长及团长，"充分利用鲜活的宣传，来扩大政治影响"。次年1月，她参加了在瑞金召开的中华苏维埃第二次工农兵代表大会的庆祝文艺演出。这次表演极为精彩，毛泽东亲自接见并招待了剧团的同志。同年初，蓝衫团学校改名为高尔基戏剧学校，母亲仍担任校长。在短短一年多的时间里，该校先后培训了1000多名学员，在苏区撒下了不少革命文艺的种子。

在苏区工作期间，母亲借鉴留苏时看到的歌舞活动形式，创作演出了一批歌舞节目，为战斗紧张、生活艰苦的苏区军民提供了难得的文化享受和珍贵的精神食粮。母亲由此成为革命根据地我党我军文艺宣传工作的开拓者之一，被苏区老百姓誉为红军戏剧界的"赤色明星"。

三过草地

从1934年10月开始，母亲与父亲同时随中央红军一起参加了艰苦卓绝的长征。在艰难的征途中，有32位红军女战士从江西中央苏区出发，绝大部分最终到达了延安，母亲就是其中之一。

母亲随红一方面军行军，被编入中央总卫生部妇女队，与卫生队一起行动。当时她的任务就是招呼担架队，宣传鼓动，把打土豪得来的粮食衣物分给群众，扩大红军队伍。后来母亲又奉调到红军总政治部从事文艺宣传工作。

长征途中，不仅要完成艰险的

20世纪50年代初，李伯钊与康克清（右）合影

行军任务，还要开展部队的宣传鼓动工作。身形矫健的母亲总是一溜小跑，时而跑到部队的前头进行宣传，时而又返回队伍的后边为大家鼓劲，还要热情地照顾老同志和伤病员。红军越过海拔4000多米的夹金山时，朱德总司令的夫人康克清因患心脏病，行走困难，落在队伍后边。时近中午，母亲从朱老总处得知康大姐还没过山，她连忙转身去接康大姐。因为过了正午，山上就会狂风大作，飞沙走石，十分危险。母亲焦急地赶过山梁，接着了康大姐，替她背起文件包和包袱，相携前行，硬是赶在正午前越过了山顶。康克清十分感动地说："我的高山反应好多了。伯钊，谢谢你，今天的经历我会记在心里一辈子。"

1935年6月12日，中央红军先头部队翻过终年积雪的夹金山，到达懋功县城附近达维镇，与红四方面军胜利会师。看着战友们庆祝会师的喜庆场面，母亲情从中来，立即和总政宣传部长陆定一合编了《红军两大主力会合歌》。此外，她还创作了话剧《干人当红军》《打骑兵歌》（与陆定一合编），并创编了《打骑兵舞》，亲自教授给各部队的宣传队员。

红一、四方面军会合后，1935年8月下旬，母亲随中共中央和中革军委所在的右路军经毛儿盖北穿过草地，到达班佑、巴西地区。这是母亲第一次过草地。在这次过草地前的筹粮活动中，有一件事给母亲留下深深的印象。一天，她和黄镇等同志在河边洗粮食时，捡到了河边漂浮着的不少麦粒，拿回去多做了几个馒头（按规定每天每人要向组织上交5个馒头的食粮），没有交公。有人把此事报告了管粮食的同志，管粮食的同志找到我们的母亲，郑重地说："不管你们是怎样弄到的麦粒，既然做成了馒头，你们应该一律交公，不得私存。"母亲只好把多做的馒头交了出来，可心里不高兴，坐在地铺上生闷气。这时邓小平提着个小布袋走过来，坐在地铺上，不慌不忙地从小口袋里拿出一个交公多余的馍，说："你饿了吧，给你！"母亲说："我不要。你留着自己吃吧！"邓小平又急忙说："这是我送给你的，不用你还。"母亲接过馍，心里一酸，禁不住掉下眼泪。她心里想："小平同志待人真好，在困难的时候这么关心人，多么难能可贵啊！"

后来，组织上派她去红四方面军筹办艺术训练班。由于张国焘的分裂活动，她被裹胁随红四方面军二过草地南下。第二次过草地比第一次更艰苦，但母亲依然坚强地挺了过去。第二次过完草地，行军至马尔康的卓克基时，母亲被以莫须有的罪名错误地开除党籍。

1936年7月1日，红二、红六军团在甘孜与红四方面军胜利会师。此后，为了加强对红二、红六军团的统一领导，适应斗争形势的需要，中央决定成立红二方面军。7月上旬，红二、红四方面军分三路纵队陆续北上，母亲率领一个红四方面军的文艺宣传队在川西与红二方面军相遇，如同见到了久别的亲人。她激动地向红二方面军总指挥贺龙和政委任弼时诉说二过草地时的艰辛和痛苦。她讲到1935年9月红军路过马尔康松岗时，她冒着生命危险找到朱德，道出心中疑虑，朱德严肃地说："他（指张国焘）打红旗我们就跟他走。他打白旗，再说。"

后来，经红二方面军出面与张国焘协商，母亲随红二方面军行动。她更加努力地工作，广泛接触红军战士，用文艺的形式进行宣传，提高红军战士的觉悟。贺龙、任弼时让她举办了一个文艺训练班，后来发展为"战斗剧社"。母亲又于1936年夏天随红二方面军第三次过了草地。同年10月，红军一、二、四方面军在会宁会师，母亲终于回到了党中央的怀抱，但她已经衰弱到极点，大病一场，险些丧命。

三过草地后，母亲继续随红二方面军到达甘肃洮州（今临潭县），中央派彭德怀前来迎接。在彭德怀的提示下，母亲设法拿到了一份张国焘在马尔康松岗开会"另立中央"的会议资料。会宁会议后，她将这份资料交给彭德怀上报中央。

到达陕北后，母亲被调回总政治部宣传部工作。此时，父亲正在担任总政治部副主任。1937年4月，母亲在云阳镇接受了美国记者斯诺的夫人威尔斯的采访，访谈内容被威尔斯写入《续西行漫记》。威尔斯这样写道："我曾向李伯钊打听过这30多位敢于翻山越岭经历了长征的妇女情况……头一个碰到的苏维埃妇女是李伯钊……是一个漂亮、优雅的女人……""她很聪明，曾写过好几个剧本，在苏区颇有声望。"访谈中，母亲详谈了自己的革命经历，其中包括三过草地的情形。母亲说："这是长征中所经过的最艰苦的地方。第一次横渡大草原的时候经过5天，第二次4天，第三次29天。"威尔

1939年李伯钊在延安

斯写道："士兵们对草地非常痛恨，当时政治部不得不劳苦工作，以缓解军队里的悲观气氛……宣传部则用跳舞、唱歌和标语口号来娱悦士兵们，借以激励他们的精神。"

"今有女将李伯钊"

1936年12月，震惊中外的西安事变和平解决，促进了国共两党第二次合作，中国工农红军改编为八路军、新四军，中共中央在西安设立了八路军办事处。组织上安排母亲到条件比较好的西安生孩子，1937年7月，我们的大哥杨绍京在此出生。不久，父母恳请组织上帮助把孩子送回四川老家抚养，他俩则一同奔赴山西抗日前线，转战太原、临汾等地。

1938年春，母亲奉调回到延安，参加创建鲁迅艺术学院（简称"鲁艺"）。她任党组成员兼编审委员会主任，与周扬、沙可夫等同志一起办学，同时进行创作。鲁艺建成后，1940年初母亲又奉命回到太行山区，在武乡县创建了鲁迅艺术学院晋东南分校（又称"前方鲁艺"），担任艺术学校党总支书记和校长。这所学校在硝烟弥漫的战争环境中开办了近3年，为军队和地方培养了300余名文艺干部。她还组织并率领大批文艺战士投入到威震中外的百团大战中，并编演节目庆祝百团大战的胜利。

当时的文艺工作是伴随着战争的硝烟进行的。1940年秋冬，日寇对我华北根据地施行烧光、杀光、抢光的"三光"政策。一次，母亲率领300多名鲁迅艺术学院师生在躲避日寇的过程中与八路军总部失去联系，又在山西武乡附近遭遇另一股日寇。当时，师生们只有十几支步枪，情况万分危急。母亲见多数师生神色紧张，不知所措，立即命令全体师生

脱下厚重棉衣，轻装前进，远
远地尾随敌军行动，大胆而巧
妙地与敌人展开周旋，最终脱
离险境。数日后，他们遇上中
共武乡县委的一名交通员，被
带到武安，再遇上一二九师师
长刘伯承派来搜寻他们的一个
骑兵连，得以完全脱险。刘伯
承听说他们的惊险遭遇后，以

抗日战争时期，贺龙和李伯钊（左
一）、张小梅（右一）留影

军事家的口吻称赞道："昔日有名女将梁红玉，击鼓退金兵；今日有位
女将李伯钊，遭遇敌兵，尾其后而行军，获全胜。"当时，母亲已有六
个月身孕，她仍保持沉着冷静。

此时，父亲也赶到了一二九师师部，准备回延安参加党的"七
大"，组织上决定让母亲随他回延安生孩子。次年5月，在延安中央医
院，母亲顺利生下一个男孩，这便是"小二"（杨绍明）。许多同母亲
一起参加过长征的女战友都来贺喜，邓颖超感慨地说："李伯钊三过草
地后，大病以致吐血，去年在日寇夹击中两次机智脱险，还能生下这么
个娃娃，真不容易呀！"

文艺战线上的女将

母亲不仅是抗日战线上的女将，也是革命根据地、工农红军以及新
中国文艺战线上的女将。从进入中央苏区主持成立红军学校俱乐部起，
数十年间，母亲积极从事戏剧创作和教育工作，为革命根据地和新中国
培养了大量戏剧人才。

1942年延安文艺座谈会合影。前排左二毛泽东、右三朱德、右一李伯钊

母亲创作的话剧，在中央苏区工作时期有《战斗的夏天》《为谁牺牲》，在抗日战争时期有《农村曲》《老三》《母亲》《金花》等。

1942年5月，母亲在中央党校学习时参加了毛泽东主持召开的延安文艺座谈会，并发言。会前，毛泽东先后约请了丁玲、母亲等20多位文艺家促膝交谈，共同商讨党的文艺方针等相关问题。会后，母亲担任中央党校文艺工作研究室主任。

1945年，母亲于中共中央党校毕业后被分配到中央宣传部工作，在延安窑洞与历史学家范文澜相邻而居。在范文澜的建议和鼓励下，她开始酝酿写作自己亲身经历的长征。长征留给母亲的印象太深了，她想将这震撼世界的悲壮行程用歌剧的形式表现出来。

在解放战争的隆隆炮声中，母亲作为延安土改工作团的干部，奔赴晋西北临县农村。在从事土改运动的同时，她还组织排演戏剧并创作歌剧。1948年，母亲担任中共中央华北局文委委员、华北文联副主任等职，并创作出反映土改的小说《桦树沟》。

新中国成立后，母亲担任北京市文委书记，决心"把城市文艺工作推进一步"，她努力推动文学和话剧艺术的发展，成就卓著。1950年，她与著名戏剧家共同创建北京人民艺术剧院，并担任首任院长（曹禺任副院长）。1952年，她调任中央戏剧学院副院长。

周恩来总理和陈毅副总理曾多次到学院的实验剧场观看演出。母亲与周恩来总理探讨把真光电影院改为北京剧场的设想。她与赵树理一起主编的刊物《说说唱唱》（1950年创刊），成为当时全国发行量最大的通俗类文艺刊物。经她物色和确定，请出老舍先生创作反映新中国成立后首都北京新面貌的话剧《龙须沟》，亦大获成功。

母亲不知疲倦地耕耘在文学艺术创作天地，她的作品屡获好评。1950年，母亲出版了著名的纪实小说《女共产党员》。它真实地记述了大革命时期，帅孟奇大姐在狱中威武不屈、英勇斗争的英雄故事。这本书先后印行60多万册，在广大读者特别是青少年中产生了很大影响，并被译成多种文字向国外发行。

1951年8月1日，母亲创作的著名歌剧《长征》隆重公演。为写《长征》，她特邀聂荣臻、陈赓和陈锡联等担任军事顾问。聂荣臻总参谋长讲述了红一军团一师一团抢渡大渡河的惊险经过，以及十七勇士强渡大渡河的英雄事迹；陈赓大将为她讲述了夜袭安顺场、抢占渡口的战斗；陈锡联上将对《长征》最后一个场面——红军会师的编演操心最多，亲临指导。在他们的支持和帮助下，母亲对歌剧《长征》的排演倾注了全部心血，演出非常成功。《长征》以宏大的气势、鲜明的形象，再现了红军爬雪山、过草地、跋涉两万五千里的伟大历程，热情讴歌了红军不怕远征难的英雄业绩，它第一次塑造了人民领袖毛泽东的舞台艺术形象，是我国戏剧创作史上一次具有重大意义的尝试。

母亲为人真挚、谦和，与一大批文艺戏剧名家结下了深厚友谊。她常与文艺戏剧名家探讨新中国的文艺创作，如与老舍、赵树理谈文学创作，与邓拓、周扬谈曲艺改革，与廖承志谈青年艺术剧院工作，与著名现代剧作家、戏剧表演艺术家、中央戏剧学院院长欧阳予倩先生交往甚笃。她是文艺家们的知心朋友。

身陷囹圄志更坚

1965年底，父亲因被诬以"背着中央私设窃听器"等事而撤销中共中央办公厅主任职务，调到广东任职。1966年春，父母亲和王震夫妇在广州相会，在那"山雨欲来风满楼"的时刻，他们一起谈论对江青、林彪一伙的尖锐意见。当时，王震有感于母亲那鲜明的态度、刚毅的神态，当场书赠"巾帼英雄，老当益壮"八个大字。

身处逆境，母亲坚贞不屈，大义凛然，同样表现出一位革命女将的刚强意志。即使在遭到抄家之后，她还从抽屉里悄悄拿出自己列席党的"七大"工作证和列席党的"八大"的通知函，坚定自己对党的一片忠诚。1975年6月，按中央决定，父亲和母亲一起到山西临汾，继续接受审查。这对革命夫妻，在双双遭到迫害，长期监禁，异地关押监护，彼此毫无音讯将近十年之久后，又在他们曾经战斗过的地方重逢。

尽管身心备受摧残，母亲也毫不动摇自己的信念，并断然拒绝了有人提出写信给上边以改善处境的建议。她崇拜鲁迅的傲骨，坚持真理与正气，还将鲁迅的肖像挂在自己的

1961年2月，创作中的李伯钊

卧室。尤其可贵的是，她在被隔离监禁之时、在临汾监护期间，还不顾一身病痛，坚持锻炼，满怀激情地潜心构思，不断充实长征这个重大题材。

母亲受到无端审查长达九年之久，最后坚决不同意"四人帮"操纵的中央专案组把她打成"反党分子"的审查结论。1975年10月，她上书毛泽东申诉，并致信邓颖超、康克清这两位曾同甘苦共患难的红军老战友，希望得到她们的帮助。她在信中又提到了长征："今年十月是万里长征胜利的四十周年纪念。我不禁想起我们同甘苦共患难的情景，感触良多。爬雪山过草地，心连着心……"（金紫光主编《李伯钊文集》，解放军出版社1989年版，第381页）

这时，母亲着手撰写她三过草地的回忆录，还即兴赋诗一首：

> 雪山幕布草地台，红军歌舞红军爱。
> 文艺本从革命生，精华就从群众来。
> 革命话剧多雄壮，长征路上征途远。
> 老兵定要谱新传，永远当个宣传员。

她坚毅的性格、坚定的信仰和敢于战胜任何困难曲折的意志，跃然纸上。

话剧《北上》谱新篇

粉碎"四人帮"两年之后，母亲终于重返文艺界。1978年11月，在中共中央组织部长胡耀邦的安排下，母亲从山西临汾回到北京，恢复了党的组织生活。党的十一届三中全会以后，父亲杨尚昆平反复出。1979年新年之际，父亲去广州任职，母亲也一同来到广州。这时的她担任全国政协常委、中国戏剧家协会副主席、中央戏剧学院顾问，并继续从事创作。母亲请来中央戏剧学院的王树元和北京人艺的李滨做助手，正式组成创作组，在临汾撰写的提纲的基础上，又开始了话剧《北上》的创作。

为了生动、艺术地再现红军北上抗日的曲折历程，母亲多次登门拜访八旬高龄的叶剑英元帅，了解长征中反对张国焘分裂主义斗争的事实真相。母亲反复斟酌如何再现长征领袖人物的光辉形象，以及戏剧艺术的结构和细节，历时两年，八易其稿，终于将这部话剧推向舞台。《北上》以其历史真实和艺术真实的一致性，凭借其细腻、深刻的艺术表现力，在广州、北京等地公演后轰动一时，好评如潮。在文艺界，大家认为这是为长征谱写了新篇。

从《长征》到《北上》，历时30载，母亲以亲身经历为基础，将红军长征之壮举形象生动地搬上了舞台。她曾向记者这样谈道："在党中

1950年代末，本文作者全家在北京中南海合影。左起：杨绍明、杨李、杨尚昆、李伯钊、杨绍京

央领导全国人民进行新长征的时刻，回顾毛泽东同志等老一辈无产阶级革命家率领我们走过的战斗历程，思念为中国人民的解放事业而英勇献身的先烈们，我心中炽热的情感就抑制不住地喷发。列宁说过'忘记过去，

1985年杨尚昆与李伯钊在遵义会议旧址合影

就意味着背叛'。我深感有重温历史的必要。这都仿佛是无声的命令，催促我重新拿起笔来。"

20世纪70年代末80年代初，母亲和父亲一起在广东开始了新的生活，栉风沐雨之后更是情深意笃、恩爱有加。1981年春，父亲奉调回京，到全国人大任职，母亲和我们全家随父亲回到北京。

1985年春节期间，母亲和父亲一起回到了他们曾在长征中战斗过的遵义城。在遵义会议旧址，父亲情不自禁地想起他出席遵义会议的情景。父母亲也共同回忆起50年前他们共聚遵义会议会址的情景，脸上露出兴奋和自豪的笑容，百感交集、欣慰不已。

然而遗憾的是，从遵义回到北京后不久，母亲因积劳成疾，病重入院，不幸于1985年4月17日溘然长逝，享年74岁。

"红区歌舞振中华，文艺幼丛此一家。最是长征风雪路，剧坛烽火放奇花。"郭化若中将含泪为母亲赋诗一首，以示怀念与赞颂。母亲真如一只春蚕，为党、为国家、为人民、为她一生所坚持的共产主义信念，吐尽了最后一口丝，献出了全部心血。父亲悲痛至极，含泪写下"终身伴侣、永恒怀念"八个大字。这八个大字，就镌刻在母亲的骨灰盒上，烙印在平滑光洁的大理石上，熠熠生辉，永不褪色。

李　琳：走过雪山草地的报社老红军

时 军[*]

李琳（1921—2019），原名任秀祥，四川南江人。1933年参加红军，1934年加入中国共产主义青年团，1939年转为中共党员。1935年参加长征。曾在红四方面军妇女独立营、红军总医院、红军抗日剧社、中共中原局印刷厂、中共河南永城县（今永城市）文工团、新四军四师政治部印刷厂、新四军四师拂晓报印刷厂、新四军四师雪枫报印刷厂、南京新华日报印刷厂、解放军二野西南服务团、川南日报社印刷厂、四川日报社印刷厂等单位工作。1977年离休。

---

*本文作者系李琳之子。

放牛女娃参加红军

我的母亲李琳，原名任秀祥，又名任仲祥，1921年7月22日出生于四川省南江县大河区白院乡。

母亲从小就和我二舅为地主放牛、砍柴、割草，过着十分凄惨的生活。1933年2月1日中国工农红军第四方面军解放了南江县，成立了苏维埃政府。1933年秋天，红四方面军要在川陕根据地扩大红军。当时的乡苏维埃少共书记蒲皆木告诉母亲，红军在扩红，如想参加就赶快去。母亲没有给家人打招呼，随身就带着一套破烂的单衣单裤，便赤着脚离开了家乡和家人。她和十余个小姑娘在当地党组织的带领下，来到了红四方面军妇女独立营驻地通江县所在地报名参军。

当时母亲只有12岁，由于她个子小，没有枪高，也回答不了负责招兵的同志提出的"革命什么时候能成功"的问题，参军没被批准。但是母亲抱定了参加红军的决心，她没有像其他几个姐妹未被批准就马上返家，而是坐在妇女独立营的大门口，看着军营里面正在训练的红军女战士。天要黑的时候，从外面办事回来的妇女独立营营长陶万荣和政治委员曾广澜以及当时的红四方面军总医院政治部主任张琴秋，看到衣衫褴褛的母亲徘徊在军营门口，就亲切地招呼她。母亲迎上去，向她们表达了参加红军的急切愿望，陶营长被感动了，同意她参加红军。母亲先被分配到红军宣传队，由于没有文化更不懂乐器，不久又把她分配到司号连。为了圆满地完成任务，母亲每天一早就到城墙上去努力学吹号。从此，红色铁流劲旅不怕困难、勇往直前的"冲锋号"激励了母亲的一生。

1933年的严冬，冰天雪地，部队的装备没有跟上，大家都睡在稻草里，不久，母亲就发起了高烧。当时的司号连连长就像大哥哥一样细心照料她，这让母亲充分体会到了革命大家庭的温暖和友爱。母亲病好了以后，就正式调入妇女独立营，在第一连当了勤务员，当时的连长是向翠华，指导员是刘桂兰。她积极参加军事训练，聆听红军教员讲述革命道理。

1934年春，母亲调往红四方面军总医院当看护员。红四方面军总医院设在通江的王坪村，张琴秋同志是总医院的政治部主任。当时母亲不仅要看护重伤员，而且要担负粮食、燃料的运输任务，甚至还要参加一些小规模的战斗。

1934年秋，母亲加入了中国共产主义青年团。

长征路上追红军

1935年3月，红四方面军的主力强渡了嘉陵江。1935年5月，母亲所在的红四方面军总医院出发长征，老百姓送红军的场面母亲至今还记忆犹新。当部队经过家乡南江的长赤时，母亲的姨妈在队伍中找到了她，要她回家，劝她不要再走了。这时，已经受到革命理想熏陶和锻炼的母亲对家人说："等到我们三年革命成功以后就回来。"红军长征后，作为红军家属，我们的外祖父一家受到反动派的残酷迫害，房子被烧毁，亲人为了躲避杀害逃离家乡，至今下落不明。

部队一路上行军打仗，经旺苍、江油一直进入茂县，到达康定。红军总医院的工作十分艰苦，母亲一个人要照看十多个红军伤员，主要工作是给伤员换药、洗绷带、做饭。由于敌人沿途围追堵截，飞机经常轰炸，医药用品严重缺乏。用在伤员身上的药其实就是盐水，绷带、纱布都是反复洗涤，开水煮沸消毒后继续使用。刚开始长征时，她还可以每天为伤员领到一点食物，进入藏区后，部队补给十分困难，完全没有了供应，伤员的食物就靠看护员想办法，难度可想而知。

大约从1935年7月开始，医院随时在行军中，从10月到第二年2月，先后翻越了夹金山和折多山，最后她们作为总医院的一部分留在了康定。

为了保障伤员们的食物，母亲每天都要出去挖野菜，偶尔分到一些粮食和野果。她回忆说，那时是在草原，医院就在一个喇嘛庙里，周围还有一座比较大的寺庙。医院位置虽然相对固定，但是食物缺乏是很大的问题，周围能挖的野菜基本没有了，只有到更远一点的森林边上去找。但是部队有纪律，也是为了安全，所有人员不得靠近和进入森林。母亲还说，在那么艰苦的条件下，伤员不仅吃不饱饭，而且还要忍受常人不能忍受的痛苦，但是他们没有一个后悔的，没有一个后退的，更没有一个抱怨共产党，骂红军和战友的。他们很多同志都是自己忍受痛苦，尽量不拖累战友和医院，默默地牺牲在长征途中，他们甚至连名字都没有留下。

最艰苦的时候，药品和盐完全没有了，很多伤员的伤口溃烂生蛆，再加上没有粮食，更谈不上什么营养。伤员们能挺过来的，那完全是靠自己的身体素质和坚强的革命意志。母亲说她最不能忘记一位红军伤病员战士，刚受伤时还看得出他的身体是很好的，由于伤势严重，又没有药品，只能对他进行简单的包扎，那战士实在痛得忍不住了，母亲就去把医生叫来，而医生也是束手无策，只能进行安慰性的治疗，勤换绷带，尽量找些盐水来洗伤口。由于伤口严重化脓感染，大家眼睁睁地看到这位战士牺牲在草原。

母亲在工作中不怕脏，不怕累，得到了伤员们的尊敬和欢迎，多次受到领导的表扬。

　　有一天领导把她叫去，告诉她，部队第二天就要出发了，要她与这些伤员一起留下，并发给她20个大洋，一是为了照顾他们，二是为了留下来打游击。结果第二天在部队要出发的时候，领导又把母亲叫去，说这个任务交给了别人，让她依然跟部队出发。医院所有的伤员和少量的看护人员留了下来，母亲随部队出发了，但是她总是牵挂她看护过的那些伤员们。每当她看到有后面赶上的部队和同志，她都要打听那些伤员的情况。终于有一天，当时留下的一个同志赶上来了，她告诉母亲，医院出发后不久，国民党的部队就来了，几十名伤员奋起反击，重伤员主动掩护伤势较轻的伤员撤退，最后这些伤员在弹尽援绝的情况下，没有一个投降的，为了不被敌人俘虏，他们就爬向河边投河自尽……母亲每次说到这里，都心情沉重地叹一口气说："没有这些为革命牺牲的战士，就没有我们后来的胜利。那里应该给他们建立一座纪念碑啊！"

　　1936年3月，总医院再次翻越大雪山中段的折多山。母亲还记得在翻越雪山时自己还光着脚，是班长从背包里拿出了自己保存的一双破布鞋让母亲穿上过的雪山。母亲说当时翻越雪山不是一天完成的，到天黑部队就在雪山上宿营了，那时的部队哪有什么御寒的装备，就是各人找个雪窝子或者一蓬浅浅的灌木丛，蜷成一团就算休息了。第二天一吹集合号，白茫茫一片根本就看不到人的影子，原来是晚上下了一场大雪把大家都覆盖了，只看见听到集合号的人从雪堆里东站一个起来西站一个起来，那天有很多人没有站起来，他们就这样牺牲了。

　　1936年大约五六月份，母亲所在医院开始过茫茫草地。母亲说，她们总共走了10多天，如果再多一天，她也出不来了。进入草地两三天后，带的食物就没有了。前面的大部队已经把沿途能吃的都吃了，后面的部队就没有可以吃的东西了，那时是马粪牛粪里的一点草种子都要抠出来吃啊。只要看到地上有一粒粮食，就要捡起来放进嘴里。人到了最后是再累再饿都不能随便坐下去，坐下去就没有力气起来，就只有死亡。有一天，她看到一处熄灭的篝火边围坐着四五个战士，他们怀抱钢枪好像在休息，就上前喊他们："同志哥，赶快起来走哦，走出草地才是胜利！"她走上去摇晃他们，想喊醒他们，可这四五个战士都在摇晃中倒下了，原来他们不知在什么时候已经牺牲了……

母亲还记得，有一天到了宿营地，领导把她们几个年龄小的同志集中起来，特别给她们安排了一块比较干燥的地方让她们宿营。等她们一觉醒来，部队已经没有了踪影，什么时候出发的她们完全不知道。她们几个小同志一下明白过来，茫茫草地，领导也不知道什么时候是尽头，希望保存她们。但是她们也清楚，离开队伍就只有死亡，她们没有多想，只有一个念头，那就是追上队伍！她们在草地上忘记了饥饿、寒冷，她们嚼着草根，不顾一切地追赶，最后赶上大部队时，她们几乎筋疲力尽了。

母亲说，草地上到处都是牺牲的同志，很多都未能掩埋。她们追赶部队，牺牲同志的遗体成了她们不会迷路、不会误入沼泽的"路标"，什么是踏着烈士的鲜血和遗体前进，她们有着最深刻的体会！

1936年6月间，母亲走出草地。她所在医院出发时是一百多人，可到了甘肃一清点只有十几个人了。这时红四方面军要整编妇女独立团为妇女抗日先锋团，四方面军的所有女同志集合，按个子高矮站队，母亲因为个子矮小，没有加入妇女抗日先锋团的队伍中，而编到了运输连。这个运输连全是没有资格加入妇女抗日先锋团的小兵。没多久妇女抗日先锋团就随红四方面军新组建成的西路军西征了，而她们这群小兵则受命去了延安。

水兵舞留影《西行漫记》

在去延安经过甘肃环县的河连湾时（当时的陕甘宁边区政府所在地），赶上红军抗日剧社（统称"人民抗日剧社"）的社长危拱之同志在招收演员，母亲踊跃地报了名，而且还顺利地通过了考试。从此母亲离开了红四方面军的运输连，加入抗日剧社。他们在延安河滩排练节目时，经常可以看到毛泽东主席、朱德总司令等中央领导在河边散步遛马。老红军危拱之曾经对美国记者埃德加·斯诺说："我们的好几个演员，他们还只有十几岁，可是他们都参加过长征，特别能吃苦，他们现在已经可以组织和训练各个村子里的儿童剧社了。"母亲她们的多幅剧照留在了斯诺的《西行漫记》中。母亲李琳那时才15岁。

斯诺先生曾这样描写："我不知道他们是用什么魔术变出这些服装

1936年7月美国记者斯诺拍摄的红军抗日剧社《海军舞》剧照（前排右一是李琳）

来的，忽然之间有一群群青年穿着白色的水手服，戴着水手帽，穿着短裤——先是以骑兵队形，后来以空军队形、步兵队形，最后以海军队形出现……他们的姿态十分写实地传达了舞蹈的精神。"

与报纸结缘

1938年，母亲经组织介绍与我的父亲时长耕（史纳）认识。当时父亲是中央党报委员会所属的中央印刷厂排字部主任。父亲1936年在上海参加了由中国共产党领导的抗日救亡团体——陶行知发起组织的"上海国难教育社"。1937年5月受延安中央印刷厂厂长祝志澄的特聘来到延安，父亲和一同前来的上海师傅加入后，党中央机关报《新中华报》由油印改成了铅印。

1938年底，母亲与父亲在中央印刷厂所在地的清凉山上结婚，母亲时年17岁。1939年2月，母亲经抗日剧社的王瑜介绍，从共青团员转为共产党员。母亲还清楚地记得，她的第一次党组织生活是在延安宝塔山下的一个山沟里过的。

1939年6月，母亲与父亲离开延安，到河南确山县中共中原局组建中共中原局印刷厂。1939年7月初，父亲一行9人几经辗转到达河南确山中原局所在地竹沟镇的毛家棚。为迷惑敌人，印刷厂对外统称"新四军四支队八团留守处警卫大队"。中共中原局印刷厂在父亲等技术骨干加入后，于1939年9月印出第一本书《挽救抗战的危机》，印数5000册。母亲当时主要做书刊的装订工作。

1939年11月，中原局印刷厂的工作刚展开不久，就爆发了震惊国人的竹沟事变。国民党反动武装信阳团队200余人，袭击中原局印刷厂。印刷厂被敌人占领，机器设备全被敌人捣毁，厂房被烧毁，整个山寨成了一片废墟。

据母亲回忆，当时突围的时候，她和从延安一起去竹沟的孙继库都是工厂自卫队的成员，担任掩护印刷厂突围的垫后任务。当印刷厂的同志们突出重围后，母亲要正在患疟疾的孙继库先撤，但是孙继库坚决要母亲先撤，几经争执后，母亲同意了先撤的意见。当撤出的母亲在走出不远后，突然听到后边一阵特别猛烈的枪声，随即便很快地沉寂下来，母亲知道这可能是孙继库遭遇了不测。

竹沟事变后，由于所有档案落入敌手，组织要求全体人员改名。母亲任秀祥改为了现在的"李琳"，父亲时长耕改为了"史纳"。由于中原局机关遭到了破坏，经中央安排父母亲都去了新四军六支队（后来的新四军四师）彭雪枫部。政治部临时为父母分配其他工作，父亲去了政治部招待所任指导员，母亲被安排担任中共河南永成县文工团主任，继续宣传抗日。

在永成县文工团期间，母亲把在延安抗日红军剧社时学会的抗日节目和舞蹈传授给当地的文工团。她们的节目在中原抗日根据地受到了普遍欢迎。当时的文工团不仅在根据地演出，甚至还把抗日节目演到了国统区，受到了国民党官兵的欢迎。永成县文工团为鼓动和宣传我党的抗日主张起到了积极的作用。

1940年3月，抗大四分校在豫皖苏边区的永城县成立。母亲被安排在抗大四分校学习，担任女生队的分队长。

1941年1月，皖南事变后，国民党加紧对我新四军进行围剿，根据形势发展的需要，组织上决定撤销淮北地方工作队，成立女生队，并把女生队安排到津浦路以东去开展工作。母亲被分配到泗宿地区工作，其工作仍然是宣传抗日，组织农会、妇女会，积极筹备军需物资，支援前线的新四军。

1942年1月，新四军四师政治部拂晓报印刷厂正式组建成立，新四军四师政治部要求原在印刷厂工作的同志全部归队。政治部印刷厂由金文钦（王钊）任厂长，父亲时长耕（史纳）担任工务主任兼排字部主任，母亲也从泗宿工作队调回，在印刷厂主要从事装订工作。

1942年11月中旬，日寇纠集日伪军万余人，开始向苏皖根据地扫荡，企图歼灭我四师主力。敌人在飞机掩护下，分五路向我根据地进行大扫荡。拂晓报印刷厂埋藏了机器设备，人员也转移隐蔽在老百姓家里。此时的母亲刚刚生了大女儿小苏，为了迅速转移至洪泽湖深处，父亲怀抱出生一周的小苏，挽着母亲，蹚着齐腰深的寒冷的湖水转移，这对一个正在月子里的母亲来说，其艰难程度是可想而知的。

1945年8月15日，日本宣布投降，抗日战争取得胜利。在拂晓报印刷厂，父亲第一个拿到日本投降的文稿。父亲激动地向全厂职工宣读了这个消息，全厂一片欢呼。

1946年6月中旬，国民党开始进攻解放区，来势凶猛。工厂把来不及掩埋的机器推进洪泽湖里，母亲则化装成农妇。在保姆家才住了六七天，"还乡团""土顽"（也称"老虎队"）就来了，他们挨家挨户地搜查新四军。搜到保姆家时，敌人一进门就说母亲是新四军，不由分说地把她带到前村"土顽"的队部。经"老虎队"队长盘问后，又把她带到夏邑县政府，关押在一个民房里。母亲被敌人关押时还带着三个孩子，那时小苏三岁多，小毛两岁多，怀里抱着刚出生的老三豫生。在关押期间，敌人只给母亲一人的口粮，没有三个娃娃吃的，母亲只有把口粮拿来分成三份，尽量照顾到小苏和小毛。由于吃不饱，几乎就没有奶水来喂老三，再加上老三的脐带一直有感染，昼夜哭闹。敌人在母亲身上捞不到什么东西，也看不出什么破绽，关了20多天就把她放了。

从敌人那里出来后，母亲一心想的就是尽快找到部队，找到父亲。

1949年5月李琳在南京
《新华日报》工作时的照片

1949年7月李琳夫妇在南京

她带着三个孩子拼命地寻找，母亲只有一个目标，那就是哪里的枪声激烈，就往哪里去。她带着三个孩子就这样一路追赶，终于有一天母亲找到了地下交通员，经他联系、引路，才找到了区委，找到了雪枫报印刷厂和父亲。

1949年2月，《雪枫报》在豫皖苏解放区终刊，统一归属中国人民解放军第二野战军金陵支队新闻大队。

1949年4月22日，父亲所属的新闻大队随大军渡江，首批进入南京。父亲奉命接管了国民党《中央日报》的全部人员和设备，并受命在《中央日报》的原址上恢复党中央的《新华日报》。1949年4月30日代表党中央声音的《新华日报》正式复刊。

1949年5月，母亲进入南京与父亲会合。母亲在南京新华日报第二印刷厂担任保密和总务工作。

为了迎接新中国成立，1949年6月25日，二野西南服务团在南京正式成立。7月28日，西南服务团在南京市共招收青年知识分子和工程技术人员3000多人，组成了西南服务团第一支队（云南支队）和第二支队（川南支队），直属二野政治部。西南服务团在南京进行了为期3个月的培训。

父亲所属的是西南服务团第二支队，即川南支队。父亲为了筹建《川南日报》，于10月随南下大军先期离开南京，于11月乘车到达四川的自贡。《川南日报》于1950年元旦正式在自贡出版。后来《川南日报》改在泸州出版，刘伯承为《川南日报》题写报头。

母亲先是在西南服务团南京留守处工作，1950年1月乘船逆长江而上抵达重庆，再辗转到泸州。

据母亲说，西南服务团留守处由川南支队各大队的伤病员，以及身体弱、年龄大和行动不便的孕妇组成，约有800余人，他们分乘几艘客、货轮沿长江逆流而上，货轮上还有入川的辎重和物资。由于新中国刚成立，长江两岸还有国民党军队的残余和土匪袭扰，不时都有枪炮声传来，船过夜都不靠岸。记得进入三峡不久，他们的一艘货轮在前面就遭到了土匪的袭击，土匪击沉了载有燃油的货船，场面很是紧张。母亲他们还要安慰那些没有战争经验的家属、小孩和老人，让他们冷静下来。

母亲到达四川泸州，《川南日报》已经正式出版。母亲开始的具体工作是负责仓库物资管理。后来由于保密工作需要，川南日报成立了印刷二厂，以书刊印刷和川南行署的文件印刷为主，母亲担任了二厂副厂长。

1952年9月四川省人民政府在成都成立。《四川日报》于9月1日正式创刊。母亲到四川日报后主要从事人事工作。1965年，母亲又从报社人事科调到了报社印刷厂担任副厂长、支部书记。

李鸿翔：百岁仍唱红军歌

陈　静　刘柯辰

　　李鸿翔（1920—2021），四川通
江人。1932年12月参加红军，被编
入红四方面军第四军十二师宣传队，
1934年秋加入中国共产主义青年团。
1935年春随红四方面军参加长征。
1936年底到达延安后任中央军委总政
治部宣传干事。1941年进入陕北公学
（后与延安大学合并）学习。1942年
春，与时任八路军一二九师十七团团
长的陈正洪结婚。1945年10月加入中国共产党，入中共中央党校学习。
1946年离开延安，前往华北地区参加土改工作。1947年进军大西南，任
中国人民解放军第二野战军总办事处保卫干事。1950年以军代表身份投
身于成渝铁路的修建工作。同年与陈正洪前往重庆九龙坡地区参与西南
铁路工程局（今中国中铁二局）的创办工作。1952年正式转业到西南铁

路工程局，先后担任团委书记、人事科科长、人事处副处长等职。

"你们要有坚定的信念，把红军传统传承下去，不管再怎么苦，都要艰苦奋斗……"2020年7月17日，将满100岁的老红军李鸿翔躺在床上，精神矍铄，尤其是说起当年参加长征的事，更是焕发了神采，声音也变得洪亮。回忆过去的峥嵘岁月，老人家还能长时间侃侃而谈。

12岁参加红军 百岁仍会唱红军军歌

1920年10月，李鸿翔生于四川通江县毛浴镇的一个佃农家中。在那个特殊的历史时期，年幼的李鸿翔见到了太多人间疾苦。"当时的老百姓苦得很，娃娃养不活，我老家有条河，经常有人把娃娃拿去淹死的。"回忆起当时苦难的生活，李鸿翔脸上露出了痛苦的神情。

1932年12月，红四方面军由通江县两河口乡进入四川。在与红军的接触中，李鸿翔逐渐产生参加红军的念头。

母亲对李鸿翔参军的想法颇有微词："这么小参军，还是个女娃，打起仗来骡马都把你踩死。"但当时的李鸿翔总觉得自己可以改变些什么，还是决定加入红军。

1932年底，年仅12岁的李鸿翔加入了红四方面军第四军十二师政治部宣传队。李鸿翔还记得，当时的苏维埃政府主席余洪远对她说："你这么大点儿，参加红军行吗？"于是李鸿翔说出了那句让她铭记一生的话："我总是要长大的嘛，我不会一直这么小！"余洪远说："好，把小鬼留下，编到儿童团去。"

在部队里，李鸿翔每天都背着比她人还高的木头枪，出操锻炼。老师每天都要教这些"红小鬼"识几个字。"那四个字我还记得，是'战争残酷'。"

长征前，李鸿翔跟一帮年龄相仿的孩子一起做着红军的宣传工作。"我们那会儿岁数不大，出去就唱《红军三大任务歌》。"至今，李鸿翔都还会唱几句："打倒帝国主义，铲除封建势力，实行土地革命，要建立起工农政权……"

"我们为什么有那么多女红军，因为那时候女的太苦了，有的去当童养媳，挨打受气受压迫，娃娃也养不活。很多女同志听到我们宣传男女平等，红军是为穷人服务的，就想，与其受苦还不如拿起枪跟敌人干。"李鸿翔说。

15岁参加长征　爬雪山过草地

1935年春，15岁的李鸿翔跟着大部队参加了长征。前有恶劣的自然环境，后有国民党的追兵，李鸿翔所在的部队每天都在艰难地行军。

爬雪山、过草地，是李鸿翔最难忘的经历。爬雪山时，由于得了雪盲症，李鸿翔就用辣椒水抹眼睛，防止自己看不见。晚上，大家用铁锹在雪地里挖个坑，穿着两片麻布做的单衣，在坑里背靠背取暖睡觉。"第二天起来，有的人还能走，有的人就走不动了。"

过草地是长征途中最艰苦的一段路程。李鸿翔所在的红四方面军在长征中曾三过草地。她清楚地记得，有战友在自己眼前陷入沼泽，"人陷到地下去我们都不敢拉，在草原上不敢使劲，不然就两个人同归于尽。"由于食物短缺，每名战士每天的口粮是四两青稞面，每次都要严格过秤，并且有严格的纪律，决不允许违规超量进食。

有一次，李鸿翔装粮的口袋破了，粮食也少了一些。上级以为李鸿翔偷吃了粮食，正准备按照规定处罚她，她连忙说："是口袋破了，粮食漏了出来，不是我偷吃的。"因此没有处罚她。从此以后，李鸿翔不管走哪里，都时刻紧盯着粮食袋子，丝毫不敢放松。

在过草地的时候，没有鞋子穿，李鸿翔用牛皮做了一双鞋子。可是没有想到的是，这样的鞋子并不好走，一走到潮湿的草地上，鞋子就打滑。虽然这双牛皮鞋不好走路，但是，在后面过雪山时，救过她的命。在最饥饿的时候，她把自制牛皮鞋的牛皮用开水煮过后就嚼碎吃了，"吃那个牛皮还救了我的命啊！那个环境之苦说不得呀，惨得很！"

1936年10月，红军三大主力在会宁会师。这时，16岁的李鸿翔参加了盛大的庆祝活动。

重视子女教育　希望年轻人传承长征精神

到延安后，李鸿翔调到中央军委总政治部担任宣传干事，宣传抗日救亡。1937年8月，随着红军改编，李鸿翔又成了八路军的一员。1940年春，李鸿翔又调到陕北公学师范部预科学习。1942年3月，她同刚参加完百团大战回来的老红军干部陈正洪结了婚。"

1945年，在延安中央党校学习期间，李鸿翔加入了中国共产党。她仍记得在延安中央党校学习时，周恩来给她们上的三堂课。"第一堂课是武昌起义，第二堂课是辛亥革命，第三堂课是古田会议。"在她的回忆里，周恩来穿着笔挺的中山服，风度翩翩，口才极佳。

1947年，胡宗南率领国民党部队攻入延安，李鸿翔不得不跟随中央从延安撤离，随后担任中国人民解放军第二野战军总办事处保卫干事等职。

1950年，李鸿翔以军代表身份投身于成渝铁路的修建工作。同年参与西南铁路工程局（今中国中铁二局）的创办工作。1983年，李鸿翔离休。

李鸿翔与陈正洪一共育有三个子女。对于子女的教育，李鸿翔一向很重视。"因为妈妈他们以前没读到书，所以她对读书非常重视，一直叫我们多读书。"李鸿翔的小女儿陈艳林说。虽然父母工作忙，没有太多时间操心儿女的事，但儿女们都很自觉、争气，大儿子成绩优异，高中毕业后便被保送到了哈尔滨军事工程学院读书，两个女儿也都考上了大学。

受到李鸿翔的影响，子女都很独立。"父母的光荣事迹，毕竟还是他们的经历、他们的功劳，与我们关系不大。但是我们应该学习他们艰苦奋斗、朴素生活的精神，作为子女更应该自己努力，我们也从来没有让父母操心学习和工作，都是自己努力的结果。"陈艳林表示。

李鸿翔身上的红军精神，同样影响着她的孙辈。她的外孙女倪蓉，是一名人民警察，在四川省公安厅经文保总队工作，负责档案管理，平时工作认真，岗位平凡但恪尽职守。倪蓉说："家中常教育我，作为人民警察不论干什么，都要对得起这份职责，对得起这个警察的称号。"

百岁老红军李鸿翔每次说起那段艰苦的革命岁月总是头头是道。今天回首过往，老人感慨万分："虽然现在条件好了，你们无法想象当年的艰苦，但希望你们一定要把长征精神传承下去，坚定信念，艰苦奋斗。"

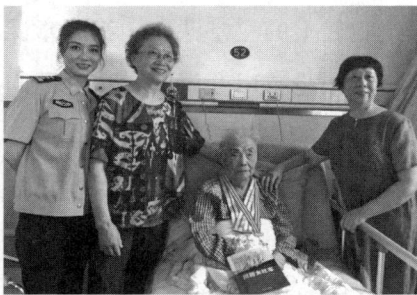

2020年7月，李鸿翔（右二）与女儿及外孙女合影

2020年7月，本文作者陈静（左）、刘柯辰（右）采访老红军李鸿翔（中）

杨文局：血战沙场的烈士遗孀

李海毅

人物简介

　　杨文局（1913—1998），曾用
名杨文菊，四川达县（今属达州市）
人，红四方面军总供给部部长、红军
总供给部政委、西路军总供给部部长
郑义斋的夫人。1930年1月加入中国
共产党，1933年参加红军。曾任中共
达县县委委员和妇女部长、川陕省工
农银行保管科科长、妇女工兵营营长
兼政委等职。1935年参加长征。长征
结束后，参加西路军西征。西路军西征失败后，长期寻找组织未果。
1949年，解放军进军西北后回归组织，先后担任甘肃武威地区（今武
威市）永昌县妇联主任和酒泉劳改局新生被服厂党支部书记兼厂长。
1962年离休后在西安定居。

丫鬟参加革命

杨文局出生于达县蒲家乡（今达州市通川区魏兴镇）一个贫苦农民家庭，祖祖辈辈为地主做长工。她9岁那年，家乡遭遇旱灾，庄稼颗粒无收，为了度日，她家被迫向一个叫杨成江的地主借了一石谷子。大年三十晚上，因无法还债，他的父亲被地主抓去。为了救父亲，杨文局只好去地主家当丫鬟抵债，她被安排到杨成江在蒲家场开的杂货店干活。她得到杂货店隔壁王干娘的同情，王干娘的两个女儿都在学校读书，思想进步，常偷偷教杨文局识字。不久因杨成江被人绑票杀死，杨文局得以回家。可是，家里实在穷得揭不开锅，杨文局又被送到另一家地主杨思钟家里当丫鬟。她白天下地干活，晚上侍候地主老太婆，动辄挨打受骂。由于不堪忍受这牛马不如的生活，12岁时她偷偷跑到外婆家，外公空闲时间教她识字。但因军阀混战，兵痞到处抓"花姑娘"，她只好回到自己家，而家里实在无法养活她，她又被迫到地主家当丫鬟。这时，杨文局的舅舅张坤已经走上革命道路，当了游击队小队长，当杨文局在地主家挨打后又重新跑回家时，舅舅主动给她讲革命道理。杨文局渐渐地懂得革命道理后，就不愿给地主当丫鬟了，决心参加革命。1929年8月，杨文局终于在小学教师、中共党员牟永正等人的帮助下，从地主家逃出来，进入达县女子师范学校，一面学文化，一面参加共产党领导的学生运动。1930年1月，杨文局加入中国共产党，从此开始了革命生涯。

1931年到1932年，因在学运中暴露身份，杨文局被党组织派到宣汉县清溪场小学以教书为掩护从事党的地下工作，与负责领导达县、宣汉两地革命工作的达县中心县委书记杨克明保持单线联系，协助杨克明工作，发动群众参加革命。后来，因革命形势的发展，杨文局又回到达县女子师范学校从事党的地下工作。

1933年2月，中共达县特别支部成立，杨克明兼任支部书记，杨文局任支部委员。这时，红四方面军已入川建立了川陕革命根据地，中共达县中心县委指示，让他们积极配合做好迎接红军解放达县的工作。

1933年10月21日，红军解放了达县，杨文局作为地下党员和游击队的联络员迎接红军入城。紧接着中共达县县委成立，杨克明任书记，杨文局与赵明恩、黎世忠等人为委员，杨文局任妇女部长，负责发动群众参加红军，建立乡村苏维埃政权，组织百姓支持前线作战。后来，杨文局被调到前线阵地上，做对敌喊话的工作。1933年12月，她调到刚刚成立的川陕省工农银行工作，任保管科科长。

1934年4月，杨文局与红四方面军总经理部（1935年4月，改称总供给部）部长郑义斋在通江县城结婚。郑义斋是红四方面军和川陕苏区的卓越领导人，被誉为川陕苏区红管家、红色理财专家。婚后，夫妻俩情深意笃，共同为红四方面军的后勤保障忘我工作。

长征路上历险

1935年3月，红四方面军强渡嘉陵江开始长征。这时，杨文局刚生了孩子，带着孩子行军不便，她只得忍痛把孩子托付给一家农户收养，和丈夫郑义斋一起随军踏上艰苦异常的漫漫长征路。

1935年6月，妇女工兵营跟随主力红军长征到达甘孜。这时营长林月琴、政委王泽南调离妇女工兵营，由杨文局接任妇女工兵营营长。长征中，妇女工兵营随总供给部行军，一路边搞宣传边筹集粮食。当时粮食非常缺乏，只有用在川陕苏区造的钱币向老百姓购买，如有布料，还要赶做衣服。白天躲敌人飞机，晚上连夜行军，非常艰难地前进着。

在翻越夹金山时，杨文局和许多同志一样，得了雪盲症，双眼红肿，什么也看不见。她和姐妹们一起，在漫天风雪中一步一喘地顽强向上攀登。

她三过草地。过草地的情景更让人触目惊心，稍不留神就会陷入深深的泥潭，再也出不来。一次，杨文局踩在软绵绵的草地上，身子直往下陷，已经没过腰身，幸亏被战友们及时发现硬拉上来。面对如此的艰难困苦，杨文局还不断鼓励同志们不要掉队，勇往直前，终于胜利走完长征。

西征血战丧夫

红军长征胜利结束后，红四方面军的一部分西渡黄河，实施党中央的宁夏战役计划。1936年11月组成了西路军，踏上了更为艰险的路程。杨文局所在的妇女工兵营也跟随部队西征，她被西路军总部任命为妇女工兵营营长兼政委，带领500多名妇女工兵营女战士进入河西走廊。

渡过黄河，到达甘肃永昌后，杨文局所在部队供给越来越困难，粮食紧缺，战士们衣着单薄。为了走过河西走廊，他们白天组织战士出去筹粮，晚上回来赶制衣服、鞋袜，任务十分繁重。

1937年1月中旬，在与马家军浴血奋战的高台保卫战失败后，妇女工兵营只剩下100多名女战士。随后，她们又转战到临泽，遭到敌人包围。郑义斋和秦基伟负责指挥部队守城，苦战三天三夜，只有少数人成功突围，妇女工兵营的女战士牺牲或被俘的很多。2月下旬，集中于倪家营子的西路军又被敌人围攻，红军与敌人血战七昼夜，伤亡惨重，弹尽粮绝，陷入极端困难的境地，不得不突围转移，退入终年积雪的祁连山区。

1937年3月，郑义斋在突围战斗中壮烈牺牲，时年36岁。牺牲前一天，郑义斋曾郑重叮嘱即将分娩的妻子杨文局："最后考验我们的时候到了。如果我冲不出去牺牲了，你也要想法冲出去，活下去，把孩子生下来，不管是男是女，都要拉扯成人，让他（她）继承革命事业。"

逃出虎口找到党

西路军失败后，在祁连山的一个山洞里，杨文局被搜山的马家军俘虏，关押在张掖监狱。身陷囹圄的杨文局并没有对革命丧失信心，面对敌人的劝降，她义正词严地回答说："西路军失败了，党还在，红军还在，革命一定会胜利。"在囚禁中，她生下了一个男孩，她忍着剧痛用牙齿咬断脐带。她把郑义斋留给她的一包鸦片烟从棉袄的夹缝里取出来交给一位同情她的看守，看守每天送来一碗米汤，用来喂养孩子。她带着孩子蹲监狱，表现得很坚强。

抗日战争爆发后，由于第二次国共合作，国民党军阀对西路军的政治犯看管放松了。几经周折，一年后，杨文局终于逃出监狱。她带着孩子流落在河西一带，乞讨为生。一天，她饥寒交迫病倒在路上，幸好被一位好心的皮匠收留。后来，她打听到八路军在兰州设立了办事处，便下决心去兰州找党组织，希望归队，但那皮匠怕受到牵连而加以阻拦，三次出走她都被追了回来。直到1949年，人民解放军进军河西走廊，杨文局得知这一消息后兴奋不已。于是她利用上山割草之机，在一位藏族妇女的帮助下，带着孩子翻山越岭，行程60多公里赶到武威，终于在黄河边上找到了解放军，她流着热泪握着亲人的手，激动地高喊："我回来了！我回来了！"

此后，党组织安排杨文局在武威地区工作，先在武威县城关区工作队搞清匪反霸，不久又调任永昌县妇联主任。1950年初，她重新加入中国共产党。

1953年，曾和杨文局一起工作和战斗过的康克清大姐找到了杨文局，把她调到全国妇联少儿部工作，之后又送她进中央党校西北二分校学习。学习结束后，她并不留恋大城市的生活，1956年她主动要求回甘肃工作，被任命为酒泉劳改局新生被服厂党支部书记兼厂长，一直工作到1962年因病离休。此后，她仍发挥余热，特别为落实西路军流落红军待遇政策竭思尽力。

1981年，红四方面军老战士、原解放军艺术学院院长魏传统将军曾题诗一首，评价了西路军战友杨文局大无畏的革命英雄主义气概：

> 生离死别平常事，
> 阅尽沧桑费寻思。
> 幸存依然多壮志，
> 告慰九泉先烈知。

1998年5月22日，杨文局在西安病逝。

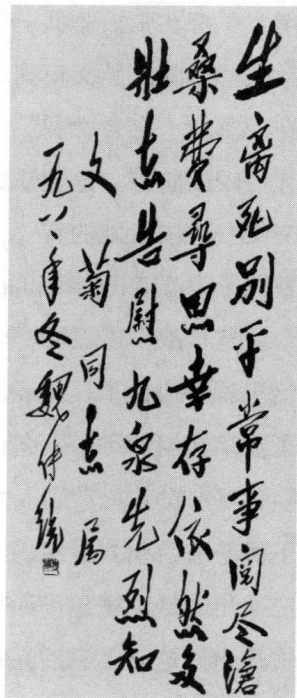

生离死别平常事阅尽沧桑费寻思幸存依然多壮志告慰九泉先烈知　文局同志属　一九八一年冬魏传统

郑盟海、雷小莹供图

杨金莲：六十从军随子女长征的藏族女红军

王友平

人物简介

杨金莲（1870—1972），原名班登卓，藏族，四川靖化（今金川县）人。1933年在西康参加革命工作，1935年和两个女儿一起随红四方面军参加长征，长征中曾做过藏语翻译、群众宣传等工作。1938年至1942年在延安做后勤工作。1942年后，因年老体弱，在中央供给部休养。1972年11月3日因病去世。

四川籍百岁藏族女红军杨金莲一生的革命经历，富有传奇色彩。1935年5月，她携全家参加红军，历经艰难险阻，胜利到达陕北。其一生经历了清朝、中华民国、中华人民共和国三个时代。在红军中，她的年龄长于"延安五老"中参加过长征的"四老"（董必武、林伯渠、徐特立、谢觉哉）。

两度丧夫，花甲之年走上长征路

杨金莲出生于一个农奴家庭，自幼命运坎坷。成年后最初与一位姜姓汉族男子结婚，定居于阿坝小金县抚边乡王家寨，以开磨坊为生，共育有两男两女。1923年丈夫病逝后，全家生活陷入困境，得到亡夫好友、同是汉族的乡村郎中唐洪山（四川乐至人）的照顾，后来便组建家庭一起生活。1926年全家逃荒到理番一个叫"扎斯"的地方（今理县朴头镇），借居度日。后为感谢善良的继父，其小儿子改名叫唐志泉。1933年底，丈夫唐洪山在大秋地租到一间水磨坊，将妻儿接了过去，终于有了自己的家。

1935年5月，中国工农红军第四方面军西进岷江上游，创建松理茂赤区。唐洪山被推选为村苏维埃筹粮委员会委员，在筹粮时遭遇反动武装袭击，不幸牺牲，全家又失去了依靠。这时被逼当童养媳的大女儿姜秀英得到红军的解救并参加了红军，她回娘家动员母亲杨金莲、妹妹姜萍和两个兄弟分头为红军做"通司"（藏语翻译），并带路。这时，杨金莲从自己60多年的遭遇、经历中，深深领悟到"只有红军，才能解救穷苦番民"的真理，于是，她毫不犹豫地带领年方14岁的小女儿姜萍和两个儿子参加了红军。从此，杨金莲一家人踏上新的人生之路。

延安会师，母女意外重逢

长征途中，杨金莲年事已高，因懂藏语，便在红四方面军（后到红一方面军）随军家属队担任通司。她随着部队历尽艰险，转战雪山草地，在努力做好翻译、讲解工作的同时，还尽可能地发动藏族群众，为部队筹措粮食和其他生活必需品。怀着坚定的信念，这位老人以顽强的意志克服了常人难以想象的困难，成功地走完了长征之路。1936年10月胜利到达陕北后，她被分配在红军总供给部工作。到达延安后，她又意外地与女儿姜秀英、姜萍相逢。母女重逢，格外欣喜。遗憾的是，杨金莲的两个儿子却很不幸：小儿子唐志泉在红西路军西征中牺牲；大儿子姜德成带着红军爬过雪山后，双足冻残，不得不返回家乡，直到新中国成立后才和母亲及姐妹取得联系，其红军身份得到确认。

1964年秋杨金莲（中坐者）与子女姜秀英（后排右一）、姜德成（后排右二）、姜萍（后排左一）在北京合影　傅建长供图

从长征到延安，红军战士们都一直叫她"老妈妈"。到延安后，蔡畅（李富春夫人）给她取了一个汉名叫"杨金莲"。随后，在抗日战争和解放战争中，杨金莲又随所在机关转战山西、河北。1949年，杨金莲和大女儿随军进驻北平（今北京），直到1972年11月3日病故。

参加长征的两个女儿

姜秀英（1910—1997），杨金莲的大女儿，出生在懋功县（今阿坝藏族羌族自治州小金县）抚边乡王家寨。15岁时，父亲病逝，母亲带着她和妹妹、弟弟逃难到理番县朴头村，母亲被迫将她送给杂谷脑一户藏族人家当童养媳，饱受磨难。1935年5月，她被理番县苏维埃妇女主任陈

再如和红四方面军妇女独立团营长吴朝祥两位红军大姐解救，参加了红军，分配在县苏维埃保卫局工作，担任通司。1935年6月，在蒋介石空投手令的策动下，隐匿在杂谷脑喇嘛寺的国民党军官罗济群等人和红军对抗。姜秀英奉命配合川陕省苏维埃机关和红四方面军妇女独立团一部包围寺院，参加战斗。她临危不惧，在阵前用藏语向寺内大声喊话宣传，以教育不明真相的僧众，最大限度地孤立和瓦解了敌人，出色地完成了任务。长征途中，姜秀英加入了中国共产党。

长征路上，姜秀英在翻越雪山时，脚趾被冻坏，又在躲避敌机突袭时因碰撞而脚趾骨折。在医疗条件极差的情况下，她忍痛用小斧将断趾砍掉，用柴灰涂抹伤口，靠顽强的革命意志和坚韧的毅力走出了草地。1936年10月，姜秀英跟随红军到达陕北，在延安意外地与母亲、妹妹团圆。抗日战争结束后，姜秀英一直在中央直属机关工作。新中国成立后，姜秀英带着母亲定居北京，先后在中直机关供应部、中央档案馆工作。

姜萍留影，摄于1953年　傅建长供图

姜萍（1921—2014），杨金莲的小女儿。小时被卖到附近的一马姓千总家当家奴。1935年7月，红四方面军长征途经川西地区，这时继父已经牺牲，在已参加红军的姐姐姜秀英的动员下，年仅14岁的姜萍和母亲、哥哥、弟弟一起参加红军，为红军翻雪山过草地担任向导和藏语翻译。同年8月加入共青团，1937年7月加入中国共产党。

1935年6月，红一、四方面军懋功会师后，姜萍和母亲、姐姐都从原红四方面军分配到右路军，母亲和姐姐

1973年姜萍全家在湖北麻城合影。前排左起：姜萍、傅建军、傅家佑；后排右起：傅德胜、傅建国、傅建成、傅建长　傅建长供图

随中央机关行动，姜萍随下面的机关支队行动。

1935年8月，姜萍和母亲随部队来到丹巴（当时中共金川县委所在地），她被派去为红军做翻译，母亲则留在县委烧水做饭，受到中共丹巴县委书记陈庆先（新中国成立后任济南军区副司令员，中将）的特别关照。

红军长征到达陕北后，姜萍在延安总后勤被服工厂当工人、小队长。抗日战争时期，历任延安抗属学校学员、护士，解放战争时期任吉林军区供给被服工厂指导员、东北民主联军独立一师供给部指导员。新中国成立后，姜萍与丈夫、老红军傅家佑在武汉军区后勤部工作，定居武汉。1955年，姜萍荣获三级八一勋章、独立自由勋章、解放勋章，1964年在武汉军区离休，1987年享受正师职待遇，1988年荣获二级红星功勋荣誉章。

姜萍始终以一颗大爱之心对待社会，1951年她收养了一名战败投降后加入我军工作的日军专业技术人员夫妇的女婴（取名傅建军，日本名松尾夏子），并将她抚养成人，培养为一名优秀的中国人民解放军医务工作者，在军地传为佳话。

吴朝祥：17岁的妇女独立团营长

胡正旗

吴朝祥（1918—1998），四川通江人。1932年参加红军，任宣传队队员。同年加入中国共产主义青年团，次年转为中国共产党党员。1935年春，随红四方面军长征，曾任红四方面军妇女独立团一营营长、妇女独立团第二团政委兼政治部主任。1935年秋任中共大金省委妇女部部长、红四方面军党校女生连指导员。1936年底，调西安青训班任协理员。1938年后历任中共中央党校干部部干事、延安中国女子大学校务处副处长。1942年进入中共中央党校学习。1945年任辽东军区第二野战医院政委、辽东军区卫生部政治处主任。1947年任东北野战军一二一师供给部政委。新中国成立后，历任中南军区后勤部直供处政委、中南军区后勤部军工医院政委、武汉军

区八一子女学校校长、武汉军区总医院副政委、湖北省军区后勤部副政委等职。1961年被授上校军衔，获二级八一勋章、二级独立自由勋章、二级解放勋章。当选第四、五届全国人大代表。1979年任湖北省军区顾问。1981年离休。1988年荣获二级红星功勋荣誉章。

1949年的开国大典上，有一位英姿飒爽的"穆桂英"。她身材魁梧挺拔，一身戎装，骑着高头大马，接受了毛主席和朱总司令的检阅。她，就是时任东北野战军一二一师供给部政委的吴朝祥，也是曾经威名赫赫的红四方面军妇女独立团一营营长。然而很难想象，这位身经百战的女英雄，却曾是一名被逼得活不下去的童养媳。

红军救了她父兄

吴朝祥出生在四川通江县东三区第八乡凉风坎，家中生活十分困难。12岁那年，家里实在穷得揭不开锅了，父母只好把她卖给一户富人家当童养媳。童养媳的日子不好过，每天饿着肚子干活，还要忍受主人家的凌辱和打骂。吴朝祥被折磨得骨瘦如柴，只想早点去死，但她多次寻死都被救了回来。

1932年底，穷人中流传着红军来到川东北的消息。吴朝祥的父母托人带话给她，说红军是穷人的救星，千万别再寻死。从此，吴朝祥开始天天盼望着红军的到来。不料，这时她的父亲和哥哥又因为交不起苛捐杂税，被抓进了监狱，生死不明。她的母亲走投无路，下定决心与女儿一起出逃，去投奔红军。

母女俩不敢走大路，在深山老林里钻了两天两夜，筋疲力尽之时，终于找到了红军第十师政治部驻地——洪口。红军收留了苦大仇深的母女俩。妈妈给红军当向导，带着队伍去攻打县城，救出了被关在那里的父亲和哥哥。

红军真是穷人的救星！吴朝祥这个几乎被痛苦和绝望压垮的童养媳，从此一心一意跟着共产党干革命。吴朝祥在红十师宣传队，干起工作来不要命，很快当了宣传队的小队长，不久又当了乡苏维埃主席和区政府内务委员长，后来又被任命为四川省委少共妇女部部长。她入伍的当年入了团，第二年就加入了中国共产党。

17岁的独立团营长

1935年春天，红四方面军离开川陕根据地，开始艰苦卓绝的长征。总指挥部把随军的女同志两千余人，编成妇女独立团，17岁的吴朝祥担任妇女独立团一营营长。

妇女独立团主要负责后勤运输，然而这个任务并不轻松。部队连续行军作战，沿途都是高山峡谷，坡陡路险，不时又有敌人放冷枪，或是在山上推石头下来阻挡部队前进，不少战士一不小心就掉下悬崖牺牲了。在这样艰苦的环境下，17岁的吴朝祥坚定沉着，身先士卒，每次都顺利完成了上级交办的任务，她也成为战士们信赖和敬重的"老大姐"。

1935年春夏之间，部队战斗十分频繁，抬伤员、运粮食弹药的任务非常艰巨。上级组织了一个运输营，调吴朝祥去当营长。在荒凉贫瘠、气候恶劣的川西高原地带，在强敌环伺、给养匮乏的情况下，吴朝祥带领运输营，穿行于深山峡谷之间。运输给养的部队，自己却没有粮食吃，不得不每天派人采摘野果野菜充饥。偶尔捕获一些山禽野兽，或者从当地老百姓那里买到一点青稞，他们都全部留给了伤病员。战友们看到吴朝祥太劳累，有时悄悄给她留下一点野味，吴朝祥总是原封不动地送给伤病员。

1935年秋天，吴朝祥带领党校女生连的姐妹们第二次穿越草地，经历了她人生中最严峻的考验。吴朝祥有一条牛皮带，在最后的艰难时刻，姐妹们将这条皮带一截一截烧着吃掉了。就在皮带即将被吞食干净的时候，她们终于走出了草地。

1936年10月，毛泽东主席在陕北保安的窑洞里接见了吴朝祥。他看到吴朝祥脸色蜡黄、手脚浮肿，心情沉重地说："四方面军的同志们吃苦了。特别是你们这些女同志，一路上抬担架，背伤员，修路架桥，比男同志还辛苦。这些我都知道了……"毛主席叮嘱她马上到医院去治病，等身体康复了再工作。在毛主席的亲切关怀下，吴朝祥被派到延安中国女子大学工作。

"党叫我干啥我就干啥"

1936年底，中央组织部李富春部长找到吴朝祥说："组织上决定派你到西安青训班去当协理员。这比省委妇女部长的职务小一点，可是工作非常重要。你不会有意见吧？"吴朝祥说："李部长，从我参加红军那天起，党叫我干啥我就干啥，没讲过价钱。"

在吴朝祥上任之前，毛主席再次接见了她，他对吴朝祥说："你是经过长征锻炼的，听说你走起路来脚板咯咯响，抬担架都是小跑。到了青训班，可不能一开始就要求他们和你一样。锻炼要有个过程。""要通过谈心、开座谈会，了解他们的理想和志愿，了解他们的个性、爱好和特长，采取不同的方法教育他们。"

吴朝祥到西安上任以后，按照毛主席教导的方法，团结、吸引了一大批青年知识分子，他们中有许多人从西安来到了延安。

1970年吴朝祥与丈夫乐军合影　乐洪供图

1945年10月，吴朝祥响应党的号召，从延安出发，同男同志一样徒步行军来到东北战场，投入到波澜壮阔的解放战争中。

辽东军区第二野战医院是一座刚从日伪军手中接收过来的铁路医院，医生、护士大部分是日本人。吴朝祥奉命来到这所医院，大胆工作，很快恢复了医院秩序，使医院很快为我军的解放战争服务。

在"三下江南，四保临江"战役期间，中国人民解放军有一万多名伤员急待转移到后方治疗，但是陆路、水路都不通。吴朝祥向军区卫生部丁部长建议，把伤员就近运到江对岸朝鲜一侧。丁部长采纳了她的意见。一万多伤员在风雪严寒中开始大转移。

这时，吴朝祥两岁的女儿正害着伤寒病。她抱着孩子找到留守的同志，对他们说："如果孩子能活下来，请你们帮我先看着；如果死了，就请你们替我埋掉……"

1947年秋天，吴朝祥调到一二一师供给部当政委。在著名的塔山阻击战等战斗中，吴朝祥战斗在后勤保障的第一线，为战斗的胜利做出了积极的贡献。

新中国成立后，吴朝祥同丈夫乐军一起来到武汉工作。这位早年参加革命的红军女战士，服从组织安排，从事着实际工作，从不计较名利得失。她自己生活简朴，但经常接济家庭困难的机关干部，逢年过节都会去医院看望住院的干部和战士。

这位被红军从水深火热中拯救出来的童养媳，长征路上走过来的红军营长、开国女上校，一生都牢记着那句话："党叫我干啥就干啥。"

何子友：武艺高强、历经坎坷的百岁女红军

肖慈刚 肖 星

人物简介

何子友（1913—2016），四川苍溪人，中国工农红军和新四军高级指挥员周子昆的夫人。1928年开始参加革命活动。1933年10月参加红军，被编入红四方面军妇女独立营（后改为妇女独立团），任武艺总教官、班长、侦察排长。1935年随红四方面军参加长征。1936年加入中国共产党，同年秋与新四军副参谋长周子昆结婚。历任延安总供给部被服厂支部书记，新四军皖南教导队班长、排长，哈尔滨被服厂副厂长，中国复兴香烟厂厂长兼管专员，华东军区军管会军代表（副军级）等职。1969年离休。1955年荣获三级八一勋章、三级独立自由勋章、三级解放勋章，1988年获二级红星功勋荣誉章。

肃穆的告别大厅外悬挂着一副挽联：

戎马不解鞍，一生是女兵；

征程千万里，巾帼亦英雄。

2016年2月22日，党的忠诚卫士、身经百战的百岁红军女战士、中国武术界年龄最大且资格最老的女武术家何子友，在过完了她的103周岁生日之后因病在南京永远离开了人世。何子友的一生是光辉战斗的一生，富有传奇色彩。

童养媳参加红军

何子友于1913年2月5日出生在四川省广元市苍溪县清泉乡回龙场一个穷困潦倒的家庭，10岁那年，父亲把她送到县城里的"景武拳房"当杂工混口饭吃。这个拳房看似处于乡野之地，实则聚集了各类武林高手20余人。何子友在这里勤学苦练，学到了一些基本的武艺。由于家里很穷，十二三岁时何子友就被迫到别人家当了童养媳，受尽了苦。父亲因曾担任家乡苏维埃主席而被反动派杀害，所以她与反动派有不共戴天之仇，她曾发誓："杀父之仇，一定要报。"

1933年，红四方面军来到了何子友的家乡，穷苦人欢呼雀跃，奔走相告。在红军扩红的热潮中，20岁的何子友和本县三四十位妇女一起参加红军，从组织担架队运送伤员和将物资送往前线，到后来被编入红四方面军妇女独立营。何子友回忆说："那时红四方面军妇女独立营刚开始组建，干部很少，战士不到100人。大的二十来岁，小的十四五岁。全是穷人家孩子，多数是童养媳。当初的妇女独立团虽然还不是正规的战斗部队，但教育训练抓得很紧。多数时间是上军事课。训练射击时，武器不够，轮换使用。"1934年3月，妇女独立团在妇女独立营的基础上成立了。在妇女独立团，何子友参加了两次剿匪战斗，均大获全胜。何子友曾与林月琴（罗荣桓夫人）和何连芝（董必武夫人）一同在运送伤员的担架队工作。

由于表现出色，何子友很快担任了侦察连一排排长兼党小组长。在一次行军途中，已任侦察排长的何子友奉命侦察敌情，刚好发现一个敌兵正在抢夺商贩的烟酒杂货，敌兵胸前鼓鼓囊囊的公文包引起她的注意。何子友便上前搭讪，那敌兵命何子友扛箱烟送往团部，行至无人处，何子友一个箭步上前猛击一拳，敌兵怪叫一声倒地。通过公文包中的文件，妇女独立团掌握了敌军部署，打了一个漂亮的歼灭战。

1934年秋，她带领3名女侦察员化装去抓"舌头"。她们看到一个胖子带着一个副官及4个卫兵在街上闲逛，她便让3名女侦察员分别擒拿胖子与副官，自己则徒手对付4个持短枪的卫兵，顺利将他们制服带回。后经审讯，那个胖子原是国民党"剿共"指挥部的特派员，她们从他口中了解到许多重要情报。为此，何子友和3名女侦察员受到了红四方面军总指挥徐向前的表扬。

还有一次，上级命令何子友带领全排战士，去深山剿匪。我军两个排的女战士共100多人，而土匪却多达500余人。何子友带着全排战士悄然潜入敌巢，让战士们先隐蔽在暗处，自己则摸进匪首的屋内，瞬间制服了在川陕一带作恶多端的匪首"黑七"，500多名土匪见"黑七"被擒，群龙无首，只得缴械投降。

当然，何子友的传奇故事远不止这些。何子友身经百战，担任过红四方面军妇女独立团武艺总教官，曾单挑"山大王"，横扫马匪骑兵，被誉为"何铁拳""双枪神手何子友"。

带病坚决踏征程

1935年3月底，红四方面军发起强渡嘉陵江战役，开始长征。不久，何子友所在的妇女独立团奉命从广元猫儿跳过江。这时，何子友正患疟疾，领导要她留下治病，可她死活不肯。领导见她态度坚决，便答应她随队出发。过江时，只见敌机凌空肆虐，又是扫射又是投弹，狂轰滥炸。冒着枪林弹雨，她们却毫发未损，迅速过江，踏上了漫漫征程。

1935年6月懋功会师后，原定中央红军和红四方面军分两路北上，然而张国焘拒不执行北上命令，擅自率领部分红军南下，第二次过草地。过草地时的情景，令何子友终生难忘，她说："第二次过草地时，路上的野菜没有了，河塘里的鱼儿也没有了，茫茫草地更无牛羊牲口，能吃的草根、树皮都用来充饥，后来只有重伤员才能喝上牛皮汤，就这样，走着走着，有的同志一头倒下就再也没有起来。长征途中，我们吃尽了苦，饿死、冻死、累死、病死的好多，每想到这些牺牲的战友，心里就别提多难过。"

晚年的何子友曾饱含深情地回忆说："红军长征条件极为艰苦，前有雪山、草地、惊险无比的江河，后有几十万武器精良、气势汹汹的敌人追兵，但我们的红军官兵有着坚定的共产主义信仰，无所畏惧，置生死于度外。"

当红军长征胜利70周年之际，部队的来访者称赞她武艺高强时，94岁高龄的何子友自豪地说："那不算什么，我年轻时，手持双枪，百步之内，弹无虚发。"面对年轻的士兵，她说："长征是一个空前伟大的壮举，长征时的经历，长征时的战友，我一辈子都不会忘记。""有很多东西会随着时间的流逝而淡忘，但有一段历史经过时间的冲刷却愈加清晰，那就是红军长征。随着时间的推移，对长征时那些战友的思念也是愈加沉重。长征虽然已经成为历史，但有一种精神应该被我们牢记，那就是长征精神。"

长征浇开爱情花

长征途中，在1935年8月毛儿盖会议之后，时任红四方面军妇女独立团侦察连排长的何子友认识了34岁的周子昆。周子昆是广西桂林人，1925年加入中国共产党，曾参加过南昌起义和湘南起义，英勇善战，1928年上井冈山后历任红四军营长、团参谋长、师长、军参谋长、代理军长等职，1934年10月随红一方面军开始长征，先后任红四方面军红军大学上级指挥科科长、红军总司令部第一局局长，并代理红军总参谋长数月。1935年8月毛儿盖会议之后，红一方面军和红四方面军混合编队，周子昆被编入左路军随叶剑英到红四方面军工作。经过一段时间的了解，何子友渐渐对周子昆产生了敬慕之情。在延安，经组织批准同意，他俩结婚。毛泽东主席、朱德总司令等领导人参加了他们的婚礼，并为他们新婚加了几道菜以示祝贺。毛主席还以个人的名义，送给这对新人一支钢笔作为纪念。

婚后，周子昆总是忙于军务，夫妻俩很难得在一起。在延安期间，何子友最初在总供给部被服厂工作，任党支部书记、俱乐部主任，厂长是刘志丹夫人同桂荣。她们带领千余名兄弟姐妹，在极其困难的条件下，想尽一切办法保障部队军需供应，为提高部队战斗力做出了重要贡献。

晴天霹雳挺得住

1937年底，新四军军部在武汉成立，1938年1月迁至江西南昌。4

1940年秋周子昆和女儿周民合影　周民供图

月，新四军军部迁到皖南后，何子友才从延安来到皖南泾县，在新四军教导总队女子八队任排长，随队生活，只在周末才到云岭与周子昆团聚。周子昆这时又兼任了新四军教导总队队长，军务十分繁忙，但他只要回家都要帮助妻子学习文化和革命理论。次年10月，他们的长女周民出生。

1940年下半年，何子友随新四军军部部分家属和非战斗人员从皖南撤离，来到苏北黄桥。陈毅非常热情地接待了她，请她吃饭，还给她刚满周岁的孩子送了两瓶奶粉。这使何子友十分感动，心里立刻涌过一阵暖流。年底，何子友带着女儿到了盐城。

1941年1月，震惊中外的皖南事变发生，3月13日周子昆在泾县赤坑山蜜蜂洞中被叛徒杀害。得知皖南事变的消息，何子友忧心忡忡，坐卧不安。她十分担心丈夫的安危，到处打听周子昆的下落。

数月后，噩耗终于传来。1941年初春的一天，在苏北盐城，刘少奇和陈毅一同来到何子友的住处。刘少奇代表组织找何子友谈话，他沉痛地告诉何子友："项英和周子昆同志在一个山洞里被叛徒暗害了，希望你要挺住。无论怎么样，子昆是一位好同志。"陈毅接着说："子昆在军事上很有才干，他的牺牲是我们党和人民的一个重大损失。"周子昆牺牲的消息犹如晴天霹雳，使何子友顿时昏了过去。醒来之后，她对站在身边的刘少奇等同志说："请你们放心好了，我不会想不开的，我还有革命任务，我还有孩子要抚养。你们忙吧，让我一个人待一会儿，我想想就好了。"待看望的人陆续离开，何子友的眼泪决堤了："子昆啊，你为什么不让我去，我干了这么多年侦察排长，一眼就能看出谁是好人，谁是坏人……"后来毛主席也托人给她带信来说，"一定要照顾好牺牲同志的家属、孩子"。

周子昆牺牲时年仅40岁，何子友才28岁，并怀有身孕。周子昆牺牲的噩耗并没有把何子友击垮，她擦干眼泪，发誓要继承丈夫的遗志，化悲痛为力量，将革命进行到底。同年7月，何子友生下了儿子周林。待儿子会走路后，她把两个孩子托付给保育院，又以顽强的意志投入抗日战争和解放战争中，直到新中国成立。

到"子昆牺牲的华东"去工作

1949年新中国成立前夕，何子友随军南下上海。途经北京时，原红四方面军妇女独立团的老团长、时任中央妇女部部长的张琴秋，看到何子友一个人拖儿带女，便劝她留在北京中央妇女部工作，以便更好地照顾子女。何子友没有同意，她婉言谢绝说："我这个人文化低，适合在基层工作。另外，子昆在华东牺牲，我想到他战斗过的地方去！"于是，新中国成立初期，何子友先后负责上海电池厂、益民食品厂、开林油漆厂、复兴香烟厂的接管和军管领导等工作，为恢复生产发展经济发挥了重要作用。何子友在上海工作和生活期间，独自把两个孩子抚养成人，终身未再嫁。周民、周林姐弟长大后都继承父志，参军卫国。女儿周民写道："我热爱母亲，她把我们抚育长大，让我们从小懂得父辈的遗志、父辈的事业；我佩服母亲，她有着农家女结实的身板，有着红军战士顽强的意志。在艰难的革命战争岁月里，她不仅出色地完成战斗任务，还精心地培养着自己的孩子。"在儿女心目中，母亲"倔强霸气、敢作敢为、有男人气魄、果断仗义、不怕苦累、生死度外、友善待人、

2002年，年近90的何子友在周子昆、项英、袁国平三烈士墓前讲革命传统　　周民供图

爱憎分明"。

　　何子友一生都在深深地思念着牺牲的丈夫。1985年，新四军军部旧址陈列馆开馆典礼过后，何子友第一次探访周子昆的牺牲地——蜜蜂洞。因当地交通非常不便，有的地方没有通车，只能步行，上山根本无路，是当地老乡用砍刀砍出一条小路，好不容易上山找到了蜜蜂洞。在山洞里，72岁高龄的何子友听了周子昆当年的警卫员黄诚介绍当时情况后，放声大哭，在场人员都流下眼泪。后来，她向县里建议修一条上山的路，方便更多的人知道国民党顽固派所犯下的滔天罪行，以教育后人革命胜利来之不易。之后，何子友于1992年第四次上山探访蜜蜂洞，当时已是79岁高龄。

何子友与其子女合影　周民供图

　　每当大小节假日，何子友还总是带着孩子们来到雨花台烈士陵园。在周子昆等烈士的墓地前祭奠，默默地告慰英灵："你们以生命为之奋斗的革命事业，正从一个胜利走向另一个胜利。"

　　1969年离休后，她依然心系人民、心系军队，革命精神不减，继续发挥余热，为江苏省新四军和华中抗日根据地研究会的工作倾注了大量心血，以实际行动弘扬我党我军的优良传统，始终保持着共产党人的本色。她一生践行和传承红军长征精神，甚至给自己的外孙女取了个名字叫"周红征"。

　　在她百岁生日时，中国人民解放军总政治部发来贺信，这样写道："尊敬的老大姐，您是人民解放军中少有的百岁女红军，是人民的功臣。在长期的革命生涯中，您对党和人民无限忠诚，信念坚定，襟怀坦荡，始终保持了顽强的革命意志和不懈的人生追求。您的革命精神、优秀品格和崇高风范，是培育当代军人核心价值观，激励全体官兵有效履

237

行新世纪新阶段我军历史使命的宝贵精神财富，永远值得我们学习、敬仰、继承和发扬。您的历史功绩，党和人民永远不会忘记！全军广大官兵永远不会忘记！"

2015年春节何子友与家人在南京合影　周民供图

何连芝：身经百战的长征女杰

王友平

人物简介

何连芝（1905—1980），四川万源人，中国无产阶级革命家、中国共产党的创始人、中华人民共和国领导人董必武的夫人。1933年参加红军，同年11月加入中国共产党。红军时期，历任乡苏维埃政府委员、剿匪队长、游击队队长、万源县苏维埃政府粮食委员兼内务委员、中共川陕省委妇女学校三连连长、宝兴县妇女部长等职。1935年春，随红四方面军长征。抗日战争和解放战争时期，曾在陕甘宁边区政府、华北人民政府办公厅等处工作。新中国成立后，历任政务院法治委员会办公厅和董必武办公室秘书、中国妇女运动历史资料编纂委员会委员等职，是第五届全国政协委员，离休后享受副部长级待遇。1980年2月在北京病逝。

童养媳参加红军

何连芝，1905年出生于万源县陈家河村的贫苦农民家庭。她排行第四，是家里唯一的女儿，共有三个哥哥、两个弟弟。父亲给地主家打短工，难以养家糊口，全家人常常忍饥挨饿。幼时家中连遭不幸，二哥饿死，三哥和小弟弟也因生病无钱医治而早亡，一位嫂子上山采野菜时被人杀害，父亲给地主担石头，腿部受伤，伤口难愈，又无钱医治。之后两年，不足10岁的何连芝就负责上山采草药给父亲治伤。穷人的孩子早当家，何连芝慢慢承担起了全部的家务。由于家庭实在贫困，何连芝12岁时，父亲只好硬着心肠把她送到一喻姓人家当童养媳，以减轻生活负担。在那里，她又痛苦地熬过了十多个春秋。

1933年1月，中国工农红军第四方面军从鄂豫皖根据地转战来到四川万源县，解放了距何连芝家四十里的竹峪关。红军帮穷人打天下的消息很快传到了何连芝的耳朵里。她十分兴奋，仿佛看到了救星，决定寻找红军，投身革命。一天，何连芝和同为童养媳的何翠英一道，以打猪草为名，悄悄跑到竹峪关投奔红军。她确信红军是解救穷人的队伍。在她的强烈要求下，红军首长同意她参加红军，她被分配到妇女宣传队。她很快成了一位出色的宣传员，并把宣传队的旗帜打到了她的家乡——三溪口和丝罗坝一带。由于工作出色，她又很快当上了家乡的乡苏维埃政府委员，负责成立农会、妇女会、少先队等群众组织，参加打土豪、分田地、扩大红军等工作。不久何连芝当上了赤卫队分队长，并主动请缨到前线侦察敌情。

有一次，何连芝带领70多人在为红军外出运粮返乡途中遭到敌人袭击，她带领十几个人得以突出重围，其余战友全部被捕牺牲。另一次，何连芝在丝罗坝寻找嫂嫂时，遭到地方民团武装袭击，她与嫂嫂一同被捕，关押在万源县黄钟堡军阀刘存厚的衙门里，受尽折磨。后来红军打下了黄钟堡，敌人在仓皇逃跑的路上，安排何连芝给国民党政府县长的老婆当用人。机智的何连芝在一个夜晚趁机脱逃，逃跑途中又遇敌人追捕，她灵机一动，跳进河里，紧靠河堤，把头钻进草丛，接着忍饥挨饿走了几十里路，几经周折，最后回到黄钟堡找到了红军十二师三十六团机关连，回到了自己的部队。1933年秋，何连芝光荣地加入了中国共产党，随后被调到万源县苏维埃政府担任粮食委员兼内务委员。

深入匪区打游击

万源一带，山高林密，地广人稀，军阀盘剥，土匪猖獗，民不聊生。在离万源县城西南四十里处有个清化溪镇，周围大山环抱，土匪众多，他们与反动地方武装和国民党部队散兵游勇相勾结，残害百姓，袭击红军和苏维埃政府。土匪势力相当强大，红军一时无力全面进剿，只好组织部分武装力量深入匪区打游击。游击队分为男女两队，何连芝担任女队队长。女队一共才十多人，每人背上一把大刀，发动群众、依靠群众，采取灵活机动的战术与土匪斗争。

1933年底至1934年初，何连芝被调到万源县委妇女部，先后担任区委妇女部长和县委妇女部长。何连芝带领女游击队员到清化溪一带展开斗争，在石塘活动了二十多天，共活捉了二十多个土匪，缴获了一批弹药物资，队员无一伤亡。在家乡的革命斗争中，她曾两次被捕，遭受敌人的严刑拷打，却始终坚贞不屈。凭借机智勇敢，死里逃生。她在大巴山打击"圣母团"和反四川军阀刘湘"六路围攻"的浴血奋战中，留下了不少传奇的故事。

"圣母团"是当时川陕苏区最大的反动神团之一，主要头子吴锡林经常勾结反动军警及其他土匪神团到万源县城附近搞袭击。当时红军主力忙于前方作战，后方仅留少数游击队员和赤卫队员。"圣母团"装神弄鬼，头裹红巾，额贴黄纸，身穿红衣裤，胸前画得稀奇古怪，手拿大刀或梭镖，边跑边吼："佛门子弟大道会，打不钻，杀不进，观音老母来救命。"面对这种怪阵，何连芝却毫不畏惧，要求率队出征，得到县苏维埃政府主席的批准。

在一个漆黑的夜晚，何连芝带领两个挑选出来的女游击队员，身背大刀，脚穿草鞋，翻山越岭，飞扑烟墩垭庙"圣母团"窝子。她们轻手轻脚地进入庙中，三名女将抽出大刀，迅即将三个正在盘足打坐念咒做"法事"的"圣母团"神兵砍死。从此圣母团神兵"打不钻，杀不进"的谣言被揭穿，游击队、赤卫队士气大振，"圣母团"及其他反动会道门很快被打垮，万源苏区匪患终被铲除。

长征路上历艰险

1935年3月，何连芝随红四方面军奉命渡过嘉陵江，随后开始长征。这年6月的一天，在四川阿坝过草地时，一位红军战士倒在地上痛苦挣扎，脸色煞白，浑身颤抖不止，恰好何连芝行军路过，见此情景，她急忙给这位倒地战士"揪痧"，挑"羊毛疗"，很快缓解了病人的疼痛，解除了危险。原来这位战士就是时任中共雅安县委少共组织部部长的李勃，他随红军北上得了伤寒，突然腹部疼痛难忍，滚倒在地。李勃十分感激何连芝大姐，如果没有她，自己恐怕就永远倒在了草地上。何连芝当年所救的这位23岁的红军战士，后来成了新中国的开国少将。

6月中旬，红四方面军进入川西北藏族聚居的杂谷脑地区。这时，何连芝担任连长的省委妇女学校也跟随中共川陕省委机关进驻杂谷脑。杂谷脑寺庙是红四方面军长征路上的第一座喇嘛庙。一天早晨，省委机关在此遭到大约三四百敌人的进攻。省委派王维舟率警卫连阻击敌人，但敌人在山上的喇嘛寺中以优势兵力居高临下分两路向红军进攻，形势危急，王维舟要求省委妇女学校人员参战支援。省委妇女部长张琴秋立即动员妇女学校组成突击队，火线任命何连芝为突击队队长。何连芝率领30多名女战士沿着山沟向敌人发起冲击，配合红军主力部队，与敌激战大半天，击退敌军。妇女突击队胜利完成任务，受到省委的表扬，何连芝在此战斗中左手中指被敌人子弹打掉了一截。1936年5月至7月，何连芝担任中共川康省委妇女部长。

结缘董老伴一生

1936年长征结束后，何连芝到了延安，由组织安排到红四方面军党校（随即并入中央党校）学习。1937年夏，经李坚真介绍，何连芝与时任中共中央党校校长的董必武相识，结为夫妻。这位中共元老，好像注定与红军女英雄有缘。1934年10月他随中央红军参加长征时就担任中央总卫生部妇女队队长，不久到干部休养连任党支部书记；1936年他还为红一方面军政治部《红军长征记》编辑委员会的征稿撰文，写了《长征中的女英雄》等三篇文章。如今这位来自四川的长征女英雄就来到了他的身边，并与他喜结良缘，成

1973年，何连芝与董必武在广州合影　董绍壬供图

为终身的革命伴侣，一直陪伴了他38年。

抗日战争时期，何连芝协助董必武（时任国民政府参议员、中共中央南方局副书记）进驻重庆，后转移到延安。在延安大生产运动中，拖儿带女的何连芝积极努力参加生产劳动，成绩突出，被评为一等"劳动模范"、陕甘宁边区的劳动英雄，并荣获毛泽东主席亲笔题写的"自己动手，丰衣足食"奖牌。1947年5月，她和董老随中央机关由陕北转移到西柏坡，工作之余她亲手种树、种菜。

1975年3月5日，年届古稀的何连芝陪病中的董老在广州度过他89岁（虚岁90）生日，她目睹董老写下了他人生中的最后一首诗《九十初度》：

九十光阴瞬息过，

吾生多难感蹉跎。

五朝弊政皆亲历，

一代新规要渐磨。

彻底革心兼革面，

随人治岭与治河。

遵从马列无不胜，

深信前途会伐柯。

次日，何连芝陪同董老飞回北京，董老病情加重，当即住进北京医院治疗。4月2日，董老与世长辞。

不忘本色好家风

何连芝一生保持红军本色，保持共产党人的本色。新中国成立后，中共元老、开国元勋董必武身居高位，曾任中央人民政府委员、政务院副总理、最高人民法院院长、全国政协副主席、中华人民共和国副主席、中华人民共和国代主席、第四届全国人大常委会副委员长，并曾任中共第七至九届中央政治局委员、中央监察委员会书记、第十届中央政治局常委等职。何连芝也先后担任华北军政委员会秘书厅秘书、政务院法治委员会办公厅秘书、第五届全国政协委员、董必武办公室秘书等职。从山区穷苦女子成长为党的高级干部，地位、环境变了，但她始终保持着劳动人民艰苦朴素的本色，从不搞特殊，从不以权谋私。新中国成立后，她始终保持劳动人民的本色，生活极为简朴。她经常参加劳动，年逾古稀之时，她还在自家的庭院里种着蔬菜，亲自动手锄草施肥，并对亲友们说："地位变了，条件好了，老本行总是舍不得丢啊！丢了，心疼得很！"

何连芝和董老也始终秉持良好家风。新中国成立后，何连芝的侄子得知失散多年的大姑已是国家领导人董必武的夫人，遂产生了要"沾光"的念头，几次请求为其谋个差事，都被何连芝婉言拒绝了。何连芝语重心长地对何家后人说："你们文化低，就留在家乡看守何家祖坟，以后好好送孩子上学，把孩子培养成人。"何家后人听了她的教导后，从此再也没有产生过要"沾光"的念头。

何连芝对家乡十分热爱、一往情深。新中国成立后，她曾先后三次回乡省亲探望。1953年，何连芝第一次回到阔别十八年的家乡万源。当时家乡交通不便，丝罗乡距县城有100多里，未通公路，没有车，县领导为她准备了大轿和马，她婉言谢绝道："我是山里的苦女子，靠共产党领导和培育才翻了身，今天回乡看望父老，别说你们没有车，就是有，我也不会坐。我若骑马坐轿回去，岂不让家乡人耻笑，逗人骂我，说共产党的干部也忘了本啊！"说罢便把腰间皮带一紧，向身旁的警卫员一招手，说了一声"走"，就迈步向万源县城南的董家坪、朱溪、三湾等当年战斗过的地方走去。

1961年，何连芝随国家副主席董必武来四川视察，再次回到家乡。此时正值我国"三年困难时期"。乡亲们在食堂设宴招待她，她走到席前，却没有落座，怀着沉重的心情对乡亲们说："当前国家困难，人民生活很苦，我作为共产党的干部问心有愧，这席菜饭无法咽下肚去。"她建议把这些饭菜送到附近的医院去，给病员们吃。于是她和大伙一起把食物送到医院。她深入病房，了解病员的真实情况，心情十分沉重。第二天，她便以个人名义在胞弟家里请乡亲们吃饭。席间，何连芝向大家敬酒致辞，她说："……席散后，请大家参加座谈会，希望大家做到'三老实'：当老实人，说老实话，办老实事。"通过这次座谈会，何连芝了解到了农村的真实情况，并一一记录，整理上报。

1979年，董老逝世四年之后，74岁高龄的何连芝第三次回家乡探望，并带上了家人。这次她在家乡住的时间较长，去看的地方、拜访的亲友也较多，还去看了当年红军开始长征的渡口。在离开家乡之前，她还特意弄来一些土豆、魔芋、荞麦面粉、野菜等，亲手做成"忆苦餐"，和儿孙们一起吃。她边吃边说："这是我们老一代劳苦大众在新中国成立前的主食品，今天这样来讲艰苦朴素，也许你们会感到奇怪，难以理解。不过，这种精神是永远不应该忘记的。记得过去，就会珍惜现在，也就会创造更美好的未来……"这番话至今仍有很强的现实意义。

何曼秋：长征中走出的女军医

马小驹

何曼秋（1919—2014），四川江油人，开国少将张汝光的夫人。1935年4月参加红军。同年加入中国共产主义青年团。1937年2月转入中国共产党。在长征中经红军卫校培训成为军医。历任红四方面军第三十一军政治部宣传员、红三十二军卫生部医生、八路军一二〇师医生、晋绥军区和西满军区主治医生以及第四野战军卫生部科长、副处长。新中国成立后，任中南军区卫生部训练处处长，总后勤部卫生部妇幼保健处处长，中国科技大学生物物理系副主任，军事医学科学院情报资料处处长、情报研究所副所长、科技部长等职。1955年被授予中校军衔。1984年底离休。曾荣获三级八一勋章、三级独立自由勋章、三级解放勋章、二级红星功勋荣誉章。

医院里特别的小女兵

1935年春天，红四方面军总医院收治了一位身患疟疾的小女兵。与其他伤病员只是配合治疗不同，这个小女兵每天都要跟在查房、治疗的医生后面又听又看，还时不时地问这问那，甚至主动做做帮手。好多伤病员以为她是医院的看护，还主动给她讲病情、谈疗效。而每当这时，这个小女兵就十分欣喜，跟医生学习的兴趣也更大了。

可是，不久后的一天，医院通知她病愈出院。就要回到宣传队的她，内心却已对医院难舍难分。情急之下，她鼓足勇气向院方表达了想留下来学医做看护，将来要成为一名红军医生的强烈愿望。早已注意到这个特别小兵的医务主任满心喜欢，但却没有一下子答应她。因为医务主任深知，要在长征途中学好医、做好一名医护人员是十分不易的，需要付出比正常环境下多很多倍的努力，承受更多的艰苦，所以担心她只是一时好奇。这个小女兵名叫何曼秋。

志在革命学军医

何曼秋，1919年12月出生于四川江油县（今江油市）中坝镇一个知识分子家庭。她上有三个哥哥，自小就是思想开明的父亲的掌上明珠，没有缠足，剪了短发，还读过多年私塾和两年成都教会办的华英高级中学。只因家里人担心军阀和红军打仗危及安全，加之奶奶要她早些嫁个富足人家，才使她不得不中断学业。然而回乡的何曼秋已满怀追求革命人生的热情，在红四方面军经过她家门前时，她见到了之前已参加了红军的叔叔何子南。听说部队里面有很多的女战士，她于是毅然加入了红四方面军第三十一军，被分配做了宣传员。

在参军后经历的第一场战斗中，何曼秋和同是新兵的战友李香玲穿越阵地去张贴标语，敌人的子弹一下击中了香玲的肩部。何曼秋眼见卫生员战士不顾一切地跑来，迅速止血、包扎，然后快速把香玲背下阵地，不由得对战场救护的红军医务人员肃然起敬，觉得这种救死扶伤的工作真是很了不起。后来住院，她看到了红军缺药少医，连一个女医生都没有。这使得许多女性伤病员不便吐露妇科病情，以致病情得不到全面准确的判断，误诊误治、久治不愈的情况时有发生。她和女伤病员常常感叹，红四方面军已有上千的女战士奋战在妇女独立团、妇女工兵营以及医院、宣传队、运输队等等，真是亟须女军医为大家治病啊。一天，得知几个月之前还十分活泼能干的战友李香玲竟因病去世了，何曼秋更是深感军医对保持红军战斗力是多么的重要！

何曼秋的这些经历和想法打动了院方，她被留了下来，并很快被安排到医院办的护士学校学习。从此，何曼秋在长征中学医、转战中用医、和平后管医，成为我军一位优秀战地医生和卫生管理专家。

艰难学成铸功勋

长征中学医十分不易。首先，当时的红四方面军总医院护校学员都是工作第一、学习第二，每天都要在照顾伤病员、伤口换药和清洗、纱布煮沸消毒等工作之余再学习，日子过得非常紧张辛劳。但何曼秋乐意为伤病员服务，喜欢在实践中学习，所以总是乐呵呵的，从不叫苦叫累。而与这些学习、生活上的磨炼相比，"肃反"的政治清查才是更加严峻的意志考验。就在刚进护校后没几天，何曼秋就因为在发给她的一个小本子上写下了自己的姓名而被怀疑有读过书的经历，成为清查的对象，突然被总医院叫去问话。幸好她很快从政委冷峻的言辞中回想起了叔叔叮嘱过她的"不要暴露读过书，不要说出家庭情况"的那些话，于是机敏地回答"是照着别人的字写下的"，这才躲过了一劫。后来她又得知，她的那位叔叔就因为上过大学被打成了"AB团"特务，已遭到了枪决。但这样的波折并未动摇何曼秋的革命信念，1935年8月，中央红军卫生学校第六期招生了，何曼秋思虑再三，终于打破了不能暴露读过书的顾虑，大胆报名，最终以最好的面试成绩被录取。

在这所一边长征转移一边教学的红军最高医学学校里，何曼秋跟大家一起从西康边境松岗走到了炉霍，途中翻越了夹金、党岭两座大雪山，克服了没有完整教材、没有教学仪器、没有纸笔、全靠口授心记等学习困难，以及每天都是饥寒交迫等生活上的困难，终于在1936年8月从卫校毕业，被分配到总卫生部新成立的医务所，成为红军自己培养出来的一名正式的女军医，随部队继续长征。这一批学员70人只有50多人毕业，3名女生中有2名完成了学业。

1955年何曼秋与张汝光合影　张冀供图

　　何曼秋在长征过草地、突破腊子口和山城堡战役中，完成了无数次现场救护，并为沿途老百姓治病。在甘肃崇信县城，她为患习惯性流产的房东媳妇保住了胎，还为其他许多人治好了久治不愈的疾病，被当地人传为名医，找她看病的人络绎不绝。

　　长征结束，她进延安卫校深造，成为该批培养的唯一女军医。后在八路军一二〇师卫生部当医生，随部队赴晋西北抗日。抗战胜利后进入东北西线卫生部医院担任主治医生，参加辽西、平津和武汉解放战役。新中国成立后，她又到旅大苏联红军医院进修，1956年担任中国人民解放军总后勤部卫生部妇幼保健处处长，之后在军队妇幼保健、科技教育、医学情报、医学科研和医疗建设等领导岗位上辛勤耕耘，并与丈夫合作出版了《红军卫生工作史简编》一书，为军队卫生事业建设和发展做出了很大贡献。

2007年1月何曼秋（前排右三）与王定国、张文、冯理达等人在人民大会堂合影
张冀供图

张　文：百岁老红军永远走在长征路上

王友平

张文（1919—2022），原名张熙泽，四川通江人。中国无产阶级革命家、军事家、人民解放军现代后勤工作的开拓者和奠基人、全国政协原副主席洪学智的夫人。1933年2月参加红军，1936年2月加入中国共产党。曾在红四方面军第四军供给部被服厂任战士、班长。1935年春随红四方面军参加长征。长征到达陕北后，在延安妇女学校任学员、班长、党支部书记。抗日战争时期，进入抗日军政大学学习和工作。1939年随抗大一部向苏北转移，在新四军三师参加抗日游击战争。解放战争时期，任东北民主联军第六纵队后勤部政治指导员、家属学校副校长。新中国成立后，任第十五兵团子弟学校附属幼儿园主任、志愿军后方留守处幼儿园主任和总后勤部机关家属委员会主任、总

支书记。1958年，任中央广播事业局机要秘书。1959年庐山会议以后，随洪学智离开北京。之后先后任长春市橡胶八厂副厂长、长春轻工业专科学校副校长、吉林工学院党委组织部部长及办公室主任。1979年后，任解放军三〇四医院顾问、总后管理局顾问（副军职）。1983年离休。1982年起任中国少年儿童基金会理事。曾荣获三级八一勋章、三级独立自由勋章、三级解放勋章、二级红星功勋荣誉章。还先后获得中国工农红军长征胜利80周年纪念章、中国人民抗日战争胜利70周年纪念章、庆祝中华人民共和国成立70周年纪念章、中国人民志愿军抗美援朝出国作战70周年纪念章、光荣在党50年纪念章。2022年3月27日，因病在北京逝世。

"我要当红军"

1919年7月24日（农历六月二十七日），张文出生在四川省通江县洪口镇一个贫苦农民家庭，原名张熙泽（抗战时期改名为张文）。家里有兄妹五人，上面有三个哥哥，一个姐姐，她在家中最小。家里只有四间祖上留下来勉强遮风挡雨的旧房，却没有一垄自己的土地，靠租种地主土地过活。

张文的父亲张玉鼎读过私塾，粗通文墨，勤劳本分，安心在山村教书，靠自己微薄的收入养家糊口。母亲张刘氏没有文化，但她吃苦耐劳，勤俭持家，对子女管教甚严。

张文刚满9岁时，父亲积劳成疾，得了眼病，因无钱医治双目失明，一家的生活负担全部压在了她母亲身上。1929年春，洪口发生灾荒，张文一家生活极为困难。为了活命，大哥张熙银到地主家做工，二哥张熙汉去跟裁缝做学徒，张文和姐姐经常帮母亲到山坡地里挖野菜充饥。家里常常是吃了上顿没有下顿，这让张文从小就尝到了生活的艰辛与苦涩。

为了让女儿能吃饱饭，母亲不得不狠心把年仅10岁的张文送到本村郭姓地主家当小用人，条件是只给饭吃，不给分文报酬。张文在地主家从早干到晚，还经常挨打受骂。她先后给郭姓、蒋姓两家地主当了三四年用人，饱受屈辱。挨打受骂的小用人生活，使她心里产生了一个疑问：穷人为什么老受穷？地主为什么对穷人那么狠？这难道是命？她想不通。

1932年12月，红四方面军来到了张文的家乡洪口镇。此后洪口镇就真的"变了天"，农民分了地主财产、土地，翻身做了主人。张文再也不用去给地主家当小用人了。有一次，13岁的张文在洪口镇街上听了一位红军女战士的演讲：为什么穷人受穷，地主老财为什么压迫剥削老百姓，穷人要翻身，要过好日子，必须在共产党领导下，推翻"三座大山"，建立自己的苏维埃政权，人民翻身当家做主人……张文听得入迷，从此受到革命的启蒙。特别是在红四方面军女战士曾广澜大姐的教育下，张文懂得了很多革命道理。曾广澜成为她"参加革命的领路人"。她梦想着，自己也能像曾大姐一样，成为一名红军女战士。

这时，张文和二哥张熙汉在红军供给部做支援前线工作。她虽然年纪小，但手脚麻利，干活很快。供给部的一位女兵班班长劝她参加红军。她一连想了好几天，终于下定决心，要像曾大姐那样当红军。

1933年2月的一天，还不满14岁的张文，悄悄来到洪口镇苏维埃政府找曾广澜大姐，向她吐露了压在心头几个月的"秘密"："曾大姐，我想好了，我要当红军！"

"当红军？好啊！"曾大姐一面抚摸着她的头答应着，一面又劝阻道，"你年纪还小，当红军是要吃很多苦的。"

"我不怕！"她恳求，"再苦再累，总不会比给地主婆干活、挨打受骂还苦吧？"她满肚子苦水一下子涌上了喉头，忍不住向曾大姐倾诉。曾广澜流下辛酸同情的眼泪，像慈爱的大姐姐一样，把她紧紧地搂在怀里，同意了她的请求。张文终于梦想成真，从此成为一名光荣的红军战士，跟着共产党走上了革命道路。

这时，她的二哥张熙汉也背着家人参加了红军，兄妹俩都分配在红四军供给部被服厂工作。张熙汉还把自己带来的一台缝纫机捐给了部队，并教被服厂的干部战士做军衣。父母后来知道了，也支持兄妹俩参加红军，并叮嘱说："你们参加了红军，这是我们老张家的光荣。一定要听领导的话，好好学习，努力工作，给洪口镇乡亲们争光。"在以后的革命征程中，他们兄妹俩始终记住父母的这番话。

"三张"女班长

随着红军队伍的扩大，后勤补给的压力也越来越大。红四方面军供给部被服厂加班加点生产，也难以完成上级下达的任务。当时被服厂共有男女红军二三百人，每12人编为一个班，全厂只有四五台缝纫机。

见此情景，心灵手巧的张文就同与她一起在洪口镇参加红军、同在供给部一个女兵班的张大英、张德义两人商量，要想办法调动大家的积极性，努力多生产被服。她们提出各班组要开展生产竞赛，比谁做得更快、更多、更好，通过竞赛调动生产积极性，增加服装产量。商量好后，张文和张大英、张德义她们三个人之间首先开始了竞赛，原来一天做1套军装，现在要完成1套半。供给部领导了解后认为这是件好事，决定在被服厂推广，号召大家向她们三人学习。就这样，劳动竞赛活动在被服厂开展起来，大家比学赶帮，有力地促进了生产。她们三人便成了被服厂人所共知的"三张"。不久供给部扩编，由于工作出色，"三张"分别调到3个班担任班长。

到1933年10月底，红四方面军已发展到5个军、15个师，共8万余

1997年2月春节洪学智、张文夫妇与子女合影　洪炜供图（第二排右二）

人。这时，蒋介石在调动50万大军对江西中央革命根据地和中央红军发动第5次"围剿"的同时，又任命四川军阀刘湘为"剿匪"总司令，纠集四川大小军阀部队20万人，兵分六路向红四方面军发起围攻。作为后勤战士，张文也参加了红四方面军反"六路围攻"的斗争。

西进遇艰险

1935年2月，为粉碎国民党和四川军阀的"川陕会剿"，策应红二十五军长征、迎接中央红军转入川西，红四方面军开始向西转移。张文所在的被服厂和后方机关，也随红军主力西撤。

张文、张大英和张德义是供给部里最活跃、最能干的三姐妹。从西进第一天起，她们三人就一起相约："路上谁也不能掉队，要永远跟着共产党、跟着红军，革命到底！"

在艰难的行军中，她们每人都要背四五十斤的被服和线团，山高路险，每天都要走六七十里路，脚下打起了血泡，一沾地就钻心地痛。第一天走下来后，张文正为第二天的行军发愁：脚下都打起了血泡还怎么继续赶路？这时，一个有经验的老兵告诉她："把缝衣针烧红后，刺破脚上的泡，放出血水，第二天照样赶路！"她和战友们一试，这个办法果然有效。

一天晚上，背着一箱手榴弹的张文行进在清江渡（今四川巴中市巴州区清江镇）时，因天下小雨、夜黑路滑，她扑通一声，连人带背篓滚下山坡，摔得失去了知觉。排长刘文治见状，急忙和张德义、张大英一起，拽着灌木枝杈小心翼翼地爬下山坡，终于找到了昏迷中的张文。幸好她被一棵大树拦住，才未跌下深渊。战友们都为她死里逃生感到庆幸。

踏上长征路

1935年3月下旬，红四方面军发起强渡嘉陵江战役，开始了长征。

张文随部队来到嘉陵江边时，部队首长已为供给部确定了渡江地点——苍溪附近的一个渡口（后被称为万里长征"第一渡"），前卫部队已用竹子搭起浮桥。渡江那天是个阴天，国民党追兵离渡口只有5里路，形势非常紧张。红军战士们站在江边，仰望大巴山，俯视嘉陵江，心潮起伏，感慨万千。很多战友情不自禁地捧起江水喝上几口，然后继续西进。

渡江以后，形势依然十分严峻。为摆脱敌人的围追，天天连续行军，一连走了四五天，人困马乏。每到宿营地，如果敌情不太紧张，作战部队可以就地休息，但被服厂战士不能休息，还要继续赶做军服。

长途持续行军，饥寒交加，张文得了肺结核，发烧不止，身体极度虚弱，但行军的脚步不能停止。她背着沉重的被服和线团，紧随部队不停地行走，脚肿得穿不上鞋子，每迈一步都疼痛难忍。但是她心里明白，此时掉队就意味着死亡，拼死也要跟上队伍。战友们看到张文行军困难，争相为她背背包、背线团，她肩上只剩下一只盛水用的铁皮桶。她想，战友们负担已经够重了，说啥自己也要为集体分担一点困难呀！

一天，他们走近一个山坡，谁也没有想到，在几间破草房里，竟隐藏着一股国民党军的散兵。正当他们望着房子迟疑时，突然枪声大作，国民党散兵从山坡两边冲了下来，狂叫着："抓红军娘子呀！""投降吧，你们跑不了啦！"

红军被服厂的女战士，手中没有武器，无法抵挡敌人。避免伤亡的唯一办法，就是利用地形地物拼命地快跑，冲出敌军子弹射程。张文拼命地跑，决心"宁死也不能当俘虏"。她奇迹般地跟着队伍冲了过去。

摆脱敌人追击后，张文一到宿营地就瘫倒了，趴在地上大口大口地喘粗气。战友们急忙围上来，帮她卸下背上的铁皮桶。

"啊！真玄哪！"有人惊叫起来。原来张文背的那只铁皮桶，竟被敌人的子弹打出了5个窟窿。如果没有铁皮桶的遮挡，她或许早就中弹牺牲了。她不禁暗自庆幸："铁皮桶救了我的命！"

翻越夹金山

1935年6月中旬，红四方面军在懋功（今四川小金县）与党中央和红一方面军会师。在夹金山下的懋功县城里，红军战士们热烈欢呼，张文唱着《两大主力会师歌》，激动不已。

懋功会师不久，红四军开始北上。供给部被服厂的战士们继续前进。由于张国焘的错误指挥，他们又被迫南下，1935年10月，他们十分艰难地翻越了终年积雪的夹金山。

夹金山终年白雪皑皑，空气稀薄，没有人烟，气候变幻无常，时有狂风大作、冰雹骤降，有"神山"之称。当地歌谣说："夹金山，夹金山，鸟儿飞不过，猿猴不可攀。要想越过夹金山，除非神仙到人间！"当地人说，要想过山，必须提前拜祭山神，求得山神保佑，到了山上还不能说话，说话会惊动山神，若惹怒山神，就会下大冰雹把你砸死。夹金山被说成是一座令人恐怖的神山。

上山前一天，领导给战士们做思想动员，要求部队次日凌晨3点出发，中午必须爬到山顶。张文顾不上连续几天行军的疲劳，和战友们一起积极做好爬山的准备。他们不仅准备了草鞋、绳子、生姜、辣椒，每人还准备了3个用柏树皮做的火把。出发前，张文的二哥担心她过不了夹金山，专门跑来找她，鼓励、安慰她说："一定要把准备工作做充分。山上很冷，不要把手脚冻坏了。我走在供给部前面，过了山后我就点火烧开水，你们下了山就来取暖、喝开水。"

凌晨3时，外边还是一片漆黑，他们就打着火把上了山。那时，战士们年轻火气旺，由于山下天气较热，每个人只穿件单衣、头上包块毛巾就出发了。

山脚下，他们要蹚过积雪融化的泥泞小路；山坡上，他们只能沿着一尺多宽的险路艰难地向上爬。当爬到海拔3000米以上时，冰封雪冻，空气明显稀薄了许多，呼吸都感到困难。突然，一阵狂风卷起，鹅毛大雪扑面而来。他们赶紧穿上所带的全部衣服，还是冷得直打哆嗦，只得咬紧牙关，一步一步地向高峰攀登。在离山顶不足3里时，张文呼吸困难，两眼发花，四肢如灌了铅一样，怎么也走不动了。排长刘文治见她快要倒下时，急忙赶上来，把她背的东西抢过去全部背在自己的肩上。接着，她又叫来管理科长，两人用胳膊架着张文，继续往上爬。张文不断提醒自己：无论如何必须坚持，绝不能倒下！因为如果这时停下来休息，就再也爬不起来了。她亲眼看见，许多战友就是因为坐下来歇息，结果永远倒在了雪山上。

20世纪90年代，张文与红四方面军老战友合影。从
右至左：原南京军区司令员向守志、王定国、何曼秋、
王新兰、张文　洪炜供图

午后，他们终于到达了雪山顶。这时，山顶狂风大作，天突然下起
了冰雹，接着是鹅毛大雪。排长招呼他们，雪山顶上更不能停留，必须
赶紧下山。战士们踏着厚厚的积雪，几乎是连滚带爬地下了山，身上被
乱石划出一道道血口子也全然不顾。

三次过草地

在长征中，张文曾三次过草地，其艰难情景，令她终生难忘。

1935年6月红一、四方面军懋功会师后，中央军委把两个方面军的
红军队伍重新编序，分成右路军和左路军。张文所在的红四军和红三十
军被编入右路军。1935年8月下旬，右路军在毛泽东主席和周恩来副主席
的率领下北上，开始了第一次过草地。第一次过草地时，红四军是从黑
水、芦花出发，向班佑行进。这里的草地绵延数百里，茫茫无际，渺无
人烟，沼泽遍布。这次过草地由于没有经验，走的时间很长，饿死、淹

死、病死的人很多，红军损失很大。草地行军时，张文还偶遇她的二哥张熙汉。二哥没有忘记父母的托付，在长征路上处处关照她。这次过草地，部队整整走了十多天，才走出去。

1935年9月底，张国焘已下定决心与党中央闹分裂，他下令红四军从班佑折回南下，于是，张文又跟随部队第二次过草地。这次过草地，比第一次还艰苦。经过十多天的艰难跋涉，才走出草地，到达了党坝。

第三次过草地，是在1936年7月1日，红四方面军在甘孜地区与红二、六军团会合，休整一段时间后，红四方面军决定从甘孜出发，进行第二次北上，与先期到达陕北的红一方面军会合。

第三次过草地是另辟新路，更加艰难。过了毛儿盖，就是纵深600余里荒无人烟的松潘草地。松潘草地位于川西北（今阿坝藏族羌族自治州）的红原和若尔盖县境内，这里海拔3000多米，是最典型的沼泽地。放眼望去，只见茫茫的一片汪洋草海。

草地上最缺的除了粮食就是食盐。张文的同乡战友张德英（又名张兰）有一块盐巴，像石块一样坚硬。每次吃饭时，她就拿出来，大家用沾水的筷子在盐块上沾沾，再把筷子放到嘴里嘬嘬。当时的情景让张文终生难忘。

经过八天八夜的顽强跋涉，他们终于走出了神秘莫测、险象环生的草地，踏上了北进甘南的征程。

1936年2月，张文和张大英、张德义三人同时被批准加入中国共产党。

征途结良缘

在长征途中，张文还遇到了自己的终身伴侣。

1936年3月，为迎接红二、六军团，红四军历经千辛万苦，来到川西甘孜地区的瞻化县（今四川新龙县）。瞻化县城是一座只有百十户藏民、依山傍水的小城，这里风景如画，波涛滚滚、奔流不息的雅砻江环绕城南。红四军供给部暂驻于此，女兵班驻地离军首长很近。

5月30日那天，春风和煦，阳光灿烂，雅砻江畔的原野上鲜花盛开。红四军在这里召开运动会。张文带领的女兵班也应邀参加，最后她带着女兵列队登台演唱，她还看着二哥张熙汉参加了武术表演。正是在这次运动会上，这位来自洪口镇的红军女战士给红四军政治部主任洪学智留下了深刻的印象。

会后，经红四军军长王宏坤及其夫人冯明英的介绍，张文与洪学智喜结连理。他们在红四军政治部办公室举行了十分简朴而又热闹的婚礼，从此长征路上又增添了一对新人。他俩共同战斗，白头偕老。

会宁大会师

三过草地之后，张文随部队进入甘南地区，他们冒着敌人的围追堵截和敌机的轰炸而继续前进。红四军在甘南地区同国民党胡宗南等部周旋了一个多月，进行了岷（州）洮（州）西（固）战役，张文所在的供给部随部队行军、打仗、生产，不断转移。紧接着，红四军作为红四方面军的第一纵队奉命从洮州出发，一路作战，攻城略地，于1936年10月8日在甘肃会宁以东的清江驿、界石铺，与红一方

1979年建军节洪学智、张文合影　洪炜供图

面军第一师胜利会师。9日，红四方面军指挥部到达会宁县城，受到红一方面军部队的热烈欢迎。

10月10日，在会宁县城召开了庆祝红一、红四方面军会师大会。张文见证了这伟大的历史性的一幕，只见会宁城内红旗招展，锣鼓喧天，万众欢腾，她激动不已。

红军长征创造了世界军事史上的奇迹，同时红军也为此付出了巨大牺牲。张文后来回忆说："雪山又高又冷，草地一望无边。我们能吃的都在肚子里，能穿的都在身上，无医无药，天天都有战友牺牲……我所在的红四军被服厂共有6个班、100多名女战士，长征走到八里铺时，只剩下两个班。许多老大哥、老大姐都倒在了长征的路上，多数人连名字都没有留下。"

会宁会师不久，红四方面军一部奉命西渡黄河，执行宁夏战役计划。张文所在的女兵班编入妇女独立团，整装待发准备渡河时，突然接到命令就地待命，后被调回红四军供给部。张文随后到达延安，进入延安妇女学校学习。

抗日经烽火

1937年七七事变后，第二次国共合作，红军改编压缩。与张文一起参加长征的二哥张熙汉被组织上动员复员回乡，从延安回到四川通江老家。1938年5月，张文从延安妇女学校毕业后，又被组织安排到抗日军政大学学习护理。一天，张文突然见到了许久不见、曾在延安因许世友案受到牵连现已平反的丈夫洪学智，格外惊喜。后来洪学智在抗大三大队任副大队长，张文在抗大四大队医务所当护士。这年秋天，在延安，张文亲历了日军敌机的多次轰炸，她尽力参与救护伤员。

1939年6月，张文与洪学智的第一个孩子——大女儿洪醒华在延安东北的蟠龙镇出生，在战火中给他们增添一份极大的喜悦，但也带来一份忧愁，因为随时都有可能行军打仗，孩子怎么办？7月，延安抗大总校奉命开赴晋察冀抗日前线，在随部队过同蒲铁路线时，张文夫妇不得不忍痛把女儿留下，寄养在当地老乡家。第二年9月，张文又随洪学智踏上了历时半年多、跨越6个省、穿过敌人5道封锁线、行程2500里的征程，从太行山来到苏北盐城新四军军部。这是她参加抗战以来最艰险的一次转战，被称为"敌后小长征"。她在新四军三师参加抗日游击战争，亲历了反"扫荡"。1945年8月抗战胜利后，张文才在离开家乡整整10年之后第一次与家里通信，不久得知父母早已去世的消息，她十分伤心。1945年夏，她在苏北南窑生下二女儿洪彦，由于要挺进东北，3个月后又不得不将女儿送到老百姓家寄养。

北战又南征

抗日战争胜利后，党中央和中央军委作出重大决策，电令新四军三师奔赴东北，开辟新的革命根据地。1945年10月，张文又带着两个孩子洪虎、洪豹随时任新四军三师副师长兼参谋长的洪学智离开苏北，挺进东北，一路艰难前行。

这时东北地区匪患严重，洪学智忙着在黑河地区组织指挥剿匪。剿匪任务完成后，洪学智出任东北民主联军（东北野战军）第六纵队司令员。张文在绥化六纵后勤基地工作，任六纵家属学校副校长，全身心地投入家属学校的工作，曾荣立三等功一次。她亲历了辽沈战役和平津战役，1949年1月，带着孩子随军进驻北平。刚过春节，她又随部队奉命南下，11月到达广州，奉命筹建十五兵团幼儿园（洪学智时任十五兵团第一副司令员兼参谋长），担任幼儿园主任。在南下转移过程中，张文曾两次遇险，遭到土匪袭击和敌机轰炸。

值得欣慰的是，在南下途中，张文在淮阴乡下找到了送人寄养3年多的女儿洪彦。临走时，洪彦的养父母很舍不得，哭得十分伤心，张文也泪流满面，对他们感激不尽。两年后，张文费尽周折，又在山西找到寄养12年的大女儿洪醒华，对其养父母千恩万谢。

两度遭劫难

1950年6月，朝鲜战争爆发，时任第十五兵团第一副司令员兼参谋长的洪学智随即参加了抗美援朝战争。张文带着孩子离开广州北上去沈阳工作，被任命为志愿军后方留守处幼儿园主任，在那里一干就是4年。直到抗美援朝胜利后的1954年，洪学智回国担任总后勤部副部长兼参谋长，他们全家迁往北京，至此张文与洪学智结婚18年来才有了一个安定的家。1955年，洪学智被授予上将军衔。1957年，张文荣获三级八一勋章、三级独立自由勋章和三级解放勋章。1958年被调到中央广播事业局任机要秘书。

天有不测风云。1959年后，这对出生入死、久经考验的老红军战士，又一起遭受了两度磨难：一次是在庐山会议后不久，洪学智被错误地定为"彭德怀军事俱乐部"成员，全家遭受牵连下放吉林；另一次是在"文化大革命"中再遭劫难，洪学智被打成所谓"三反分子""吉林省最大的走资派"而惨遭批斗，张文也被打成"假党员""现行反革命"受到株连关押，在精神上和肉体上备受折磨。面对逆境，张文、洪学智这对革命伴侣始终保持革命斗志，他们"相信历史会做出正确的结论"，坚强地挺了过来。

继续新长征

1977年8月，在党的十一届一中全会上，洪学智当选为中央军委委员。在经历了近18年的艰难坎坷、荣辱沉浮之后，洪学智和张文从吉林又回到了北京。洪学智被任命为国务院国防工业办公室主任，张文也担任了解放军三〇四医院的顾问，这对"长征夫妻"又重新穿上了军装，开始了新的长征。年近六旬的张文满腔热情地投入新的工作。

1981年，张文被聘为中国儿童少年基金会理事。从此，她积极热心为少年儿童工作奔忙，到处宣传，募集资金，不遗余力，动员大家为"3亿儿童出点力"。她的热心肠，感动了北京军区司令员秦基伟上将。秦基伟说："张文同志为全国少年儿童做好事，这是应该支持的。"随后北京军区向中国儿童少年基金会资助了两万元。张文担任了20多年的中国儿童少年基金会理事，在康克清、陈慕华、顾秀莲等历任会长的领导下，尽心尽力，做出了十分出色的成绩，康克清会长曾向她颁发过该基金会的荣誉奖章。

张文演出照　洪炜供图

张文还是全军较早的幼教工作者之一，对幼儿教育有着特殊的感情，做出了重要贡献。在她的关心支持下，总后系统的幼儿园连续数年被评为驻地、全军、全国的幼教先进单位。

1983年张文离休以后，继续发挥余热。她很快发起组织了总后勤部第一支老战士歌咏队，并担任顾问。1984年该歌咏队改名为总后老战士合唱团，后又改名为总后业余艺术团。张文在这个艺术团里，首先是充当"后勤部长"和"管理科长"，其次是充当核心队员，经常在大合唱中担任领唱，一直到80岁还登台演出。

张文特别关心教育，曾把自己积攒的12万元用于资助家乡洪口镇中心小学建设多媒体计算机教室。

1995年，在张文的提议下，他们全家人在北京大学选定了来自湖北、四川、山东等革命老区的8位特困生，每月向每人资助人民币100元，一直供到他们大学毕业。逢年过节她和洪学智还把这些学生请到家里聚餐，了解他们的学习和生活情况，鼓励他们德智体美全面发展，教育他们要继承革命传统，努力学习，立志成才。此后，张文一家又陆续资助了一些贫困学生，包括身边工作人员的孩子。

2006年11月洪学智同志逝世后，留下600多件遗物。张文把这些弥足珍贵的物品，包括一级革命文物31件、二级革命文物51件，全部无偿捐赠给了安徽省金寨县革命博物馆。

参加红军和长征，是张文刻骨铭心的人生经历。2005年，张文所著《我的红军之路》一书由解放军出版社出版，成为一段宝贵的历史见证。2019年7月，中共中央军委原副主席迟浩田为老红军张文百岁华诞撰赠贺联："开国上将贤内助，巾帼精英真豪杰。"

老红军张文年过百岁时，依然身体健康、耳聪目明、思维敏捷，依旧保持

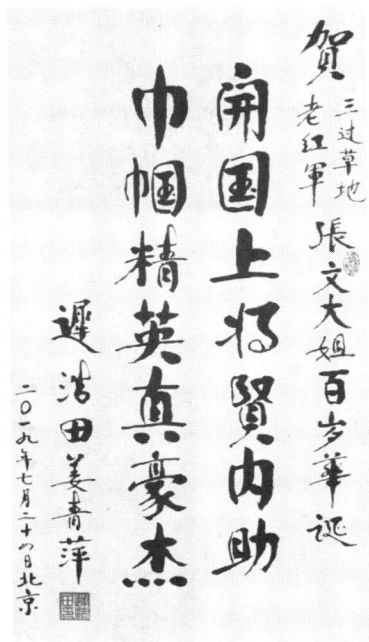

洪炜供图

着军人的本色。她十分关心国家和军队的发展，特别是军队后勤领域的变化。她注重弘扬勤俭建军的优良传统，痛斥军队出现的腐败现象。她在接受《解放军报》记者采访时曾经说："要确保军队花过的每笔钱，都不负党和人民的信赖，经得住历史的检验！"

直到生命最后一刻，老红军张文党龄86年。作为一名身经百战、历尽坎坷的老红军战士、老党员，张文始终保持红军本色，时刻发扬长征精神，一生永远走在长征路上。

2018年8月，本书主编王友平与老红军张文（左二）及其长子洪虎（左一）和女儿洪炜（右一）在北京合影　洪炜供图

2019年7月24日，老红军张文百岁生日留影　洪炜供图

张 苏："要是有下辈子，我还当红军"

李 馨*

人物简介

张苏（1921—2007），原名张德义，曾用名张甦，四川通江人，开国少将李定灼的夫人。1933年1月参加红军，被编入红四方面军第四军。1933年4月参加中国共产主义青年团，1936年1月加入中国共产党。土地革命战争时期，历任红四军政治部宣传员、新剧团团员，参加了红四方面军粉碎"六路围攻"和"川陕会剿"战役。1935年春随红四方面军参加长征。抗日战争时期，历任延安中央教育部图书员、陕甘宁边区师范学校党支部书记、陕北安定县妇女部长、八路军一二九师三八五旅政治部青年组织干事、冀南

---

*本文作者系张苏之女。

八分区总支书记等。解放战争时期曾任冀南军区司令部政治协理员、五十八军一七三师政治部直工科长。新中国成立后，历任河南军区政治部直政处副主任、河南省人民委员会办公厅党委书记、武汉军区陆军一六一医院政委、武汉军区总医院副政委等职。1955年被授予中校军衔，同年荣获三级八一勋章、三级独立自由勋章、三级解放勋章。1983年3月离休。1988年荣获二级红星功勋荣誉章。2005年荣获"中国人民抗日战争胜利60周年纪念章"。2007年6月病逝于武汉。

我的母亲张苏，1921年6月出生在四川省云阳县（今属重庆市），后迁居四川通江县洪口场（今洪口镇）。她自幼从戎，为中国人民的革命和建设事业贡献了一生。

"我也要当红军"

我的外祖父张茂顺在大革命时期就参加了中国共产党。他以行医做掩护，在四川通江、宣汉和湖北老河口一带负责党的地下联络工作。我二姨张德知和三舅张德艮都是中共地下党员，协助外祖父一起做准备迎接红军进川的工作。母亲是家中的老幺，9岁时便担任了少共儿童团长。

1932年12月，红四方面军打到通江，王宏坤率领红军十师进驻洪口场。红军打土豪，分田地，深受群众拥护，穷人踊跃参加红军。看到哥哥姐姐们都当了红军，母亲急了，"我也要当红军！"母亲跑到扩红站大声喊着。"小鬼，你太小，当红军要勇敢，要杀敌人，你行吗？""我行，只要是坏蛋，我就敢杀。"母亲痛恨土匪，她曾亲眼看见土匪把她四姐逼下断崖活活摔死。随后，红军公审判处了一些土匪死刑，母亲直接参与了对土匪婆的行刑，表现出英勇的气概。经受了考验的母亲终于当上了红军，当时她还不满12岁。

1933年1月，母亲在红四军新剧团里当宣传员。在反刘湘"六路围攻"战役中，为瓦解敌军，她们经常到前沿阵地用竹筒当喇叭向敌人展开政治宣传。很多白军士兵听了宣传，拖着枪跑到红军阵地上来参加红军。

有天晚上，剧团在前沿阵地上演出，敌军阵地上突然响起零乱的枪声。母亲突然觉得右腿一麻，敌人打过来的一颗流弹击中了她。她打了一个趔趄，迅速撤下阵地。她用手一摸，子弹头还有半截露在外面。母亲咬紧牙，使劲拔出弹头，鲜血涌了出来，疼痛钻心。她强忍着剧痛包好伤口，什么也没说，继续和同志们一起行动。

懋功会师，姐妹相逢

1935年春，13岁的母亲随红四方面军参加长征。在长征路上，宣传队始终活跃在行军的队伍中。每到一地要设鼓动站组织演讲，教唱歌曲，宣传抗日，检查部队遵守群众纪律的情况。大部队行军时，宣传队就当收容队。母亲个子不高，但经常身上背着两杆枪，一边架着体弱的同志行军，一边还放声唱着歌，鼓舞战友们前进。

6月，部队到达懋功，与红一方面军第一次会师。新剧团和一方面军的剧团进行了联欢演出。大家一块儿唱啊、跳啊，感受着战友间的深情。

这一天剧团刚演出完，一个战友叫了起来："快看，咱们妇女独立团开过来了。"这是她们最羡慕的队伍，是女红军的骄傲。母亲连忙挤进人群里，她一眼看见背着驳壳枪的二姐张德知走在行进的队伍里面，立即大声地喊起来："二姐，二姐，是我，我在这。"母亲举着手，使劲往上跳着。我二姨看见母亲，便大步向她走来。母亲高兴地流着泪，一头扑进我二姨的怀里。二姨抱起我母亲原地转了两圈，捧起母亲的脸看了半天，说："幺妹，你还活着，你还好吗？"母亲使劲点点头："我很好，二姐，你见过哥哥们吗？"二姨在妇女独立团当连长，经常和其他部队配合作战。"大哥前年受伤后留在地方苏维埃政府工作，长征前我见过他。二哥当团长了，过雪山时我们见过。三哥牺牲了。"母亲哇的一声哭了出来。"幺妹，莫哭，干革命就会流血牺牲。我们要多杀白狗子为三哥报仇。""嗯，我一定多杀白狗子为三哥报仇。"二姨用手帮母亲擦去眼泪，从包里掏出一截铅笔塞到母亲手里，又摸出一个烤山药递给母亲："幺妹，要好好学写字，多吃点长个子。长大到我们连，姐姐教你打仗。""好，一言为定。"二姨拍拍母亲的肩膀，转身赶部队去了。看着二姨远去的身影，母亲使劲喊着："二姐，我一定去妇女独立团找你。"没想到，这竟是她们姐妹一生中的最后一次见面。我二姨后来参加红军西路军西征，牺牲在祁连山上。

离开懋功，红军向草地进发。途中母亲一吃牛羊肉就上吐下泻，全身浮肿，病倒了。战友们万分焦急，找来了随军的通司（藏语翻译），通司找到一位藏族医生为母亲看病。医生到附近荒原上扯回几十种药草，把它们放进大锅熬成汤水，倒进大木桶里，然后把母亲泡在药汤里，一泡就是大半天。这样治疗了将近一周，母亲的过敏症终于治好了，才得以顺利地走出草地

后来，母亲随部队继续前进。在1935年夏天第一次过雪山时，母亲用毛巾包好了脸，和战友们一起向山顶进发。越向上走，空气越稀薄，呼吸越困难。到山顶时，大家感到头像炸开一样痛，胸闷气短，恶心欲吐。这时走在前面的曾广澜阿姨步子趔趄，嘴唇发紫，身体往下倒。母

亲见状连忙赶上前去，一边大口喘着气，一边推着她往山口走去。曾阿姨几次都差点坐下去，母亲也感到浑身发软，连忙招呼两位战友帮忙拉着曾阿姨，自己一头顶在她的后腰上，这样连顶带拉，用力把曾阿姨推过山口。从山顶到山口只一百多米远，路不算长，但走起来却那么艰难。

一过山口，一股清新的空气扑面而来。战士们走一段，溜一段，很快就下到了山底。山下是一片雪松林，林子里没有雪，前面过去的部队生了许多堆篝火，战士们在松林里唱起了歌。新剧团的战士们全部顺利地翻过了雪山。

长征路上的"咪咪班长"

1935年9月，新剧团跟着右路军部队第二次过草地。母亲被调到供给部缝纫班当二班班长，并负责青年团的工作。大家看她年纪小，都亲切地喊她"咪咪班长"。咪咪就是小不点的代名词。母亲很活跃，总是唱着歌走在行军路上，她最爱唱《当兵就要当红军》《八月桂花遍地开》《草地打骑兵》。战友们都爱听她唱歌，歌声让他们忘记了疲劳，更坚定地走在长征路上。

翻党岭山时已是冬季，红军长途跋涉给养不足，战斗伤亡很大。母亲患了雪盲症，只觉得眼睛很痛，肿得睁不开，什么也看不见。她坚持摸索着行军，却不断摔跤。在雪山行军，一旦摔倒就很可能长眠在雪山上。同行的张兰和张文（张熙泽）阿姨连忙扶起母亲，急声问她："幺妹，你怎么啦？""我的眼睛什么也看不见了。"母亲用双手不停地揉着眼睛，焦急地哽咽着。张兰阿姨用一块黑布替母亲包扎眼睛，安慰道："这是雪盲眼，下雪山就会好。"张文阿姨也说："我们做你的拐杖，咱们一起翻过雪山去，我们还要革命到底呢。"就这样，母亲在姐妹们的搀扶下，走了三天，终于翻过了党岭山。

第三次过草地条件最艰苦，粮食匮乏。走了半个月，全班断粮，背篓上的皮条带也煮着吃了。望着漫无边际的水草地，真让人犯愁。母亲从怀里翻出一个小布袋，里面装着一把青稞麦，这是她每天从自己口粮中省下来，准备留着最困难时用的。她把麦子递给还不是团员的费习英，说："只有这一点，你吃了吧。"小费捧起麦子闻了闻，又递给另一名战友。麦子从一个人手里传到另一个人手里，大家看着瘦弱的咪咪班长，谁也不肯吃一粒，麦子又原封不动地传回到母亲的手中。大家扯了许多野韭菜，架在火上煮，野菜煮烂时，母亲把那把麦子撒进了汤里。女红军们用野菜充饥，凭着坚强的革命意志走出了草地，但是有许多战友都长眠在草地的沼泽中了。1936年1月，在长征路上，不满15岁的母亲光荣地加入了中国共产党。

1936年10月，红四方面军的一部分到达甘肃会宁，与陈赓带领的红一方面军的一部分第二次会合了。母亲被调回红四军政治部工作。从会宁向陕西行进的途中，红四军担任后卫，每天与胡宗南的围截部队战斗。天上飞机飞得很低，飞过红军队伍时就扔炸弹。有一天，炸弹在母亲的身边爆炸，气浪掀起的土块把她们埋了起来。战友们奋不顾身地把母亲从土中挖了出来，走在母亲身边的两位战友都不幸中弹牺牲，母亲也负了伤，一块弹片嵌进了她左侧下颌部。战友们替她包扎好伤口，又随部队继续前进。不久，母亲参加了著名的山城堡战役，部队向西宁进发，准备与张学良的部队结成统一战线。

给左权当联络员

1936年10月，红一、红二、红四方面军三大主力在甘肃会宁、宁夏将台堡胜利会师。为了加强各部队与党中央的联系，党中央从各部队抽调了一批战斗骨干担任联络员，负责完成分散在陕甘宁边区各地区部队与延安之间的联络工作。当时已担任连指导员的母亲被派到驻扎在甘肃环县的红一军团，给代军团长左权同志当联络员。

左权同志第一次见到身材瘦小的母亲，十分诧异，他上下左右地打量着这个从延安来的小联络员，问她："小鬼，你和谁一起来的呀？"母亲被问得一头雾水，"报告首长，就我一个人来的。""啊？你一个人从延安来的？""是。""那你有没有一个人完成过任务呀？""报告首长，我经常独立完成任务。"左权又一次仔细打量了一下眼前的女战士，问："你一个人走到延安要多久？""一般三天能到，如果是紧急任务，保证两天走到。""是吗？这么快呀。""首长不信，你可以问我们王军长，要不我走给你看。"左权一看母亲急了，笑着说："小鬼，不是不信，我是要了解一下情况，才好给你派任务呀。"母亲松了口气。当时红军经历完长征，物资匮乏，军首长都没有马骑，唯一的交通工具就是长在身上的两条腿。

那时红军的部队被国民党军队分割在不同的地区，为了保密，所有的联络信息都是口头传递，不写文字。每次有任务，左权同志就把母亲叫到他面前，把任务口述一遍，母亲复述一遍，出发之前左权同志还要听母亲再复述一遍，他觉得没有问题了，母亲就可以出发了。当时从红一军团驻地到延安的直线距离约200里地，途中有许多山，还要穿过敌占区。母亲利用个子小、目标小的优势，每天能走100里地，情况紧急时，她每天要走120里。那时山里经常有野兽出没，她尽量不走夜路。

有一次通过敌人据点时遇到戒严，耽误了行程，母亲不得不晚上赶夜路。在穿过一片山林时碰到了狼，她当时十分紧张，因在敌占区，开枪会暴露目标。情急之下她迅速爬上一棵大树，那只狼在树下绕圈，不时仰头叫一声，盯着树上的母亲不走，这样僵持了很久。正当母亲束手无策时，住在山上的一家猎户听到狼叫，兄弟两人带着火铳，跑来抓狼，结果救了母亲。他们把她带到家里，把腌好了的野猪肉煮给她吃。母亲把身上带的一块银圆留给猎户，猎户十分感激，把一只腌好的野猪腿送给了母亲。母亲回到驻地，让炊事班把腌猪腿做给首长吃。左权是湖南人，十分喜欢吃腌肉类，他已经很久没有吃到家乡的菜了。那天开饭时，他看着锅里的食物很奇怪，忙问："怎么会有这么好吃的东西呀？""是我从老乡那里买的。"左权赞许地点着头，招呼周围的人快点上来打牙祭。母亲看到大家能吃到可口的菜，开心地笑了。

延安求学

1937年3月，党组织送母亲到延安学习。在延安总政治部，母亲见到总政治部副主任谭政和他的夫人王长德。谭政说："小张，你要先学习文化，补习了文化课再上抗大，要学会文武双全。""是。我听从组织安排。"第二天，王长德为母亲和任良宵两位女战士写了介绍信，让她们到中央教育部去报到。当时的中央教育部设在延安城的东门，她们俩手拉手，一路小跑来到中央教育部。教育部的门上挂着竹帘子，她们站在竹帘外大喊一声："报告！"话音刚落，竹帘后面传出了一句浓重的湖南口音："进来。"紧接着竹帘掀了起来，一位身材高大的首长和一位留着长胡子的首长出现在眼前，母亲和战友连忙立正敬礼，当时心里十分紧张，举着手只知道敬礼，也不知道把手放下来。首长把她们让进屋里，高个子首长满脸微笑，慈祥地说："小鬼，累了吧？看你们跑得满头大汗。"他边说边拿出毛巾为她们擦汗。留着长胡子的老首长指着高个子首长说："这位就是毛泽东。"母亲愣住了，心里一阵惊喜，眼前的首长就是毛主席！"毛主席，您好！"主席一边帮她解下背包，一边又问道："小鬼，你们来干什么呀？""报告毛主席，我们是来参加新文字学习班的。""好哇，我来给你们介绍一位好老师，他是徐特立同志，是教育部的徐部长，你们可要好好向他学习哟。""是！我们一定努力学习。"当主席得知她们是政治部的宣传员时，又问道："你们会唱三大纪律歌吗？""报告毛主席，我们会唱。"毛主席很有兴致地用手打着拍子，指挥她们唱起了《三大纪律八项注意》歌。

在新文字学习班里，她们经常听徐特立老师讲课，他从辛亥革命讲到北伐战争，从红军反围剿讲到长征北上抗日。在学习班的两个月里，母亲不仅学会了新文字，还学会了许多革命道理。

1937年8月，母亲被送进延安抗日军政大学，参加第三期学习并担任区队长。1938年秋天，母亲以优异的成绩从抗大毕业，她和许多同志一起随何长工率领的先遣支队到敌后去开展抗日工作。1939初，先遣支队到达了山西古潭，一部分人随何长工去山东办学，一部分人被分配去八路军一二九师。

有勇有谋女干部

母亲赶到一二九师师部报到，被分配到青年部当干事。过了不久，母亲被调到一二九师冀南平原部队去当青年干事。

当时女同志要在野战部队工作，除了要有勇气外，还要精通军事，具备指挥作战的能力。母亲刚到骑兵部队，就随部队从太行山根据地出发，要穿越铁路插到华北平原上去作战。母亲和骑兵团一块行动。骑兵团里有个排长很牛气，他瞧不起母亲，故意分配一匹性子很烈的马给母亲骑，一路上部队昼夜行军，很快穿过了铁路，到了一个叫青风的村子驻扎下来。母亲一到驻地，马上开展宣传工作，发动群众，宣传抗日，教唱抗日歌曲。那个排长故意大声说："叫上青年干事一块儿去遛遛马。"母亲说："昨夜走了一夜，让马休息一下。你们也先唱唱歌，休息一下再说。""哼，师里来的人真老大，高高在上，不敢遛马。""现在我有工作，找个机会再去遛马吧。"

过了一天，母亲和战士们一块儿到村外遛马。那位排长立刻盯上了母亲，提出要和她赛马，母亲应战了。很多战士挤在村边看热闹。比赛一开始，两匹马齐头并进，渐渐地母亲的马跑在了前面。突然，前面出现了一道深沟，母亲一紧缰绳，战马腾空越过了土沟。排长的坐骑在沟边停了下来，结果自然他输了。那位排长很不服气，又提出要比打枪。他拔出腰间的驳壳枪，问母亲敢不敢打，母亲爽快应战。于是他们每人三发子弹，排长先打，目标是一棵小树。排长三枪都打中了目标。母亲接过手枪向小树打去，每发子弹都落在了排长击中的地方，观战的战士们欢呼起来。师政治部的杜干事走过来，拍着那位排长的肩膀说："小伙子，你想整她可整不了。""她不就是个抗大的学生吗？""抗大的学生中也有老革命哟，她参加过长征，打过枪，可不是一般人物哟。"排长的脸红了。围观的战士们向母亲投去敬慕的目光。

1943年7月，为了保存干部，准备大反攻，党中央从敌后调集了一大批干部回延安学习。

母亲在冀南二分区接到命令后，走了四天连夜赶到一二九师师部报到。刘伯承师长告诉母亲说："小张啊，师里决定调你和爱人一起去延安学习。这次回延安学习，机会难得呀，你考虑过把儿子新华带回延安吗？不然你可要后悔的。"汪荣华阿姨也说："我准备带太行（即刘太行）一起走。"我大哥新华1940年出生后，一直在老乡家寄养，那个村子离师部很远，怎么能带走呢？刘师长早就猜透了母亲的心事，安慰说："你放心，新华很好，我已经发电报派人去接他了，估计这两天就能送过来，你就安心等吧。"母亲一听高兴地笑了起来。她真想儿子，恨不得立即见到他！过了两天，交通站的同志把三岁的新华送到了师部。母亲一把搂住心爱的儿子，孩子也咯咯地笑了起来。

干部集结以后开始向太行二分区行进。当时新四军也来了不少干部，其中胡敏和梁佩珍两位女干部刚生完孩子还没满月，不能和大部队一起夜行军。她们对华北的情况不熟悉，单独行动很危险，组织上决定让母亲留下和她们一块走，负责把她们带到陕北去。

敌人的秋季大扫荡就要开始了。大部队走后，她们三人的处境十分危险。因为她们都带着孩子，又都是南方人，只要一开口说话就有被抓的危险，只能白天行动。于是她们三人化装成老百姓，抱着孩子，拉开距离在田间行走。她们利用青纱帐作掩护，赶了不少路。每到一地母亲就与当地的地方抗日政府取得联系，请民兵当向导，有时还能弄到牲口骑一段路。她们走出了太行山，到了山西太原附近，正准备过同蒲路，不巧碰上了敌人的大扫荡。向导机警地把她们藏到了一个修道院，那里的嬷嬷们都拥护八路军。在修道院一躲就是7天，直到敌人全部撤走后，她们才又上路。过了同蒲路，行动就更加小心，为了避免和敌人遭遇，她们分开行动。母亲抱着孩子在前面探路，约好会合地点，她们俩结伴在后。母亲走出半个时辰没动静，她们再接着走。遇到有岔路口，母亲就把新华放在路边，继续向前探路。胡敏和梁佩珍看见新华，就将他抱起。新华指出母亲行动的方向，她们再往前走。就这样走走停停地赶了两个多月的路，她们才渡过了汾河，到了八路军的活动区。母亲顺利地完成任务，把两位战友带到了目的地。

重回延安的日子

我父亲李定灼已和大部队先期到达延安，父母亲一起住进党校。在报到时他们见到了许多老战友，很多是红军时期的战友，还有一部分国统区来的干部。他们在党校经常听毛主席讲课。学员们一边学习政治理论，一边生产自救，开荒种地、纺线。我的父母都能劳动，白天听课，晚上纺线。他们纺的线送到供销社去总是一等品，可以换回不少生活用品。他们经常把劳动所获分送给体弱多病的战友，帮助他们渡过难关。

抗日战争时期的张苏（左一持勃朗宁手枪者） 拍摄于1945年河北冀南八分区

在党中央"自力更生、丰衣足食"的方针指导下，驰骋沙场的抗战英雄们都成了延河边上的劳动能手。

1944年，母亲在延安生了女儿小平，由于营养不足，一点奶水也没有，只好熬米汤喂女儿。小平吃不饱，整夜哭闹不停，吵得母亲不能休息，身体越来越消瘦。一天下午，母亲从党校礼堂开完会出来，刚巧碰到了正在散步的毛主席。毛主席一眼认出了母亲，吃惊地问道："小张，几天不见你怎么瘦成这个样子？脸色也不好看，比从华北回来时差多喽。"母亲告诉主席，是因为孩子缺奶吃闹得没法才熬瘦的。主席听了母亲的话，难过地说："我们没照顾好从前线回来的同志哟。小张，别着急，我来想想办法。"第二天一清早，总务处长苗化民同志给母亲送来了一磅牛奶。他告诉母亲，牛奶是中央首长从自己的供应中省出来的，专门指示每天送来一磅。这真是雪中送炭呀！母亲捧着牛奶，激动得热泪盈眶。毛主席日理万机，可对一个普通干部的家事却这么尽心……母亲心想自己只有努力革命，才对得起首长对自己的关心和照顾。小平吃饱了牛奶，格外听话，窑洞里再也听不到她的啼哭声了。

1945年，大反攻的时机到了，在延安休整了两年的干部们整装待发。母亲把孩子送进了延安保育院，和战友们一起告别宝塔山，重返抗日前线。这一年的8月15日，在华横行十四年的日本鬼子投降了，中国人民取得了抗日战争的伟大胜利。

生命不息，战斗不止

在解放战争的岁月里，母亲一直在战斗部队里工作。她随部队一起进山剿匪，在新解放的城市中协助地方政府肃清反革命，清剿潜伏特务，每次都出色地完成了任务。

1958年母亲被调到河南省人民委员会担任办公厅的党委书记，重点负责修建三门峡水库的外国专家们的生活和安全保障工作。1960年母亲重新调回部队工作，先后担任武汉军区陆军一六一医院政委和武汉军区总医院副政委，为部队医院建设做了大量工作。

红军老姐妹们1978年于北京合影。后排左一张苏、左二权卫华、左四苏风（陶万荣）。前排右一林月琴、右二何连芝、右三王定国。　李馨供图

1983年组织上安排母亲离休。但离休后的她并没有停止工作，经常参加社会活动，到部队为年轻的一代讲传统，讲战斗故事。她还到劳改农场看望失足的青少年，鼓励他们痛改前非，重新做人。母亲经常教育我们要热爱祖国，热爱人民，努力学习，为人民服务。她常对我们说："一个人不要光让别人照顾，应该尽量去照顾别人。""只要你努力去做，天下就没有办不到的事。只要不断地去克服困难，这一生就没有白活。""要是有下辈子，我还当红军。"

张明秀：投身革命的大家闺秀

马 睿

张明秀（1918—2011），四川昭化（今广元市昭化区）人，中国无产阶级革命家、军事家罗炳辉的夫人。1935年2月参加红军，先后在红四方面军妇女部、总供给部被服厂、卫生部的一个附属医院工作，曾担任妇女排长，随红四方面军长征到延安。1937年3月加入中国共产党，同年4月任陕北云岩镇妇女干部学校党支部书记兼一连指导员。后进入抗日军政大学学习。1938年2月，调到八路军驻武汉办事处和中共中央长江局工作。1938年底，调任新四军军部教导队女生一队政治指导员。1939年夏，随新四军五支队开辟淮南抗日根据地，参与领导了半塔保卫战。1943年春，调任新四军二师司令部政治协理员。抗战胜利后，先后任华东军区政治部协理员、军区通

讯学校三大队教导员等职。新中国成立后，历任华东军政委员会卫生部人事处副处长、华东干部子弟学校新华小学校长、上海市教育局人事室主任、上海第二医学院附属广慈医院党委书记、上海第二医学院党委副书记兼纪检书记等职，为卫生教育事业做出了突出贡献。1983年12月离休。2011年6月13日，因病在上海逝世。

"倔小姐"参加红军

1918年2月6日，张明秀出生在四川昭化县虎跳驿镇南斗坝（今广元市昭化区虎跳镇南斗村）一个地主家庭，父亲是个开明地主，父母都读过几年私塾。母亲是剑阁县富人家的独生女，嫁到张家时，带来了丰厚的嫁妆，仅送亲队伍就排了一里多长，所以家中生活一直无忧。张明秀是家里的第三个女孩。据说她的母亲在分娩前夕，梦见一只燕子绕梁飞舞，家人认为这是个好兆头，给她取名为燕平，昵称"燕娃儿"，直到进了学堂才改名为张明秀。

虎跳驿镇建立了女子小学后，张明秀转入该校念书。她聪明机敏，仅用三年时间便读完了五年的课程。在这期间，虎跳女校的共产党员黄老师经常给学生讲解时事和当时中国的弊政、讲俄国革命的故事，对张明秀影响很大，使她萌发了对革命的向往。她意志坚强，性格刚烈，幼时是家乡有名的"倔小姐"。

1935年春，革命风暴席卷嘉陵江畔，红四方面军占领了剑阁县的重镇木马寺。"为穷人打天下的红军来了！"青年们掀起了参加红军的热潮。

17岁的张明秀也要去当红军。那时她父亲刚去世不久，母亲坚决反对，她只好告诉母亲自己想去木马寺苏维埃群众大会看热闹。母亲让她带上比她小两岁的妹妹张明莲一同去。于是她带着15岁的妹妹，走了80里路，来到了木马寺。她们看见许多红军，他们头戴有五角星的八角帽，身穿灰色军服，腰扎皮带，打着绑腿，精神抖擞，几个红军女战士正在教乡亲们唱歌。

姐妹俩都被高涨的革命热情所感染，她们找到苏维埃政府报名参加红军。当扩红负责人得知她家是地主时，便问她："你家是地主，为啥还要参加革命？"张明秀急了，说："你们可以革命，我为啥子不可以革命？地主的女儿也要参加革命。"那位负责人觉得她说得对，但又做不了主，便叫她去找当时的川陕苏维埃政府主席熊国炳。熊国炳见姐妹俩态度坚决，便答应了她们的要求。于是，张明秀和妹妹成为红军女战士。

长征途中的年轻"老干部"

参军之后，张明秀作战勇敢，工作出色，很快就当了妇女排长。

1935年5月的一天，张明秀姐妹俩随红四方面军参加长征不久，他们在行军途中遇到一条夹带着冰块的水流湍急的河流，一下子挡住了去路，国民党军队却在后面追来。情况万分紧急，哪怕有危险也必须过河。战士们一个一个向对岸走去，张明秀也拉着妹妹下了河。不想河水冰冷刺骨，河底高低不平，脚底一滑，姐妹俩双双被河水卷走。当张明秀慢慢苏醒过来的时候，发现自己躺在简陋低矮的茅草房里，身旁有两位女战士，她们告诉她妹妹已经牺牲了。张明秀抱着妹妹的背包撕心裂肺地痛哭，但在悲痛和内疚之外她也更加坚定了革命意志。失去妹妹并没有动摇她的革命信仰，她擦干眼泪，跟随部队继续前进。

张明秀随部队长征，三过雪山草地，历经千辛万苦。翻越海拔4000多米的夹金山时十分艰苦，越往上爬，山势越陡，积雪越深，空气越稀薄。就在到达山顶时，张明秀一个跟跄跌下山崖，幸被一丛荆棘挂了一下，跌入悬崖边一个不大的平台。她挣扎着想爬起来，突然看见二三米远处有一位战士蹲在那里，她大喊寻求帮助，却无人回应。她费劲爬过去，才发现那位战士已经牺牲了。战友们找到她后，将绑腿连接起来放了下去，才将多处负伤的张明秀拖上山顶。

翻过山后，卫生队整队点名，发现少了许多伤员。可回去找是很危险的。张明秀主动要求带着几名卫生员翻回雪山去找。他们拖着疲惫的身躯又一次登上雪山。最后，张明秀与同志们发现了七个奄奄一息的伤员和一个小战士。他们搀扶着这些人向前走，可没走多远就有三个伤员停止了呼吸。那个小战士咽气前还冲着张明秀说："大姐，你们一定要革命到底呀。"

过草地时，当敌机来临或远远看见敌人骑兵时，张明秀总是和其他护理人员一起，急急忙忙地拉着这个又拖着那个，踩着一高一低的水洼地，迅速往芦苇里隐藏。为了抢救战友，她不怕滚得满身是又脏又臭的污泥浊水，也不管自己身上打了多少血泡……

1936年10月，张明秀跟着红四方面军到达甘肃会宁，三大主力红军会师。这时18岁的张明秀已经是"老干部"了。

周恩来的地下交通员

张明秀到达陕北延安后，1937年3月加入了中国共产党，后被分配到宜川云岩镇妇女干部学校任党支部书记兼一连指导员。后来又经何长工批准进入延安抗日军政大学第三期学习。

恰在这时，红军著名战将罗炳辉也来到抗大，同张明秀在一起学习，一起听报告，两人由相识到相知，彼此产生了爱慕之情，于1937年9月结婚。事先，规矩的罗炳辉郑重地向毛泽东主席打了个结婚报告，毛泽东亲笔批示："同意罗炳辉和张明秀同志结婚，并祝永远幸福。"

婚后不久，罗炳辉以八路军副参谋长的身份到八路军驻武汉办事处协助周恩来、叶剑英做军事统战工作。1938年2月，张明秀也调到八路军驻武汉办事处和中共中央长江局，在周恩来、董必武等的直接领导下，从事机密文件的收发传递兼地下交通员工作。一天傍晚，周恩来交给张明秀一项紧急任务：连夜找到并通知几位同志在拂晓前转移，能烧的文件烧掉，不能烧的立即送到办事处来；外地同志能返回的返回，不能返回的立即搬到办事处。张明秀机警地在武汉三镇奔走了一整夜，圆满地完成了任务，受到周恩来的称赞，说她"不愧是一名出色的地下交通员"。

患难与共的伉俪深情

1939年4月19日，罗炳辉奉命从苏南返回新四军军部。在云岭，军长叶挺为罗炳辉和张明秀拍摄了一张具有历史意义的照片。照片中，身材魁梧的罗炳辉英气勃勃，全副武装，席地盘腿而坐，脸上溢满笑意。坐在右侧的张明秀一身戎装，紧

1939年，罗炳辉与张明秀在安徽庐江新四军江北指挥部合影　罗鲁安供图

287

1946年6月5日，罗炳辉（右一）和张明秀（左一）在山东临沂与家人合影 罗鲁安（左二）供图

扣着风纪扣，打着绑腿，两腿并拢，双手抱膝，军帽下露出乌黑的齐耳短发，一脸灿烂的笑容。这年，张明秀21岁，罗炳辉42岁。

1946年4月，罗炳辉被中央军委任命为新四军第二副军长兼山东军区副司令员。此时，已是国民党反动派发动大规模内战的前夕，罗炳辉不顾重病在身，仍然亲临前线部署作战。1946年6月9日，枣庄解放的当晚，罗炳辉在主持高级干部会议时发病昏倒。6月21日，罗炳辉病情恶化逝世，终年49岁。张明秀悲痛欲绝，抱着丈夫的棺木痛哭。

陈毅曾挥毫写下长诗《悼罗炳辉将军》，诗中所言"患难共朝夕，奋斗与君同"正是这对革命夫妻"共在长征路上，同在宝塔山下，并肩新四军中，心向共产主义"的真实写照。罗炳辉将军就是20世纪70年代末拍摄的电影《从奴隶到将军》的主人公的原型。

张　萍：九死一生的红军女排长

马小驹

马小驹

人物简介

张萍（1920—2006），原名张先秀，四川阆中人。1933年参加红军。1936年加入中国共产党。1935年随红四方面军长征，当过妇女独立团排长。到达延安后，曾到中央党校和西北党校学习，历任延安边区医院护士、中央党校护士、中央警卫营南泥湾六中队党支部书记、中央警备团团部收发员、中央军委总政治部招待所管理员等职。解放战争时期，任二十军野战医院第五所副所长、教导团政治处民运股副股长等职。新中国成立后，历任南京市城市建设部基层工作处副处长、江苏省二级疗养院副院长、江苏省中医学院针灸医院副院长等职。

童养媳报名当红军

1933年初的一天上午，川东北阆中县（今阆中市）张家坪村苏维埃政府妇女大会正在进行，几位女红军热情地宣讲革命道理，教唱红军歌曲，动员大家参加红军。到了报名的时候，让众人意外的是，一个稚气未脱的小姑娘挤出人群第一个走到了报名处。只见那位讲话的村苏维埃妇女干部和蔼地问她叫什么名字，小姑娘说："我没有大名，只有小名叫三姐。我要当红军！"

很快，雇农张少中家童养媳报名参军的消息就在村里传开了。三姐兴奋地回到家，却见养母正跟养父打得不可开交。养母哭闹着说："三姐10岁来我们家，才满三年，现在也还是个娃娃。红军要打仗，命都不保，要是她亲爸亲妈跑来找我这个姑妈要人，该咋办嘛？你这个当姑父的就该管住她啊！"见姑父一声不吭，姑妈第二天一早就在家门口扯起了场子，当着苏维埃村干部和左邻右舍的面，打骂三姐，硬逼三姐认错反悔，做出永不离家的保证。懂事的三姐为了不伤姑妈的面子，强忍着泪水屈从了。

晚上，三姐辗转反侧，难以入睡。想起自己生在地主家的牛棚，从祖上到父母，三代都给地主家做雇工，终年辛劳也不能养家糊口。穷苦的生活逼得父母把自己的兄弟姐妹送的送，丢的丢。自己在10岁那年就被送来姑姑家当童养媳，从来都是吃不饱穿不暖。再想到自己第一眼看到的那个女红军，年龄比自己还小，却已在红军队伍里干革命、做大事，过得才像个人样。自己要是不参加红军，这苦日子哪有出头的时候啊？想着想着，鸡叫三遍，她鼓起勇气，假装上山割草喂牛，出了家门就直奔红军驻地。

迅速进步任排长

三妞到了部队就用了报名参军时那位女干部给她起的名字张先秀，当上了川陕省委宣传队队员，很快跟部队离开家乡转战通江、巴中地区。才13岁的她，每天都努力学习怎样做好宣传动员工作，怎样做一名合格的红军战士。很快，她就学会了许多红军歌曲，能出色地完成宣传任务。为了适应艰苦的战斗生活，她还剃光了满头的长发。长征开始，张先秀即受命担任军医院女兵班长，领着一群十四五岁的小女兵没日没夜地给伤病员制作衣服、鞋袜，洗衣服、敷药，安抚伤员情绪，还到几十里外抬伤员、运粮食。稍有空隙，她又发挥做过宣传员的特长，带着女兵向周围群众做宣传，动员群众参军。出色的表现让她在15岁时就升任了红四方面军妇女独立团三排排长。

九死一生过草地

1935年8月，红四方面军长征来到了一眼望不到边的松潘草地。脚下是水洼泥泞，稍有偏差就会身陷泥潭难以获救。身上是又饿又冷，还时常遭受毒虫的叮咬和风雪冰雹的侵袭。脚下的鞋很快就烂掉了，脚底起了血泡。尤其晚上气温陡降，连一块歇息的干燥地方也难以找到。张先秀和女兵战士就这样万分艰辛地走了出来。但由于张国焘的错误指挥，红四方面军在长征途中走了许多弯路，过了三次草地。张先秀在此途中，不仅要自己坚持，还要随时搀扶战士，为她们背枪负重；自己早已筋疲力尽，还要给战士们鼓劲加油。她也多次昏倒、掉队，临近死亡的边缘。最后一次死里逃生，是在搀扶昏倒的战士时自己也昏倒了，直到喝下了一点用破脸盆煮的牛皮野菜汤后才在战友的怀中苏醒过来。当张先秀睁开眼睛看着寒夜里守护着自己的战友时，眼含热泪地说："为了我，你们也掉队了。现在，我们拼命也要赶上队伍，活着走出去！"三过草地，女兵排许多战友都牺牲了，只有极少数人到达陕北。

模范风尚垂后世

长征结束后，16岁的张先秀入了党，先后到中央党校和西北党校学习，担任边区医院护士、中央警卫团收发员、南泥湾六中队党支部书记。无论是学习还是工作，张先秀都随时随地用长征精神鞭策自己，用牺牲的战友激励自己，因表现突出荣获了中共中央办公厅授予的"全国模范妇女"奖章。在后来的淮海战役、山东莱芜战役时，张先秀作为二十军野战医院五所所长、二十军教导团政治处民运股长，带队在硝烟弥漫的战场上转运伤员，总是把危险留给自己，把安全让给战友。一次，战斗结束后，她照例让战友们先离开战场，自己独自再次搜寻伤员，结果敌机返回轰炸，她被泥块掩埋。敌机飞走后，她死里逃生，赶回队伍。延安时期，张先秀与原红一方面军长征干部金行生结婚。

新中国成立后，张先秀改名张萍，到南京多个地方单位做领导，带着肋骨骨折和腰椎错位等伤痛仍然忘我工作。当家乡发生水灾和三年困难时，她多次捐款捐粮。当发现单位里有人克扣病人的食品时，她义正词严加以批评，督促当事人把食品退给了病人。后来因伤病不得不离职休养，但仍时常在南京、芜湖及四川各地给部队和中小学的青少年讲革命故事和红军传统。她说："把革命胜利的来之不易讲给下一代听，使他们珍惜今天、记住昨天，是我的责任啊！"

林　江：从童养媳到开国少校

胡彦双

　　林江（1918—2011），原名向光莲，四川阆中人，开国少将张广才的夫人。1933年春参加红军，任红四方面军宣传队宣传员。同年7月加入中国共产主义青年团。1933年3月，为红四方面军妇女独立营战士，后历任副班长、班长、排长等职。1935年1月任红四方面军总医院五分院材料股长、团支部书记。1935年春，随红四方面军长征。1937年11月加入中国共产党。1938年被派到清凉山中央新闻电台工作。1945年9月任东北军医学习大队指导员。1946年4月任东北军区北满分区供给部指导员兼场长。1947年9月任北满分区后勤部经建股长。1948年1月任第四野战军前方指挥部卫生所所长。1949年12月任湖北省军区高干疗养院院长。1950年10月任湖北省军区政治部直政部组织科副

科长。1954年2月入湖北省军区干部学校学习。1955年被授予少校军衔。1988年获二级红星功勋荣誉章。后在郑州警备区干休所休养，2011年12月20日病逝。

"高坡是我们的床，树下是我们的房，野菜野果是我们的粮，共产主义是我们的理想，共产党是我们的亲爹娘。"这句顺口溜是红军准备过草地时编出来的。就如顺口溜中所提到的那样，对于从小失去爹娘的林江来说，共产党就是她的母亲，部队就是她的家。林江原名向光莲，1918年4月出生于四川阆中县的一个雇农家庭。

童养媳参加红军

由于家境贫寒，女孩子又多，向光莲八岁时就由父亲被迫卖给当地一家富农当童养媳。当童养媳的日子很凄惨，备受婆家虐待。由于向光莲从小性格刚烈，多次逃跑，屡遭婆家抓回去毒打。1933年，向光莲碰巧发现了红四方面军在阆中招兵，于是她再一次从婆家逃跑出去参加了红军。

"打倒土豪劣绅""将来建立一个没有剥削压迫的新中国""让穷苦百姓翻身得解放"，进入红军队伍后，向光莲听到了一句句充满力量的革命口号，这些既让她感到新鲜，又让她备受鼓舞。

部队给每个战士发了一个挎包，一个米袋，一支木枪，四个假手榴弹，一百二十发假子弹。战士们把这些东西捆在身上，射击、投弹、刺杀、练单兵战术……向光莲不怕吃苦，她牢记"练好本领，报仇立功"，克服身体瘦弱的劣势，即使胳膊肿得像面团，仍然坚持练习。在训练中，向光莲先后受到四次表扬，被评为"敢冲敢打，吃苦耐劳"的先进战士。

1935年初，国民党军正在进行"川陕会剿"，向光莲所在的妇女独立团也投入了战斗，执行站岗、放哨、运送粮食弹药、护送伤员等任务。她们活动的区域山高坡险、荆棘遍地。一次，她和其他三位战士一起抬送伤员。当时，下起了大雨，泥泞的路上满是腐烂的树叶，肩上重，脚下滑，肩头磨破了，雨水混着血水从后背流下来。走在前面的战士不得不跪着往山上爬，双膝被磨破，留下一路血印。

在长征中成长

红四方面军为打破国民党军"川陕会剿"计划，决定向四川、甘肃边界发展，1935年春开始长征。长征途中，向光莲主要随红四方面军总医院五分院行动。

救治伤员是当时医院最主要的工作，看似安全，其实却是在枪林弹雨中奔忙，遇到敌人袭击，也要拿起枪和敌人作战。敌人不断围追堵截，部队几乎每天都要和敌人交锋，伤员不断增加。作为护士，向光莲主要负责抬担架。一名伤员有时甚至需要四个人才能抬得动。天上飞机轰炸，地上机枪扫射，艰难程度可想而知。有时为了掩护隐蔽伤员，向光莲干脆就趴在伤员身上，挡住敌人的弹片，宁愿自己牺牲也不让伤员二次负伤。战斗间歇，她们又要抓紧时间清洗衣服、绷带、纱布。

后来，向光莲担任了团支部书记，负责纪律工作。

长征中，生活条件虽然极其艰苦，但是部队却十分遵守纪律。"铁的纪律，是红军克敌制胜的法宝。"向光莲铭记着这句话。每次离开驻地之前，她都要带同志们去检查纪律执行情况。特别是通过少数民族地区时，向光莲要求战士严格执行民族政策，与少数民族群众建立良好的关系。

红军走到哪里，都要进行大量的宣传，播撒革命的种子，宣传革命的精神，群众工作对于向光莲来说和救死扶伤一样重要。

做双布鞋献给朱老总

过草地时，总司令朱德同志和普通战士一样，手里攥着一根木棍，步履蹒跚地向前走着。脚被水泡烂了，裂口子出血，也不吭声。向光莲和姐妹们看在眼里，疼在心里，便商量着给朱老总做双鞋。那时候，为了轻装上路，能扔的早都扔了，人烟荒芜的草地里，找不到一块布。后来，一位女战士想到个好办法，她们几个年纪小，个子矮，发的裤子长，刚好把裤腿剪一截下来，再把马鞍上的毡垫取下来做鞋底，大家你一针我一线，不几天就做好了一双鞋送给朱总司令。

朱总司令虽然有一副大嗓门，但平时对待士兵和蔼可亲，处处为战士着想。一次宿营时，向光莲到连部去，看到朱总司令和刘伯承参谋长坐在树下，谈论着什么。当她从他们身边走过时，朱总司令叫住了她，向她询问了医院的一些情况后说："回去告诉你们连长，要把兵带好。晚上睡觉前要想办法烧些热水让战士们洗洗脚，这样才能解乏。脚上起了泡的要用针把泡挑掉，才能继续行军。干部夜间要查铺查哨，防止敌人偷袭。"她赶快回去把朱总司令的指示向连长谢朝明做了汇报。

滔滔江水永向前

过了草地，战士们稍加休整，部队提出了"打到甘肃省，活捉毛炳文"的口号，一路朝甘肃奔去。在陇东的一次战斗中，向光莲不幸负了伤，不得不住进医院。此时，她回顾自己和红军长征的艰辛历程，深深体会到，山上的树木只有成林成片才能不被狂风吹倒，一个革命者要像滔滔江水那样奔腾不息，才能勇往直前，于是改名为"林江"。

"我从一个孤儿成长为一名红军战士，随部队三过草地，学到了文化，懂得了革命道理，这都是党的培养和教育、老一辈的关怀和帮助的结果。……红军长征精神永远不能丢。今天的幸福生活来之不易啊！当初，和我一起参加革命的同志幸存下来的太少了，每当想起他们，我心里就十分难过。我们只有发扬长征精神，把自己的祖国建设强大，才能对得起无数革命先烈呀！"林江噙着泪水说道。如今这位老人已经完成了自己光荣的使命，但是，她奋斗不息、勇往直前的精神长留人间。

1963年，林江全家照　张林（后排左四）供图

岳　克：攻无不克的妇女独立团连长

胡彦双　宋　歌

　　岳克（1918—2015），原名岳三妹，四川南江人。1933年，同大哥岳华书、二哥岳华明（后牺牲）及堂兄岳仁和一起参加红军，同年11月加入中国共产主义青年团，1936年10月转为中共党员。参加革命初期，先后担任红四方面军第三十一军宣传队副队长和红四方面军妇女独立团连长等职。1936年红军到达陕北后，进入甘肃庆阳红军大学学习。1939年10月，担任延安毛泽东主席办公室第一秘书处副指导员。1940年5月，前往河北，任冀中五分区政治部干事。抗日战争胜利后，先后任黑龙江省望奎县卫生所指导员、解放军一六九师卫生部协理员等职。抗美援朝时期，在丹东机场当指导员。抗美援朝结束后，调入公安部，被派往抚顺战犯管理所

工作。之后，历任东北军区空军机场气象处协理员、黑龙江省镇龙劳改支队科长、北安劳改支队主任、四川省平泉农场协理员、四川省劳改局政治部科长等职。1983年离休。2015年12月，在成都逝世。

"抵债娃"参加红军

1918年10月，岳克在四川南江县出生。岳克刚出生，父亲就抛弃了岳克母女，母亲只好带着她讨饭为生，来到南江县的瓦场坪。8岁那年，岳克的母亲去世了，一个叫兰万贵的地主，硬说她母亲生前欠了他家的债，逼她在兰家做工抵债。在地主家，她受尽了折磨，整整熬了七年。

1933年，红军来到了南江。城里的一些地主老财开始往阆中跑，兰万贵也怕红军，他们一家都不敢上街，就让岳克去街上卖柴火，卖完后再买些盐巴等生活用品。

岳克在街上见到了红军，他们一个个头戴八角帽，身穿灰军装，肩扛长枪，背上插着一把大刀。她还听过红军的讲演，什么"打倒土豪劣绅""穷人翻身""男女平等"……岳克也产生了这样的念头，她想要把地主打倒，要摆脱这无尽的折磨。

一天，她挑着一担柴上了街，直奔自己心里惦记很久的地方。她停在三合院门前，等待着。一会儿，出来了一位红军，打着绑腿，挂着驳壳枪，看样子像是位首长。

"小鬼，你这柴是卖的？"

"卖。不，不卖。"岳克急忙答话。

"你这小鬼有意思，到底卖还是不卖？"

"你让我当兵，我就卖；要是不让，就不卖！"

"哦，还有这样做买卖的。"红军首长惊奇地打量了一下这位衣衫褴褛的妹子，问道，"你今年多大了？"

"我也不晓得，听大哥说，我今年15岁。"

"叫什么名字？"

"我没名字，只晓得爸爸姓岳，妈妈姓谭。"

"当兵可不能留长辫子，你舍得剪吗？"

"舍得。剃光头都没意见。"

"好吧，小鬼，你这担柴，我买了！"

于是那位红军首长同意了她参军，并给她取了个名字——岳华明。从此，岳华明就开始了自己的戎马生涯。

岳克加入红军队伍后，在红四方面军第三十一军政治部宣传队当宣传员，后任宣传队副队长，向穷苦百姓宣传革命的道理，宣传党的政策，鼓励青壮年参加红军。在红四方面军妇女独立营招兵时，她由一名文艺兵变成了上战场打仗作战的女战士。这时，她的两个哥哥岳华受、岳仁和也已参加了红军。参军半年后，她就被任命为副连长。1933年7月至1934年1月，岳华明任南江县妇女部副部长。1934年6月，她担任妇女独立团二营二连连长。

长征中的激战——攻打腊子口

1935年春，岳克随红四方面军参加了长征。

说起长征的战斗，就像岳克自己说的那样，她们当时都是提着脑袋在拼！

1936年8月，徐向前率领红四方面军突破天险腊子口。腊子口是藏语的转音，意思是险绝的山道峡口。正如其名，腊子口被两侧的群山夹在中间，两侧森林狭密，荆棘丛生，腊子口河从峡口喷涌而出，凶险异常。而这条峡口正是红军北上的生命通道。国民党军队沿腊子口、康多、道藏、黑扎一带设了几道防线，可以称为"一夫当关、万夫莫开"的腊子口正是他们的防守要地。

在腊子口的一座独木桥头，岳克经历了人生中第一场惨烈的战斗。岳克带领战士们抵挡土司100多名骑兵一次比一次更猛烈的冲锋，

1939年岳克在延安担任毛主席办公室第一秘书处副指导员期间留影 薛莉华供图

高喊着："同志们，我们就是死，也不能让敌人冲过来！"子弹很快打完了，她们挥舞着大刀，与骑兵展开肉搏战。女兵对骑兵，那是何其惨烈！身边的姐妹们一个个倒下，岳克的左肋骨也被劈断，最后晕倒在血泊之中。这一仗，独立团的女战士牺牲了70多人。姐妹们都以为岳克英勇牺牲了，然而，坚强的意志又支撑着她苏醒过来。

毛主席为她取名

红军长征胜利到达陕北后，岳克于1938年10月至1940年1月担任延安毛主席办公室第一秘书处副指导员，并任这个秘书处的党支部副书记，负责毛主席吃、住、行及安全保卫工作。从小参加革命的岳克被毛主席称赞为"共产党一手培养出来的红孩子"，岳克这个名字，就是毛主席当年亲自为她取的。岳克曾经深情地回忆说，有一天毛主席对她讲，你

1943年岳克与大儿子张显国合影　薛莉华供图

1944年岳克与二女儿张显英合影　薛莉华供图

姓岳，是岳飞的后代嘛，岳家军能征善战，攻无不克，你就叫"岳克"吧。从此她改名为岳克。对此，她终生引以为荣。

忍受战争的伤痛

1940年5月，中央从延安抽调180名干部到河北抗日前线去工作，岳克是被选中的唯一的女战士。

前往河北后，岳克在位于河北定县的冀中五分区任政治部敌工科干事（相当于侦察参谋），从事侦察工作。侦察员的工作是危险而艰苦的。万一被敌人抓住，会面临残暴的审讯，最后往往致死。岳克的不少战友就是这样牺牲的。

为了侦察敌情，岳克经常化装成阔太太，和战友假扮成夫妻，潜入日本军队占领的地方。

一次，岳克装扮成一个漂亮的姑娘，鬼子一看是"花姑娘"就开始追，岳克转身就跑，跑进高粱地。战友们早已经在那里埋伏好了，鬼子一进来，就被抓个正着。从鬼子那里得知了敌情后，战士们根据情报打掉敌人的据点，解救出了被捕的同志。

在封锁线频繁地与日军近距离作战，使岳克身上留下了大大小小的枪伤、刀伤。在后来的战争中，她失去了一个乳房，左脚骨因被子弹击碎而安装着钢筋，脑颅中还残留着炸弹的细小弹片。岳克属三等甲级伤残。这些伤痛一直袭扰着岳克，而最让岳克痛心的是，在战争中，她失去了一双儿女。她的大儿子在随延安保育院前往莫斯科途中失踪，再也没有找回来。在白洋淀和日军周旋时，岳克把二女儿托付给地下党员李连英一家抚养。在一次日军扫荡中，李连英一家惨遭杀害，岳克年仅三岁的女儿也未能幸免于难，被惨无人道的日寇用刺刀活活刺死。

半个多世纪以来，身经百战的老红军岳克默默地忍受了这一切痛苦，振奋精神，坚定信念，继续为新中国的建设做出自己的贡献。

抗美援朝时期，岳克在丹东机场任指导员时留影

1983年11月，岳克光荣离休。离休后，她仍然心系党和国家大事，始终保持革命军人和共产党员的本色。每年，岳克总会捐献出自己的一部分退休金，帮扶困难家庭、失学儿童以及贫困山区建设。汶川大地震后，岳克拿出自己多年的积蓄捐献给了地震灾区。

1991年，岳克被授予中华人民共和国司法部一级金星荣誉章。1996年，岳克作为老红军、老革命、老干部

1982年冬，岳克（后排右一）与儿子王岳军（原名张显华，后排右二）、儿媳薛莉华（后排右三）等家人在成都合影

代表，出席了中组部举办的纪念红军长征胜利60周年大会，受到时任中共中央政治局常委、书记处书记胡锦涛同志的亲切接见。2005年，岳克获得由时任中共中央总书记、国家主席、中央军委主席胡锦涛同志题写章名，颁发给参加过抗日战争老同志的"中国人民抗日战争胜利60周年纪念章"。2015年9月2日，中共四川省委副书记尹力向病床上的岳克颁发"中国人民抗日战争胜利70周年纪念章"。

孟 瑜：走过雪山草地，董老为她取名

龙 铮*

孟瑜（1920—2009），原名李翠芝（曾用名李秀春），四川阆中人，开国少将龙飞虎的夫人。幼年父母双亡，被迫做童养媳。1933年7月参加红军，1935年8月加入中国共产党。参加过川陕苏区的万源保卫战、鹰龙山遭遇战等战斗，曾先后任通江妇女独立营班长、排长。参加长征，三过雪山草地。到延安后任中央军委办公厅生产处协理干事。抗日战争时期，先后在八路军（兼新四军）驻武汉、桂林、重庆办事处和中共中央驻南京代表团工作。解放战争期间，任中国人民解放军第二十八军八十二师后勤

---

*本文作者系孟瑜之女。

部政委，参加渡江、淞沪、进军福建、闽北剿匪等战役战斗。新中国成立后，任福州军区司令部直政科副科长。1981年3月按正师职待遇离休。1955年获三级八一勋章、三级独立自由勋章、三级解放勋章。1988年获二级红星功勋荣誉章。

2016年是红军长征胜利80周年。长征精神，永远激励人心，不可磨灭。作为长征红军的后代，回顾长征历史，深受长征精神的感染和教育。最近整理母亲亲历长征的回忆文本，我百感交集。现就母亲有关事迹，略述如下。

红军是穷人的队伍

我的母亲孟瑜，1920年10月出生于四川阆中县鹤峰寺乡唐家村一个贫苦农民家庭。因为家中借了地主两斗粮食还不起，年幼的母亲就这样被卖去做了童养媳。她被缠了双足。每天超负荷地劳作，还挨打挨骂，受尽折磨，几次逃跑被抓回来，被打得更厉害，有一次差一点被打死。母亲觉得自己命苦，活不下去了。然而天无绝人之路，苦难深重的母亲终于盼来了穷人的队伍。

1933年7月，中国工农红军第四方面军三十军八十八师二六四团到了阆中三庙沟。12岁的母亲来到了三庙沟，看到一个姑娘大声讲着"婚姻自由""男女平等""妇女解放"的道理。她的话深深沁入母亲心里：跟男人平等了，就不会受欺负了，就可以活命了啊！母亲为了能参军虚报了两岁，可登记的同志仍嫌她小，要求必须征得父母同意。但当他得知母亲已父母双亡且是个童养媳时，就让母亲参加了红军。次年母亲加入共青团。

1933年10月，母亲加入通江妇女独立营。妇女独立营全是女同志，像母亲这样十三四岁的小丫头，也有十多个。妇女独立营战士平均年龄20岁左右。最让母亲高兴的是上级发给她一支"汉阳造"步枪。那时，母亲还没有枪高，枪扛在肩上很吃力，人家笑她是"小鬼吃大馒头"。妇女独立营的生活既紧张又愉快。母亲还清楚地记得，"共产党""毛泽东""革命""农民"和自己的名字等字词就是那时学会读写的。政委还常常给战士们上政治课，讲马克思主义、民主革命和民族革命、共产主义等等。她们参加了万源保卫战、鹰龙山遭遇战等战斗，还负责站岗放哨、运武器粮食、抬伤员、做衣做鞋、护理伤病员、宣传、"扩红"、争取俘虏等工作。领导知道母亲会唱歌跳舞，将她调入总部，分配到剧团。母亲与王定国、何连芝等在剧团做宣传员。团长后来是李伯钊（杨尚昆的夫人）。许多歌舞都是政委张琴秋、团长李伯钊编的，她们曾留学苏联，还给同志们跳过《水兵舞》《农庄舞》等。在剧团的日子里，她们既是宣传员，又是工作队员；既干医务，又当后勤。

不久，剧团随着红三十一军军部到达嘉陵江边。1935年春，他们随红四方面军胜利渡过嘉陵江，开始长征。14岁的母亲踏着一双"解放脚"参加了长征，三过雪山草地。

长征路上从石头中熬盐

强渡嘉陵江之后，红四方面军在剑阁、梓潼、彰明、中坝等地打了一连串的胜仗。接着向西进发，愈走愈荒凉，遇到的困难也愈多。不仅吃不到粮食，也吃不到盐。从中坝出发时，带了一些盐，但都分送给沿途困苦群众。因此没多久，部队也就没有盐了。路过的地方，都是人烟稀少的大山区，既筹不到粮，也买不到盐。三餐都是白水煮野菜，又苦又涩，十分难吃。几天下来，战士们都瘦了，走路时头晕眼花，两腿有千斤重。

6月中旬的一天，部队到达茂州。这时地里长的青稞和苞米快要熟了，沿途桃树枝上挂满又红又大的蜜桃。大家已经一整天没吃东西，但谁也没伸手去摘一个桃子或掰一根苞米。部队住下后，立即去各村筹粮。这里是汉藏杂居的地方，群众生活十分贫苦，又受到白匪的欺压，老乡们都躲到山里去了。走了大半个村子，一个人影也没见到。筹粮小组没有筹到盐、粮，当天晚上大家吃的仍旧是白水煮野菜。

有几个老乡回村，发现红军不但没有拿他们一针一线，还把街道打扫得干干净净，消除了疑虑，便上山把老乡叫了回来。大家挨家挨户宣传党和红军的政策。这儿居住的大都是贫苦农民，受尽军阀、地主的压迫，听了红军战士们讲的革命道理后，便积极行动起来支援红军。群众还告诉红军：山顶上有一种白石头，放在锅里煮，能熬出盐来。上级研究了这些情况后，决定部队在茂州休整一段时间，开展筹粮和熬盐活动，为进入藏族地区做好物资准备。

母亲和战友们登上大山找到了那种白石头，用嘴舔了舔，真有咸味哩！大家兴奋地抡起了铁锤。可时间久了，胳膊震得发麻。想到多熬一把盐，就少一分困难，大家又振作起来。太阳落山时，生火熬盐。足足熬了一整夜，果真熬出两大碗雪白的细盐。战士们在筹粮熬盐的同时，还抽时间发动和组织贫苦农民，开诉苦大会，没收军阀和土豪的财产，许多贫苦青壮年自愿参加了红军。红军胜利完成了筹粮、熬盐、"扩红"的任务。1935年8月，母亲光荣地加入了中国共产党。

翻越党岭山

母亲在20世纪60年代初，曾对自己的长征经历写过回忆录。她这样写道：

自从离开杂谷脑喇嘛寺到现在，带的粮食和野菜已经吃得差不多了。我们的牦牛也一一杀掉吃光了。当时最大的困难，仍是物资缺乏，不仅没有吃的，也没有穿的。为了御寒，我们每人分到半斤羊毛和几片生姜。行军的组织也做了调整。剧团分成两个女生排，一个排在前面当啦啦队，一个排插到队伍里面，负责唱歌、表演。当时剧团随党校一起走。前面这座大雪山叫作党岭山，比夹金山还要高一些。党岭山，当地藏族同胞把它叫作"神仙山"，意思是除了"神仙"外，就连高原上最矫健的雄鹰也飞不过去。有的说它是"万年雪山"，意思是说山上积雪是万年积成的。爬了两天山路，可还只是在党岭山的山脚呢。因为一到下午，山上气候就会突起变化，要争取在中午前翻过山顶。出发前，队长宣布纪律：一不准坐下，二不准掉队，跟着前面人走。队长还发给我们"小鬼"每人一根木棒。

起初，我们还能沿着弯弯曲曲的羊肠小道，一步一步地往上爬。越爬高路越陡，有时一边是高高的雪崖，一边是无底的深渊。路陡得我们要直着身子往上爬，后边的人可以看到前面人的脚掌。由于行军打仗，风餐露宿，我感冒发着烧，一不小心就从山坡上滚下一条小沟，头上流了血。刚巧康克清大姐从旁边经过，她不顾自己喘不上气，组织大家用木棒、绳子将我拉了上来。再往上，积雪更厚了，一脚踩下去，雪就没到膝盖，要拔出来，就要花千斤的力气似的。有许多同志的鞋子，埋在雪坑里，只好光着脚。同志们都累得不行，双眼被雪光刺得异常疼痛，睁不开来。山上的空气越来越稀薄，呼吸都困难。大风呼啸而来，刮得大家摇摇晃晃，站不住脚。我用力挂着木棒，艰难地向上爬。在山下就听说，山上起大风必有大雪。果然，不到一刻时间，大雪铺天盖地地落下来，同志们都只穿着单薄的衣服，冻得浑身哆嗦，牙齿打战，仿佛连血液都停止了流动。掉队的同志越来越多，挂着木棒艰难地走着，但离队伍越来越远。队长见了，就大声地喊着："同志们，请李班长讲个故事好不好？""好！"大家齐声回答。李班长（李玉莲）是我们剧团里出了名的讲故事能手。听到她要讲故事，同志们都极力赶上前来。李班长学着说书人的样子讲起故事来："话说，太古的时候……山上有块大石头。有一天突然裂开了，从里面蹦出一个猴子来，这个猴子就是孙悟空。"同志们听得入迷。"孙猴子一个筋斗能翻十万八千里！猴子再厉害也比不上我们红军战士，这个山我们一定爬得过去。"中午，大家确实无力了，累得很，肚子又饿，半天也跨不出一步。只听见队长和一些负责同志在山顶大声喊："同志们，有个好消息。党中央和毛主席派了红二方面军来和我们会合，他们就在山那边等我们呢！"听到要与二方面军老大哥会师的消息，大家感到疲劳和饥饿都消失了，努力爬到了山顶。巍峨的党岭山终于被我们踏在脚下了。

下午，战士们就下山了。下山比上山快得多，他们沿着山路滑下去。傍晚，就到了山下。他们回头看了一下来路，在这白茫茫的万年雪山上，还躺着许多为革命事业献出了宝贵生命的战友。他们怀着悲喜交集的心情，大步向炉霍走去，准备与红二方面军老大哥会师。

班长用体温暖"活"了母亲

与红二方面军会师后，他们休整了一段时间，就开始过松潘草地。除了一点行李，他们还背着一些青稞、野菜干和干木柴。沿着崎岖的山路走了三四天，就进入草地了。一眼望去，只见茫茫的草地无边无际，完全分不清东南西北。草地里没有路，草就长在泥水上。踏上草地，只觉得脚下软绵绵的，一股股臭臭的黑淤水从脚下涌上来。队长再三交代说："脚步要轻些、快些！万一陷了进去，越陷越深，爬都爬不起来啊！"

晌午时分，天空卷起一片乌云，老天爷要翻脸了。不到一袋烟工夫，哗啦啦地下起大雨来。天气骤然变得十分寒冷，一眨眼工夫草地变成一片黑漆漆的沼泽，几十步外就看不清人影。下午，乌云又渐渐升高，倾盆的暴雨也停了，但片刻工夫，又下起鹅毛般的雪花，还夹杂着

孟瑜、龙飞虎在20世纪60年代的合影

栗子般大的冰雹。冰雹打下来十分厉害，眼看着一尺来高的野草，齐刷刷地倒下去。战士们的头上被打出许多疙瘩。雨雪之后，草地更加不好走了，腐烂的杂草上，淤积着污黑的泥水，双脚长时间泡在污水里，又痛又肿，但谁也不敢乱走，害怕迷失方向陷进泥潭里。战士们的衣服都湿透了，呼呼的狂风又直往衣服里钻，大家冻得浑身打战。再加上走了一天，什么也没有吃，部队行进的速度愈来愈慢了，只好提早宿营。在这茫茫的草地上，就连一块比较干燥的地方也找不到。大家只好选了一个地势较高的楞坎，冔干积水，把一床被单撑起来。当时携带的柴秆很少，沿途连一根可以生火的树枝也拾不到。这个"帐篷"只有桌面那么大，十来个人不能躺，只能屈着腿，背靠背地坐着睡觉。李班长就让那些年纪小的同志坐到"帐篷"中间，大些的同志围在外边给小战士们挡风。到了半夜，突然又哗哗地下起大雨，雨水朝头上灌下来，冷得母亲像是掉进了冰窟中一样。母亲怕把同志们吵醒了，就一声不吭紧紧缩着，奄奄一息。李班长也被大雨淋醒了，她见到母亲被淋成那个样子，赶紧把母亲搂进怀里紧紧地抱着，用她的体温温暖着母亲。这时的母亲虽然冻得浑身冰冷喘不上气来，心里却像燃起一炉旺火，感到无比温暖，身上也渐渐暖和起来。母亲得救了，可次日，草地上却见到了一些被冻僵的战友遗体。

草地上的"格桑花"

原以为一个星期就能走出草地，结果只走了三分之一。进入草地深处后，食物便日益匮乏起来，基本断粮了。一天只能吃到两餐野菜汤。要是采不到野菜，就整天吃不上一点东西。在这种严重的饥饿、寒冷、疲劳和疾病折磨下，不少红军战士失去了宝贵的生命。在许多光荣牺牲的同志中，母亲印象最深的，是她亲密的战友——外号"荞麦秆"的排长冯素珍。"荞麦秆"比母亲大五六岁，在队伍里算得上大姐了。她对这些"小鬼"可真好，比亲姐姐还亲，平日大家就喊她大姐，有时也叫她绰号"荞麦秆"，她总是笑呵呵地答应着。

"荞麦秆"家庭十分贫苦，她从小就被卖给地主当丫头。受苦受难十多年，直到红军打到她的家乡，才逃出了地主的大门，参加了红军。她身体很弱，过了嘉陵江就一直生病，但仍然有说有笑，常常饿着肚子把口袋里那一点干粮送到战友们嘴里。她的"名言"是："我们已经长大了，你们还要继续长，要多吃点。"翻大雪山时，她病得很厉害，但还帮着队伍里的"小鬼"爬山。从进入草地那天起，她就患了伤寒病，天天发高烧，脸瘦得尖尖的。看她病成那个样子，母亲常常背着她伤心地流泪，害怕她什么时候会突然地倒下。不知一股什么力量在支持着她，她不仅在草地上坚持了这么多天，而且还常和大家说笑。这阵子她走得比过去更慢了，在没有人看到她的时候，她简直是用手爬着前进。快要走出草地的前一天，她真是寸步难行了，但精神看来还好。李队长叫母亲和另外一个同志搀扶着她。她和大家一边走，一边说："能活到共产主义好啊，万一为共产主义牺牲了，也是幸福的！我们今天吃苦、流血，甚至牺牲，是为了全国工农大众的解放，这是多么光荣啊！"这天，她还说走出草地到达陕北后，要和大家一起去见毛主席，上前方去杀日本鬼子。她还说："我为革命做得太少，请给我的母亲捎个信，她没有……白养一个女儿……我相信：我未完成的理想，你们一定会帮我完成的。"说着就合上了双眼，再也没有睁开！这位冯排长才刚满20岁，为了心中的理想和小战友们，她将年轻的生命永远留在了草地上。

同志们含着泪，给她垒起了一座小坟包。还采了些野花野草，大家说那美丽的花叫"格桑花"，这花插在她的坟头，还插上了一根无法刻

1985年，在中南海西花厅合影。前排左起：龙榕、邓颖超、龙飞虎、孟瑜；后排左起：龙铮、龙苏菲、高阳、李泰生、龙少辉、龙海岩

上名字的小树枝。这次过草地，母亲沿途都能见到前面走过的战友们遗落的物品、战友的遗体以及草地上竖立的一根根小树枝。大家会驻足，行注目礼。她们知道那里有战友们的遗骸。那竖立的无法刻上姓名的小树枝，也指向了部队前进的方向。

康克清妈妈有一匹马，她自己不骑，让许多生病的人和走不动的小战士骑。母亲和许多人还都揪过康妈妈的马的尾巴走过路。有一阵，母亲实在走不动，掉队了，但却有幸得到由红四方面军吴朝祥带的收容队的帮助，追上了队伍。

这一天，大家看见远处出现了一个小山包，它的上空飘着缕缕炊烟。不知谁说："前面就是班佑啦！草地被我们甩到背后去了。"班佑地方不大，有几十幢牛屎房，却只住着七八户人家。这草地边缘上的小村庄，虽然十分荒凉，却给了她们极大的鼓舞，因为那茫茫草地终于被她们这些女战士甩在了身后。

红四方面军过雪山草地后，在筋疲力尽时，聂荣臻、左权率部前来接应。他们终于与红一方面军大会师了！

延安岁月

在延安，1937年中秋节，康克清妈妈为我的母亲与父亲做媒，并在他们的婚礼上做了证婚人。从此，父母相濡以沫，共伴一生。

1939年桂林办事处李克农伯伯救了我生病的母亲。1941年5月，回到延安的母亲在党校学习时，又报了病危。是周恩来副主席电告叶剑英伯伯设法医治，叶伯伯从自己的菜金里节省出费用，请了好的老中医给母亲治好了病。母亲常说："没有红军，没有领导和同志们，我就是有'九条命'都不行啊！"

抗日战争时期，父亲一直在重庆八路军办事处工作，母亲有时在重庆，但多数时间在延安。1945年，她曾给家乡亲人写了一封信。结果她收到一封仿她姑母的口气写的一封回信，信中写道："幺女子，你从学校毕业，外出那么多年失去联系。请将详细地址告知，好联系。"母亲觉得奇怪：自己从未在学校读过书。她立即将此事向组织汇报，董必武笑着告诉她，这是特务的伎俩，为的是了解办事处详细地址。董老对她说"原名及办事处地址都不要说了"，并将母亲的名字改为"孟瑜"（谐音梦渝）。八路军办事处在重庆，重庆古称渝州，瑜是美玉，象征着革命者像玉一样的人品。董老寓意深刻，父母为了革命聚少离多，希望母亲做梦时能梦到重庆，梦见父亲，所以改名孟瑜，一直沿用至今。周恩来副主席知道母亲改了名字后大笑着说："孟瑜，好呀，这是想

'老虎'（龙飞虎）了。"

　　新中国成立以前，劳动人民受剥削、受压迫，而劳动妇女则处于社会的最底层。这些昔日的童养媳、苦妹子，毅然走上革命的道路。在残酷的战争环境中，她们经受了异常的艰辛和苦痛，付出了巨大代价。在党和军队的培养教育下，在革命的实践中，她们从最初追求自己个人的解放，锻炼成为具有"改变国家和民族命运"的崇高理想的战士，自觉地表现出英勇不屈的英雄气概和矢志不渝的斗争精神。她们用自己的坚强和忠诚，在中国革命的历史上立起了一座不朽的丰碑。

　　母亲幼时父母双亡，自从参加红军后，就把自己的一生交给了党。她在此后70余年的革命生涯中，不怕牺牲，任劳任怨，兢兢业业，为党的事业和人民军队的建设奉献了毕生的精力。她与父亲一样，生活艰苦朴素，对子女要求严格，始终保持着共产党员的本色。我们为有这样的母亲而感到骄傲。

1978年，孟瑜与康克清（右）在福州

赵明珍：长征中的中央剧社书记

赵 蓉

赵明珍（1916—2005），四川达县（今属达州市）人。1932年夏参加革命，同年加入中国共产主义青年团。1933年10月在姐姐赵明英的带领下参加红军，后任红四方面军总政治部新剧团指导员。1934年4月调任川陕省委妇女部秘书。1935年春随红四方面军长征。1935年6月任中央前进剧社书记。1936年2月加入中国共产党。1936年10月入中国人民抗日红军大学学习。1937年初调中央文工团工作，同年底调汉口八路军办事处工作。后又调任豫南地委组织部科长。1942年回延安中央党校学习。1945年随丈夫王盛荣到东北，历任齐齐哈尔市组织部科长兼市委机关党总支书记、哈尔滨纺织厂厂长。1949年随丈夫王盛荣到武汉，任中南工业部人事处处

长、武汉市商品检验局副局长、湖北省外贸局副局长等职。1977年任湖北省供销合作社顾问。2005年10月3日在武昌逝世。

红军女英雄赵明珍一生曲折坎坷、历尽艰险。她16岁参加革命，19岁担任中央剧社书记。在残酷的斗争环境中，她先后失去了姐夫、哥哥等亲人，未婚夫也在战斗中牺牲。与王盛荣结婚后，她一边工作，一边照顾家庭。"文化大革命"中，她被打成"走资派"，关押、劳动改造近十年，但她始终忠诚于党和人民的事业，无怨无悔地奉献了自己的一生。

地下交通员

赵明珍出生于达县蒲家场，她的哥哥、姐姐、姐夫都是中共地下党员。姐夫叫龚勘荣，他的父亲是个开明进步的县知事，支持革命活动，利用县知事的身份来保护革命者。龚家是达县早期革命者经常聚会的场所，张爱萍、魏传统、杨克明等人都经常出入这个家庭。赵明珍很小就随哥哥姐姐出入龚家，而且和姐夫的妹妹龚勘真是同龄朋友。在周围革命者的熏陶下，小小年纪的赵明珍就和哥哥、姐夫一起参加革命活动。

一天，赵明珍放学回家，看到哥哥赵明恩被敌人抓走。赵明珍心里非常难过，但她并没有被吓倒，而是马上想到敌人还可能去抓她的校长。校长也是地下党员，经常和赵明恩一起开会。于是，她赶紧跑回学校，把哥哥被捕的消息告诉了校长。校长听到这个消息，什么也没带，转身就逃走了。果然，校长刚一逃走，敌人就包围了学校。可是他们扑了个空，什么人也没抓到。

斗争是残酷的，哥哥赵明恩被捕之后，关进了达县监狱。在监狱里，许多同志都遭到严刑逼供，有的革命者叛变了，形势变得复杂。这时，赵明珍挺身而出，成了一名至关重要的地下交通员。她年纪小，不容易引起敌人的怀疑。她多次利用送饭、探监的机会，机智地从哥哥那里带出狱内的情报，又将狱外地下党的情报带到狱内，避免了革命力量遭到更大的损失。

1932年夏，随着革命浪潮的高涨，在县委书记杨克明的领导下，赵明珍和龚勘真、李克芬三人，经常冒着生命危险上街贴传单，宣传革命。她们打扮成打猪草的村姑，天没亮就上街张贴传单，每次都顺利地完成了任务。

1933年中共川陕省委成立以后，赵明珍在达县蒲家场区委主持妇女工作。她用各种各样的形式积极宣传苏维埃政府，揭露军阀罪行，动员组织群众支援红军。妇女们成立了扎鞋队、缝衣队、慰问队，给予了前方很大的支持。赵明珍因为工作出色，作为团员代表参加了宣汉党团员大会。

长征中在中央剧社

1933年10月，赵明珍和姐姐赵明英一起参加了红军，后在红四方面军总政治部新剧团当指导员，赵明英任新剧团三团团长兼导演。当时，扩大红军的任务很重，赵明珍和剧团的战友们就编了《送郎当红军》《扩红谣》等剧目，以扩大红军，并鼓舞士气。《送郎当红军》歌词情真意切：

送郎送到大石岩，勇敢杀敌莫懈怠，小郎哥儿吔，夺取政权来。
送郎送到大河坝，骑马挎枪打天下，小郎哥儿吔，建立新国家。

1935年春，赵明珍随红四方面军强渡嘉陵江开始长征。1935年11月，红四方面军总政治部在四川天全县杨家湾成立中央前进剧社（简称"中央剧社"），由未能返回红一方面军北上的中央红军女战士、红色戏剧家李伯钊任社长，易维钧任政委，赵明珍任书记。

长征途中，宣传鼓动是剧社的主要任务。剧社成员除了背自己简单的行李之外，还要背一些剧社的乐器，如锣鼓、笛子之类。部队行军，赵明珍和她的剧社社员们又是唱歌，又是喊话，跑前跑后，忙个不停。赵明珍虽然个子小，但是她工作起来却浑身是劲，不但抢着背东西，有时还要背那些实在走不动的八九岁的小社员走上一程。她走到哪里，哪里就充满歌声和笑声。

每当部队驻扎下来，赵明珍就带领剧社社员为红军战士表演文艺节目。她们唱民歌、儿歌、苏联歌曲以及剧社自编的歌曲，演奏激越的《马赛曲》，有时还跳节奏感很强的《海军舞》。她们的表演深受战士欢迎，极大地鼓舞了士气。

穿越渺无人烟的大草地，是最艰难的时刻。由于饥寒交迫，加上连续行军，一向充满朝气的赵明珍最后也疲惫不堪。有时行军，前面的同志一停下来，她站着都能睡着。后面的同志一推，她便又拖着两条沉重的腿向前走。依靠着强大的毅力和坚定不移的信念，赵明珍终于走出了草地。

后来，赵明珍曾在《曲折的征程》一文中回忆道："第三次过草地时……我们带的粮食很快就吃完了，接着就吃野菜，煮自己的皮带充饥，李伯钊同志也把马献出来杀了，救了许多同志的生命。""红四方面军中央剧社在长征中所走过的路，格外曲折，格外悲壮，直至西路军在甘肃全部覆灭，留下了一部可歌可泣的历史。"

牺牲的亲人

杨克明，曾是赵明珍的上级领导，也是她和龚勘真、李开芬三人的入团介绍人。但赵明珍和杨克明还有着更深一层的关系。在共同的革命活动中，两人建立了深厚的感情，并且确定了恋爱关系。为此，赵明珍的父母还按当地的风俗，特意为他俩举行了订婚仪式。但是，在风起云涌的革命浪潮中，他俩都为了革命奔忙，见面的时间并不多。

1933年10月，川东游击军改编为红四方面军第三十三军，杨克明调任政治委员，在前线指挥作战。1934年4月，杨克明被张国焘无端撤职，改任川陕省苏维埃政府内务部干事，赵明珍才和未婚夫有了较多的见面机会。长征路上，他们保持着联系，互相帮助。1936年1月，杨克明任红五军政治部主任，后来西渡黄河作战，于1937年1月在甘肃高台战斗中牺牲。

赵明珍的哥哥赵明恩，在1933年10月红三十军攻克达县后被救了出来，当时已经被敌人折磨得不成人形，但不久他就恢复了过来，被任命为红三十一军的营长。在巴中时，一天，赵明珍正在后台化妆准备上台表演，哥哥急匆匆闯进来对她说："小妹，我们的队伍要走了，你好好干，要多保重，我们很快又会见面的。"哥哥说完就走了。后来赵明珍才知道他们的队伍没有渡江长征，而是组成了一支300人的游击队，转战于川东地区。在极端艰难的条件下，一直坚持斗争到1940年。

在延安，一天，周恩来找到赵明珍，告诉了她哥哥的消息。赵明珍立即请求去川东找哥哥。周恩来说她去太危险，另派同志带了赵明珍的信和照片前往川东。因为当时情况复杂，联络失败了。后来赵明恩的游击队被五个团的敌人包围，弹尽粮绝，战士几乎全部牺牲，赵明恩被俘后惨遭杀害。

历经坎坷，忠贞不渝

赵明珍与丈夫王盛荣合影　王莉莉
供图

赵明珍随红军长征到达延安后，经廖承志介绍，与团中央军事部长王盛荣喜结连理。时任共青团中央书记的冯文彬和团中央组织部长的胡耀邦，以及赵明珍的战友刘英、李伯钊、康克清等人参加了他们的婚礼。1947年赵明珍随王盛荣到哈尔滨工作之后，王盛荣因意外事故失去了一条腿，赵明珍要一边工作，一边操持一个六口之家，生活相当不容易。

"文化大革命"开始后，赵明珍被打成"走资派"，关押、批斗、劳改近十年。王盛荣更是被关进了武昌监狱，一关就是十余年。生活如此艰难坎坷，赵明珍并未因此而绝望，她相信总有一天会弄清是非曲直。

1977年，中共湖北省委组织部安排赵明珍任湖北省供销社顾问。此时她年事已高，不能做太多的实际工作，但她组织性很强，对自己要求也很严格，党内活动她都积极参加，学习、开会从不无故缺席。外出活动用车，任凭组织安排，不计较好坏，有时她就步行或挤公共汽车。她晚年生活简朴，开朗乐观，平易近人。

赵桂英：长征时救死扶伤　一生中信念不移

陈　静

人物简介

赵桂英（1916—2022），四川苍溪人。1934年10月参加红军，被编入红四方面军第三十一军供给部。1935年春随红四方面军参加长征。参加了抗日战争和解放战争。1948年11月加入中国共产党。1950年2月，随丈夫、老红军田池转业到重庆工作，任西南运输公司办公室科员。1952年，调到四川省交通厅工作。1958年随丈夫工作调动到内江后退休，1982年改为离休。荣获中国工农红军长征胜利80周年纪念章、庆祝中华人民共和国成立70周年纪念章。2022年11月18日在内江病逝。

2020年7月24日，在四川内江市梅家山干休所，104岁的老红军赵桂英，穿着一身军装，坐在椅子上，在家中接受了我们的采访。在梅家山干休所，这个被内江人称为"红军院"的地方，当时，只住着赵桂英这一位唯一的老红军。那时候，老人家看上去身体还算健康，清醒时依然能描述长征、红军等记忆片段。

幼年苦做童养媳　参加红军获新生

赵桂英，1916年10月1日出生在四川苍溪县一个农民家庭，原名赵桂枝。因家里穷苦，吃不起饭，十多岁时被送给镇上的一户人家当童养媳，整天拼命干活，还经常挨打，也吃不饱饭，几乎都是吃主人家里剩下的洗锅水。

1934年，红四方面军来到广元苍溪县。赵桂英与其他当地青年，从苍溪县乡下到县城给红军背过军粮。在红军的宣传之下，赵桂英和几名当地青年同伴，没有回家，直接在苍溪县城参加了红军，还剪掉了一头长发。

至于为什么相信红军，选择跟着红军走，赵桂英也告诉过女儿。小女儿田萍说："母亲说过红军里面不管是首长，还是士兵，说话都客客气气，很有礼貌，对待她们这些女性，也非常尊重，平等待人，所以长征再苦再累，她都觉得比回去当童养媳，回去挨打挨骂强，在部队里完全像获得新生一样。"

长征中抬担架运伤员　最怕掉队

赵桂英参加红四方面军第三十一军，被分配到供给部，当过供给员、宣传员等。1935年春，跟随红四方面军长征，负责抬担架、运输伤员。

当时的赵桂英不到二十岁，能吃苦。赵桂英告诉女儿："长征中的工作，要负责给伤员洗血绷带，每次洗起来，水里都是刺鼻的血腥味。然后就是天天抬担架，负责伤员的安全，抬担架也是有诀窍的，上坡要用劲，下坡腿要拖着走才稳。遇到飞机轰炸的情况，首先要保护担架上的伤病员。"

在部队里抬担架，完成任务出色，就会奖励一面红色旧布做的小红旗。赵桂英得到过几次小红旗，每次得到小红旗，赵桂英都特别开心，对小红旗也格外珍惜。

在部队到达阿坝时，由于卫生条件差，赵桂英大腿内侧长了一个大疮，走路十分困难。当时部队是白天走，晚上也走，晴天走，下雨也走，走的又是人烟稀少偏僻的山旮旯小道。因腿上长疮，赵桂英时常掉队，她也没有对战友讲，怕增加战友的负担，掉队了就一人坚持朝若隐若现的火把方向行进，追赶部队和战友。当部队进入杂谷脑地区时，战友才发现赵桂英的疮已开始化脓了。当时红军缺医少药，队长只好叫赵桂英停下休息，将她安置在一老乡家，不随大家一起去筹粮、行军。当战友出发筹粮后，赵桂英怕离开战友，就烧了一大锅开水，自己咬牙忍痛边洗边挤疮里的脓血。她几次痛晕，醒来又继续挤，终于把脓血挤干净了。待伤口好了后，她又追上了战友。

赵桂英随部队爬夹金山、党岭山，三过草地。在爬雪山时，也只是穿一双草鞋，踩在深深的雪里，严寒之下，双腿都被冻伤。赵桂英把能裹的东西，全部裹在腿上，这样一瘸一拐地走出雪山。过草地的时候，赵桂英的衣服就没有干过，雨淋湿了，就将就那一身衣服穿干。

田萍说，女红军在长征那样艰苦的环境下，面临着更多身体和生理上的困难。而由于长期营养不足，那个时期的女青年，生理期的次数也很少。在女性生理期，赵桂英和其他队伍中的女青年，只能捡起地上烧过的木炭灰，用一块旧布包裹着，作为生理期的卫生用品来使用，当时的条件之苦可想而知。

战火中两个儿子失散　辗转多年后母子重逢

1944年，赵桂英在组织的介绍下，与来自四川阆中的长征老红军田池结为夫妻。田池当时在联络部工作，他们的婚礼是耿飚将军主持的。

赵桂英在嫁给田池之前，其实已经结过一次婚。1936年长征结束后，在组织介绍下，赵桂英嫁给了一名来自陕北的红军，后来生下三个儿子。但是，由于听不懂彼此方言，加之生活习惯不同，两人离婚了。当时赵桂英两个稍大点的儿子，被安排在当时的延安保育院中住校，最小的一个尚在襁褓中的三儿子，则被赵桂英带在身边。

1947年3月，国民党军队胡宗南部进攻延安，党中央决定暂时撤离延安。当时，赵桂英刚生下四儿子田冲，由于组织安排要马上撤离，赵桂英和丈夫田池来不及接回住校的两个大的儿子，只能在战火中抱着两个小的儿子撤离。

从此，她与两个儿子失去了联系。虽然一直都在打听两个儿子的下落，但是一直杳无音信。

直到1961年，时任内江汽车大修厂代厂长兰其邦（系吴玉章的外孙）得知此事后，利用春节回北京探亲与叶剑英元帅共聚团年之机，讲了此事。叶帅便叫秘书调查，很快联系到当时延安保育院的校长，找到了那失散的两个儿子。原来两个儿子随着延安保育院的孩子一起转移，在组织的培养下长大，他们一个考上了西安美术学院，毕业后在北京实习，一个在新疆参军。1962年春节期间，两个儿子从北京、新疆赶到了内江。

失散14年之后，赵桂英与两个儿子终于团聚，全家人都非常欣喜。

扎根基层　一生朴实

1950年2月，赵桂英随丈夫田池转业，担任西南运输公司办公室科员，在重庆工作。1952年，调到四川省交通厅，在成都市工作。1958年，田池被调到内江市，担任内江市交通局副局长，并负责在内江市组建汽车大修厂，赵桂英又随丈夫工作调动，来到内江定居。

与田池结婚后，赵桂英生下了两个儿子和三个女儿，一生共养育了八名子女。如今，全家已经有四代，整个家族有50多人。子女中有参军的，有从教的，有当工人的，有在机关任职的，都非常优秀，在各条战线上发挥着光和热。

2022年5月，106岁老红军赵桂英（中）与女儿女婿在内江家中接受中央广播电视总台记者采访　王友平摄

秦仪华：女军医的曲折长征路

胡正旗

秦仪华（1919—2009），四川平昌人，开国少将孙仪之的夫人。1934年11月参加红军，同年加入中国共产主义青年团。1935年春随红四方面军长征。1936年夏入红四方面军卫生学校学习，同年9月加入中国共产党。1937年秋到安塞陆军医院任护士。1938年春入延安张村驿卫生学校学习，1939年夏毕业，分配到抗日军政大学卫生处任司药，后又调到八路军直属卫生处任职。1943年春入中国医科大学学习，1946年12月毕业，被分配到中国人民解放军第四野战军哈尔滨卫戍医院任医生、主治医生。参加过辽沈、平津等战役。1951年调入北京。1952年任海军后勤部干部处副处长。1954年任总后勤部卫生部儿童保育处处长。1960年被授予中校军衔。

1957年转业到人民卫生出版社任办公室主任。1958年调入中国医学科
学院，历任科技处处长、管理处处长、对外联络处主任。1960年调入
解放军三〇一医院护士学校任校长。曾获三级八一勋章、三级独立自
由勋章、三级解放勋章和二级红星功勋荣誉章。1981年离休（副军职
待遇）。

2009年10月10日，老红军秦仪华的骨灰，在亲友的护送下，从北京
运回四川平昌元山镇秦家湾村安葬。时隔75年，少小离家的女红军，最
终魂归故里。秦仪华，这位历经磨炼的女军医，她的长征路充满了曲折
艰难。

小女孩逃婚当红军

秦仪华幼年丧父，靠祖母和母亲支撑家庭。家中原有几亩薄田，当地
官绅、团防经常上门敲诈勒索，乱派苛捐杂税，家里逐渐一贫如洗。秦仪
华小时候喜欢读书，常到隔壁私塾窗户下偷听。母亲就省吃俭用送她到元
山小学读了几年书。在她十一二岁时，母亲为她订了一门亲事，她死活不
同意。

1933年，红军来到了秦仪华的家乡。秦仪华看到部队里面有不少女
兵，虽然忙进忙出，但整天乐呵呵的。秦仪华就想当上红军，摆脱母亲
为自己包办的婚姻。在秦仪华的苦苦央求下，红军收下了这个还不到14
岁的小姑娘，安排给一位女委员当勤务员。

不久，红军撤离平昌到通江，秦仪华回家向母亲告别，母亲不同意
她跟红军走。"我不要找婆家，我要当红军！"秦仪华撒腿就跑，母亲

边追边喊也叫不回她。

部队转移途中，阴雨连绵，山路崎岖泥泞，秦仪华一身衣服被雨淋得湿透了，脚上磨出了血泡，筋疲力尽。她开始想家，哭鼻子。战友们劝她说："别想家了，那里已被敌人占领了，回去只有掉脑袋！"秦仪华想到，回去即便不掉脑袋，也逃不脱那门亲事，于是下定决心跟着红军走。

在部队里，她先被分到制鞋小组，每天赶做军鞋。1934年夏，因患痢疾和疟疾被送到医院治疗。病稍好，便被留在医院工作。1935年春，秦仪华跟随红四方面军总医院开始长征，抬担架，背粮食。但她身体虚弱，很难胜任，因而又被调到钩鞋班。她钩鞋钩得又快又好，大家都很喜欢她。

遭遇精简，街上卖梨

1935年10月，红四方面军行军到了天全、懋功一带，由于供给困难，秦仪华所在的连队全部被精简。全连包括连长都是女的，她们在竹林里住了三天，随时可能有土匪突然袭击，晚上大家都不敢睡觉，睁着眼睛熬到天亮。三天后，连长沮丧地宣布就地解散。

秦仪华无处可去，只好跟着一个二十多岁的姐姐，还有另一个小女孩，沿着大部队走过的路线拼命追赶。天黑时，她们赶上了一支野战部队。部队领导同意她们跟着部队走。她们为战士补衣裤和鞋袜，战士们吃什么，都分她们一份。

一天，她们三人正在地里捡农民收割后掉下来的麦穗，一群穿便衣的做地方工作模样的人走了过来，不由分说将她们当"逃兵"带了回去。她们每天被派去收麦子，汗水、泥土、麦芒混在一起，浑身非常难受。三人都只有一身衣服，常常夜里脱下来洗，白天又将没晾干的衣服穿上。半个月后，部队将她们收下，她们又成了红军。

过绥靖时，有天夜里，秦仪华睡得太死，一觉醒来，部队已经开走了，四周空无一人。她又急又怕，大致估摸了一下方向，连忙去追，可是一个多月都没找到部队的踪影。

有一次，她乘藏民的牛皮筏子过了河，爬上一个山坡，在土地庙前休息，准备捡点东西吃时，坡上走上来一个人。那人打量她一阵，问："你不是秦家的孩子吗？"原来这个人是她家乡的县委书记，曾在她家住过，他是带着全家撤离出来的。此后，秦仪华就在这位县委书记的照顾下靠帮人背梨到街上去卖维持生活。

一天，秦仪华在街上卖梨，被一个与她同在医院工作过的战士认出来了。这个战士对她说："你不是开小差的红小鬼吗？"她解释不清，只好回来向那位县委书记说。秦仪华回忆说："开小差是红军最憎恶的行为。对逃兵的惩罚是无情的。我好不容易找到了部队，却面临杀头的危险。但是即使杀头我也要回去。我提心吊胆地回到医院，指导员对我没有一句责备，反而像久别的亲人，把我紧紧搂在怀里。"

进入藏族聚居区后，秦仪华得了重病，多日不省人事，被送进了重病号病房。经过休息和治疗，她又奇迹般地站起来了。一次排长安排她去为部队背粮食，路上下起了大雨，她一不小心滑到了两米深的蚕豆沟里，米袋重重压在她身上。幸亏一个通信兵路过，将米袋子挪开了。她硬撑着把粮食背回了驻地。

一块砖盐支撑过草地

1936年夏天，秦仪华在红四方面军第五分医院当卫生员，随部队从甘孜出发，第三次向草地行军。这次过草地，比前两次更加困难，粮食缺乏是一个严峻问题。整整走了八天，出发时带的一点干粮，为伤员捐了两次，已经没剩多少，没法吃饱。饿极了，秦仪华才将炒面倒一点在手心上吃下去。宿营的时候，身体弱的生火烧水，身体好一点的都得出去找吃的、烧的。沿路的野菜都被前面的部队采过多遍，要走很远才能找到吃的。有些同志误食了毒草，呕吐、腹胀甚至痛苦地死去。

渡过噶曲河后，她们连队一点粮食也没有了。指导员清晨天没亮就出去找吃的东西，迟迟没回来。大家找到她时，她血淋淋地躺在路边已不能说话，舌头、耳朵、乳房都被土匪割去，伤口还在冒血。

过草地的最后三天，什么吃的也没有了，大家又冷又饿，又渴又乏，见到什么都想往嘴里塞。秦仪华身上带了一块砖盐，她去舀来一碗河水，把砖盐放在碗里搅搅，又拿起来放好，下次再用。秦仪华说："那不是盐，是力量、信念，也是任务。靠舔它，我走出了草地。"她终于随部队走到了哈达铺。在那里，她们终于饱餐了一顿土豆。

在哈达铺，秦仪华参加了调查组，下乡去调查土豪劣绅的情况，听群众揭发他们的罪恶，抄他们的家，没收他们的东西。在农村，贫苦的农民群众特别欢迎红军，秦仪华吃住都和农民在一起，她真正懂得了一个道理：正因为有了拥护红军的人民，红军才能在不断作战、不断减员的情况下，仍可以补充壮大，无论国民党几百万军队怎样围追堵截，也无法消灭这支英勇不屈的人民军队。

不久，秦仪华被选送到红四方面军卫生学校学习，向她的军医生涯迈出了第一步。1936年9月，她由共青团员转为中共党员。

后来，秦仪华先后参加了抗日战争和解放战争，成为一名真正的军医，历经了更多的生死磨炼。

徐美莲：妇女独立团的代理团长

王友平

　　徐美莲（1918—1984），四川南江人。1932年底参加红军，1935年9月加入中国共产党。1935年春随红四方面军长征。历任红四方面军第三十一军妇女独立团排长、连长、营长、代理团长，中共关中特委妇联主任等职。新中国成立后，调新疆维吾尔自治区工作，曾任新疆石油公司经理、新疆商业厅纺织品公司经理、新疆总工会副主席等职。1984年离休。

徐美莲，1918年4月14日出生于四川南江县石板村的一个贫苦农民家庭。家里共有7口人，父亲是个泥瓦匠，成年走村串户打临工养家糊口。两个哥哥都给地主家当长工，大哥因饥饿过度吃了地主家给的发馊剩饭中毒而死，二哥在给地主家抬石头时被砸死。年幼的徐美莲和妹妹，只能帮大人拔野菜、割猪草。母亲和姐姐天天上山砍柴，背到集上去卖，或者给有钱人家挑猪草，换点粮食回来，掺和些野菜、米糠勉强糊口，这样还是养活不了全家。徐美莲9岁时被送给人家当童养媳，在婆家每天干完繁重的家务后，还要陪着小她6岁的"小丈夫"玩。一旦他哭，她就要挨婆婆毒打，甚至很多头发都被揪掉了。她实在忍受不了这样非人的折磨，几次寻死都未死成。逃回娘家去吧，没有饭吃，也是死路一条。她内心哀叹："这黑暗的社会，哪有我的活路啊？！"

为求解放当红军

1932年底，徐向前率领红四方面军第三十一军来到通（江）南（江）巴（中）地区，解放了徐美莲的家乡，建立了川陕革命根据地。"穷人要翻身，赶快当红军。"徐美莲听到这样的宣传，看到一个个男青年都参加了红军，自己也很想参加红军。一天，有一位红军的司务长来到村里买菜，徐美莲主动问那司务长："先生，青胡豆要不要？"得到肯定回答后，她便和姐姐马上去地里割，割回来后，一边剥一边问："红军里头有女兵吗？"司务长回答说："有呀，多的是。""我去当红军要不要？""要呀。不过，先得到地方苏维埃政府去报名。"一听说女的可以当红军，徐美莲高兴极了，于是她瞒着家人独自赶到乡苏维埃政府报名参加红军。她一见到乡苏维埃政府主席，就说："我要当红军。"正好红四方面军第三十一军政治部的赵大姐在乡苏维埃帮助工作，她看见这个小姑娘那个坚决劲儿，就问："你为啥要当红军？"徐美莲回答说："我要报仇，我要活。"赵大姐又问："你有啥仇？"徐美莲含着眼泪把家里的情况，特别是两个哥哥的惨死和自己当童养媳备受折磨的处境，一五一十诉说了一遍。赵大姐听了很同情她，把她上下打量一番，犹豫地说："是个受苦的丫头，就是年龄太小，个子太矮了点。"徐美莲听后一下子急得大哭起来，边哭边说："我今年已经满十四岁了，因为家里穷，从小干重活，又没吃的，饥一顿、饱一顿，所以个子没长高。但是我能劳动，能跑路，有力气，能打仗，干啥活都行。如果红军不收我，我只好去寻死。"赵大姐看她态度十分坚决，和乡苏维埃主席商量了一下，就答应了她的要求。当天赵大姐就带她到红三十一军政治部，发给她一套打土豪得来的新衣服和一顶缝有五星的八角帽，让她当通讯员。从此，徐美莲当上了红军，走上了革命的道路。

参加红军不久，徐美莲就被调到妇女独立团，先后当战士、排长、连长、营长、代理团长。徐美莲在妇女独立团中参加过无数次战斗。

长征中率部参战受重伤

1935年3月，徐美莲随红四方面军妇女独立团参加长征。1935年6月红四方面军与红一方面军会师后，混合编为左、右路军。徐美莲所在部队随左路军行动，1935年8月他们就穿过草地，到达了阿坝地区。但这时，张国焘命令停止北上，用高压和欺骗手段强迫左路军战士们掉头南下，再次过草地、翻雪山，经毛儿盖、懋功、宝兴，向川康边境的天全、芦山一带退却。徐美莲在长征中很勇敢，也很勤劳，她有个外号叫"天不亮"，因为她总是天不亮就起来帮着做饭，大家都很喜欢她，就给她取了这个外号。她也很机智，在长征途中，她发现地主家有许多牛皮，就让大家去找来，然后把牛皮中间剪一个洞，套在身上，中间绑一根绳子，这起到了防寒的作用。当时曾一度率领左路军长征的朱德总司令，还多次到妇女独立团来作报告，讲革命道理，对红军女战士们进行政治思想教育。1935年9月，到达炉霍时，由妇女独立团二连指导员霍淑珍大姐当介绍人，徐美莲加入了中国共产党。

部队南下以后，张国焘甚至公然与党中央分裂，宣布另立"中央"。南下部队失去了党中央的领导，孤军作战，在张国焘错误路线指挥下，处处碰壁，接连失败。当时国民党集中大批兵力，围追堵截红军，天上有飞机侦察、轰炸、扫射，地上有军阀、土匪武装乘机袭扰。

1935年10月，妇女独立团在芦山、雅安地区，遭到国民党中央军周浑元部队攻击。有好几架敌机低空轰炸，炸弹就在徐美莲所在部队头顶上爆炸。当时徐美莲是妇女独立团二营营长，代理团长，她率领全团，经多次血战，终于打退一股匪军，突出包围圈，甩掉追击之敌。但徐美莲在战斗中被敌人的炸弹炸伤多处，昏死过去。当她苏醒过来时，部队已经转移。她摸摸头上、脸上，到处都是血，头部被炸掉块头皮；看看周围，许多同志都牺牲了。她强撑着身子，咬紧牙关，忍痛坐起来，解下绑腿包住头上的伤口，然后一边爬一边叫喊着周围的同志，看有没有和她一样昏死过去而还活着的。结果发现有四个战友活着，但伤势都很重，其中有个女同志被打断了一只胳膊。

转到地方工作任劳任怨

由于这次身受重伤，徐美莲离开了妇女独立团，住进了红三十一军医院，从此以后就转到了地方工作。最初是在陕西关中特委工作。1937年，她与中共关中特委组织部长张凤岐结婚。

由于没什么文化，头部又受伤，学习很困难，所以组织分配什么工作她都没意见。后来，她当过保管员、商店营业员。无论干什么工作，她都勤勤恳恳，任劳任怨。

1942年，徐美莲被组织安排到延安中共中央党校学习。解放战争时期，随丈夫行军，沿途做群众工作，并组织妇女做军鞋、军衣，筹集军粮等。

新中国成立后，她先在陕西咸阳地委做了两年收发工作。1951年调到新疆工作，此后一直在新疆工作30余年，1979年10月至1983年4月担任新疆维吾尔自治区总工会党组成员、副主席。1984年12月4日在西安病逝。

1949年底，徐美莲（左二）与张凤岐（右二）夫妇和孩子们合影　张抗战供图

郭长春：不怕死的红军女连长

马 睿

人物简介

  郭长春（1919—1991），四川阆中人，开国少将白志文的夫人。1933年10月参加红军，同年加入中国共产党青年团。1936年1月加入中国共产党。先后担任红三十三军军部女子警卫连班长、排长、连长等职，1935年春随红四方面军长征。抗日战争和解放战争时期，历任译电员、指导员、华北军政大学妇女队长等职。新中国成立后，先后任石家庄军分区卫生队指导员、军分区政工科任协理员。1960年离休（政师职待遇）。曾荣获三级八一勋章、三级独立自由勋章、三级解放勋章、二级红星功勋荣誉章。

孤女当红军

1919年，郭长春出生于四川省阆中县玉家场村。刚两岁，哥哥就被地主儿子打死。父亲告状无门，含恨死去。母亲听说后，一头碰死。郭长春一下子成了无依无靠的孤儿。她被邻居送到很远的姑姑家，姑姑实在养活不了她，把她送给地主当长工。

1933年的秋天，红军到了阆中，红三十三军一支一百多人的队伍来到了郭长春所在的村子里。此时郭长春已给地主放牛两年了，她目睹了红军进村后张贴红色标语、打扫街道院子，全然不是民团和地主说的那么可怕。她听说红军留给村民的纸条上写着："我们红军是穷人的队伍，专打土豪为民除害的，今天分给你们的一点东西，就是我们从地主老财那里得来的。"她看见这支红军中有许多女兵，兴奋极了。

郭长春大胆地帮助红军宣传，还当上了儿童团团长。红军帮助穷人建立了农会、妇救会，后来又组织起了赤卫队。红军打土豪，扩充队伍，让年幼的郭长春也萌生了参加红军的念头。这支红军部队走后没几天，郭长春就和被抢来当丫头的王凤莲、曹文秀两位邻居商量。郭长春说："咱们活不下去了，找红军吧？"两人欣然同意。第二天，她们三人便逃了出来，一起到距阆中县城不远的一个小镇上找到了红军，在招兵站报名参加了红军。

参军以后，郭长春被分配到宣传队，队里共有五十多个人，主要任务是宣传政策、打土豪、筹措粮款，有时还化装侦察敌情。领导问她是否有困难，郭长春总是回答说："没有！"问她怕不怕危险时，她又总是说："怕死我就不参加革命了！"

一次，宣传队准备在旺苍县打一家大土豪。据当地群众反映，这家土豪平时勒索百姓，鱼肉乡里，是附近有名的"财神爷"。宣传队先后三次派人侦察，都没能摸清其钱粮的存放处。郭长春是本地人，又给地主放过牛，熟悉情况，在她的建议下，领导决定由她和宣传队员王秀英假扮"财神爷"表弟家的小姐和丫鬟，前去探望"财神爷"的大儿子，打入他家中，仔细侦察。在她们巧妙的伪装、打探之下，宣传队里应外合，占领了"财神爷"的院落。红军组织群众开仓分粮，老百姓提着满竹篓的粮食，一个劲地感谢红军。王维舟军长得知消息后，高兴地赞扬郭长春："女侦察英雄，任务完成得蛮不错嘛！"

火线宣传见成效

1934年初，斗争进入了非常艰苦的时期。军阀刘湘集中了一百多个团的兵力，分多路向红军主力进攻，红军主力采取集中兵力、避敌锋芒、各个击破的战术。为配合战役，宣传队组织了十几个火线宣传组，深入各部队的前沿，开展政治攻势。

郭长春任第一组组长。她带着战士们，背上背包，背包上挂着一个用铁片制作的喊话筒，前往一个叫黄土坡的前沿阵地上作对敌宣传工作。她们冒着枪林弹雨在战斗间歇用铁话筒对敌喊话："白军弟兄们，你们也是受苦人，难道受苦还没受够吗？日本鬼子如果打进来，我们就要当亡国奴……""白军兄弟们，侧耳听端详，要说压迫人，最数国民党，跟着白军打内战，没有好下场。不如放下枪，赶快回家乡，你的亲人泪汪汪，在把你们想。""白军兄弟们，认真听我言，要说不平等，最差数白军。官长争地盘，士兵白送命，劝你赶快投红军，共同干革命。"借着敌军的思乡之情，她们还唱《十二劝》歌。每天夜里坚持搞对敌宣传，这个阵地喊话两次，那个阵地喊话两次，收到了很好的效果。据后来俘虏的敌士兵说，他们听了女战士的宣传，脑袋瓜开了窍，都不愿意在国民党部队中当兵，想通过各种办法早日离开，有的虽然还继续当白军，但也只是为了"关饷"养家糊口，一听到枪响就会撒腿往后跑。

雪山草地艰险行

1935年，郭长春随红三十三军参加长征，先后任红三十三军军部女子警卫连班长、排长、连长。在无数次的战斗中，郭长春表现得十分勇敢，曾三次负伤，脸上、腿上留下了三块伤疤。

有一次打"土围子"，部队首长考虑到土匪凶残，决定不让女战士参加。时任连长的郭长春坚决向首长请战，要求带领全连参加。在激烈的战斗中，一颗子弹打中了她的腿，鲜血直流，别人劝她下火线，她坚决不肯，直到战斗结束后她才去包扎治疗。还有一次，她在战斗中前额受伤，血流了一脸，她用手抹了一下，继续战斗，一直坚持到胜利。战友们称赞她是"不怕死的连长"。

1936年3月，女子警卫连经达维向甘孜一带转移，要翻越被称为"万年雪山"的党岭山。党岭山，横亘在丹巴、道孚之间，主峰海拔5400多米，山上空气稀薄，积雪终年不化。虽是阳春三月，但雪山还是滴水成冰。姑娘们没有棉衣，就把棕皮缠在身上，每人背着一捆稻草就出发了。越往山上雪越深，空气也就越稀薄。郭长春和一排长张秀英拄着木棍在前边探路，用刺刀在冰雪上挖脚窝，后面的同志踏着脚窝往上爬。

在暴风雪中，战士王凤莲的脚摔坏了，站不起来，郭长春和张秀英就架着她走，走一步停一下，走几步就累得喘不过气来，只好换两个人再架一会，全连就这样艰难地攀登着。爬上山顶，气候更加恶劣，雪花夹着核桃般的冰雹，不少同志被砸得青一块紫一块，姑娘们只好用手捂住脸，或把脸盆顶在头上，手脚并用地爬行。翻过山顶，姑娘们在一个山坡上宿营，在积雪中挖个雪坑，步枪一支就是柱子，再拉上一条绳子，便是房梁，把被单盖在上边，就建成了"雪房子"，把稻草往雪地上一铺，成为床铺。战友们围在一起，用被子盖上就睡了，一会儿又冻醒了。翻过党岭山，连队进行整编，筹集粮食，继续北上。

开始过草地了。一次，一排战士王小英脚下一软，半截腿陷入泥里，她越拔越陷。旁边的人赶紧伸手去拉，刚一用力，拉的人也陷了进去。郭长春带领战友们解下绑腿，接在一起，大家像拉纤似的往上拽，才把两人拽了上来。

进入草地后，粮食逐渐吃光，沿途得不到补充。战士们只好勒紧裤带，忍着饥饿行军。一些同志身体本来就很弱，加上在淤泥里深一脚、浅一脚地行军，连饿带累，渐渐地支持不住了。有的同志走路东倒西歪，呼哧呼哧直喘气，走着走着就倒下了。有的一倒下就再也起不来了。郭长春看到这些战友，心里似刀割一样难受。

为了同饥饿作斗争，大家开始采野菜充饥。后来野菜也没有了，大家只好饿着肚皮。一次郭长春把自己用了四年的羊皮护膝煮熟，每人分上一小块儿垫肚子。她还鼓舞大家："我们女子警卫连自从进入草地，大家踩泥浆水，风餐露宿，忍饥挨饿，克服了重重困难。现在我们虽然断粮了，但这是短暂的困难，大家再咬咬牙，坚持最后一两天，形势很快就会好的。今天晚上，咱们先来个小型会餐——红烧羊肉！"

就这样，郭长春带领着这个在战斗中成长起来的女子连队，爬雪山，过草地，飞关夺卡，历尽千辛万苦，终于于1936年10月间，胜利到达甘肃会宁，结束了长征。长征结束后，郭长春被组织派往延安女子师范学校学习。

谦逊严格传家风

郭长春这位14岁就参加革命的"老红军"，从不居功自傲。晚年的郭长春常对人们说："没有共产党，就没有我郭长春，革命的路走对了。我为党为人民做了一点事，但党对我的恩情却是我报答不完的。""我对党的贡献不大，党给我的待遇不低。想到为革命牺牲了生命的战友，自己还有什么更多的要求呢？！"

郭长春和白志文将军不仅对自己要求严格，对子女要求也很严，从不利用自己的职权、地位为子女"走后门"。他们的6个孩子，互相之间很团结和睦，也很孝顺老人。郭长春和白志文将军经常对子女们说："我们的荣誉和地位，是党和人民给的，绝不能用来谋私利。我们对你们，只有教育的义务，没有给你们拉关系、走后门的权利。"

1975年，郭长春（前排居中）和丈夫白志文（前排右二）与家人合影 白玉平（后排右一）供图

唐树林：女扮男装参加红军

石秀娟

人物简介

唐树林（1918—2007），四川通江人。1932年参加红军。曾在后方总医院、妇女独立团和连队卫生科工作。1935年参加长征。长征胜利后在延安与四川苍溪籍老红军何国礼结婚。1949年转业后曾在山东、黑龙江、辽宁等地工作。担任过长春一汽热电厂工会主席。1953年长春第一汽车制造厂建立后，唐树林成为一汽热电厂筹备小组成员之一，亲历新中国第一批解放牌汽车下线。1967年离休后随丈夫何国礼回四川老家，定居广元市离退休干部休养所。

花木兰的故事，相信大家早已经耳熟能详了。1918年出生在四川通江平溪乡的唐树林，怎么也不会想到她的命运竟然和花木兰有些相似。唐树林出生在一个贫苦的家庭，3岁丧父，母亲带着4个孩子乞讨为生。为了换来一升玉米面，母亲无奈把她卖给了地主家做童养媳。那时，唐树林刚满9岁。

女扮男装参加红军

1932年，唐树林已经出落成一个14岁的少女。一次偶然的机会，她听说通江城里面来了一批军队，四处打听之下，才得知这是一支穷人的部队，她毅然决然地把齐腰的长辫子剪掉，把一根草绳往衣服上一扎，女扮男装就去报名参军。

唐树林问一个红军宣传员："我可不可以参军？"红军宣传员仔细打量了一下这个瘦弱的"男孩子"，回了他一句"你走不动"。倔强的唐树林告诉红军宣传员她什么苦都吃得，只要可以参军。红军宣传员耐不住她的软磨硬泡，最终同意了她参军的请求。当她进入部队之后，战友们递给她满满的一碗白米饭，这是她这几年来吃过的第一顿饱饭。

当时的唐树林以为红军部队是不要女战士的，再者，若是被婆家的人发现，又少不了经历一次磨难，所

身着戎装的唐树林

以最初她选择了女扮男装。可是不到一个月的时间，战友们就看出了破绽：唐树林每次上厕所的时候，总是避开所有的战友，大家经常拿她打趣，她不爱说话，一开始说话的时候，就会脸红。

突然有一天，一个女红军拉着唐树林语重心长地问她："跟我说实话，你是不是女的？"看着面前这位英姿飒爽的女红军，唐树林才说明了自己的身份。唐树林因此被调到了后方总医院当护士。长征开始后，唐树林被编入妇女独立团参加战斗。虽然她个子小，比枪还要矮一点，但是她枪法特别准，一点都不输给男同志。

雪山"再也不抖了"

1935年春，唐树林随红四方面军开始长征。摆在红军战士们面前的是前所未有的艰难和考验。爬雪山、过草地成了行军过程中的家常便饭。三过雪山草地的经历成为唐树林一生难忘的记忆。1936年春，唐树林随部队过党岭山时最为艰难。

党岭山是红军长征中翻越的一座雪山。人们常说，大雪山的天气，跟娃娃的脸一样，说变就变。这话一点也不假。中午艳阳高照，紫外线强烈照射，再加上高山白皑皑的积雪，人们眼前白晃晃的一片，人被晒得直冒汗，脸发烫，不少战士都得了雪盲症，唐树林自然也不例外。一次采访中她这样说道："眼前的雪山在抖动，拍拍脑袋，看看是自己的脑袋在抖，还是山在动。"战士们用雪洗洗眼睛，症状就会好很多。唐树林抓上一把雪就往脸上擦，"山也不抖了！"效果确实很明显。晌午刚过，山上就狂风大作，暴雪夹着冰雹，扑打在身上，气温骤降，战士们的头发上、眉毛上都结起了冰，身边不断有战友倒下。指导员在不断地激励着每一个红军战士："困难最怕勇敢的人，红军战士都是勇敢的人。"听了指导员的话，唐树林咬牙坚持。在饥寒交迫中坚持了整整4天后，部队终于爬到了党岭山的顶峰。

靠一块骨头过草地

由于张国焘的错误决定，唐树林所在的部队不得不三过草地。在前两次过草地的时候，虽然粮食也很少，可是还有很多野菜树皮是可以拿来充饥的。到第三次，草地上可以吃的都已经让前面部队的战士吃光了，很多战士不慎喝了有毒的水、吃了有毒的草而丧命。这成为很多老红军最心酸的经历。唐树林在干粮快吃完的时候，捡到了一块骨头，这块骨头一直支撑着她："饿的时候，拿到火上烤一下，刮点粉下来吃。"多亏了那块骨头，陪她熬过了长征中最艰辛的那段日子。

走完了长征，唐树林被分配到连队当卫生员，留在了延安。在这里，她和一位侦察科科长何国礼成婚。新中国成立后，她在长春第一汽车制造厂工作多年。

黄海云：一心向党经风云

王友平

人物简介

黄海云（1918—2019），四川梓潼人，开国少将赖春风的夫人。1935年4月参加红军，随红四方面军长征。最初编入红四方面军第四军运输队，后分到红四方面军医院第七分院当护士。1936年秋加入中国共产主义青年团。1937年加入中国共产党。同年入延安鲁迅师范学校学习，后又到陕甘宁边区党校进修。1939年任陕甘宁边区保安司令部教导营文书。1941年春随丈夫赖春风到甘肃陇东军分区，任统计参谋。1946年任邯郸解放区组织部干事。新中国成立后，任广州军区政治部干部部福利科副科长等职。1960年被授予中校军衔。后以正师职身份离休。曾获三级八一勋章、三级独立自由勋章、二级红星功勋荣誉章、中国人民抗日战争胜利70周年纪念章、中国工农红军长

征胜利80周年纪念章。

2019年3月20日，参加过长征的老红军黄海云于广州不幸病逝，享年101岁。灵堂挽联写道："三过草地长征路上坚强小战士；百岁寿星人生途中幸福老母亲。"

流浪女童工参加红军

黄海云，1918年农历正月二十三日出生于四川梓潼县的一个贫苦农民家庭，是家中四个孩子中最小的一个，上有一个姐姐、两个哥哥。她本姓吴，家人给她取了个小名叫"秀娃"。她4岁时，父亲因为弄丢了地主家一头牛被抓进监狱，关了三天后不明不白地死去。家里日子实在过不下去了，母亲迫不得已只好将最小的女儿送给镇上一个姓黄的人家做养女，从此"秀娃"改名"黄海云"。养父母靠放高利贷为生，经济还算宽裕，对她还不错，8岁时就送她去学堂里读书。她14岁时，养母病故，养父续弦，后母对她很不好，让她辍学在家，一天到晚也没什么好脸色。黄海云受不了这个气，15岁时就在姐姐的帮助下来到了县城一家纺织厂当学徒做童工。她总是起早摸黑，每天至少要干活十二三个小时。不久，因工厂在战乱中停产，黄海云开始四处流浪。

1935年4月，红四方面军来到梓潼。当时黄海云和姐姐、嫂子们逃到了离县城几十里外的乡下姨妈家。在姨妈家，表姐动员她去见"同志哥"（红军），告诉她红军曾在自己的婆家住过，对人可好了："红军是农民的军队，专门帮助咱们穷苦老百姓。"黄海云曾躲在菜地里亲眼看到几个红军战士，他们打着绑腿、穿着草鞋、戴着帽子，个个精神抖擞，彬彬有礼。于是，她决定跟"同志哥"干革命去，便偷偷让表姐带她去报名参加红军。当时负责登记的红军干部简单问了她的家庭情况，反复看了她的身高，当时她身高只有1.48米，红军干部怕这小姑娘谎报年龄，不想要她。但她决心要当红军，硬是左缠右磨，感动了那位招兵干部。那位红军干部最终在报名登记册上写上了黄海云的名字，并发给她两条绑腿布，这就算参加红军了。她高兴得立即回家取行李，可是姨妈却很舍不得，不让她走。她决心要走，最终说服了姨妈。临走时，姨父还给了她两块大洋，并叮嘱她说："如果干不了就赶紧回来。"她毅然决然地走了，这一走就是20多年。部队领导最初分配她到"新剧团"，但黄海云不愿意去演戏，她宁可到运输队当苦力，于是被分配到了红军运输队。

"我也要做党的人！"

黄海云被编到运输队后，和战士们一起运送枪支弹药、粮食、伤员。运输队没车缺马，主要靠肩挑背扛。有一次，黄海云给部队运送枪支，一杆枪有十多斤重，她人还没有枪高，一次就要背四杆枪。老兵告诉她，枪是红军的命，丢了枪就等于丢了命。于是她视枪如命，白天把枪扛在肩上，晚上把枪垫在身下睡觉。有次碰到下冰雹，她生怕那鸡蛋大的冰雹把枪砸坏了，紧紧地把枪搂在怀里。一阵冰雹过后，枪是安然无恙，她头上却鼓起了好几个大包。在运输队，她经常要长途跋涉去完成任务，翻山越岭，往往一走就是几十里上百里。

几个月后，她被分配到红四方面军总医院第七分院当护士。医院不是战斗部队，护士都没配枪，若遇敌情，只能赶快找石头、木棒等防身击敌。当时，红军医院条件很差，缺医少药，护士所做的工作就是帮伤病员煮点汤喝，换换纱布，不用打针也不用量血压，根本没有那些设备。因为条件太差，护士只能用消过毒的牛皮纸给伤员敷药，由于纸很硬，一贴上伤口，伤员总是痛得直叫。为了减轻伤员的痛苦，黄海云换药时动作很轻而且特别仔细。每到宿营地，护士们还要四处打柴，帮伤病员煮汤、烧洗脚水。黄海云个子小，每次出去，别人打一大捆，她只能打一小捆，可她从来不偷懒，总是格外努力工作，还怕红军会因为她的养父母成分不好而哪天会不要她。

　　黄海云所在的护士班总共十来个人。她发现班里有几个大姐平时工作非常积极，还经常在一起开会。黄海云去问为什么，大姐们告诉她，她们是"党的人"。"我也要做党的人！"黄海云说。

　　此后，黄海云工作更加积极，累活、脏活，不等分配，她总是抢着干。班里最累的活是抬伤员，大姐姐们看黄海云年纪小就没安排她，可她总是争着上。有一次，她和一个姐妹抬着伤员一口气跑了好几公里，担架的扶手把她的肩膀磨得血肉模糊，衣服和皮肉都粘在了一起，疼得她直掉眼泪，但她却没叫一声苦。还有一次背粮食，黄海云背了五六十斤重的粮食，跟大姐姐们一起从山间小道回宿营地，一路上不知摔了多少跤。下半夜到达目的地时，她的衣服都成了布条条，身上到处青一块紫一块，她也一声不吭。

长征路上历艰险

　　1935年春，黄海云随红四方面军开始长征。爬雪山，过草地，行军异常艰难。

　　1936年2月，红四方面军南下受挫后西进甘孜，途中翻越党岭山。党岭山位于四川甘孜藏族自治州丹巴县西北，传说古代羌人南迁时党项羌曾经过此地，故名。党岭山海拔5000多米，异常险峻，山上终年积雪，空气稀薄，风暴、雪崩不断，被称为"鬼门关"。翻越此山，需要上山下山各走一百里。黄海云和众多战士们一样，上身裹着两三件单衣，下身穿一条齐膝的短裤，打着绑腿，蹬着草鞋，挂着一根木棍。半路上，黄海云捡到一件粗线织的破背心，如获至宝，赶紧将它紧紧地绑在身上。一路上，黄海云和战友们相互搀扶着在风雪中艰难爬行，不时看到倒下冻僵的战友的尸骸。很多战士脚都冻裂了，长长的血口子，不时往外渗血。逼近山顶，寒风凛冽，战士们被刮得东倒西歪。山越来越陡，雪越积越厚，风越刮越紧，呼吸越来越困难，头晕脚软。倘若在山上停下来休息、说话或喝雪水，很可能就倒下去再也起不来。接近山顶时，黄海云实在挪不动脚步，很想停下来喘口气，立即被战友们制止了。下山的时候，黄海云只好眼睛一闭向下滚。有一次，她差点掉进冰洞里，多亏了手中那根结实的木棍救了她的命。双手麻木的黄海云死死攥着那根木棍，一步一步将雪山抛在了身后。黄海云后来回忆说："我挂着木棍，手冷得发抖，一边还扶着战友，就这样忍着、撑着。直到后来下了雪山，我才庆幸自己还活着。"

1935年8月初，红一、红四方面军混合编为左、右两路军北上，迅速

1964年，黄海云和丈夫赖春风少将合影　赖亚力供图

过草地。红四方面军是第一次过草地。草地纵横百里、荒无人烟，到处是深不可测的险恶泥沼，一不留神就会连人带马被吞噬。草地上气候变幻无常，白天往往先还是万里无云、骄阳似火，一转眼就是乌云满天，下起瓢泼大雨来，甚至还有雪花、冰雹劈头盖脸地砸来，让人躲也无处躲。那时大家都没有衣服换，也没有地方睡觉，穿着湿漉漉的衣服行军。更严重的是缺少粮食，随身背的干粮很快就吃光了，只好挖野菜、嚼草根。大家都担心掉队，一旦掉队，就意味着死亡。缺吃少穿、筋疲力尽的红军将士，实在走不动了，就坐下来背靠背休息一会儿。有一次，当黄海云从草地上站起时，发现背靠着自己的姐妹断了气，身子已经凉了。一路上，黄海云亲眼看见自己的战友一个个倒下去。

历经千辛万苦，总算活着走出草地。谁知张国焘又下令让刚过草地的部队重新穿过草地去攻打成都，还提出"打到成都吃大米"的口号。黄海云曾回忆说："最难忘的莫过于过草地了。由于张国焘的错误领导，红四方面军竟然三过草地，令红军将士吃尽了苦头。"

1999年，八旬老红军黄海云在井冈山红军医院留影　赖亚力供图

二过草地时，粮食奇缺。大家本来指望路上挖点野菜，可是红军第一次过草地的时候，野菜就被挖光了。带的一点干粮很快吃完了，没等走完草地，就没有吃的了，很多人病死、冻死、饿死。幸亏前面的部队给黄海云所在的医院送来一头牛，全院每人分到巴掌大一块牛皮和四两牛肉。实在饿得撑不住了，黄海云就把牛皮拿出来，撕一小块放在嘴里，边走边嚼，牛皮很难嚼烂，最后干脆直接囫囵吞下了。

1936年7月，红四方面军南下攻打成都失败，部队又决定北上与党中央会合，仍要穿越草地，这是第三次过草地。这次过草地与前两次的线路不同，行程也更远。开始，黄海云穿着草鞋在泥沼中深一脚浅一脚地向前艰难行进，一双草鞋不到两天就烂了。走到后来，带的草鞋穿完了，她就从破衣服上撕下一块布来裹在脚上。但是裹在脚上的这块布，也很快被泥沼吞没。战友们只好将一块牛皮戳上几个洞，用绳子系在她脚上当鞋子。这双鞋看起来结实，可是一见水就滑溜溜的，一走就摔跤。后来黄海云干脆打着赤脚行军。走出草地时，她和其他战友一样，脚都被泡烂了。

回忆起长征时的艰难情景，黄海云心情沉重，她十分感慨地说："对女红军来说，雪山草地尤其残酷，环境差、营养差，女性还要面对生理期的问题。我是个护士，一路上烧汤煲药，但在过草地时，别说给伤病员治病，就是煮一碗汤给伤病员喝都是一件很奢侈的事情。因为缺衣少食，缺医没药，有时眼睁睁地看着战友们一个个倒在自己面前。那种揪心的场面，令人永世难忘啊！"

"革命不成功，誓不把家还"

1936年12月12日西安事变发生后，部队后勤部召集女兵开会，宣布

"国共两党合作，部队不需要那么多女兵，医院要解散"，让女红军们各自回家去。一听这消息，女红军们顿时哭成一片，家在哪儿呀？"离家这么远，让我们往哪里去呀？"黄海云不想回家，她找到后勤部长杨志诚，请求道："我是出来干革命的，革命还没成功，就是枪毙我，我也不回家，死也不离开红军。"杨部长没办法，只好同意她留下，分配到兵站继续当护士。在延安，她被编入护士连，因为识字，又被选送到延安鲁迅师范学校学习，后又到陕甘宁边区党校进修。1937年，黄海云光荣地加入了中国共产党。

在党校学习期间，黄海云认识了也同样参加了长征、从井冈山走来的红军战士赖春风（1955年被授予少将军衔），1938年他俩在延安结婚。婚后他俩一共生育了六个孩子，由于战争形势所迫，不得不把其中两个女儿送给乡亲抚养，后来一直杳无音信，这成了黄海云终身的锥心之疼。1939年，她任陕甘宁边区保安司令部教导营文书。1941年春，她随丈夫赖春风到甘肃陇东军分区，任统计参谋。1946年，任邯郸解放区组织部干事。

新中国成立后，黄海云任广州军区政治部干部部福利科科长等职。1960年，她被授予中校军衔。60年代初，黄海云终于回到了阔别20多年的老家梓潼探望父老乡亲。当时有人认为她是老红军，回家乡应通知县里，县里肯定会出面接待的。但黄海云为了不麻烦组织，就一个人悄悄回家看望姐姐哥哥。1982年，黄海云与赖春风将军一起再次回到梓潼，仍然没有惊动县里。

终身宣传、弘扬长征精神

黄海云一生不忘长征情结，长期坚持宣传长征精神。1960年，黄海云被广州八一小学聘请为校外辅导员，常去给孩子们讲革命故事。她也常给新战士讲长征故事。黄海云说："年轻人不知道什么是苦，我多讲一点是为了让他们明白今天的生活需要珍惜，遇到困难也不要气馁。"直到晚年，黄海云还经常给人们讲长征故事。

2004年3月，黄海云在家里接受《解放军报》记者采访，她回忆长征说道："最难忘的莫过于过草地了……第一次过草地是跟红一方面军会合，在甘孜、炉霍一带，张国焘跟党中央闹分裂，要返回去打成都，成都没打成又返回来。结果把大家折腾得筋疲力尽……当时掉队的很多，也有很多人病死、冻死、饿死了。后来实在坚持不住，部队就杀了牛，每人分得巴掌大一块牛皮。这时我们已饿了两天，吃了牛皮第二天就没东西吃，不吃吧，又实在饿得难受。于是，大家把仅有的这点食物煮熟后，一次吃上一点点。正是靠着这一块牛皮和跟着红军干革命的坚定信念，我们终于走出了沼泽地。直到走到甘肃后，部队才搞到些粮食。"谈到现在的美好的生活，她说："我们在追求物质享受的同时，不能忘了艰苦奋斗的精神。"

2006年9月，88岁的黄海云接受了《南方周末》记者的采访，她感叹说："现在的和平、幸福来之不易。年轻人对红军长征越来越没什么概念了。我要把过去那段历史讲给大家听，要让年轻一代不要忘本，不要忘记历史啊！"她详细回顾了长征的艰苦卓绝历程，不无幽默地说："现在有人开玩笑，说老红军这么长寿，当时过草地吃的是冬虫夏草吧。我那时没听说过冬虫夏草，冬虫夏草也不是长在草地上的。"2006年10月，广东省十佳少年张梦娴和《少先队员》杂志社的小记者们来到黄海云家慰问并请她讲红军长征故事，讲述结束后，黄海云和少先队员齐声朗诵毛泽东诗词《七律·长征》，并愉快地合影留念。

2008年5月12日，四川汶川发生大地震。突如其来的灾难消息传到了广州白云山脚下的一座小院里，已经90岁高龄的黄海云每天守在电视机前，时常老泪纵横。"这个地方离我老家不太远。"老人家对身边的人说，"长征的时候，我在那里住过一阵子。"她从自己的退休金里拿出了仅有的两万元，捐给了地震灾区。

为了宣传弘扬红军长征精神，凡是有单位要采访，她从不拒绝。有时身体不舒服，子女们劝她别接受采访了，可她说这是宣传红军长征精神的好机会，不能放弃。就这样，她先后接受了中央电视台、解放军画报、井冈山干部学院和延安长征干部学院等的采访。

2016年8月，黄海云高烧住院，她的女儿赖亚力还听到她在梦中讲长征："那个高原，现在谁能上啊？"98岁高龄时，她还在家中给来看她的后辈和外国友人讲述长征故事。

黄海云把一生都献给了革命，献给了党和人民的事业。她与赖春风将军都非常重视家风，重视对子女的教育培养，对子女要求十分严格。她总是极力关心他人，老战友们的孩子，也时常挂在心上，总想为他们的成长多做一些事情。对老伴的老家井冈山和自己四川老家也关怀备至，她带领子女们为家乡的建设集资募捐，在井冈山建了一所希望学校——春风中学，为老区培养了一代又一代年轻人。

2019年11月9日，老红军黄海云骨灰安放仪式在井冈山根据地烈士陵园隆重举行，实现了她魂归井冈的夙愿。

这位一心向着党和人民、历经革命风云沧桑的百岁女红军虽然离开了我们，但她的精神品质将永远激励着国人，正如一首挽诗所写："巾帼少小入红军，百战强敌泣鬼神。救苦英豪今逝世，精神不死励国人。"

彭　云：朱老总鼓励她长征

胡彦双

　　彭云（1918—2012），原名彭玉秀，四川巴中人。1932年参加红军。1935年春随红四方面军开始长征，在长征中右眼受伤失明。1937年7月加入中国共产党，后由党组织改名为彭云。历任红四方面军红四军政治部宣传员、红军教导师步兵学校政治部副队长、红军教导师步兵学校医院护士、一二九师第四后方医院护士长、陕甘宁边区保安处医务所护士长、第一野战军监护大队卫生队护士长、西南军区后勤部交警团卫生队副指导员、西南军区后勤油料部保管员。1954年8月离职休养。曾获得三级八一勋章、独立自由勋章、解放勋章和二级红星功勋荣誉章。2012年1月14日在重庆逝世。

与死神擦肩而过

彭云1918年出生在巴中县（今巴中市巴州区）天官乡一个贫苦农民家庭，刚出生，父亲就不堪重负，抛弃了可怜的母女。6岁时，母亲把她送给别人家当童养媳，从此也没了消息。彭云14岁时，红军来到她的家乡，她听说这是一支专为穷苦百姓打天下的队伍，便下定决心跟着红军走。

参军就是把生命交给红军，这是当时红军战士们坚定的信念。翻雪山，过草地，这些充满生与死较量的记忆是每位红军战士都无法忘怀的。

有一次，国民党马鸿逵的部队搅乱了彭云所在的队伍，她和几个女战士不幸掉队了。彭云知道，跟随着大部队尚且异常艰险，掉队就意味着死亡。彭云和姐妹们好不容易打听到大部队的方向，便拼了命地追赶。

在过明正河的时候，水流湍急，几个年龄大的姐妹把手死死地挽在一起，一点点过河。彭云力气小，便死死抓住排长的衣角，蹚水过去。走到河心时，水没过了大腿，彭云突然发现排长的军衣已经快被扯裂了，她想换个地方抓，谁知一换手，便被冲入河中，排长想抓她也没有抓住。排长和战友沿河找了好长一段，也没看见她，以为她牺牲了，便继续追赶大部队了。

幸运的是，彭云在水中抓到了一棵树，便随着河水飘到一个险滩上去了。她爬上岸，人已经虚脱了，不停地打着冷战，青紫的嘴唇不停地哆嗦，牙齿磨得直响……她回了回神，信念又支撑她重新站了起来，她拼命地朝着大部队前进的方向追赶。快到晚上的时候，终于追上了排长和姐妹们，大家紧紧抱在一起，失声痛哭。

长征幸遇朱老总

　　虽然一路上处处凶险，随时都可能丧命，但是彭云和战友们一样，充满了革命乐观主义精神。一群十多岁的小姑娘，爱吵爱闹，叽叽喳喳的，也给行进中的红军队伍带来了很多生气。

　　当时，彭云所在的宣传队经常能见到朱德朱老总，身材魁梧的朱老总快50岁了，在小姑娘眼里既是运筹帷幄、德高望重的总司令，又是和蔼慈祥、幽默风趣的老父亲。

　　有一次，她们见朱老总从她们身边走过，就起哄朝他嚷道："老头，老头，你要把我们带到哪里去哟？"朱德面带笑容，用他爽朗的声音回道："丫头别偷懒，走出草地才是英雄汉！"

　　朱老总对这群活泼的孩子也是照顾有加。

　　彭云过雪山时，由于雪照，右眼发了炎。幸好朱老总注意到了，便叫卫生员和战友们好好照顾她。彭云感动得流下眼泪，朱老总还打趣道："哎哟，还硬是'老乡见老乡，两眼泪汪汪'哟！没事，没事，会好的。"

　　在长征途中，药物极其匮乏，彭云的右眼发炎最终导致失明。她当时发着高烧，靠着战友们的搀扶，拉着朱老总的马的尾巴才活着翻过了雪山。

彭云与丈夫戴福九在家中
冯建新供图

革命伴侣共传长征精神

1936年10月，红一方面军和红四方面军在甘肃会宁成功会师，长征取得了胜利。

彭云不久与担任中央领导警卫工作的戴福九相识，1937年3月在延安结婚，成为一对革命伴侣。此后，他们经历了抗日战争的烽火硝烟，闯过了解放战争的枪林弹雨，投身大小战役、战斗130多次。

离休后的彭云夫妇，一直把人民群众的事情当成自己的事情。

彭云仍然像当红军宣传队队员时一样，到部队、学校、厂矿、街道等企事业单位讲述革命故事，讲述长征精神，把自己当成无私奉献的宣传员。

1980年，这对老夫妻被邀请到四川巴中作报告。当彭云得知一名3岁的小女孩父母去世成了一名孤儿时，当即决定收养她。后来，她家乡的一条小路被洪水冲垮，她从自己微薄的工资中捐出数千元，修建了一座过河桥，当地群众叫它"红军爱心桥"。几十年来，她先后资助孤儿、贫困学生30多人，向偏远贫困地区和地震、洪涝灾害地区捐资10余万元。

她也严格要求自己的子女弘扬长征精神，对他们讲："不要向政府伸手，要靠自己当普通劳动者。"他们的战友很多都是高级干部，但是她五个子女却从没有找过关系，走过后门，像彭云夫妇要求的那样，都是普通的劳动者。

2007年7月31日老红军戴福九、彭云在重庆市人民广场参观

蒲 云："在草地上也记着共产党宣传的主张"

杨国军

蒲云（1917—2015），四川平昌人，中国无产阶级革命家郑位三的夫人。1933年12月参加红军，1934年加入中国共产主义青年团，1935年加入中国共产党。加入红军后，先后担任红四方面军总政治部宣传员、总医院护士、班长。长征胜利到达陕北后，先在中央卫生部从事医护工作，后在中央卫生学校、延安中国女子大学学习。抗日战争时期，先后在新四军第四、第二和第五师做医务工作。1942年与郑位三结婚。1946年参加中原突围。新中国成立后，先后在湖北省军区、湖北省委、中共中央办公厅、中央组织部工作，任党支部书记、行政秘书、机要秘书等职。"文化大革命"中受到错误的审查和批判。"文化大革命"结束后恢复工作。1982年9月离休。2015年7月30日于北京病逝。

童养媳偷偷参加红军

蒲云出身于贫苦农民家庭，11岁时父亲病故，母亲改嫁，不久继父又病逝，母亲饿死在逃荒路上。后来，蒲云被迫给开小饭铺的毛家当了童养媳。因毛家独子也出去闹革命了，因此毛家当家的奶奶非常疼爱蒲云，拿她当亲孙女养。1932年底，红军解放了通江县城，通江村镇到处闹革命，红军组织穷人建立红色政权，打土豪，分田地，批斗恶霸地主。长期受军阀和地方土豪劣绅欺压的老百姓，纷纷报名参军，其中有不少女同志。蒲云被眼前的情景所吸引，再也不想当童养媳了。她把棉衣裤都脱下来叠好，放在床上，自己则穿着破衣服跑出毛家参加了红军。蒲云的女儿曾问过母亲："您自己有吃有穿，为什么要出来当红军受苦？"蒲云说："当时就是想让没饭的人有饭吃，让穷人都能过上好日子，这些只有跟着红军才能办到。"

当上红军后，蒲云被分到红四方面军总政治部当宣传队员，唱歌、印传单、贴标语，还拿着《中国革命十大纲领》《怎样分配土地》等小册子，到处做宣传。她自打当上红军，搞宣传，跋山涉水，早出晚归，一点也不觉得苦和累。

有一天，蒲云外出冒雨搞宣传，感冒发烧，被送到红四方面军总医院治疗，病愈后被红四方面军总医院政治部主任张琴秋留下，在医院做医务工作，和红军女战士杨磊一起照顾护理伤员。

惊险走过铁索桥

长征中，蒲云还是做医务工作，当护士，背药箱，跟医院的同志一起行军。1935年6月过大金川猛固铁索桥的惊险，令她终生难忘。

当时部队经过铁索桥时，十分惊险，桥下波涛汹涌，巨浪滚滚。那天风刮得很大，铁索桥摇晃得厉害，过桥时敌人又追来了。蒲云在过铁索桥时很害怕，桥离水面好高，像在半天云中，铁索又在乱晃，铁链上铺的木板之间都是断开的，她突然头晕脑涨，眼冒金花，走到中间就不敢走了，就在铁索桥上蹲下去。后来有一个战士过来，鼓励她说："别怕，抬起头，过桥往前看，把脚放平稳。"说着，就把她拉起来扶着走了过去。她十分感激那位战友，一直不能忘怀。她也亲眼看见，有的同志由于长途行军打仗，很疲劳，又有病，过铁索桥时，脚一踩偏，掉到河里，无法抢救，牺牲了，她心里十分难过。

三过草地救战友

蒲云随红四方面军三过草地。1936年7月，红二、四方面军在四川甘孜地区会合后，又一次北上过草地。这时蒲云已是班长。

过草地时，战士们最大的意念就是一定要走出草地。蒲云说："刚开始参加红军的时候，宣传共产党的主张就是'打土豪，分田地'；打倒土豪地主，打倒军阀。在家里待着受压迫，吃不饱，穿不暖，参加红军，将来就有好日子过了，有吃的，有田地种了。在草地上也记着共产党宣传的主张。"有一次在草地上，她和另外两个男同志三个人轮着抬一个担架，抬到第二天早晨天快亮才到，走了一天一夜。两个人抬担架，一个人拿着一壶水，自己还不能喝，得留给伤病员喝，他们只能舀河沟里的水喝。

路越走越艰难。蒲云回忆说："我们把自己的工作做完了，还要到山上去挖野菜，自己要吃，伤员也要吃，要挑好的给伤员吃，而且还要多放两把大麦面，和野菜搅在一起。我们自己人就吃差一些的菜，放的大麦面就少一点。所以那时候一切都为了伤员，走不动的，还要帮着扛枪，帮着背包，背点东西。"长征中，她感触最深的就是在山上吃野菜。她回忆说："我们边走边吃野菜。白天走路，晚上就在山边的大树底下搭个棚子休息。那时候我当班长，带了几个女护士在一起。我是青年团员，组织上教我们团员要给群众起带头作用，自己不吃要给别人吃，自己不穿要给别人穿。"过草地的最后几天，没有壶没有水，饿了，蒲云就舀沟坑里的水喝。大家同心同德，克服了一个个意想不到的困难，终于走出了草地。蒲云说："那时候再艰苦自己也不觉得苦，就是一心一意想走出草地。"

蒲云对长征中吃草根和烤皮带吃印象也特别深刻。她说："不煮，就是烧着吃，烤皮带吃，烤完之后就割了大家分着吃。还有医院的院长，晚上实在走不了了，就把他的马杀了，一个人分一点马肉烤着吃，把马皮也吃了，这都是我自己经历过的。我们刚过草地的时候，没吃的，藏族的同胞给我们粮食，给我们麦子，我们吃了以后就给他们留钱。有时候就把麦穗掐下来，放在火上烧，然后放在手里揉，麦粒就放在嘴里吃，吃完了之后嘴是黑的，像猫一样。"

蒲云随部队过草地时，当时有个女战士叫光锋，突然掉进泥潭，身体慢慢往下陷，只有两只手伸出来。恰好这时，蒲云从那里经过，她抬头看见了蒲云，就喊："班长，救救我！"蒲云就立即扶着旁边的石头使劲拉她。但那时候她个头小气力弱，又是个女孩子，拉不动。幸好后面又来了一个男战士，蒲云急忙说："我拉不动她，我的力气不够。"男的力气大，他们一起把她拉起来了。1955年蒲云从武汉调到北京，光锋找到她，一见面就紧紧拉住蒲云的手说："哎呀，班长，你是我的救命恩人。"

长征胜利结束后，蒲云先后在延安妇女学校、延安中国女子大学学习。抗日战争爆发后，国共两党进行第二次合作，红军部队整编，蒲云先后在新四军四师、二师、五师工作。

1945年1月，郑位三、蒲云与新四军第五师部分同志合影。前排左起：陈少敏（其怀抱者为郑位三之子郑非迟）、尚晓平、程里；中排左起：夏农苔、蒲云、胡志学、何建平；后排左起：刘少卿、张体学、郑位三、李先念、张树才　郑复康供图

蒲云晚年退居二线后，革命精神不减。为激励鞭策自己，教育子孙后代，她认真整理战争年代的书稿《我在长征中的生活》《长征中的一个女指导员》和《记五峰山战斗突围》等，并积极为《郑位三同志传记》的写作提供资料，为《郑位三百年诞辰纪念文集》写文章。

蒲文清：三过雪山草地的15岁护士排长

何　丽*

人物简介

　　蒲文清（1918—2011），四川平昌人。1933年9月参加红军，被分配到红四方面军总医院当看护。1935年春随红四方面军长征，任看护排长，同年加入中国共产主义青年团。1936年到达陕北延安，是抗大第八期学员。1937年转为中国共产党党员。先后在清凉山中央印刷厂、延安荣誉军人学校工作。1947年3月随延安抚恤委员会转战陕北。1948年冬到达河北冶陶，参加整风后任晋冀鲁豫军区炮兵旅供给部妇女大队区队长，配合解放临汾、晋中和太原等战役战斗。1950年南下四川铜梁地区剿匪，并在部队改

编番号后的西南炮兵供给部、军委炮兵第三训练基地的转战中，领导了妇女儿童安全保障及转移工作。1953年转业至中华人民共和国交通部后，到北京市工农干部补习学校学习两年。1956年响应国务院精简机构和中央支援地方的号召，到北京市东城区交道口街道办事处工作。1978年重回交通部，任政治部组织部四处退休干部管理组专职党支部书记。1979年离休。

风雪党岭山

　　1918年，我的母亲蒲文清出生在四川平昌县新苗乡的一个贫苦农民家庭，7岁丧母。为生计所迫，他的父亲把她姐姐送给人家当了童养媳，把我的母亲寄养在她的伯娘家。

　　1933年9月，母亲参加红军，被分配到红四方面军八十八师医院学习看护。因为刚刚当兵，什么都不知道，什么也不会，连个正式的大名都没有。报名参军时，红军给她取名为蒲文清。她的主要工作就是收伤病员换下来的纱布，再把它们洗干净、消好毒以备再用。慢慢熟悉工作情况后，母亲就能够帮助做些其他的事情。很快，母亲就成了一名正式看护，常常受到战友们和伤病员的表扬。长征前，母亲被调到红四方面军总医院四分院当护士。1934年7月，母亲被任命为看护排长，1935年春，随红四方面军长征，两个月后加入了中国共产主义青年团。

　　在长征临出发时母亲突然得了很重的眼病，两只眼睛红肿得几乎看不到东西。医院领导劝母亲留下来，她坚决不肯。因为她从小失去爹妈，过着寄人篱下的日子，还被亲大娘卖给人家做童养媳，八九岁又被迫到地主家当使唤丫头，是红军把她从火坑里解救出来的。她坚决要跟着队伍走，就是死，也要死在长征路上。再说，自己是护士排长，担负着几十个护士、伤员的协调工作，还和几个小战士负责抬负重伤的宋益民营长。所以她再三向领导表明自己能克服眼病，要和大家一块完成任务的决心。

领导看母亲的态度十分坚决，就同意了。但是，也为这个要强的小战士捏一把汗。领导又是感动又是鼓励。指导员对母亲说："小鬼，坚持住，不掉队就是胜利！宋营长由后备队员分着抬。"

母亲带病出发了。她强忍着眼睛的病痛，坚强地一手拄着棍子，一手扶着宋营长的担架，随着部队一步不落地行进着。她对自己的要求不是不掉队，而是要很好地完成领导分配给自己的任务。

长征中，1936年3月翻越党岭山是对母亲的一个考验。

党岭主峰，海拔5000多米，终年积雪不化，一会儿狂风怒吼，一会儿大雪纷飞。母亲的眼睛被强烈的雪光刺得不停地流泪。眼皮被寒风吹得没有了知觉，怎么睁也睁不开，既看不清身边的伤员和小姐妹，也看不清脚下的路，心里真是急死啦。她担心自己过不了党岭山，更怕给在风雪中经过长途跋涉已经疲惫不堪的战友增添负担，所以就咬紧牙关坚持着、坚持着。

母亲虽然眼病严重，但

1948年蒲文清（右一）同丈夫何炳文（左一）在从河北到山西的行军路上与孩子们合影

她没把自己当成病号。她们6人负责抬受了重伤的红军营长宋益民同志。只要担架一上肩，不管多重，也不管肩有多痛，谁都不吭一声。

宋益民营长因大腿中了敌人机枪的子弹，皮肉撕碎，露出了长长的白骨，一直是半昏迷状态。他个子比较大，抬担架的6个小鬼，被压得直不起腰，只得慢慢地向前行。大家衣服单薄，走得越慢越觉得冷。她们还不时地摸摸担架上的宋营长。突然，几个小鬼都争着脱衣服。母亲眼睛看不清，可知道大家要干什么。就拦住姐妹们说脱她的，她是排长。母亲不等她们回答，就把自己脱下的单衣摸着盖在宋营长腿上。而她自己，则紧了紧腰里的草绳。

爬雪山的各路部队，都在风雪中奋勇前进。因为出发前，首长和向导就反复强调，只要在雪山上停留时间长一点，人就可能冻僵甚至冻死。何况，母亲她们这支队伍，都是十几岁的女娃娃，还负责抬着20多个重伤员呢！母亲心急如火。她根本不管自己的眼病，使劲睁着红肿流泪的眼睛，察看伤员和护士，生怕发生意外。

当队伍爬到了半山腰时，突然风吼雪飘，一阵冰雹从天上砸下来。母亲立即传达前面的命令，放下担架，停止前进。大家迅速围扑在一副副担架上。母亲她们也扑在宋益民身上，任风雪扑打，任冰雹砸身。宋营长意识到母亲她们是在用自己的身体保护他，就用很微弱的声音说："不要管我！你们已经完成了任务。全国解放就好了，我怕是赶不上趟了……"话音未落就昏了过去。母亲和抬担架的战士们齐声呼喊："宋营长，坚持住！风雪冰雹一会儿就会过去的。"话未说完，看见宋营长在扯盖在身上的衣服。母亲忙问他要干什么。只见担架上的宋营长紧闭双眼，脸色青紫，嘴唇哆嗦着说不出话。一个小鬼把耳朵贴到他嘴边使劲听，才知道他要把盖在身上的衣服拿下来。当母亲撩开几件单衣时，模模糊糊地看见宋营长伤口渗出的血已经冻成了冰。母亲又用手摸摸宋

1964年冬，红军女战士合影。前排右起：蒲文清、彭克昌、贺林；后排右起：谭新华、罗屏、黄琳

营长的身体，冰凉冰凉的。等母亲和几个小鬼把宋营长伤口上的冰抠开，又把盖在他身上的衣服披好，发现宋营长已经停止了呼吸。只见他的一只手还在向上推着盖在身上的衣服，另外一只似乎在解衣服扣子。母亲和小姐妹看到这样的场景非常震撼，她们猛扑在宋营长身上大哭起来。宋营长就这样，在那场大冰雹中牺牲了。

宋营长牺牲后，母亲她们没有马上掩埋，几位担架队员一直还扑在他的身上。等冰雹过后，风雪也小了，母亲使劲睁开红肿的双眼，和几位战士用几乎冻僵的双手，用一捧捧白雪，把烈士掩埋，并捡来几根干树枝插在雪堆上。大家向睡在雪山上的宋营长行了一个军礼，含着泪又搀扶着别的伤员继续翻越雪山。

党岭山，一两天是过不去的。夜里，就只好在雪山上宿营。白天经历了风雪冰雹，晚上就更寒冷了。他们除了一身单衣裤，再没有任何挡风寒的东西。母亲、抬担架的护士和受伤较轻的战士们就地坐下，把伤员围在中间，给他们搓着手脚，搓着身体，一刻也不敢停下来。一些轻伤员和小担架队员，冻得手脚麻木甚至僵硬。有些年龄小的战士，强忍着饥饿寒冷，怕暴露目标而不敢点火取暖。母亲和她的战友们，就这样在雪山上，熬过了她们一生中最寒冷最艰难的黑夜。

快翻过雪山时，母亲她们把米袋里仅有的一点青稞和几粒豌豆给伤员吃，而自己大口大口地吞着冰雪。战友们互相说着笑着，把冰雪当成美味佳肴。战友们看着母亲红肿的双眼十分心疼，一面帮母亲用雪水擦洗，一面鼓励母亲坚持下去。但母亲此时看到的，只有白茫茫中的一片黑影。她特别着急，生怕自己的眼睛瞎了会掉队。然而，母亲在战友们的关爱和鼓励下，坚强地挺过来了——她没有掉队。

就这样，母亲和英勇顽强的战友们一起，在坚定的革命信念鼓舞下，不畏严寒，抗拒死神威胁，只用了两天多时间就翻过了党岭山。此后，又翻越过大小3座雪山，部队开始向渺无人烟的草地进军。

草地打骑兵

草地，并不是我们想象中的草地，它没有边际，渺无人烟。如果没有太阳的出现，你连东西南北都分不清。最危险的是草地里的沼泽。有的地方有一人多深，人只要陷进去就会牺牲。所以过沼泽地时，大家都要拉着手，一点点试探着前进。而且草地的天气变化无常，一会儿阴一会儿晴，一会儿风雨交加，一会儿冰雹铺天盖地。母亲和她的战友们，尽管缺衣少吃，尽管要和追击的敌人周旋，尽管环境恶劣之极，但仍然斗志昂扬地前进，前进。

当走到窝巴附近时，前面传来命令说发现敌人骑兵，准备战斗。听说要战斗，战士们什么饥饿与疲劳都立刻消失了。大家立即振奋精神迅速行动起来，一面保护伤员，一面准备战斗。战士们相互拉的拉，抬的抬，很快就筑起了一个半人多高的半圆形作战工事，就连重伤员也加入到战斗行列。战士们只有一个念头，就是要把对敌人的仇恨、对战友牺牲的悲痛，都装满枪膛，与敌人拼杀！所以，当200多名敌骑兵和土匪一露头，机关枪、手榴弹就一起上阵，直打得他们人仰马翻，抱头鼠窜。

窝巴打骑兵一仗，尽管不是大仗，但缴获了敌人逃跑时撂下的马、枪、子弹，还有一些稀有食品，如从来没有见过更没有吃过的罐头。这让母亲她们这些红军女娃子大为振奋，感觉像过年一样高兴。

不过大家也议论纷纷，谁都没有料到，敌人这么不经打。经几个老战友一说，原来在敌人眼里，红军，尤其这种伤病队伍，经过长途行军，没吃没喝没穿，没有武器弹药，哪里还有战斗力呀，不投降就是好样的，哪里还禁得住打！国民党没有在雪山把红军吃掉，他们又妄想在荒无人烟的草地把红军消灭掉。他们哪里知道，红军及其伤病员不但有意志，有斗志，还有猛烈的武器火力呢。

长征开始前，总医院首长在每一次动员大会上，都明确要求每一个战士，除了必备的米袋、药箱、草鞋，其他都可以不带；但是，战友一个都不能丢，武器弹药一样都不能少。所以，母亲他们这些人马拐子枪、子弹从不离身。碰上牺牲的战友，他们都会把战士的武器背起来。过雪山的时候，有不少战友的身上都背着好几支枪。有的战友奄奄一息的时候，怀里还紧紧搂着自己的枪。因为他们从参加红军的第一天起，就牢牢记住了首长的讲话：共产党的军队是打出来的，枪杆子里面才能出政权！没有枪杆子就消灭不了国民党反动派，就解放不了劳动人民。所以他们的武器从不离身。尽管他们是一支由女战士和伤病员组成的队伍，前面已经历了大大小小不少战斗，爬过三次雪山，病号伤员增加的要比牺牲的多得多，而且条件越来越差，但他们依然坚持着！他们在领导的组织下，把一次次冲过来的敌人打得稀里哗啦。敌人死的死、伤的伤，狼狈逃窜。当大家看到逃跑的敌人丢弃的枪弹和马匹，激动得又跳又笑，叫的叫，唱的唱，《打骑兵歌》的歌儿也回响在草地上空：

> 敌人的骑兵不可怕，沉着勇敢来打他。
>
> 目标又大又好打，排子枪快放一声杀。
>
> 我们瞄准他，我们消灭他，我们打垮他。
>
> 打败骑兵唱赞歌，把红旗插遍全中国。

在欢快的笑声和嘹亮的歌声中，几十号体能消耗殆尽的女娃娃，不顾一切冲上去捡敌人丢弃的武器。一些由于伤病和饥饿走路都东倒西歪的战士，也挺起身子帮忙捡。不一会儿工夫，母亲和她的战友，肩上挎着、背上背着许多长枪短枪。还有几个大点的女战士，牵着缴获的三匹大马，更是兴奋得大喊大叫。一时间，拍手声、欢笑声、歌声响彻窝巴的上空！

敌人哪里知道，武器弹药是红军的命根子，怎么能随便放弃呢？有年岁大一点的战士还连喊谢谢。他们"谢谢"蒋介石，在红军困难的时候，及时送来武器弹药打击围追堵截的国民党。

珍贵的鱼儿汤

在草地行军一天比一天困难，走到深处，连飞鸟都难看见了，更没有人烟。六七天后，自身所带的干粮不但全部吃光，就连可以充饥的皮带也都吃光了。怎么办？

有人提出，可以把缴获的马匹杀了给重伤员吃；有人反对，不行，那几匹马还要轮流驮着重伤员，还可以驮一些马拐子枪，万万不能杀！

有人提出，实在没有办法，就只好吃棉衣里的棉絮，布须须也可以救救急，总不能等死吧……

谁都不相信红军会被饿死在草地！一路上，这支女战士和伤病员组成的队伍，战胜了多少艰难险阻和敌人的一次次围追堵截，也闯过了终年积雪、渺无人烟的、巨寒的茫茫雪山。如今，一定能战胜草地、走出草地！

宣传队的娃娃战士，为了给大家鼓劲，拍着手，一段一段地念他们编写的《草地歌》：

草地宽，草地长。草地里面好风光。

一会儿阴，一会儿阳。

一会儿云里雨，一会儿大太阳。

风雪冰雹家常事，红军战士无阻挡。

草地宽，草地长，草地就是不长粮。

红军个个英雄汉，勒紧皮带过饥荒。

遇到敌人死命打，把他们粮食一扫光。

还要谢谢龟儿子，给红军送来好干粮。

草地宽，草地长。

烂泥不能踩，臭水脏又脏。

天上无飞鸟，地上无牛羊。

红军都是英雄汉，

不向困难来投降。

走出草地英雄汉，革命胜利红旗扬。

母亲和她的战友，边听边落泪。这些宣传队员也不过十几岁，也是饿得走路直打晃晃，可是还要宣传鼓劲。给他们一小把青稞皮不要，给他们一小块牛皮也不要。在他们的感染下，从水草地的一块块草甸子里，传出了"革命的友爱最深深，不要忘了红军的光荣传统。爱同志要如弟兄，见同志要像亲朋，亲亲热热好作风。我们一齐团结紧，完成一切力无穷"的歌声。这些歌声虽然不太响亮，也没有什么节奏，但大家的情绪和劲头却起来了。看护和伤员互相搀扶着慢慢前行。大家坚信：红军不会饿死在草地！

走着走着，突然听见有人喊"水沟沟里有小鱼"。只听这一声叫喊，好多人都兴奋地开始找。又听到一个女娃娃嚷："哎哟，你看，真的有鱼！"只见有人急忙哈下腰用手捞，一只手不行就两只手，结果两只手也捞不到。小鱼儿碰到手就跑，该不是鱼儿太饿了吧？

看看一个个小水沟里面的水又浑又臭，黑乎乎的。有人说："莫说鱼又少又小，就是捞得到，怕吃了也会中毒。与其中毒，还不如饿着。""不会的。"又听有人说，"只要有，能捞住就行。怕什么？我们总是会先尝一尝嘛。"还有人说："想得好美。草地荒凉得天上没有鸟飞，地上连泡牛粪都看不见。鱼从哪里来呀？"

母亲他们进入草地才几天，就又有不少伤病战友牺牲，还有战友为了尝野菜、野蘑菇中毒。他们肿胀的身体及口、鼻出血的样子，深深地印在了母亲的脑海里。她无比难过。因为牺牲在这里的战友，连个墓碑、坟包都没有，身上盖的草，大风一吹就飞走了。一场大雨下来，连他们的尸骨都找不到了。母亲说，她和许多战友，只能含着泪水向被草地沼泽吞噬的地方，一遍遍敬军礼……

正在草地低头行走沉默伤感之际，母亲被突然的喊叫声唤回神，只见几个小鬼举着手连喊着："鱼！鱼！"半天，母亲才看到她们手心里攥着的小鱼儿。鱼儿虽然小，可是有好几条呢。

母亲把弄到手的小鱼儿放在嘴里尝，没什么异样反应。她想战友们不会中毒了。当时，她只有一个念头：只要能救伤病员的命，她什么都不怕。所以她想方设法要把鱼儿弄上来。不过母亲也很担心，千万不能为了小鱼让人掉到沼泽地里送命。

母亲就和几个小护士，把衣服的风纪钩拆下来当鱼钩，在水多一点的泥沟沟找来找去，总算弄到一小捧。她们一边小心翼翼地把小鱼装在袖筒里，一边急忙找锅。哪里来的锅呀？最后就用消毒、换药的脸盆给伤员们煮汤。费了好大劲才找到点火的火柴，可是在这茫茫大草地，居然很难找到一点点干草。为什么？因为这是水草地。可伤员们不能吃生鱼，更不能喝生鱼汤呀！

怎么办？不知从哪里人传人地传过来几把干草。顾不得再问这问那，就赶快用盆子，淘上沟沟里的浑水，煮了一盆鱼汤。这是草地里难得的鱼汤啊！可是谁都不肯先喝。不是因为泥水太浑，鱼儿少，个儿又小，没有盐味，而是大家都在想，要早有这么点鱼汤，能解救好多战友的命呀！所以大家推着让着，让着推着，都不肯张口。就是重伤员，也只是用嘴唇抿一抿，用舌头舔一舔。

就这样，母亲所在的红四方面军八十八师医院的这支队伍，在长征路上，留下了"鱼儿汤"的故事。而铭刻在母亲的心中更多的是：长征有艰苦，有牺牲，但更有革命的意志、坚定的信念、革命的团结、战胜一切危险及艰难困苦的革命乐观主义的精神！

2006年11月8日，蒲文清应邀到北京二十一中宣传长征和长征精神

服务基层，宣传长征精神

1956年至1978年，母亲一直在居委会工作，先后担任妇女主任、治保主任、居委会主任和居委会党支部书记。曾被选为北京市东城区和北京市人大代表、东城区党代表和北京市党代表，五次受到毛主席接见。1960年，响应北京市政府关于搞好城市人民经济生活的号召，母亲创办了北京市第一个街道服务站。她带领群众艰苦创业、为群众服务的事迹，在劳动人民文化宫展出三个月，同时被北京市及全国众多报纸、电台报道，受到各界群众的赞誉。

从1956年直到生命的最后一刻，母亲始终自觉坚持宣传党的光荣历史和伟大的长征精神。在担任学校校外辅导员期间，应邀讲传统、做报告上千场次，是深受人们爱戴的一位红军老战士。

　　母亲一生坚持共产党员的理想信念，忠诚于党的事业，无私无畏，一心一意为基层群众服务，始终保持了艰苦奋斗的光荣传统和红军战士的本色。她的一生，是追求和奋斗的一生，是为人民奉献的一生。

　　1996年9月26日，蒲文清（中）与红军老战友王新兰（右）和王定国（左）在北京市朝阳区朝阳公园参加纪念红军长征胜利60周年活动，三人相谈甚欢

赖清林：终生坚守信仰的红军战士

郑 林

赖清林（1916—2011），四川万源人。1933年9月参加红军，1934年9月加入中国共产党。为四川省苏维埃宣传队队员，红四方面军总供给部战士，曾随部队参加红军长征，三过雪山草地。后相继担任靖边一区妇联主任、陕甘宁晋绥联防军警备一旅后勤处班长、中央军委总后勤部家属队队长兼政治指导员和西北军区独立一团司令部、后勤处机关政治指导员等职。1981年5月离休。2000年、2005年两次被国家机关工委表彰为关心下一代先进工作者，被评为感动宁夏2005年度人物，2009年被中国人民解放军总政治部表彰为全军先进离休干部，2010年获评全国道德模范提名奖。2011年9月10日在银川逝世。

告别苦难之家，踏上革命征途

1916年6月26日，赖清林出生于四川省万源县白杨乡黄毛坡。父亲是一名普通船工，一家人靠父亲摇船、母亲打柴和租种地主的二亩地艰难维持生活。母亲共生了7个小孩，由于生活困难，仅活下来3个。赖清林是家中的老大，有一个弟弟和一个妹妹。后来，父亲因参加农民运动，被国民党反动派杀害。

父亲被害后家中生活更苦了。受生活所迫，不满15岁的赖清林成了童养媳。由于没有成亲，她称未来的婆婆为婶娘，公公为姥爷。

1933年夏天，保长带着一伙乡丁，抓走了赖清林的未婚夫，她只好与婶娘、姥爷相依为命。一天，婶娘告诉赖清林，李家庄园来了红军，他们专门帮助穷人，不少男孩子都当了红军。婶娘让赖清林参加红军，还说只有打倒土豪，分得田地，才有活路。第二天清晨，赖清林恋恋不舍地离开了这个苦难的家。

赖清林来到李家庄园大门口，看见门口坐着两男一女军官模样的人。其中一个长得很标致的女军人叫张明，她热情地接待了赖清林。赖清林怯生生地问："你们是不是红军？红军要不要女的？"张明很高兴地说："是啊！你看我不就是女的吗？"两个男军人问："打仗怕不怕死？行军怕不怕累？家里人同意吗？"赖清林果断地答道："怕死就不来了，还是婶娘劝我来的呢！"从此，赖清林走上了革命的道路。

一心跟党前进，走过雪山草地

1935年春，川陕革命根据地形势发生变化，红四方面军开始战略转移，赖清林随大部队踏上了漫漫长征路，开启了一段永生难忘的征程。

行军途中，赖清林和其他女红军主要负责抬担架、看护伤病员、搞宣传。部队途中歇息时，赖清林她们就贴标语、说快板、唱革命歌。清脆的竹板声和嘹亮的歌声既缓解了战士的疲劳，又鼓舞了部队的士气。

开始爬雪山了。巍峨峻峭的大雪山，令人望而生畏；山上白茫茫的冰雪，闪耀着刺眼的光芒。赖清林几乎没有做什么准备，她和其他人一样，领了几个干辣椒，喝了一碗辣椒汤就开始爬山了。

山路崎岖陡峭，先头部队用刺刀在冰雪上挖了一个个踏脚坑，但走的人多了，坑也变得越来越光滑了，一不小心，就会滑下路边的雪谷深渊。赖清林穿着草鞋，深一脚，浅一脚，脚趾都冻得失去了知觉。越往山上走，空气越稀薄，气压越低，胸口好像压着千斤重的石头，使人喘不过气来。一名战友体质较弱，嘴唇没有一丝血色，突然一头栽倒在地，想说什么还没说出来，就永远闭上了眼睛。赖清林悲痛万分，她刨开雪堆，掩埋好战友的尸体，默默地继续攀登。

比起雪山的冷酷，草地的凶险更考验红军的意志。草地到处是水，赖清林和战友只好踏着草垛前进，由这块草垛跳到那块草垛，背上是沉甸甸的装备，脚下是黑黑的淤泥。这些淤泥像怪物，随时都可以吞噬疲惫的行人。赖清林后来回忆说："在当时，我们是宁走硬路十里，不走草地一步。"

绝粮时，赖清林便把随身的皮带切成一块一块的，和着野菜一起煮，或者用火烤着吃。这对于饥肠辘辘的人来说，算是难得的美餐了。到最后，皮带和野菜都吃完了，赖清林和战友们只有空着肚子在茫茫草地上艰难地迈着沉重的脚步。有的战士实在走不动，就坐下来歇一会儿，可一坐下来，就再也起不来了。望着一望无际的草地，看着沿途战友的遗体，赖清林感觉自己几乎到了崩溃的边缘。然而，当她想起苦难的家人和乡亲，她又咬紧牙关继续挪动步子，终于凭借顽强的意志走出了草地。

就这样，赖清林跟随部队，历经千辛万苦，终于胜利到达陕北。

毕生铭记党恩，矢志播撒信仰

长征的苦难，长征的艰辛，长征的精神，对赖清林来说，是人生中最宝贵的财富。红军长征胜利了，但是赖清林的长征永远是"进行时"。

1938年8月，赖清林担任陕西靖边一区妇联主任，经组织介绍，认识了骑兵连副连长李凯国（原红四方面军老战士）。1939年底，两人在靖边的一间窑洞里举行了既简朴又热闹的婚礼，婚宴只有一碗粉汤、两个枣馍。

1958年，响应党的号召，赖清林随丈夫李凯国来到了"苦甲天下"的宁夏西海固地区工作，一干就是20年。1978年以后，赖清林一直在银川工作生活。

赖清林与丈夫李凯国合影

1981年5月赖清林离休。离休后的第一天，她就向组织表示："人退休了，但心不能闲着，有生之年，我要用爱心回报社会，帮助青年一代健康成长。"怀着用长征精神鼓舞下一代的想法，赖清林在离休后成了一位讲革命故事的老奶奶。她不顾自己年事已高，先后为机关企事业单位、学校等讲革命传统课90多场次，播撒革命信念。赖清林的大儿子退休后，随同他的女儿一起在香港生活，她仍然要求大儿子时刻牢记自己是个共产党员，时刻保持共产党员的本色，多做一些有益于人民的事情，要对得起共产党员这个称号。

2011年，95岁的老红军赖清林给银川市西夏区回民小学的孩子们讲述长征故事

潘家珍：三过草地的红军女连长

刘南征*

人物简介

潘家珍（1916—1975），四川通江人，开国少将刘子云的夫人。1932年12月参加红军。1933年5月加入中国共产主义青年团。1935年5月加入中国共产党。担任过乡妇女会委员长、中共巴中县委宣传队副队长、县保卫局预审员、红四方面军妇女独立团连长。长征期间，曾任红军总部保卫局军委一局特派员、红二方面军后勤供应部二连连长。抗战时期，任陕西宜川县妇女部长，延安边区妇女学校队长，陕西鄜县（今富县）抗属学校政治指导员、总支书记，一二〇师七一五团政治处特派员，一二〇师后勤部特派干事。1939年在延安抗日军政大学被评为"甲等劳动模范"。新中国成立后，任武汉陆军六十一医院政治协理员、南京染织厂党委书记。1961年6月被授予中校

---

*本文作者系潘家珍之女。

军衔，任湖南省军区政治部直工处副处长。1955年当选南京市玄武区人大代表。1965年被选为湖南省第三届人民代表大会代表。曾荣获三级八一勋章、三级独立自由勋章、三级解放勋章。"文化大革命"中遭受迫害，1975年6月在广州逝世，被中华人民共和国民政部追认为烈士。

巴山"黄连"

人们都说黄连苦，黄连里要数川黄连最苦。我的母亲潘家珍就是大巴山里的一棵川黄连。

母亲1916年1月出生在四川通江县鸣盛乡杨柏河村一个贫苦农民家庭，外婆潘王氏在我母亲8岁时就去世了。家里租种地主家的地，靠我外公潘国海、大舅潘家德、大舅妈潘魏氏做工，养活一家老小。

母亲9岁那年的年三十，北风呼呼地吹着，天上飘着鹅毛大雪，家中四壁透着冷风。外公躲债不敢回家，家里什么吃的都没有。隔壁的大嫂可怜他们，就把她家过年买的猪头肉送了一块过来。家里人都很高兴，很久都没沾到肉味，连忙用三块石头架一口破锅煮肉。天已大黑，外面的北风嗖嗖地吹着，刺着骨头生疼。外公前脚踏进门，地主家的两个家丁后脚就撞进屋里，捉住外公的衣领就往外拖。我母亲拼命哭喊，被他们一脚踢倒在石头上，碰破了鼻子，鲜血直流。他们看了看屋里实在没东西可拿，见到锅里煮的猪头肉，就提起走了。旧社会穷人过年，真是如同过鬼门关。

家里穷得实在没办法，刚过完春节，母亲就被卖到太平乡地主家抵债，受尽了折磨。打猪草，洗碗，洗尿布，夏天打扇……打骂是家常便饭。后来因地租一年比一年重，外公没办法养活她，在她12岁时，就把她转卖给地主杨家做童养媳。地主婆稍稍不满意就用锅铲子打她的脑袋，用绣花针扎她的手指。母亲心灵手巧，虽然不识字，但看到人家怎么绣花、怎么描样她都悄悄地记在心里，晚上趁大家都睡觉后，自己拿破布慢慢琢磨。有一天晚上，被地主婆发现了，硬说她偷了布、绣花针和线，把她打得半死。母亲经常吃不饱，虽然12岁了，但看起来只有七八岁的样子。一次母亲生病发烧，又拉又吐，在牛棚里躺了三天三夜，没人问没人管，邻居家的大嫂看她实在可怜，偷偷地端了一碗水，给她喝了下去。因为不能再干活了，地主婆要打死她。邻居家的大嫂看见后替她说好话："你们行行好吧，她已经病成这样了，就让她自己死算啦，别再打她了。"母亲曾多次想到寻死，我外公得知她的处境，便安慰她、鼓励她，要她一定坚强地活下去，并给她带来两升黄豆、两升绿豆做豆腐和凉粉卖，她就这样艰难地活了下来。

参加红军脱离苦海

1932年12月，红四方面军从鄂豫皖战略转移，涉汉水，翻秦岭，越巴山，一举解放了通江、南江、巴中，开始了创建川陕革命根据地的斗争。红军的到来让穷苦人有了希望，老百姓奔走相告，积极要求参加红军。

这年底，红军到了通江城，进入鸣盛乡，建立了苏维埃政权。正在卖豆腐的母亲听说红军到了，跑去听红军的宣传员讲打富救贫、男女平等的道理。当时一首流传甚广的歌是："当兵要当红军，打倒土豪劣绅，穷人才能翻身！当兵要当红军，推翻三座大山，穷人才能解放！红军，红军，红军是穷人的大救星！"记得新中国成立后我母亲还经常哼唱这些歌。当时她想参军又不敢去，就托邻居弹棉花的李大哥，悄悄给自己签上名。由于她长期营养不良，长得又瘦又小，怕红军不要她，就虚报大了两岁。母亲原没有名字，因为是冬天生的，大家都叫她"冬女子"，参加红军后，红军根据我舅舅潘家德、潘家治的名字，给我母亲取名潘家珍。婆家知道她当上了红军，想拉拢她，特地做了一件红棉袄送到红军驻地，拉着她的手假惺惺地说："冬女子，你别走了，你看这棉袄特地给你做的，多漂亮啊！"母亲不为所动，铁定了心要跟红军走，脱离苦海。

参军后的两个月，部队发了一套衣服、一双袜子，母亲高兴得又蹦又跳，流下了泪。这种感情是常人难以理解的。长这么大，她从来没有穿过一件新衣裳、一双新袜子。她参加了妇女自卫队、运输队，打土豪分田地，后又调到县保卫局工作。

1933年5月，母亲加入了中国共产主义青年团。1934年秋天，她调到妇女独立团任连长，打土匪，守警戒，抬伤员。这时母亲头抬起来了，腰也直了，说起话来声音也响了，她笑了，开怀大笑！她再也不是当童养媳的"冬女子"，而是红军妇女独立团连长潘家珍。她在革命的队伍里积极学习文化，学习打仗，学习革命理论，一边学习，一边战斗。那是她永远难忘的日子。后来红军长征离开通、南、巴，"还乡团"回来了，得知我母亲参加了红军，我外公、大舅还有换亲来的舅母都当上了赤卫队队员，而且舅母还是赤卫队长，"还乡团"决定要把潘家满门抄斩。外公和舅母被杀；大舅潘家德一口气跑到四川和陕西交界的山里，替人家背盐巴、拉纤勉强度日；才八九岁的小舅潘家治被卖到青江一位姓杨的地主家里；小姨得病死亡。新中国成立后，母亲才知道这些情况，那时大舅从山里回到了家，小舅还在青江姓杨的地主家，母亲多次写信给政府，才把小舅要回来。

我母亲非常有个性，有勇有谋。参加红军后不久，她在县保卫局审查科工作。1935年1月，她曾化装成逃荒的群众，去侦察国民党中央军增援的情报。在离县城十来里路的地方，有一个村子有七八户人家，有一位老大娘很可怜她，把她收留了。她白天以砍柴为由，外出侦察，侦察的结果是没有国民党中央军，只有军阀刘文辉的部队。她发现敌人昼夜运粮，就把运粮的路线侦察好，返回部队后带着侦察队夺取了敌人的粮食，解决了部队缺粮的困难。

长征路上的经历

1935年春，母亲随红四方面军西渡嘉陵江开始长征。母亲是用一双缠过的"解放足"走上长征路的，三过雪山草地，比常人走得艰难。

过嘉陵江之后，红军为了集中力量对付刘湘的部队，将一个侧面阵地交给妇女独立团看守。我母亲当时是独立二团一连的连长，她们连队里还有权卫华、李金莲、冯苏、何子友、黄海云、张荣桂等战友。妇女独立团与军阀邓锡侯的部队对阵了三天三夜，直到第三天敌人才发现和他们对峙的是一群娘子军，觉得特没面子，有点上当受骗的感觉，便气急败坏发起了猛烈攻击。妇女独立团的娘子军也不手软，又坚守了三四个钟头，与敌人短兵相接。正打得激烈的时候，增援部队赶来了，大家的情绪都很高，喊着："坚决把龟孙子打下去！"一鼓作气，迅速把敌人打了下去，歼灭了不少敌人。母亲腿部负了伤，仍带领全连坚守在阵地最前沿。这就是旺苍坝战斗。

1935年6月，红一方面军与红四方面军在懋功会师后，休整了两周，按预定计划进入草地。我母亲接着调入红军总部保卫局工作，与由红一方面军调入红四方面军红军大学上级指挥科学习、后调入红军总部任作战参谋的刘子云（即我的父亲）相识。我父亲是江西永新人，1930年参加红军，曾任红军总司令部作战局参谋，参加了长征。

这时，我父亲和母亲跟着朱德总司令和张国焘，从卓克基出发，向阿坝开进，走了三天，到达葛曲河。结果，张国焘命令部队停止前进。1935年9月，张国焘命令部队南下，部队只好第二次过草地。衣食无着的部队又经过包座、松潘苦战，掉队的日渐增多，冻死、饿死的战友更不少。

四川军阀得悉红军又要南下，纠集50多个团的兵力，北起懋功层层布防，把懋功通往宝兴之间的栈道拆去了木板，并且把栈道的许多横木锯坏了，以防红军前进。红军在强敌面前，以两经草地疲惫之师重新攻占懋功，并攀过被敌人破坏的栈道，翻越夹金山，打下了宝兴县城。1936年3月红四方面军红军大学由丹巴西进，翻越终年积雪的党岭山，先后占领了道孚、炉霍、甘孜，摆脱了敌人的前堵后追，获得休整的机会。6月，经历千辛万苦的红二、六军团终于长征来到甘孜地区和红四方面军胜利会师了。在朱德总司令和刘伯承、徐向前、任弼时、贺龙、关向应等坚决斗争下，张国焘终于被迫取消伪中央，同意重新北上。

和红二、六军团（后组建为红二方面军）会师后，我父亲调往红二方面军第六师司令部任作战科长。师长是贺炳炎，政委是廖汉生。

第三次过草地时，更是难上加难，没有粮食，就吃野菜，前面的部队能找到野菜，后面的部队连野菜也找不到了。听长征过来的叔叔阿姨说，我爸爸非常会关心人，长征路上那么艰苦，过草地时，他看见哪个同志走不动了就拽一把，自己也缺吃的，还把仅有的一点青稞送给人家，难怪我妈看上了我爸。我爸却说我妈真了不起，干起活来泼辣、干脆。

经过最艰苦的一段路程，红二方面军最后一支部队也走出了草地。相见时，大家高兴得喊着、跳着、拥抱着，彼此为胜利走出草地而庆幸。

1936年10月，红二、四方面军越过天兰公路，与早期到的红一方面军在陇西会宁大会师。这时，我母亲与我父亲结婚，成了革命伴侣。

母亲在长征中还有一段鲜为人知的特殊经历。懋功会师以后，母亲从妇女独立团调到保卫局。第二次过草地时，组织上让我母亲和另一个女战士一路上"照顾"廖承志，实为监视他。当时廖承志也是被扣押起来的"重犯"，化名"何柳华"。廖承志对我母亲说："小同志，你放心，我不是坏人。"母亲看他对人不错，还经常给她讲革命的道理，于是相信了他的话，给他端水、递条子，暗中捎个话。这些事情要是当时被人发现了，是要杀头的。1959年母亲带我一起去北京参加国庆十周年观礼，看见廖承志，回忆起往事，两人还是百感交集。母亲一见廖承志的面，就说："廖秘书长，你还记得我这个小看守吗？"廖承志打量了她一番，一把握住她的手："怎么不记得，我们是朋友嘛！"说着两个人大笑起来，你一言，我一语，回忆起往事。

投身抗战烽火

母亲是个典型的"川妹子"，性格直爽，敢做敢拼。1939年，我母亲在抗大五大队女生二队学习。3月份开始开荒运动，我母亲在开荒的三个月中一直没有休息。一般每人每天开垦五分荒地，我母亲参加了突击队，拿出了川妹子的泼辣劲，每天开垦荒地一亩。开荒运动结束时，她被评上了"甲等劳动模范"，收到的奖品是一套灰布衣服。母亲对自己和子女要求很严。小时候，我们要遇到困难，不想去做，她就会鼓励我们："你又不比别人缺胳膊少腿，人家都会，你为什么不会，你要好好想想！"她总是用这种思想激励自己和鞭策我们。

值得特别一提的是，我母亲的胆子特大，有点天不怕地不怕的味道。听我父亲说，就是在打日本鬼子阿部规秀的部队时，他们七一五团在北面牵制，在前方打了三天三夜。团部在上官庄，后方留守有300多人，由财务股长和我母亲负责，母亲当时是七一五团政治处特派员，实际就是保卫股长。警卫连有200多人，剩下的是炊事员、马夫、后勤人员，还有少量的家属。这时有100多个鬼子带部分轻伤兵袭击留守处，我母亲就指挥警卫连跑到前面的山头上和敌人周旋，打一枪换一个地方，打了整整一天，把鬼子搞得晕头转向，一直转到天黑，鬼子怕被全歼，就悄悄地跑了。

"我还要钱干什么？"

中华人民共和国成立后，1953年我母亲从武汉陆军六十一医院调到南京，转业到染织厂当党委书记。她白天黑夜地拼命干，使工厂由亏损转为赢利，受到市委书记的表扬。干了两年，原本虚弱的身体一下子又垮了，住进了医院。身体稍好一点，她又去干。最后是组织上照顾她的身体，叫她做了军事学院不拿工资的家属委员会的主任（相当于居委会主任）。

我母亲当时是南京市玄武区的人大代表，她是个闲不住的人。这位不拿工资的主任，每天非常忙，除了上工厂、学校、机关做革命传统报告，讲长征中爬雪山过草地的故事，还要调解一些家属纠纷，协调各种关系。

1955年，中央军委为了军队正规化建设，让没有技术专长的女战士复员。我母亲复员后，当了家属，没有工作，家里生活只靠我父亲的工资，可她还把复员费5000元捐给了玄武区人民政府。她常说："现在比战争年代好多了，党给了我穿的、吃的，连我的命都是党给的。我还要钱干什么？"

　　每个星期天，父母都给工作人员放假。家里的清洁卫生叫我们兄妹包干，擦窗子、拖地板、抹桌子、洗鞋、洗衣服。大的干重活，小的干轻活，每人都不能闲。我母亲从1961年起，又重新回到了部队，穿上了军装，被任命为湖南省军区政治部直属工作处副处长。

　　我们家搬到了长沙后，以前的老战友、老部下、老同事纷纷来看望我父母。

潘家珍　1964年拍摄于长沙

我母亲参加红军时期，同在一个连队的炊事员张荣桂阿姨来了，我母亲拉着她的手，亲热地问长问短。得知她住在荣军学校，没有工作，家里有八个孩子，生活困难。我母亲毫不犹豫把自己路过上海刚买的一件深蓝色的呢子短大衣送给了她。之后，她每月都要寄钱帮助张阿姨渡过难关。湖南省交通厅老厅长盛科是三五九旅的老同志，家里也不富裕，孩子多又小。我母亲知道了，又把自己舍不得穿的衣服，加上100元钱（她一个月的工资）送给盛家。平时，她处里的同志有困难，她就二十、三十元拿出来帮助人家，一点也不心痛。1964年河北邢台大地震，我父母立即把家里的存款2000元寄给灾区。乡下的亲朋好友来，可以招待吃、住，没有衣裤，就把家里的衣裤找出来送给他们。但他们绝对没有利用手中的权力，为任何亲友安排工作，调动户口。家乡要兴修水利，帮；修公路，帮。只要是造福百姓的事，有能力，一律帮忙。

　　母亲帮助别人很慷慨大方，但对自己和家人一直很抠门，始终都保持着艰苦朴素的本色。她一直到去世，都穿着自己用1954年在上海买的毛线织的毛衣，袜子补了又补，都舍不得买一双新的。她去世时存折里

只有80元。这就是我们的母亲。

母亲与父亲并肩战斗、相互扶持、相濡以沫，跟着共产党走完了他们光辉的一生。父母对我们要求很严，从不让我们在学校炫耀家庭，教导我们要记得自己也是小小老百姓，不能抱大腿，一切靠自己，自立自强。经常挂在他们嘴边的话就是，"路是自己走出来的"。

除了我父母外，我们家为中国革命献身的还有我爷爷、大伯父、二伯父、二姑父以及外公、舅母。如今，母亲与他们都走了，无私无畏地走了。他们给我们留下的不是金钱，不是珠宝，而是金子般的心。

20世纪70年代初，潘家珍夫妇与子女合影。前排右起：刘子云、潘家珍、刘悦新；后排右起：刘松新、刘怡新、刘南征

人｜物｜简｜介

★**马玉莲**（1916—1997），四川南江人。1933年参加红军，同年加入中国共产党，后编入红四方面军第三十一军列宁缝纫工厂、红四方面军供给部。1935年春参加长征，过草地时调任连队指导员。会宁会师后随红西路军西征，任妇女抗日先锋团二营一连指导员兼政治干事。1937年3月，妇女抗日先锋团遭遇强敌，弹尽粮绝之际，与战友们跳下悬崖，昏迷苏醒后被俘。后被押往张掖东较场砍杀，埋入万人坑，幸而未死，得以逃命。新中国成立后，曾任甘肃张掖市碱滩乡妇联主任。临终前写下《红军西路军作战回忆录》。

★**马光清**（1918—1997），四川通江人。1932年12月参加红军，在王坪红四方面军总医院当护士。1935年参加长征。1937年10月加入中国共产党。参加了抗日战争和解放战争。1938年从延安抗日军政大学毕业，后任抗大卫生处干事、一二〇师卫生部医训队队长、一二〇师七一六团留守处指导员、冀东军区十四分区留守处指导员兼党总支书记、华北军大女生大队队长等职。新中国成立后，历任南京军事学院党委监察委员、北京高等军事学院幼儿园主任等职。1974年离休。荣获三级八一勋章、三级独立自由勋章、三级解放勋章、二级红星功勋荣誉章。

★**马秀英**（1921—1995），四川巴中人。1932年参加红军，任红四方面军宣传员。1934年加入中国共产主义青年团。1935年任红五军卫生部妇女排排长，随军参加长征。1936年会宁会师后，随西路军参加西征。1937年1月在甘肃高台作战失利后被俘，受尽折磨，后流落到青海门源县。1951年加入中国共产党。1953年任门源县妇联副主任，1974年任中共门源县委统战部部长。1986年因病退休，后改为离休。

★**马桂香**（1913—　　），四川旺苍人。1933年1月在南江县参加红军，任红四方面军被服厂战士。1935年春随红四方面军长征。1936年随红西路军西征到达甘肃，转战河西走廊，被敌骑兵冲散，后流落到甘肃广河县水泉乡。新中国成立后，曾任广河县水泉乡牛康家村妇女主任、妇女干事。

★**王少连**（1919—2023），四川巴中人。1933年随母亲许发英、哥哥王少福一起参加红军，被编入红四方面军第九军第四十三团。1935年随红四方面军参加长征。在长征中，母亲头部受重伤，转到地方治疗后返回老家，享受政府优待，于1977年病故；哥哥失踪；王少连被打散后讨饭回到老家。

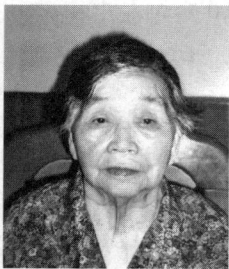

★**王世祥**（1919—2006），四川苍溪人。1933年1月参加红军，1936年1月加入中国共产党。1935年参加长征。曾任红四方面军总医院看护员、红一方面军第二兵站医院看护长、山西省右玉县城关区妇联主任兼区委委员、临汾第二妇女干部学校班主任等职。新中国成立后，历任成都市妇联干事、成都市第一工农干校党支部书记、成都市民政局保育院院长、成都市第三残老教养院院长、四川省林学院行政总支书记及保卫科科长、峨眉电影制片厂招待所所长和厂工会副主席等职。1983年2月离休。

★**王全英**（1921—　），藏族，原名桂香，四川金川人。自幼父母双亡，饱受磨难。1935年6月参加红军，随红四方面军参加长征。1936年春，在丹巴草地和国民党军队作战时被冲散，与部队失去联系，后流落到汶川县威州镇安家落户。曾荣获中国工农红军长征胜利80周年纪念章、庆祝中华人民共和国成立70周年纪念章。现定居四川都江堰市。

★**王志成**（1913—2011），四川旺苍人。1933年3月参加红军，在红四方面军第三十一军政治部工作。1935年春，随红四方面军参加长征。1936年调妇女独立团二连，先后任班长、排长。1937年后，调延安后勤部、陕北兵工厂、延安工业局等部门工作。1938年9月，加入中国共产党。同年调太行山兵工厂，做保密工作兼任地方妇女主任。1942年因遭日军扫荡，抱着刚出生的儿子跳下山崖，自己摔成重伤，儿子不幸身亡。1944年4月至1946年，在延安兵工厂党委任组织委员。1946年调东北工矿处工作。1947年调辽东财委经建处工作，1948年调任鞍钢福利处科长、鞍钢保育院院长等职。新中国成立后，先后在四川省机械厅、物资厅工作。1982年离休。

★**王芸**（1920—1999），四川万源人。1933年4月参加红军，被编入红四方面军第四军供给部、妇女独立团。1935年春参加长征，1936年加入中国共产党。1937年红军改编为八路军后被分配到云崖公务营四连工作，同年底到抗属学校四队学习并担任队长。1938年到抗大学习，同年被分配到陕甘宁边区八路军留守兵团政治部烽火剧团工作，参加延安大生产运动，并荣获劳动英雄称号。新中国成立后，先后在西北军区后勤部政治部、兰州军区后勤部工作。1966年离休。曾荣获三级八一勋章、三级独立自由勋章、三级解放勋章。

★**王秀英**（1913—2002），四川旺苍人。1932年参加红军，1937年加入中国共产党。先后在川陕省革命法庭、红四方面军总医院、妇女独立团工作。1935年春随红四方面军长征，参加过多次重要战役战斗。1936年与老红军谢兴凯结婚。红军会宁会师后，被编入红军西路军妇女抗日先锋团，过黄河时因负伤未能参加西征。后参加了抗日战争和解放战争。新中国成立后，任中央警卫师司令部管理科正连职出纳。1964年离休。曾荣获三级八一勋章、三级独立自由勋章、三级解放勋章。

★**王顺洪**（1919—1999），四川宣汉人，开国少将白崇友的夫人。两个哥哥王顺玉、王顺正都参加了王维舟组建的川东游击军，先后牺牲。1933年2月，在小伙伴王新兰的动员下参加红军，取名王顺洪，在红四方面军政治部任宣传员，不久被调到红四方面军总医院当看护。1935年春参加长征，任看护班长。1936年加入中国共产党。1939年与四川阆中籍老红军白崇友结婚。抗日战争胜利后，历任东北民主联军家属大队妇训队队长、第九医院出纳员、东北民主联军卫生部日本医务人员家属队队长、第四野战军后勤部招待所副所长等职。1983年，在中国人民解放军总后勤部离休。曾荣获三级八一勋章、独立自由奖章、解放奖章及二级红星功勋荣誉章。

★**王桂兰**（1921—　），四川苍溪人。6岁被卖到地主家还债，父母被地主害死。1932年12月参加红军。12岁时在战场上智救妇女独立营营长吴朝祥。1935年春随红四方面军参加长征。长征途中过草地时，感染了猩红热，晕死过去好几次，奇迹般地活了下来。到达陕北后，加入中国共产党。1936年进入陕甘宁女子大学学习。1937年毕业后任甘肃省曲子县副县长，被称作"娃娃女县长"。解放战争时期，曾任西北野战军第四纵队野战医院总护士长和第四军家属大队指导员、党支部书记等职。新中国成立后，调最高人民法院工作，曾任人事处干部，并担任中央政法机关工会副主席兼联合俱乐部主任。1958年调云南省公安厅工作。

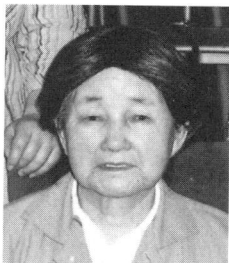

★**王海仕**（1918—2014），四川达县人（今属达州市）。1933年参加红军，1934年加入中国共产主义青年团，1936年2月加入中国共产党。1935年随红四方面军参加长征。曾任红四方面军总医院护士班长。新中国成立后，曾任陕西省卫生学校药房司药、北京市崇文区（后撤销，并入东城区）儿童医院药房药剂师。1982年在北京市东城区第二妇幼保健院离休。

★**王能香**（1914—1995），四川平昌人。1933年参加红军，被编入红四方面军妇女独立营，任班长、排长。1935年随红四方面军参加长征，同年加入中国共产党。1936年10月会宁会师后，被编入西路军妇女抗日先锋团参加西征。1937年3月，西路军在祁连山康隆寺兵败，石窝分兵后，与活下来的40多名女红军被分到中支队，旋即战败，逃命至甘肃安西安家落户。新中国成立后，曾任甘肃省安西县布隆吉乡九工村妇联主任。1984年，获"西路军红军老战士光荣证"。

★**王超**（1921—2007），四川巴中人，开国少将丁荣昌的夫人。1933年1月参加红军，任红四方面军宣传队员。1935年春参加长征。1937年加入中国共产党。抗日战争时期，任八路军总部宣传队员，参加了解放战争。新中国成立后，曾任昆明市人民政府人事处处长、昆明市妇联主任、云南省军区直工处干部等职。1982年离休。

★**王德银**（1913—2015），四川阆中人。1933年参加红军，历任苍溪县龙山乡妇女委员、龙山区委宣传部部长，红四方面军被服厂班长，红三十一军野战医院班长等职。1935年春随红四方面军长征。1937年加入中国共产党。1940年与老红军龙许结婚。抗日战争时期，任中央军委供给部科员。新中国成立后，任中共中央办公厅事务管理局管理员。

★**巨林秀**（1914—1998），四川平昌人。1933年9月参加红军，参加了川陕革命根据地反"六路围攻"。1935年春随红四方面军长征。1937年加入中国共产党。曾在延安党校工作。参加了抗日战争和解放战争，从事机关事务工作。新中国成立后，曾任江西省花纱布公司人事科长，湖南第九冶金总公司幼儿园园长，成都无缝钢管厂行政科科长、厂工会副主席等职。

★**文林**（1918—2003），原名文定珍，四川南江人。1933年12月参加红军，1935年随红四方面军长征。曾在红四方面军川陕省委剧团当文工团员、副队长，红二方面军后勤部医院护士。参加了抗日战争和解放战争。1945年3月加入中国共产党。曾任延安教育所供卫学校青年干事、军招待所政治干事、第四野战军四十五军医院政治协理员等职，参加了辽沈战役、平津战役和解放两广战役。1960年在四十五军招待所离休。曾荣获八一勋章、独立自由勋章和解放勋章、二级红星功勋荣誉章。

★**邓宇蓝**（1920—1982），原名邓玉兰，四川小金人。1935年10月参加红军，随红四方面军长征。1936年10月，加入中国共产党。1937年春任延安妇女独立营二连青年干事，在延安延长县与曾随中央红军参加长征、时任陕北长城作战分区司令员的罗占云相识并结婚。后任延安鲁迅师范学校妇女干事、陕北军事部卫生队医务员，并进入延安地区党校学习。1939年10月后，曾任淮南五支队后方文化教员、支队教导大队队长、淮南党委少先队队长、淮南独立四团后方军需处指导员、淮南独立旅招待所指导员、华东局野战军总部留守处三处三中队党支部书记等职。新中国成立后，历任济南铁路局旅行服务招待所副所长，上海铁路局供应处南京供应段副段长，上海铁路局南京分局机关党总支副书记、监察委员会副书记、生活部长、工会副主席等职。1963年回南京军区离休。

★**邓远征**（1919—　　），原名邓南香，四川阆中人。1933年参加红军。1935年加入中国共产主义青年团，1938年转入中国共产党。1933年至1937年，先后任红四方面军第三十一军宣传队宣传员，独立团战士、班长，红军大学教导师供给部排长、队长。1935年春随红四方面军参加长征。抗日战争时期，任八路军一二九师医院护理员、冀南银行工作员。解放战争时期，在郑州市银行系统工作。新中国成立后，任中国人民银行中南区行干部、武汉市江岸区委组织部干部。

★**艾萍**（1917—1995），原名杨宗秀，四川通江人。1934年参加红军，1936年加入中国共产党。1935年随红四方面军参加长征，历任红四方面军宣传员、护士、班长、分队长、代理排长等职务。新中国成立后，曾任中共中央管理局金台招待所党支部书记兼所长（副局级）。

★**卢桂秀**（1917—2017），四川苍溪人。1933年4月与哥哥卢桂榜一起参加红军，1935年底加入中国共产党。1935年随红四方面军长征，任红四方面军总政治部宣传队团支部书记。随后参加西路军西征。1936年12月在甘肃永昌被马家军所俘，后被押往青海西宁做苦工。1938年夏，经党组织营救从西安辗转回到延安，与哥哥卢桂榜重逢。不久哥哥牺牲在抗战前线。新中国成立后，随丈夫赵云山（原红二方面军军部警卫营营长）定居武汉。曾荣获中国人民抗日战争胜利60周年纪念章、中国人民抗日战争胜利70周年纪念章及中国工农红军长征胜利80周年纪念章。

★**叶冰**（1917—2009），四川通江人。1933年4月参加红军，任红四方面军保卫局勤务员。1935年春随红四方面军参加长征。1940年12月加入中国共产党。抗日战争时期，在延安的国际和平医院当护士，曾经与加拿大医生白求恩和美国医生马海德一起工作。新中国成立后，随丈夫、老红军陈春林到新疆军区工作，曾任南疆军区第十二医院托儿所所长、南疆军区八一子弟学校指导员等职。

★**叶林**（1919—2009），四川巴中人。从小成为孤儿，后被卖到广元一个财主家放牛。1933年7月参加红军，1934年到红四方面军总医院当卫生员。1935年春随红四方面军参加长征。1937年12月加入中国共产党。历任红四方面军第三十一军政治部宣传员、护士，红军大学卫生所护士，晋察冀总供给部被服厂指导员等职。抗日战争时期，参加过著名的百团大战。新中国成立后，历任广东省高级人民法院人事科长、广州市政法委副书记等职。1955年荣获三级八一勋章、三级独立自由勋章和三级解放勋章，1988年荣获二级红星功勋荣誉章。1964年8月离休。晚年定居湖南省军区东湖干休所。

★**叶琳**（1917—2012），曾用名何秀英，四川通江人。12岁时当童养媳。1933年，叶琳19岁的"丈夫"参加了红军，3个月后牺牲在前线。不久，叶琳也参加了红军，在红四方面军野战医院做过医护、炊事、洗衣等工作。1935年春随军参加长征。1937年到延安师范学校学习，后在中央医院从事医护工作。1940年与在延安被服厂工作的刘晓峰结婚。新中国成立后，与丈夫一起调到兰州军区工作。后来作为家属跟随任三五○七厂军代表的丈夫到西安生活。

★**田金秀**（1914—1990），四川广元人。1933年参加红军，1935年加入中国共产党，同年春随红四方面军参加长征。1936年在延安与中央警卫营教导员杨凯结婚。参加了抗日战争和解放战争。曾担任班长、连指导员等职务。新中国成立后，继续在部队工作。1955年复员，1959年回空军后勤部后离休。

★**史珍**（1911—1991），四川旺苍人。1934年8月参加红军，1935年1月加入中国共产党，曾任红四方面军第三十一军供给部被服厂班长、副排长。1935年春随红四方面军参加长征，并参加了抗日战争和解放战争，先后担任陕甘宁边区新正县（今正宁县）妇女部长、安塞县（今属延安市安塞区）妇联主任、内蒙古海拉尔市（今呼伦贝尔市海拉尔区）利民实业公园营业员、哈尔滨市百货公司营业员、沈阳市百货公司组织股长等职。新中国成立后，先后任中央贸易部中国粮食公司总务科科员、国家粮食部总务科科员、托儿所所长。

★**冯玉莲**（1908—1991），四川旺苍人。1933年8月参加红军，历任红四方面军第三十军班长、排长、连长。1935年春随红四方面军长征。参加了抗日战争和解放战争。新中国成立后，曾任重庆市基本建设科科长、党委副书记，沈阳市基本建设科科长、党委副书记。1970年离休。

★**冯甦**（1921—2004），四川万源人，开国少将汤池的夫人。1岁丧父，被寄养他人家。1934年4月参加红四方面军第三十三军，取名冯翠兰。曾任"扩红"工作组组长，后调到川陕省委做宣传和妇女工作。1935年春随红四方面军参加长征。1936年10月到达延安，在新剧团工作，后进入中央党校学习，同年加入中国共产党。1937年进入抗日军政大学学习。毕业后调运输连任连长。1939年春调西安八路军办事处工作，改名冯甦。1946年任四十七军东北军工部经理处人事科科长，后到武汉、南京、长沙等地做部队的机要保密工作。新中国成立后，调往湖南省军区司令部工作，任军区司令部办公室主任等职。1955年荣获三级八一勋章、三级独立自由勋章、三级解放勋章。1960年被授予少校军衔。1963年晋升为中校。1984年离休。1988年荣获二级红星功勋荣誉章。

★**冯明英**（1916—1999），四川平昌人，开国上将王宏坤的夫人。1933年参加革命，同年6月加入中国共产主义青年团。曾任苍溪县少共妇女部部长、川陕省委妇女部巡视员。1935年春随红四方面军参加长征。1936年调入红四军政治部任民运干事，1937年2月加入中国共产党。曾在八路军冀南军区政治部、冀鲁豫军区政治部任保卫干事。新中国成立后，在海军政治部保卫部任干事。1957年任北京量具刃具厂保卫科科长。1960年任海军直属政治部群众工作处副处长。1962年被授予海军中校军衔。1978年离休。1988年被授予二级红星功勋荣誉章。

★**冯辉**（1918—2008），原名冯贵英，四川阆中人。1933年参加红军。1934年加入中国共产主义青年团，1936年转入中国共产党。1933年至1937年，先后任红四方面军总政治部文工团宣传员、红四方面军卫生部总医院看护员、中央军委卫校学员。1935年春随红四方面军参加长征。抗日战争时期，任八路军总部延长兵站医院护士长、晋绥军区电台大队医助。解放战争时期，任第一野战军第七军二十师五十八团政治处组织干事。新中国成立后，任南京空军第十六师四十六团组织干事。

★**冯新**（1921—2004），四川巴中人。3岁父亲病故，8岁当童养媳。1933年9月参加红四方面军，在巴中县剧团做宣传工作。后调到省儿童团当组织干事，并加入共青团。红军撤离到旺苍后分到省保卫局当侦察员。

1935年春随红四方面军参加长征。长征时进入红四方面军党校学习。1936年参加抗日救国歌舞团，进行抗日救亡活动。1938年12月加入中国共产党。后进入抗日军政大学、中国工农红军卫生学校学习。1940年到晋察冀和平医院工作，曾任护士长。新中国成立后，曾任北京军区后勤部政治指导员。

★**邢吉凤**（1920—1992），四川南江人，开国少将张济民的夫人。1933年参加红军。1935年加入中国共产党，同年随红四方面军长征。参加了抗日战争和解放战争。在战争中，主要从事宣传、救护、财务、机要、被服生产和枪械制造等工作。曾荣获三级八一勋章、三级独立自由勋章、三级解放勋章和二级红星功勋荣誉章。

★**光锋**（1918—1975），原名杨春莲，四川平昌人。1933年参加红军，在红四方面军总医院工作，1935年随红四方面军长征，1936年加入中国共产党。1939年到延安中央军委卫生学校学习，毕业后到渭南军分区卫生部任司药、司药长。参加了抗日战争和解放战争。新中国成立后，先后任西安西北空军医院司药主任，中国民航总局营业处科长，北京景山办事处工厂厂长、书记等职，1964年6月起在北京中医学院、中医研究院、家属居委会等单位任主任、书记等职。曾荣获三级八一勋章、三级独立自由勋章、人民功臣奖章、解放西北纪念章。

★**吕明珍**（1912—1992），四川达县（今属达州市）人。1933年参加红军。1934年加入中国共产党。曾任达县、太平县妇女部长，昭化县苏维埃政府主席，是川陕苏区唯一的县苏维埃政府女主席。1935年4月参加长征。1936年调到红四方面军骑兵师政治部工作。长征结束后，到中央党校学习，先后任陕甘宁边区延安县、延川县妇联主任，直接在蔡畅、李坚真领导下工作。抗日战争时期，曾在八路军一二九师政治部、太行军区总供给部、太行军区军工部工作。1945年任太岳军工部直属部政治指导员。新中国成立后，先后任太原华北兵工局招待所党支部书记、第二机械工业部二局党委干事、第一机械工业部幼儿院副院长。1963年因病离休。

★**吕桂兰**（1917—2000），四川广元人。1933年5月参加红军，编入红四方面军第三十一军、妇女独立营，1935年参加长征，1936年10月在将台堡与红一方面军胜利会师。1937年3月加入中国共产党。同月到延安后，在中央军委做报务员、通讯员，并先生在延安通学校、抗大、红军宣传队、八路军印刷厂（后更名为中央印刷厂）工作和学习。1947年随部队转战东北，后又随军南下，1949年转地方工作。1941年在延安与四川籍革命军人赵凯轩结婚。新中国成立后，先后担任汉口、长沙华中运输公司教导员、江西省石油公司人事科长、江西省商业储运公司监察室主任等职。1972年离休。

★**吕清云**（1917—2008），四川通江人。1933年2月参加红军，1935年随红四方面军长征。曾在延安边区政府总务科、延安光华农场、延安被服厂等单位任管理员。1948年5月加入中国共产党。新中国成立后，先后任川北行署妇女干事、重庆西南石油管理局妇女干事、四川省石油管理局招待所所长。1960年离休，回南充任南充市妇联委员、南充老红军休养所党支部书记等职，并担任过市、区优良革命传统教育义务辅导员。曾荣获三级八一勋章、三级独立自由勋章、三级解放勋章。

★**朱世清**（1917—2008），四川通江人。开国少将翁祥初的夫人。1934年参加红军，1936年12月加入中国共产党。曾任红四方面军总医院五分院看护员、第九军野战医院三所看护长。1935年随红军医院参加长征，任看护连副连长。长征结束后，调红一方面军后勤部被服厂第二厂任工人排排长。参加了抗日战争和解放战争。1937年10月与时任中共中央军委警卫营教导员的翁祥初结婚。曾任兵团托儿所所长。1956年复员。

★**朱有才**（1910—1987），四川通江人。家境殷实，有文化，受到进步思想的影响，1932年底背着家人悄悄参加红军。曾任红四方面军妇女独立团排长、连副指导员。1935年随红四方面军长征。1936年冬，又随西路军西征。在甘肃景泰县与马匪军激战中身受重伤，被打残一只眼，流落到景泰县芦阳镇芦阳村安家落户。

★**朱应明**（1913—1997），又名陈四妹，四川旺苍人。1933年参加红军。曾在红四方面军第三十一军第九十二师当战士，曾任第三十一军后方医院护理员，红四方面军总医院护理员、班长、排长等职。1935年春随红四方面军参加长征。1936年加入中国共产党。随后参加了抗日战争和解放战争。新中国成立后，先后任中国人民志愿军留守处协理员、党支部书记，湖南省军区管理科科长。1962年被授予少校军衔。曾荣获三级八一勋章、三级独立自由勋章、三级解放勋章、二级红星功勋荣誉章。

★**邬先碧**（1915—1989），四川巴中人。1933年7月参加红军，先在红四方面军保卫局巴中县革命法庭工作，后任连长。1935年春随红四方面军长征，同年6月加入中国共产党。1936年10月会宁会师后，随西路军总供给部参加西征。1937年回到延安，后参加了抗日战争和解放战争。新中国成立后，一直在北京工作和生活。曾荣获二级红星功勋荣誉章。

★**邬家珍**（1915—2007），四川苍溪人。1933年参加红军，后担任中共中央旺苍县委宣传队大队长。1935年随红四方面军长征。后与参加过长征的老红军杜伯阶结婚。1937年6月到达陕北，被编入延安红军大学供给处工作，此后一直在延安工作和生活。

★**刘文治**（1912—2020），四川通江人。1933年7月参加红军，后任红四方面军供给部排长。1935年春随红四方面军参加长征。1935年加入中国共产党。长征过党岭山时背同志翻雪山，受到全军通报表扬；过草地时用自己所带的一块盐救了她和十余名战友的命。1937年在延安与曾一起长征的老红军、八路军后勤军需部营长谢远长结婚。1938年至1945年任八路军一二九师三八五旅被服厂组长。1945年至1949年在延安四川办事处干训队、西南服务团川干队当学员。1949年至1952年任西南军区后勤部江津被服厂管理员、西南纺织管理局干部。1952年至1956年在重庆六一一纱厂先后任管理室管理员、总务科科员。1956年至1958年在重庆文化干校学习，1958年至1980年任重庆第四绵纺织厂党支部书记。1980年底离休。

★**刘文泉**（1919—1990），四川阆中人。1933年在阆中参加红军，同年加入中国共产主义青年团。1937年转入中国共产党。1935年春随红四方面军参加长征。长征时，先后任红四方面军新剧团成员、"中央前进剧社"成员，红二方面军战斗剧社教员、负责人。抗日战争时期，任中共中央机关印刷厂团支部书记，陕甘宁边区镇原县孟坝区委组织、宣传科科长，镇原县三区区长。后历任黑龙江省佳木斯纸厂副经理，佛山县（今嘉荫县）土改工作团团长，牡丹江金矿管理局人事科科长，中共云南省昆明市机关党委副书记、组织部部长，昆明市委党校副校长，昆明市妇联副主任，昆明市总工会副主席，政协昆明市委员会副主席等职。

★**刘汉润**（1917—2018），四川通江人。1933年2月参加红军，先后在宣传队、后方供给部工作。1934年被编入正式部队，在红四方面军妇女工兵营当排长，后升为连长、工兵营指导员。1935年春随红四方面军参加长征。1936年加入中国共产党。同年，参加红军西路军西征。1937年1月，跟着王树声打游击，石窝分兵后被俘。后逃出，流落到景泰县寺滩乡。新中国成立后，曾任妇联主任。1955年调入景泰县妇联，1957年病休。1989年正式离休。

★**刘学芝**（1915—1995），四川剑阁人。1933年参加红军，同年加入中国共产党。被分配在红四方面军第三十一军医院工作，历任班长、排长、连长。1935年春随红四方面军参加长征，三过草地，到达延安。在延安参加学习和大生产运动。解放战争时期，随第四野战军南下，任协理员，主要负责随军家属及伤病员的安全。新中国成立后，在中南军区、武汉军区后勤部工作，曾担任武汉军区后勤部幼儿园园长、武汉军区后勤部家属委员会主任。

★**安秀英**（1914—2011），四川阆中人。12岁当童养媳。1933年参军，后被编入妇女独立团。1935年春随红四方面军参加长征，参加过多次激烈的战斗。1935年7月，随部队过黑水时，右小腿被子弹击中，在藏民家中养伤时被土匪抓走，被迫当了土匪头目姨太太的丫鬟。五年后逃出，但未能找到组织，后流落到小金县。新中国成立后，曾长期担任小金县潘安村村主任。1984年，被证实为"流落红军"。

★**安明秀**（1919—1998），四川阆中人。1933年8月在仪陇县与幺爸和堂哥（安德海）一起参加红军，先在红四方面军总部文工团当演员，后任红四方面军总医院看护、排长。1935年春随红四方面军参加长征，两位亲人在长征中牺牲。1936年会宁会师后，随红西路军西征。1937年3月在甘肃梨园口战役中因战事失利，与十几个战友同时被国民党马家军所俘，后被押送到青海西宁市，发配到一伪财政厅长家里当丫鬟，受尽虐待。后与穷苦人马国英结婚。新中国成立后，定居兰州，靠打零工为生。"文化大革命"中受到冲击被批斗。1978年获得平反。1984年获政府颁发"西路军红军老战士光荣证"，享受政府优抚待遇。

★**安钦林**（1919—　　），原名安玉芳，四川阆中人。1933年参加红军。1937年加入中国共产党。1933年至1937年，先后任红四方面军第三十军洗衣员、红一方面军三军团供给处供给员。1935年春随红四方面军参加长征。抗日战争时期，任中央印刷厂边区银行女工委员会委员、中央军委印刷所装订员、中央卫生部通信学校护士、抗日军政大学七分区校医务员。解放战争时期，任晋绥军区后勤部干部家属队干部。新中国成立后，任四川省财政厅干事，成都市盐市口学道街居委会主任、党支部书记。

★**许明贵**（1914—1966），四川南江人。1932年参加红军，同年加入中国共产主义青年团。1933年加入中国共产党。曾任四川省南江县苏维埃政府科员，审判科副科长，少共妇女部长，游击队指导员，剧团保管股长，区、县妇联主任等职。1935年随红四方面军参加长征。长征时任妇女连指导员。延安时期，曾在中央党校三部学习，曾任陕甘宁边区庆阳市妇联主任。

新中国成立后，曾任中共中央直属机关修建办事处科员，中华人民共和国建筑工程部直属建筑公司人事室主任、人事科长，建工部幼儿园园长等职。

★**牟炳贞**（1921—2020），四川宣汉人。1933年和两个哥哥一个嫂嫂一起参加红军，被分配在红四方面军总医院第二卫生所当护士，同年加入中国共产主义青年团。1935年春随红四方面军参加长征。长征途中，她悉心照料伤员。1936年10月随红军西路军渡过黄河西征，西征失败后在甘肃张掖失散，流亡数年后获救。1940年，在甘肃与西路军战友王国位结婚。新中国成立后，1952年12月加入中国共产党，曾担任甘肃永登县妇联主任。1984年离休。

★**芶兴珍**（1912—2011），四川阆中人。1933年参加红军。1936年加入中国共产党。1933年至1937年，先后任红四方面军妇女独立团班长、排长、连长。1935年春随红四方面军参加长征。抗日战争时期，任陕甘宁边区留守兵团后勤部妇女工读学校学员、班长。解放战争时期，任山西晋绥行署留守处纺织厂党支部书记。新中国成立后，任西南森林工业管理局科员、四川省林业厅科员等职。

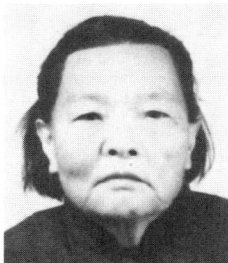

★**芶维芳**（1924— ），原名芶莲英，四川阆中人。1933年参加红军。1934年加入中国共产主义青年团。1951年转入中国共产党。1933年至1937年，先后任红四方面军第三十军战士、妇女独立团一营一连一排排长。1935年春随红四方面军参加长征。后到兰州一带坚持做党的地下工作。新中国成立后，任甘肃省陇西县妇联干部、卓尼县妇联副主任。

★**严诚**（1915—1993），原名严少诚，四川通江人。1933年2月参加红军，最初在红四方面军七十三师政治部工作，后调到新剧团当演员。1935年春随军西渡嘉陵江参加长征，途中调任红军总医院新剧团班长。1938年加入中国共产党。抗日战争时期，在八路军第二兵站医院、陕甘宁边区医院、边区高等法院卫生所等单位当护士。解放战争时期，先后在张家口中央卫生局卫生所、华北军区后勤部工作。新中国成立后，在北京军区后勤部工作。后转业到地方。1961年重新回部队工作，后离休。1955年获三级八一勋章、三级独立自由勋章、三级解放勋章。1988年获二级红星功勋荣誉章。

★**严荣**（1917—2006），四川南江人。1933年参加红军，在红四方面军第三十军政治部宣传队当宣传员。1934年调红四方面军总医院当护士，同年加入中国共产主义青年团。1935年春随红四方面军总医院长征。1937年由共青团员转为中共党员。1937年参加平型关战役。1939年春任新四军五师八团卫生队长。1940年任新四军五师一支队卫生队长。1941年任新四军一军分区卫生队长。1946年参加中原突围，负责部队首长的保健。1950年任全国纺织工会劳保部长兼女工部长。1952年任北京天坛医院副院长。1955年负责筹建北京海淀医院。1956年任中国驻波兰大使馆一等秘书兼党委副书记。1958年从波兰回国，任中国中医研究院西苑医院院长兼党支部书记。后任中国中医研究院顾问。1982年离休。

★**苏琴**（1918—2013），原名施光珍，四川巴中人。出身于贫苦农民家庭，小时候被卖作童养媳。1933年6月参加红军，1935年6月加入中国共产党。1935年随红四方面军参加长征。长征胜利后，进入延安抗日军政大学学习。后被派到被服厂当厂长。曾荣获三级八一勋章、三级独立自由勋章、三级解放勋章、二级红星功勋荣誉章等。在总后勤部西安第一干休所离休。

★**杜文凯**（1920—2015），四川南江人。7岁被卖做童养媳。1933年参加红军，被编入红四方面军妇女独立营（后改为妇女独立团）。1935年3月随红四方面军参加长征。在二过草地后被编入红二方面军，1936年到达延安。此后曾在八路军后勤部总供给处被服厂、抗日军人家属学校、工读队、盐业公司、东北解放区印钞厂工作。1947年8月，加入中国共产党。新中国成立后，先后在江西赣州银行、江西省政协等单位工作，曾任中国人民银行南昌市分行金店副经理。1970年离休。

★**杜永莲**（1918—2009），四川南部人。1933年3月参加红军，被编入红四方面军妇女独立团，参加长征。1937年加入中国共产党。曾任延安边区医院护士。1944年撤离延安后到张家口。新中国成立后，曾任石家庄市法院审判员、石家庄市劳动局调配处副主任、石家庄市妇产医院院长、石家庄市卫生局顾问等职。1982年离休。

★**李三珍**（1912—1990），四川苍溪人。1933年10月，与丈夫马世杰一起参加红军（后丈夫失踪），被编入红八十九师二六六团二营三连二排。1935年春随红四方面军长征，到达剑阁时被编入妇女独立团，任连指导员。长征中，因负伤留在四川芦山双石安家落户。后随女儿女婿定居邛崃高何镇横溪村。

★**李文英**（1916—　　），四川阆中人。1933年参加红军，被编入红四方面军总供给部妇女工兵营。同年加入中国共产党。曾任妇女工兵营排长。1935年随红四方面军长征。会宁会师后，随红西路军供给部西渡黄河西征，任妇女抗日先锋团班长，在山丹、临泽、梨园口等地参加战斗。1937年3月，西路军失败后被俘。1937年冬逃出，流落甘肃武威城关镇定居。

★**李开英**（1903—1937），四川通江人。1933年和丈夫、儿子一同参加红军，同年加入中国共产党。曾任红四方面军妇女独立团排长、连长、指导员等职。参加了川陕革命根据地反敌"六路围攻"和冲破"川陕会剿"战斗。1935年春，随红四方面军参加长征，调红四方面军总供给部妇女工兵营二连任政治指导员。1936年冬随西路军参加西征。1937年血战河西走廊负伤后，在自知伤情严重难以治愈时，为了不拖累战友，吞下一块烟土自尽。其丈夫和儿子也都在祁连山战斗中牺牲。

★**李天秀**（1914—2016），四川通江人。出身贫苦家庭，当过童养媳。1934年8月参加革命，在通江做妇女工作。1935年任区妇女部长，后随妇女独立团开始长征。一路上负责与当地老百姓沟通，宣传红军政策。1936年到陕北，任边区银行出纳员。后到中央党校学习，并任排长、医院指导员等职。1945年11月加入中国共产党。新中国成立后，一直在幼儿园做幼教工作。1952年随丈夫、老红军伏殿成转业到中铁二局任机关党委干事，后任中铁二局第一幼儿园园长。1982年离休。

★**李元发**（1917—1992），四川通江人。1933年8月参加红军，1934年加入中国共产主义青年团，1936年11月加入中国共产党。先后在红四方面军驻通江妇女宣传队、红四方面军总医院、第二野战医院任宣传队员、护士、护士班长、护士长。1935年随红四方面军参加长征。后与随中央红军长征的红军干部邓典桃（后任中共中央办公厅副主任）结为夫妻。参加了抗日战争和解放战争。新中国成立后，曾在中共中央直属机关供给部托儿所工作。1982年离休。

★**李中秋**（1924—1965），四川达县（今属达州市）人，开国少将

李中权之妹。1933年，随父母兄长一起全家九人参加红军。1935年全家人随红四方面军参加长征。1936年10月到达陕北后，参加延安文工团，后加入陕西鄜县（今富县）红军家属学校学习。1939年进入总参通信学校学习，1940年调总参机关做通信参谋工作，先后任报务员、台长、股长、科长、处长等职。1943年与老红军沈昌荣结婚。参加了抗日战争和解放战争。新中国成立后，先在中央马列学院学习，后调任中国人民大学历史系党总支书记。1960年，夫妇俩调入沈阳军区工作。被授予上校军衔，任军区训练大队副大队长。

★**李玉兰**（1920—2015），四川营山人，开国中将张令彬的夫人。1933年10月参加红军，任红四方面军第九军医院护士，1934年加入共青团。1935年随红四方面军长征，后在延安女子大学学习。1936年加入中国共产党。新中国成立后，历任华北军区军需部协理员、办公室干事，总后勤部政治部直工部家属工作科副科长，总后勤部管理局政治处副主任等职。1955年被授少校军衔。

★**李玉南**（1916—2010），四川通江人。1933年初参加红四方面军童子团，后任童子团团长。经张琴秋推荐，担任县少共妇女部部长。后出席川陕省委第二次党团员代表大会，担任川陕少共妇女部长和少年先锋队总指挥长。1935年春随红四方面军参加长征，随前进剧团三过雪山草地。1936年在西康时转为中共党员。到达延安后，在后方政治部做青年工作。新中国成立后，回到通江，任通江县妇联主任、民政科副科长、科长等职。

★**李先英**（1915—1991），四川巴中人。1933年5月参加红军，1935年随红四方面军长征。1936年加入中国共产党，同年10月进入中央党校学习。1937年2月开始先后任陕甘宁边区曲子县和土桥区、蟠龙区妇女部长。1939年起任新四军宣传干事、党支部书记等职，在安徽舒城县从事地下工作。解放战争时期，在第三野战军后勤部军事科工作。新中国成立后，任南京金陵仓库、上海华东军需仓库党支部书记。1955年复员，1960年重新回归部队。1964年在南京军区离休。曾荣获三级八一勋章、三级独立自由勋章、三级解放勋章、二级红星功勋荣誉章。

★**李华**（1919—   ），原名张天禄，四川旺苍人，开国少将谢国仪的夫人。1933年10月参加红军，1937年加入中国共产党。曾任红四方面军妇女独立团班长、排长，大金省妇女部巡视员。参加了长征、抗日战争和解放战争，先后任陕甘宁边区抗属学校队长、抗日军政大学第二分校图书管理员、晋察冀军区供给部被服厂指导员、冀中军区第十军分区电台指导员等职。新中国成立后，先后任天津军分区司令部协理员兼党总支书记、北京军区集训指挥部组织部部长等职。

★**李秀英**（1905—1972），四川通江人。1933年7月参加红军，同年加入中国共产党。1935年春随红四方面军长征。历任通江县委妇女部长，川陕省委妇女部长，妇女独立团排长，红四方面军政治部工厂政治指导员，西北荣誉军人辽养院妇女主任等职。曾荣获三级八一勋章、独立自由勋章、解放奖章。

★**李林**（1917—1991），原名李玉和，四川巴中人。1933年10月，与哥哥李富和一起参加红军，担任红四方面军第四军参谋部宣传队副队长。1934年加入中国共产主义青年团，1937年7月加入中国共产党。1934年11月任妇女独立团副连长。1935年随红四方面军长征。会宁会师后，

在红一方面军供给部、被服厂工作。1938年1月起，在延安军委兵工厂工作，同年11月在陕北张村驿疗养队任护士班长。1939年9月至12月，任张村驿疗养队党支部党小组长，随后调入联防司令部所属的留守处任军械仓库保管员。1941年3月起，在延安后勤司招待所工作。1942年，在中央党校参加了延安整风运动。1946年至1947年，在河北地区打游击。1948年5月，在北岳军分区政治部妇校当学员。1948年12月至1949年3月，任北岳军分区政治部家属学校党支部书记。1949年，在石家庄步兵学校学习。新中国成立后，曾任华北军委政治干校副队长、华北军区政治干校家属队党支部委员等职。1955年在内蒙古军区转业，1958年在南昌市民政局离休。曾荣获三级八一勋章。

★**李明**（1920—2009），四川达县（今属达州市）人。自幼父母双亡，12岁被迫当童养媳。1932年底参加红军。1935年随红四方面军长征，任红四方面军总医院护士。1936年加入中国共产党。抗日战争时期，曾任延安县妇女生活大队长、家属学校队长等职。解放战争时期，在延安商店当营业员。新中国成立后，任重庆长江运输公司人事科长、乐山专区邮电局人事保卫科副科长、四川省汽车运输公司成都公司党委组织科科长等职。

★**李健**（1919—1995），曾用名苟兴润、苟月英，四川巴中人。1933年1月参加革命，任乡苏维埃妇女委员长。同年3月，加入中国共产主义青年团，并调到区苏维埃任少共妇女部长。9月，受命到红四方面军总医院工作，任洗衣队队长。1935年春随军参加长征。同年，加入中国共产党。长征结束后，与红二方面军卫生部部长侯政结婚。先后在卫生部门和保卫部门工作。新中国成立前夕，她和丈夫侯政从大连调到汉口工作。1951年到中国人民大学和中直干校学习。1958年到阜外医院工作。1981年离休。

★**李萍**（1918— ），原名李富德，四川巴中人。1933年参加红军，同年参加中国共产主义青年团。曾任巴中县苏维埃政府内务委员、红四方面军第三十军供给处运输连长、梓潼县少共妇女部长。1935年春随红四方面军参加长征。1935年10月，任少共大金省委妇女部长，不久加入中国共产党。长征到达陕北后，被抽调到中央团校学习，后又到西北党校和中央党校学习。解放战争时期，随军南下回四川。新中国成立后，先后任南江县妇联主任、达县地区商业局办公室主任等职。

★**李敏**（1918— ），原名李子明，四川巴中人。幼时被卖作童养媳。1933年1月参加红军，被编入红四方面军妇女工兵营。1935年春随红四方面军参加长征。1936年加入中国共产党。曾任班长、排长、连长，当过中共中央党校收发科科长。新中国成立后，曾任国家机关和部队机关的幼儿园园长。1962年离休。

★**李涵珍**（1919—2004），四川达县（今属达州市）人。1933年参加红军，在红四方面军教导师宣传队做宣传员，1935年春随军长征。到达陕北后，1937年与红一方面军干部团的三营政委罗贵波结婚。新中国成立后，曾任中国驻越南大使馆一等秘书、外交部西欧司专员等职。

★**李朝春**（1919—1999），四川阆中人。1933年参加红军。1935年春随红四方面军参加长征。任红四方面军妇女独立团副班长、班长、副排长、排长，红一方面军供给部职员，延安兵工厂护士。1938年加入中国共产党。抗日战争时期，任延安后勤部招待所工作人员、延安保安处被服厂工人。解放战争时期，任第七军十九师家属队工作员。新中国成立后，历任四川金堂县第四区公所妇女干事、金堂县人民法院书记员、金堂县人民政府收发员等职。1973年离休。

★**李登玉**（1925—　），四川万源人。1933年10月参加红军。1933年至1934年底，在红四方面军总医院洗衣队工作。1935年春参加长征，给省委妇女部长肖成英当勤务兵。1936年至1945年，先后在延安鲁迅师范小学班（后改名为延安保育院小学）、延安中学学习。1946年至1948年在山西潞城北方大学医学院当医生。新中国成立后，曾在重庆西南局卫生部、中央卫生部、广西壮族自治区中医院等单位工作。1973年至1985年在广西壮族自治区医药保健品进出口公司任副科长、督导员。

★**李新兰**（1916—1950），四川平昌人。1933年参加红军，同年加入中国共产党，曾任红三十军护士长。1935年随红四方面军长征。到达延安后，同老红军张三奎结婚。参加了抗日战争和解放战争。新中国成立后，转业到川东行署财政厅工作。1950年夏因病就医时，被特务医生所害。

★**杨云珍**（1917—1986），四川旺苍人，开国少将欧阳平的夫人。1933年参加红军，1937年加入中国共产党。曾先后在红四方面军第九十七师经理部被服厂、第三十四军经理部被服厂工作。1935年春随红四方面军参加长征。参加了抗日战争和解放战争。1942年任鲁中军区第一军分区后勤处副指导员，后曾任上海淞沪警备区机关政治协理员，并参加了济南战役、淮海战役，两次立功受奖。新中国成立后，先后任上海警备区政治部政治协理员、华东公安部政治组织部副科长。曾荣获三级八一勋章、三级独立自由勋章、三级解放勋章。1955年离休。

★**杨吉安**（1916—2003），四川渠县人。1933年参加红军，1936年加入中国共产党。1935年随红四方面军长征。曾任红军总医院延安陆军野战医院护士、托儿所所长等职。参加了抗日战争、解放战争和抗美援朝战争。1955年复员，转业到山西太原工作，曾任太原城南区迎泽公社社区居委会主任。1964年离休。荣获三级八一勋章、三级独立自由勋章、三级解放勋章、人民功臣奖章。

★**杨秀英**（1910—1992），藏族，藏名阿初，四川金川人。1935年10月参加红军，后被任命为绥靖县（今属四川金川县）苏维埃宣传部部长。1935年12月，在长征途中与中共金川省委书记、省军区政治委员邵式平结婚。1936年7月，因母亲病危从炉霍告假回乡探母。此时红四方面军奉命北上，金川地方反动武装卷土重来，为躲避追捕，被迫流落至丹巴、康定，最后在丹巴县巴底乡靠开荒种地谋生，直到1962年才回到离别26年的家乡金川务农。新中国成立后，邵式平曾多次派人寻找杨秀英的下落，均无音信。邵式平于1965年病故，两人最终未能重逢。1979年10月，杨秀英被金川县革命委员会认定为失散红军。后多次被评为优抚对象先进个人。

★**杨林**（1917—2011），原名杨绍清，四川巴中人。1933年参加红军。1935年春随红四方面军长征。1937年在延安与老红军刘长东结婚。先后在红四方面军卫生部、红一方面军后勤部、延安保卫处卫生所、八路军一二〇师、东北军区司令部卫生所等单位担任护理工作。1946年加入中国共产党。新中国成立后，先后在中南航空处托儿所、中央重工业部航空工业局、第三机械工业部幼儿院任职。1983年离休。

★**杨国秀**（1910—1985），四川名山人。13岁时因家境贫穷被卖作童养媳，1934年同本村12名女青年一起参加红军。1935年随红四方面军长征。长征途中，曾担任班长。1937年退伍到陕甘宁边区曲子县（今甘肃省庆阳市曲子镇）务农。1956年在曲子县办起第一个农业生产合作社并担任副社长。1972年随丈夫迁到河南定居。

★**杨国钦**（1914—1997），四川巴中人。1933年参加红军。历任红四方面军第九军医院看护员、护理班长。1934年加入中国共产主义青年团，1935年转入中国共产党。1935年春参加长征。在长征途中被称为"女娃子班长"。后调到红三十一军医院，仍任护理班长。抗日战争和解放战争时期，先后在中央供给部、八路军医院、第四野战军卫生部等单位工作。1949年在中南军区荣军管理总局任政治指导员。曾两次负战伤，是三级甲等伤残军人。1951年回故乡时，得知父亲因她当年参加红军而被敌军抓去严刑拷打致死。其丈夫谢象宪也是老红军。新中国成立后，随丈夫、老红军谢象晃到武汉工作，曾任江西省民政厅党组成员等职。1961年离休。

★**杨征鹏**（1919—2019），原名郑中英，四川达县（今属达州市）人，出生地为四川平昌县板庙乡，开国少将黎同新的夫人。1933年10月参加红军，1935年参加长征，1937年6月加入中国共产党。曾任红四方面军妇女独立团班长、排长，红四方面军总医院排长，红二方面军卫生部护士。先后在中央军委妇校三队、抗日军政大学、中央党校六班学习。1938年在延安与黎同新结为夫妻。1940年2月起任新四军六支队卫生部组织科干事。先后在华中军区警卫团和山东党校女生队学习。1948年3月起任渤海军区后勤部休养所副所长。新中国成立后，先后任九兵团托儿所所长、华东军政委员会机关托儿所所长等职。1955年离休（正师职）。荣获三级八一勋章、三级独立自由勋章、三级解放勋章、二级红星功勋荣誉章。

★**杨素珍**（1913—1937），四川通江人。10岁时父母双亡，被卖作童养媳。1933年冬参加红军，同年12月加入中国共产党，担任区委妇女部长，1934年调任红四方面军第三十三军供给部工厂妇女连指导员。带领妇女连参加了万源保卫战。1935年4月随红四方面军参加长征。1936年

10月，随红军西路军西征，任红五军供给部妇女连指导员。1937年1月，在甘肃高台战斗中壮烈牺牲。

★**杨琴**（1922—1992），原名杨在田，四川通江人。1932年12月参加红军。1933年7月加入中国共产主义青年团。后被任命为团部对敌宣传队副队长。1935年春随红四方面军长征，后调到红四方面军总医院当护理员。1937年1月加入中国共产党。1938年调延长县交口野战医院（后并入八路军二兵站医院）任护士长、党支部副书记。1939年，与延安抗日军政大学四大队队务主任张天伟结婚，改名为杨琴。1940年3月以后，先后在雷子河中央疗养院和南泥湾中央首长休养所工作。在延安大生产运动中获得"劳动模范"称号。1943年调到中央招待所（后改为中央党训队）学习，任党小组长。1945年7月奉命调往新四军五师，离开延安赴抗战前线。同年11月与张天伟一起调往冀南军区，任军区政治部职工科组织干事。1946年5月以后，先后担任冀南军区职工学校副校长、冀南党校政治秘书、中国人民解放军第二野战军女子大学总校政治协理员等职。1950年3月任西南人民革命大学一部组织科科长。1951年初，与张天伟前往成都参与创办西南民族学院（今西南民族大学）。先后担任该院人事科长、生活指导科科长、藏、彝文专修科主任兼党总支书记，农牧专修科主任兼党总支书记，政史系主任兼党总支书记，政治系党总支书记等职。1984年底离休。

★**杨登福**（1919—2003），四川旺苍人，祖籍四川南江。1933年8月参加红军，1936年加入中国共产党。曾任红四方面军第九军政治部分队长。1935年春随红四方面军参加长征。参加了抗日战争和解放战争。曾任延安部队师范学校排长，延安医训队护士，中央军委二局电台报务员、译电员、组长，联防军军法处干事，中国人民解放军第一野战军第六军十七师文化学校指导员。新中国成立后，先后任西南军区军法处干事、重庆市第一区人民法院人事科副科长、宜宾市邮电局副局长、宜宾专区邮电局电信科长等职。

★**杨磊**（1920—2011），原名杨宗兰，四川通江人。8岁当童养媳。1933年2月参加红军，在红四方面军当看护员。1935年春随红四方面军参加长征。1937年4月加入中国共产党。长征结束后，在延安卫生教导队调剂班学习。抗日战争时期，曾任冀鲁豫军区直属卫生所司药、军医等职，与丈夫、四川籍老红军蒲荣钦在冀鲁豫抗日根据地一直战斗到日寇投降。解放战争时期，任第四野战军南下工作团医生、南京二十七医院军事联络员。1955年入上海第二军医大学学习，1961年毕业后任解放军总医院保健科科长。1955年被授予少校军衔，1964年晋升为中校。1966年于解放军总医院离休。荣获三级八一勋章、三级独立自由勋章等。1988年被授予二级红星功勋荣誉章。

★**吴兰英**（1916—1989），四川平昌人。1933年春参加红军，被编入红四方面军供给部妇女工厂，先后任妇女工兵营班长、排长，妇女独立团一营教导员。1935年加入中国共产党，同年随红四方面军参加长征。1935年6月红一、红四方面军懋功会师后，与红一方面军第五军护士长郑宗贤相识（1936年西征时结为夫妻）。1936年10月会宁会师后，被编入妇女抗日先锋团，任一营二连指导员，随红西路军西征。1937年初，红西路军兵败祁连山后，一路躲藏，在喇嘛寺一淘金洞偶遇丈夫郑宗贤，便装成哑巴，二人同行，同年底落户丈夫家乡甘肃省景泰县寺滩乡白茨水村，仍继续装哑巴长达12年，直至新中国成立。1959年任景泰县寺滩公社妇女主任。

★**吴秀英**（1910—1993），四川旺苍人。12岁当童养媳。1933年参加红军，被编入红四方面军总医院担架队。1935年春随红四方面军参加长征。长征结束后，到延安党校学习，后到延安保育院工作。1938年，经董必武介绍，与中央警卫团排长杨向前结为夫妻。1944年加入中国共产党。新中国成立后，在山西临汾托儿所任职。1953年到西南有色金属局行政科工作。1956年进入新成立的第十冶金化学建筑总公司。1966年在云南省冶金局离休。

★**吴顺英**（1917—1987），四川通江人。1933年7月参加革命，在巴中、万源、通江一带做群众工作。同年经吴朝祥介绍加入中国共产主义青年团，11月转为中共党员。1935年春随红四方面军参加长征。长征结束后，先后在红四方面军党校和中央党校学习，参加大生产运动。1945年和丈夫马树良一起赴东北，接收日寇的一个兵工厂，并恢复其生产。新中国成立后，担任鸡西矿务局总工会妇女部长。1956年调到北京，先后任煤炭部第一招待所所长、国务院机关事务管理局招待处巡视员。

★**何玉珍**（1918—2012），四川南江人。自幼父母双亡，被迫当了童养媳。1933年参加红军，任卫生员。1935年春，随红四方面军参加长征。1936年10月会宁会师后，被编入西路军妇女抗日先锋团，任一连一排排长，参加西征作战。1937年在梨园口战斗中受伤被俘，被押送至西宁羊毛厂服劳役。后历险逃脱，在西宁安家落户。新中国成立后，曾任青海省西宁市巷明街道办事处主任、妇女代表，后随丈夫回到河南省孟津县定居，曾任妇女队长、村妇联主任。

★**何光**（1916—2012），四川金川人。自幼父母双亡。1934年3月参加红军。1935年加入中国共产党，随红四方面军长征。到达延安后，入延安抗日军政大学学习，后在枣园二区担任妇女部长。1939年，与参加过长征的四川平昌籍红军战士王良科在延安结婚。在解放战争期间，曾一人带着两个孩子冒着敌人的炮火，转战到东北，在哈尔滨与丈夫重逢。曾任吉林省蛟河县公安局政治协理员、沈阳市公安总队后勤助理员。新中国成立后，随丈夫一起在沈阳军区政治部工作。1964年离休，后定居内江。

★**何克春**（1916—2004），四川通江人。1933年8月参加红军，先后在红四方面军第四军供给部被服厂当战士、班长。参加了川陕革命根据地反敌"六路围攻"和冲破"川陕会剿"的战斗。1935年春随红四方面军参加长征，并在长征途中调到红二方面军第六军团政治部工作。1938年加入中国共产党。先后在抗日军政大学、女子大学等校学习。1945年10月被派到东北工作。1949年调任沈阳商业专门学校科长。1950年调回四川泸州、自贡等地工作。1951年起先后任西藏军区第十八军妇女学校政教处副主任、副政委。1954年调到北京任商业部第一幼儿园主任。1961年任中国商业部工会科长、商业部办公厅秘书处科长。1965年调四川省土产果品公司工作。1980年离休。

★**何建平**（1921—2004），四川旺苍人，开国少将张树才的夫人。1933年参加红军，1934年加入中国共产党。1935年随红四方面军长征。曾任红四方面军总医院卫生员、延安后方政治部剧团演员、新四军第二师民运队宣传员及电台指导员、新四军第五师政治部协理员、总后勤部幼儿园协理员、湖北军区政治部协理员、武汉军区后勤部协理员等职。1983年离休。荣获三级八一勋章、三级独立自由勋章、三级解放勋章、二级红星功勋荣誉章。

★**何炽**（1915—2005），原名何征友，四川南部人。1933年7月参加红军。1934年7月加入中国共产党。历任乡妇救会主任、区委书记、省委侦察员。1935年随红四方面军参加长征。在一次执行侦察任务中，因被敌追逼而跳崖，留下终身残疾，以惊人的毅力，拖着伤腿走完长征。1936年进入延安中央党校学习，毕业后历任陕西鄜县、保安县及河北邢台县等地妇救会主任。1939

年6月任八路军一二九师卫生部政治处指导员。新中国成立后，任湖北军区妇女学校政治协理员。1950年转业后在武汉市民政局工作。1982年离休。

★**何锐**（1917—1972），四川旺苍人，开国少将袁克服的夫人。早年因贫困全家流落到陕西宁强县。1935年春参加红四方面军，是宁强县第一位参加红军的女性。长征途中，任妇女班班长。部队到达金川后，加入中国共产主义青年团，任工作队副队长。长征中升任排长。1939年加入中国共产党，后进入抗日军政大学学习。1943年调任中央卫生部门诊部商店主任。抗战胜利后，任冀南军分区司令部四科副科长。1946年调往东北，任吉敦军分区管理股副股长。1949年随军南下，任湖北野战医院副院长。新中国成立后，任中央军委直属疗养院副院长。1955年被授予上校军衔。

★**宋南针**（1919—   ），四川阆中人。1933年参加红军。同年加入中国共产主义青年团。1934年加入中国共产党。1933至1937年，先后任中共川陕省委宣传队班长、妇女部干部，甘肃省漳县县委妇女部部长等职。1935年春参加长征。抗日战争时期，任陕甘宁边区耀县（今陕西省铜川市耀州区）妇联主任、关中分区妇联组织部部长、边区妇联组织部科长、边区政府抗属工厂政治教导员、教导一旅司令部直属队党总支副书记等职。解放战争时期，任承德卫戍司令部政治协理员、东北民主联军政治部军官教导团队长。新中国成立后，历任中国人民解放军高炮二师供给部政治协理员、中央军委高级防空学校家属委员会主任、北京市椿树街道党委书记等职。

★**张子清**（1914—1996），四川宣汉人。1933年参加红军，同年加入中国共产党。1935年春随红四方面军妇女独立团参加长征。参加了抗日战争和解放战争。1949年，与藏族老红军沙纳结婚。新中国成立后，1950年3月进入西康省藏族自治州（今四川省甘孜藏族自治州）工作，1950年5月至1952年11月任中共康定地委妇委书记，1954年9月至1960年2月任甘孜藏族自治州妇联副主任，1958年2月至1967年1月任中共甘孜藏族自治州委妇委副书记。1981年离休。

★**张子槐**（1919—1986），四川通江人。1933年参加红军。曾任红四方面军总医院洗衣队队长、敷料科科长，1935年春参加长征。1936年会宁会师后，随西路军西征。1936年底被编入妇女抗日先锋团三连任临时连长。1937年1月，在甘肃山丹被俘并被押解到青海西宁，被敌人分配到中山医院，后与一杨姓进步医生一起逃出虎口，安家西宁。1949年杨医生病故后，她带着两个孩子辗转到兰州谋生，与一煤矿工人成家。1984年，获得政府颁发的"西路军红军老战士光荣证"。

★**张云**（1918—2015），原名张先珍，四川万源人，开国少将陈美福的夫人。出身贫苦农民家庭，12岁当童养媳。1934年参加革命，加入中国共产主义青年团。后被编入红四方面军妇女独立团。1935年春随红四方面军参加长征。1936年加入中国共产党。长征中，先后在红四方面军总医院当护士，在连队当班长、排长。长征结束后，从事机要工作，担任译电员。参加了抗日战争和解放战争，抗战结束后到东北工作，曾在沈阳军区后勤部门托儿所、卫生所工作。荣获三级八一勋章、三级独立自由勋章等。1982年离休。

★**张艺**（1914—1996），原名张永英，四川宣汉人。1933年6月随父亲张元哲一起参加红军，最初在红四方面军总医院当护士，后到三分院任护士班长、排长。1934年8月加入中国共产党。1935年5月随红四方面军参加长征，两次过雪山草地。1937年与老红军许允安结婚。参加了抗日战争和解放战争，曾任兵站医院护士长、妇女营排长、西南军区后勤部卫生部药材处司药。曾被评为陕甘宁边区模范妇女，晋绥边区甲级劳动英雄。1956年转业到成都中医学院（现成都中医药大学）工作，先后任人事干事、制药厂厂长、膳食科长等职，多次被评为院先进工作者。1983年离休。

★**张文贵**（1912—2013），四川南江人。1933年参加红军，曾任红四方面军第三十军班长、排长。1935年春随红四方面军参加长征，随后留在家里的父母、哥嫂和两个妹妹共6位亲人惨遭反动派杀害。1936年10月会宁会师后，被编入西路军妇女抗日先锋团参加西征。1937年春，红西路军兵败后，突围到张掖，最后流落到甘肃成县支旗乡支旗村安家落户。1978年她致信徐向前元帅后，其红军失散人员身份得到认可。

★**张玉清**（1916—1993），四川开县（今属重庆市）人。1933年参加红军，1938年加入中国共产党。曾任红四方面军第九军政治部宣传员、女子连班长。1935年春参加长征。长征到达延安后，历任红军供给部被服厂班长、延安边区医院和兵站医务所护士。参加了抗日战争和解放战争。1960年离休。曾荣获三级八一勋章、三级独立自由勋章和二级红星功勋荣誉章。

★**张正秀**（1916—　　），四川巴中人。1932年冬天，和三个哥哥一起参加红军，不久后担任班长、排长。后因战功由排长直接升任营长。在腊子口战斗中为掩护大部队前进，不幸被俘。1937年初在四川罗江从敌营逃脱，后来定居罗江县蟠龙乡（今蟠龙镇）务农。2000年，政府确认其红军身份。

★**张兰**（1916—2003），原名张大英，四川万源人。1934年在四川通江县参加红军。1935年参加长征。先后任红四方面军第四军供给部女兵班长、八路军三五八旅家属队党支部书记等职，曾进入抗日军政大学和中国女子大学学习。新中国成立后，历任北京市东城区北新桥石雀胡同居委会党支部书记、中国科学院医疗器械厂二车间党支部书记、铁道兵司令部办公室保密档案科科长、铁道部铁道兵职工部副部长等职。1976年离休。

★**张秀芳**（1917—1995），四川巴中人。1932年参加红军，不久被编入红四方面军妇女独立团，担任张琴秋的警卫员，后调任红四方面军总医院二分院排长。1935年春随红四方面军长征。会宁会师后，随红西路军西征。1937年，在祁连山战败后被俘，押往青海服苦役，1939年春逃离青海流落兰州。新中国成立后，被政府安置在甘肃省人民医院缝纫厂工作，孤老病终。

★**张怀碧**（1916— ），四川达县（今属达州市）人。12岁当童养媳。1933年参加红军，在红四方面军第三十一军做宣传工作。1934年，任中共达县区委妇女部长，后任中共阿坝县委、太平县委妇女部长。1935年随红四方面军长征。1936年11月随西路军西征，先后任妇女抗日先锋团组织干事、连指导员，在征战中死里逃生，最后流落到甘肃武威。新中国成立后，曾任中共武威县委招待所副所长。

★**张英桂**（1913—1990），四川蓬溪人。原本姓陈，12岁时被送到张家当童养媳而改姓张。1933年参加红军，1936年加入中国共产党。1935年随红四方面军参加长征。到达延安后，进入识字班学习，后在王震将军领导的三五九旅开荒种地、纺纱织布、做军装等。参加了抗日战争和解放战争。1948年，与老红军王承隆结婚。新中国成立后，转入地方工作，与丈夫在湖南省荣军休养院工作（王承隆任该院首任院长），任该院党委委员。1979年荣获"全国三八红旗手"称号。是湖南省第五、六、七届政协委员，省妇联多届代表。

★**张学兰**（1912— ），四川剑阁人。1934年1月参加红军，1938年7月加入中国共产党。1935年随红四方面军参加长征。参加了抗日战争和解放战争。历任延安保育院工作人员、安塞抗日军人子弟学校卫生所看护长、合江省（后撤销，并入黑龙江省）医院协理员等职。新中国成立后，先后任中南空军司令部后勤部生产科长，全国供销合作社招待所所长和行政科科长。

★**张诚**（1919—2009），原名张宜秀。四川万源人。1933年参加红军，1938年加入中国共产党。曾任红四方面军总医院护士，参加了万源保卫战。1935年春参加长征，途中头部受重伤。后参加抗日战争和解放战争。曾在延安女子大学妇女大队学习。1939年与长征老红军胡仁结婚。曾任延安中央总医院护士长、东北松江军区供给部政工干部。新中国成立后，先后在湖南省军管会、中南税务局工作，1954年调广东省商业厅办公室工作，副厅级离休。1967年后在湖南省老干部休养所休养，定居长沙。

★**张庭福**（1917—2009），原名张庭富，四川通江人。1932年底参加革命，并发动100多人参加红军。1933年1月加入中国共产党。曾任川陕省委妇女部长，川陕省苏维埃政府内务委员会主席，川陕省苏维埃政府委员。1935年与川陕省苏维埃政府主席熊国炳结婚。1935年春，随红四方面军长征。1936年，参加红西路军西征。祁连山战败后被俘，改名张庭福，在押往青海被活埋中幸运获救。后流落到甘肃省高台县天城乡。1948年在解放军进军大西北过程中，她为部队做了大量工作。同年8月，再次加入中国共产党。新中国成立后，任天城乡妇联主任、天城乡党委书记。1960年，她带着四个子女回到故乡通江县生活，一直享受老红军待遇。

★**张静**（1921—2005），原名侯文秀，四川阆中人，开国中将陈庆先的夫人。5岁时父母双亡，被迫当童养媳。1934年2月参加红军，分配在红四方面军总医院当护士。1935年2月加入中国共产主义青年团，1937年10月加入中国共产党。1935年春随红四方面军参加长征。曾入延安中央党校学习。1937年底，奉调新四军二支队十八团任干事。1946年任新四军二师六旅机关党支部书记，并先后调任华中十纵、华野十二纵、华野二十三军机关党支部书记，参加了淮海战役和解放上海的战役。新中国成立后，随丈夫陈庆先调入南京军事学院工作。1956年转业到地方工作，任南京市无线电厂人事科科长。1961年调济南军区工作，被授予上校军衔。后任军区司令部管理局正师职协理员。1983年离休。1988年荣获二级红星功勋荣誉章。

★**陈发云**（1912—2017），四川通江人，1932年参加红军，先后在四川南江区委、红四方面军妇女独立团、陕甘宁边区卫生所等单位从事宣传和医护工作。1935年参加长征。随后参加了抗日战争和解放战争。新中国成立后，转业到河北，调入华北制药厂工作，1982年离休。2016年荣获中国工农红军长征胜利80周年纪念章。

★**陈在如**（1913—1969），曾用名陈再茹，四川万源人。1933年初参加红军，当过红四方面军宣传员、川陕苏维埃政府宣传员，参加了万源保卫战。1935年春随红四方面军长征。参加了抗日战争和解放战争。1950年任中国人民解放军一三六师卫生部副政委，次年参加抗美援朝战争。1955年回国转业到地方工作。1961年再回部队，任黑龙江省军区政治部干部处副处长；同年，被授予中校军衔。1964年调沈阳军区政治部工作。曾荣获三级八一勋章、三级独立自由勋章、三级解放勋章。

★**陈其**（1924—2018），四川巴中人。1933年参加红军，在红四方面军当宣传队员。1935年春参加长征。1938年与长征老红军李质忠结婚。同年先后进入抗日军政大学、通讯学校学习。1939年，加入中国共产党。同年12月调中央军委机要处工作。1952年至1955年在中央党校学习。1955年9月至1958年10月，在中共中央办公厅机要局任科长。此后至1960年，在北京东城区京华胶印厂任党支部书记。1960年至1963年在中共中央办公厅机要局任科长。1963年至1964年调福建晋江地委任组织部副部长。1964年至1969年1月任中共中央办公厅副处长。1969年至1971年下放江西进贤县。1973年至1981年任电子工业部办公厅秘书处副处长、处长。1981年至1982年在中央保密委员会办公室工作。1983年离休。

★**陈明**（1920—1986），四川南江人。1933年1月参加红军，1935年参加长征。1933年至1936年在红四方面军妇女独立营（团）任战士、班长、排长；1936年至1937年，红二、四方面军会师后，在红二方面军医院任护士。1938年9月加入中国共产党，并在延安抗日军政大学和延安女子大学学习，毕业后调入延安烽火剧团工作。1940年与红四方面军第三十军八十八师二六八团党委秘书长、中央军委后勤部审计处检查科长兼总稽核的老红军牟正茂结为夫妻。1940年至1949年，先后任定边县妇女主任、东北物资商业部门干部。新中国成立后，1950年南下，先后在四川泸州、重庆任中国人民银行出纳科科长、副主任，在成都任中国人民银行四川省分行科长，成都市五金交电公司办公室副主任等职。1982年离休。

★**陈素娥**（1917—2005），四川平昌人。1933年春参加红军，在红四方面军总政治部前进剧团当演员。1935年春随红四方面军参加长征。1936年8月在西康炉霍地区与红九军军长孙玉清相爱。1936年会宁会师后，带着身孕随红军西路军前进剧团西渡黄河参加西征。1936年12月，在甘肃永昌城东郭家下磨遭遇强敌，被国民党马家军所俘，后被押往青海西宁。为了保住与孙玉清（1937年3月被俘牺牲）的骨肉，她忍辱负重，被迫给一个马家军军官当小妾。1937年3月，在马家军驻地生下孩子（后寄养刘家，取名刘龙）。新中国成立前夕脱离魔掌。1950年返回四川，得知自己参加红军后父母已被地主杀害，又重新回到兰州，几经辗转终于与从抗美援朝战场归来的儿子刘龙团聚。

★**苗玉香**（1917—1950），四川苍溪人。1933年参加红军，编入红

四方面军妇女独立营，1935年春随红四方面军长征。1936年加入中国共产党。长征途中被选调到红一方面军，给中央执行委员会委员蔡畅当警卫员。长征到达陕北后，担任延安被服厂厂长。1947年底撤离延安至太行山，随后被分配到晋冀鲁豫军区青年教导团任卫生队看护长。1949年底随第二野战军到达重庆，1950年7月病逝于重庆，后被追认为烈士。

★**苟三春**（1917—1989），四川巴中人。1933年12月参加红军，先后在红四方面军总部妇女独立营、红四方面军总医院被服厂当战士和缝纫工作人员。1935年春，随红四方面军参加长征，负责转运伤病员和护送药箱，后当炊事员。到达延安后，先后被分配到中共中央党校卫生所和延安鲁迅艺术学院卫生所当护士。1938年12月，加入中国共产党。新中国成立后，在中央马列学院托儿所和中央党校担任管理员。1978年离休。

★**苟秀英**（1920—2014），四川通江人。1933年作为童养媳与丈夫钟永福等家人一起参加红军。1935年随红四方面军参加长征，为兵工厂（三中队）战士。长征结束后，曾任延安兵工厂生产班长。1939年加入中国共产党。新中国成立后，曾任重庆造纸厂家属委员会主任、重庆造纸厂工会主席等职。1982年离休。

★**林波**（1921—2014），四川巴中人，开国少将钟池的夫人。1933年参加红军，主要从事后勤和宣传工作。1935年春随红四方面军参加长征，1938年加入中国共产党。参加了抗日战争和解放战争。新中国成立后，与丈夫一起参加了抗美援朝战争，后在重庆第五十四军小学子弟校担任校长。1964年离休。

★**林桂珍**（1919—1995），四川通江人。1933年与哥哥林焕青一起参加红军，被编入妇女独立团一营，后调到王坪军部总医院当护士，曾任红四方面军第三十军九十一师排长。1935年随红四方面军长征，被编入红五军。长征结束后，被编入妇女抗日先锋团随西路军参加西征。在西征中多次受伤，后战败被俘，被敌人活埋未死（哥哥牺牲），逃到甘肃张掖、临夏等地。新中国成立后，曾任临夏县井沟公社妇联主任。1955年加入中国共产党。1956年起享受红军失散人员定期补助。

★**罗芝兰**（1918—　　），四川阆中人。1933年参加红军，在红四方面军总卫生部当看护员、卫生员。1935年随红四方面军长征。1936年10月长征结束后，参加红西路军西征，在青海战败被俘。后逃出虎口，流落西宁。新中国成立后，在西宁市做妇女工作，曾受组织委托，负责寻找失散红军，在西宁市区找到了几十位失散红军。

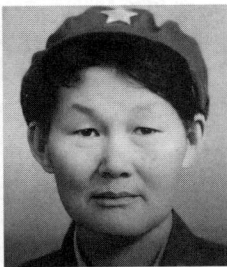

★**罗林**（1919—2003），原名罗琳，四川宣汉人。1934年参加红军，1935年随红四方面军长征，任红四军十二师政治部宣传队宣传员。1938年加入中国共产党。参加了抗日战争和解放战争。新中国成立后，曾任沈阳农具厂副厂长、广西梧州军分区政委等职。

★**岳琴**（1921—1991），原名岳桂香，四川通江人。1934年在红军撤出通江时加入红四方面军第九军，随后参加长征。曾任妇女独立团宣传队队员。1936年加入中国共产党。长征结束后进入抗日军政大学学习，后被分配到中央医院工作。1939年在延安医科大学学习。在解放战争中任战地医院护士长。1954年考入中国人民解放军第四医科大学。三年后毕业，任武汉一六一医院门诊部主任。

★**金兆秀**（1907—2011），四川通江人。1933年参加红军。曾任红四方面军妇女独立团排长、连长等职。1935年春随红四方面军长征。后调到中央妇女部做地方妇女工作。1945年与丈夫徐光新奉命奔赴东北创建解放区。1957年7月在黑龙江省商业厅退休，1980年6月改为离休。

★**周秀英**（1915—1993），四川仪陇人。1933年6月参加红军，1937年加入中国共产党。1935年随红四方面军长征。曾任红四方面军总医院护士、红四方面军保卫局审判员。抗日战争时期，任延安边区保育院主任，先后在边区抗属工业社、敌工部、总政治部工作，参加了延安大生产运动。解放战争时期，曾任一五七师、天津留守处干部，参加了辽沈战役、平津战役。多次受伤。新中国成立后，历任江西省上饶军分区、江西省公安总队干部，江西省军区后勤部直工科干事、家属委员会党支部书记。1965年离休。曾荣获三级八一勋章、二级红星功勋荣誉章。

★**周明**（1914—2015），原名吕秀英，四川南江人。幼时被卖作童养媳。1934年参加红军，任红四方面军第三十一军宣传员，后调任护士。1935年春随红四方面军参加长征。1937年到延安抗大医院工作。在此与红四方面军第三十一军宣传干事李福太结婚。1938年6月，随丈夫李福太到鄂豫边区，任竹沟医院护士。1939年底，因国民党在河南确山县的新四军第八团队留守处驻地——竹沟镇发动竹沟事变，被捕后深夜越狱逃脱。1942年，时任新四军五师四十五团政委的李福太在战斗中壮烈牺牲。1945年，改嫁新四军五师十五旅卫生部政委邹顺清。1946年中原突围前，因身怀六甲无法随部队行动，只好随丈夫化装成农民到湖北红安县邹家店隐藏。此后夫妇二人一直居住在湖北省红安县华家河镇邹集村，以务农为生。新中国成立后曾任村妇联主任。1982年起，享受在乡老红军待遇。

★**郑光明**（1915—1989），四川南江人。1933年3月参加红军，在红四方面军第三十一军七十三师被服厂工作，任班长、排长。后调红四方面军总供给部妇女工兵营工作。不久后加入中国共产主义青年团。1935年随红四方面军长征。1936年加入中国共产党，随即任红四方面军供给部妇女工兵营指导员。会宁会师后，随红军西路军参加西征。1937年到达延安后，先后在延安抗日军政大学、军委通讯学校、中国女子大学学习。后在延水关盐业公司、清涧县盐业公司、延安招待所、供给部留守处工作，并曾在老首长林月琴家负责生活管理。1949年12月随军南下进川，先后在西南局财政部等单位工作。曾任化龙桥造纸厂人保组组长、宜宾中元造纸厂保卫科主任科员、四川省灌县（今都江堰市）特种纸厂保卫科副科长等职。1960年参与筹建四川省轻工业学校（今四川省工商职业技术学院），任人事保卫科副科长。1980年离休。

★**郑秀英**（1917—1958），四川苍溪人。自幼当童养媳。1933年参加红军，任红三十军战士，加入中国共产主义青年团。1935年随红四方面军参加长征。1936年会宁会师后，随红军西路军西征，转战河西走廊。在战斗中负伤，后流落到甘肃兰州，定居兰州广武路。新中国成立后，被确认红军身份，领取政府所发伤残生活补助金。

★**郑清芝**（1913—1997），四川通江人。1932年参加红军，1935年随红四方面军长征，先后任班长、排长、连政治指导员等职。1937年随红军西路军西征时在高台作战中负伤被打散，后定居甘肃徽县。

★屈萍（1921—2014），原名屈正香，四川通江人。1933年1月参加红军，1936年加入中国共产党。1935年春随红四方面军参加长征。历任护士、司药、调剂员、护校校长、药厂协理员、科长等职。新中国成立后，曾任新疆石河子地区妇联主任。

★孟青（1918—2005），原名夏明秀，四川苍溪人。1933年参加红军，任红四方面军第三十一军宣传队员、医院护士、供给部被服厂班长。1933年10月加入中国共产主义青年团。1935年加入中国共产党，同年随红四方面军长征。长征结束后，到陕甘宁边区党校、抗日军政大学学习。抗日战争时期，任新四军四师六支队供给部青年队长、新四军二师供给部党支部书记等职。解放战争时期，任第三野战军总留守处三中队党支部书记等职。新中国成立后，任华东空军后勤政治部干事、南京师范学院农场场长等职。曾荣获三级八一勋章、三级独立自由勋章、三级解放勋章、二级红星功勋荣誉章。1983年离休。

★赵玉香（1917—），四川通江人。1934年参加红军，1935年春随红四方面军长征，不久担任妇女独立团一连连长。全家都是共产党员，父亲赵三怀因在通江六坪乡担任苏维埃政府主席被国民党杀害，母亲和两个哥哥参加红军后在长征途中牺牲。长征胜利后，赵玉香随西路军参加西征。1937年春，在甘肃张掖临泽战斗中负伤，被敌人抓捕，后逃出虎口，流落到甘肃和政县。后享受西路军红军老战士待遇。

★赵明光（1923—1981），原名赵桂英，四川阆中人。1933年参加红军。1936年加入中国共产党。1933年至1936年，先后任红四方面军第三十军政治部儿童团团长、阆南县委少共妇女部部长、南江边委少共妇女部部长、川康省委少共妇女部部长。1935年春随红四方面军参加长征。抗日战争时期，任中共中央组织部巡视员，延安直属医院副政治指导员。新中国成立后，任北京军区总医院外科军医、北京军区后勤部司令部管理处卫生科助理员。1951年毕业于天津解放军第一军医大学。曾被授予少校军衔。

★**赵明英**（1914—　　），四川达县（今属达州市）人。1933年9月和妹妹赵明珍一起参加红军，被编入红四方面军新剧团。1935年春随红四方面军参加长征。1936年会宁会师后，随红军西路军西征，任西路军前进剧团三团团长兼导演。1937年甘肃梨园口战役后，西路军300余名女战士重新组建妇女独立团时，被任命为副团长。不久与妇女独立团团长陶万荣等一起被国民党马家军所俘，押往甘肃张掖。后被迫嫁给青海马家军回族副营长，几次逃跑未成。后随丈夫到临夏尹集乡定居务农。

★**赵珠明**（1915—2002），原名赵兰昌，四川阆中人。1933年参加红军。1934年加入中国共产主义青年团。1935年加入中国共产党。1933年至1936年，先后任当地苏维埃妇女委员会委员长、鹤峰寺区苏维埃宣传队队长，红四方面军后方医院病号连连长，红四方面军第一后方医院宣传员、采购员，妇女独立团三连第三中队中队长。1935年春随红四方面军参加长征。抗日战争时期，任延安联防司令部家属所党支部书记。解放战争时期，任东北柳河荣军学校机关政治协理员。新中国成立后，任广州市税务局人事科副科长，广州市农林水利局人事科科长、局机关党总支书记，广州市农业局办公室副主任等职。

★**赵桂兰**（1917—1995），四川通江人。1933年11月参加红军，先后为红四方面军总医院护士、妇女独立团战士。1935年春随红四方面军参加长征。1938年与阆中籍的原红四方面军第九军军委管理员、陕西省鄌县（今延安富县）警一旅管理科科长王长元结婚，后在被服厂工作。参加了抗日战争和解放战争。新中国成立后，曾任陕西省泾阳县永乐镇居民委员会党支部书记。1975年离休。

★**赵英**（1920—2012），四川通江人。1933年参加红军，最初在红四方面军总部政治部主任张琴秋身边当勤务兵，后在总医院工作。1935年春参加长征，1936年加入中国共产党。抗日战争时期，在延安边防医院、延安通迅学校工作，曾在延安抗大学习。1941年任八路军129师770团保管员、队长。1945年随八路军115师挺进东北，后任哈尔滨工商银行副股长、政治指导员。抗美援朝时期，曾任东北军区公安85团管理股指导员。1955年转业任吉林省四平联合化工厂监委书记，1962年回部队离休。1988年荣获中国人民解放军二级红星功勋荣誉章。

★**赵惠兰**（1918—2002），四川阆中人。1933年4月参加红军。历任红四方面军总医院护士、护士长，红四方面军卫生学校大队长，红四方面军第三十军宣传队队长、女兵营副营长、中央红军总医院四分区医院院长等职。1935年春随红四方面军参加长征。1937年加入中国共产党。抗日战争时期，任中央军委二局收发员、中央军委总政治部教导一旅家属队管理员。解放战争时期，任军委总政治部幼儿园园长。新中国成立后，先后在中央军委总干部部、北京卫戍区直属政治处等单位任职。1984年离休。

★**赵碧轩**（1914—　），四川阆中人，老红军、辽宁省委原书记黄欧东的夫人。1933年参加红军，同年加入中国共产主义青年团。1933年至1937年，先后任红四方面军医院护理员、红军陇东办事处油印员。1935年春随红四方面军参加长征。1938年加入中国共产党。抗日战争时期，曾是洛川抗日军政大学政治队、晋东南抗日军政大学六分队女生队学员，后任八路军一二九师民政部办事员、十旅后勤部家属队政治指导员。解放战争时期，在部队家属队工作。新中国成立后，任沈阳市保育院党支部书记、沈阳市妇联干部。

★**胡莹**（1922—2004），原名刘建华，四川巴中人。1933年参加红军，1935年随红四方面军参加长征，1937年加入中国共产党，1939年奉调华北地区任刘少奇随行电台报务员，改名胡莹。曾在中央军委三局工作。新中国成立后，先后担任天津市文化局人事处处长、中共中央党校原二部党支部书记。

★**胡桂香**（1912—2011），四川通江人。1933年参加红军，被分配到红四方面军总医院的一个分院洗衣队工作。1935年春随红四方面军长征。历任宣传员、班长、护士、出纳等职。1946年加入中国共产党。新中国成立后，任中南十四速成中学十二中队副队长。曾荣获三级八一勋章、三级独立自由勋章、三级解放勋章、二级红星功勋荣誉章。

★**钟玉萍**（1917—2005），四川巴中人，开国少将王才贵的夫人。1933年参加红军，曾任红四方面军妇女独立团教导员，1935年参加长征。新中国成立后，曾任山西临汾军分区政治部政治协理员、河南省军区干部。曾荣获二级八一勋章、三级独立自由勋章、三级解放勋章、二级红星功勋荣誉章。

★**侯正芳**（1922—2016），四川阆中人。1933年9月参加红军，1935年随红四方面军长征。曾在红四方面军总政治部剧团、延安人民政府人民剧团和红二方面军战斗剧团任团员。抗日战争时期，曾任新四军留守处干事、江苏阜宁地方工作指导员、苏北财委会纺织厂政治指导员等职，经历了皖南事变，后随新四军三师开赴东北战场。解放战争时期，任中国人民解放军第四野战军十二纵队家属学校组织干事、四十九军青年干部学校中队长。抗美援朝期间，任中国人民志愿军三分部留守处队长、东北军区后勤政治部保训队协理员。后任北京市第四建筑公司人事科科长、中国人民解放军总医院协理员。1960年被授予少校军衔。曾荣获三级八一勋章、三级独立自由勋章、三级解放勋章、二级红星功勋荣誉章。

★**侯立珍**（1918—2013），四川万源人。1933年在万源红胜乡经红四方面军总政委陈昌浩引荐参加红军，曾担任红四方面军总部政治部主任张琴秋的警卫员。妇女独立二团成立后，任二团二营三连二排排长，曾参加万源保卫战等战役。1936年加入中国共产党，同年随红四方面军参加长征。1937年到达延安。经组织介绍与老红军王能益在甘肃庆阳结婚。在延安军需部门工作至1947年撤离延安。1950年，随刘邓大军进军解放大西南，负责军事接管川渝各地工厂、发电站等工作。1954年调到成都军区，在中国人民解放军三五○八厂工作至离休。曾荣获三级八一勋章、三级独立自由勋章、三级解放勋章。

★**侯发银**（1920—　　），四川旺苍人。1933年8月参加红军，1938年8月加入中国共产党，曾任红四方面军第三十一军军部医院勤务员、军政治部粮站运输员，妇女独立团二营一连连长。1935年春随红四方面军参加长征。抗日战争时期，任陕甘宁边区延安卫生学校学员，延安医科大学附属医院护士。解放战争时期，先后任延安妇女学校家属队队长、华北军区补训兵团军政部托儿所所长。新中国成立后，曾任中国人民解放军第五十军后勤部留守处处长、西南水利部卫生所护士、西南石油勘探局家属队主任等职。

★**侯敏**（1920—2008），四川旺苍人。1933年6月参加红军，历任战士、宣传员、军医、师卫生所所长。1935年随红四方面军长征。1937年加入中国共产党。1938年，与老红军杨家华结婚。参加了抗日战争、解放战争和抗美援朝战争，担任军医，在解放战争中受伤致残。新中国成立后，曾任福州军区政治部干部部副师级干部、福建省军区干部部正师级干部。曾荣获三级八一勋章、独立自由勋章、解放奖章、二级红星功勋荣誉章。

★**姚树兰**（1917—2019），四川苍溪人。从小父母双亡，1933年12月参加红军。1935年春参加长征，三过雪山草地。1937年加入中国共产党。先后参加了延安保卫战、解放西安、解放兰州等战役。1980年离休，定居江西省上饶军分区干休所。2009年被表彰为先进离休干部。

★**贺治珍**（1901—1981），原名贺子珍，四川达县人（今属达州市）。1933年10月，与丈夫周念文带全家子侄一起参加红军。1935年随红四方面军长征。后来丈夫牺牲。1935年夏，她在茂县战役中因部队被打散而与红军失去联系，被迫返回家乡务农。新中国成立后，1951年因一家八人参加红军七人牺牲而被选为革命老区红烈军属代表赴京参加国庆观礼，受到毛泽东主席接见，毛主席为她改名为"贺治珍"。荣获1951年国庆纪念章。享受红军失散人员和烈士家属定期定量补助。

★**贺林**（1915—2008），原名郝正南，四川达县（今属达州市）人。1933年8月参加红军。1934年加入中国共产主义青年团。1935年春随红四方面军参加长征。1937年1月加入中国共产党。曾任红四方面军总医院护士、炊事员、班长，红四方面军总医院妇女连排长、政治指导员，华北军区太原办事处党支部书记等职。1939年在抗大二分校与长征老红军杨步金结婚。参加了抗日战争和解放战争。新中国成立后，历任华北军区炮兵后勤部政治处组织干事、华北军区后勤部油料部行政管理干部。曾荣获三级八一勋章、三级独立自由勋章、三级解放勋章、二级红星功勋荣誉章。1956年退休，后改为离休。

★**贺林声**（1922—1983），原名贺秀英，四川苍溪人。1933年3月参加红军，被编入红四方面军第三十军。1935年随红四方面军参加长征。曾任部队宣传员、分队长、班长等职。参加了抗日战争和解放战争。解放战争期间，曾任护士、护士长、托儿所所长、政治干事和组织干事等职。新中国成立后，曾任中央军委海军后勤部秘书处政治指导员、青岛对外食品公司人事科科长、海军二航校政治协理员、海军后勤部政治部协理员及群众工作处干事等职。1983年离休。曾荣获三级八一勋章、三级独立自由勋章、三级解放勋章。

★**莱玲**（1920—2007），原名高莱玲，四川万源人，1933年12月参加红军，1936年4月加入中国共产党。红军长征时，任红四方面军第九军二十五师医院护士。后任班长、护士长、妇女干事、政治指导员、中国人民志愿军一分部政治协理员、沈阳军区旅大警备区后勤部直二科副科长等职。

★**莫金香**（1920— ），四川仪陇人。1933年参加红军，任红四方面军宣传五小队队长。1935年春随红四方面军长征。1936年8月，在甘肃岷县腊子口战役中负伤掉队，在追赶部队的途中被一伙歹徒截住，受尽折磨。1951年在甘肃宕昌县和一位理发师一起安家度日。后来其红军身份得到政府认可，获得"西路军红军老战士光荣证"，享受政府优抚待遇。

★**桂惠琴**（1912—　），四川宣汉人。自幼父母双亡，被迫当了童养媳。1928年随丈夫李长燕参加革命活动。1933年和丈夫一起参加红军，被编入红四方面军第三十三军第九十九师做护理工作。1934年担任红九十九师供给处处长的丈夫李长燕在战斗中牺牲。1935年春随红四方面军参加长征，过草地时与红三十三军二九六团团长王正坤结婚。1940年王正坤在四川从事革命工作时遇难。自此，她与党组织失去联系，孤儿寡母流落到四川南江县兴马乡，住在破庙里艰难度日，直到1958年才由兴马乡街道办安排在公社的小食堂工作。

★**贾克林**（1917—2016），四川绵阳人。1933年3月参加红军，1935年2月加入中国共产党，同年随红四方面军参加长征。曾任红四方面军总医院看护员，延安保育院保育员。抗日战争时期，曾任新四军游击支队卫生员、民运干事，江北指挥部干事，新四军军部干事。解放战争时期，在华东军区司令部管理处任管理员，1947年荣立三等功一次。新中国成立后，一直在浙江省军区后勤部保密室任保密员。1955年离休。曾荣获三级八一勋章、三级独立自由勋章、三级解放勋章、二级红星功勋荣誉章。

★**贾晔**（1918—1977），四川通江人，开国少将陈文彪的夫人。1933年参加红军，1934年加入中国共产党。曾任红四方面军总医院护士长。1935年春随红四方面军参加长征。1942年，与抗日军政大学二分校三大队大队长兼三团团长的陈文彪结婚。历任延安卫生学校学员、晋察冀白求恩医院司药、中南军区后勤部卫生科副科长、北京红十字会产院副院长等职。1960年返回部队，被授予少校军衔，行政13级，任中国人民解放军总后勤部军械部干部。曾荣获三级八一勋章、三级独立自由勋章、三级解放勋章。

★**夏建民**（1917—1986），原名夏梦芝，四川万源人。1934年参加红军，1935年春随红四方面军长征。1936年到延安后，在鲁迅师范学院学习。曾担任关中、赤水等地妇女主任，后到中共中央党校学习。1947年到黑龙江呼玛县工作，1949年到沈阳后改名夏建民。新中国成立后，曾在沈阳市保育院，铁西区妇联、教工幼儿园，沈阳市职业病防治院工作。1976年离休。

★**党文秀**（1920—1937），四川巴中人。1933年参加红军，被编入红四方面军新剧团当演员。1935年春随红四方面军长征。1936年会宁会师后，随红西路军西征。西征战败被俘后，押往西宁，被编入军阀马步芳的"新剧团"软禁起来。她性格刚烈，坚贞不屈，曾携枪逃跑未成，遭到毒打。在一次欢迎白崇禧的晚会上，作为"新剧团"团员，她被迫去跳舞。她突然飞起一脚，将高跟皮鞋准确地摔向白崇禧的茶桌。最终被马步芳下令枪杀，壮烈牺牲。

★**钱桂英**（1920—1995），四川平昌人。1933年2月参加红军，曾任红四方面军妇女连的排长、运输队长。1934年2月加入中国共产主义青年团。1935年春随红四方面军长征后，担任总医院一个分医院卫生所的司务长。1937年随部队到延安，被分在陕甘宁边区保安司令部教导团的卫生队工作。后与老红军、陕甘宁边区保安司令部供给部部长田崇厚结婚，调到司令部卫生所工作。1938年参加延安大生产运动，荣获"劳动模范"的称号，同年加入中国共产党。参加了抗日战争和解放战争。

★**翁琳**（1920—1985），原名翁世秀，四川巴中人。1933年参加红军，曾任排长。1935年加入中国共产主义青年团，同年参加长征。1939年加入中国共产党。曾任延安中央医院护士长、新四军五师及中国人民解放军直属一〇二师卫生部医生。新中国成立后，曾任郑州铁路局幼儿园园长、郑州铁路总工会女工部部长、河南省政协委员、河南省妇联执行委员等职。

★**高秀英**（1915—1997），四川苍溪人。1934年2月参加红军，1937年3月加入中国共产党。曾任红四方面军教导营宣传员、红四方面军总医院管理员。1935年春随红四方面军参加长征。长征到达延安后，曾任延安云岩勤务部排长，延安边区医院、抗日军政大学医院护士。后与周恩来的司机、江西籍老红军钟步云结婚。1949年11月起在中共中央办公厅警卫局交通科任值班员。1955年丈夫钟步云在"克什米尔公主号"事件中牺牲后，她独自把六个子女抚养成人。1973年离休。

★**高余屏**（1920—2003），四川梓潼人。1935年4月参加红军，1937年7月加入中国共产党，曾任红四方面军看护员。参加了长征、抗日战争和解放战争。曾在延安抗日军政大学学习。曾任抗大医院护士长、和平医院副政治指导员等职。新中国成立后，任华北军区干部部副协理员等职。

★**高璧陛**（1920—2011），四川达县人（今属达州市）。1933年与堂姐高泽升一起参加红军。1935年随红四方面军长征。1938年8月加入中国共产党。先后参加抗日战争和解放战争。新中国成立后，曾任云南省公安厅组织科副科长、云南省交通厅航务处副处长等职。1983年离休。

★**郭荣珍**（1921—2001），四川仪陇人。1933年11月参加红军，1935年春随红四方面军长征。历任红军宣传员、班长、护士长。1937年5月加入中国共产党。新中国成立后，曾任兰州军区后勤部司令部保密员。1988年荣获二级红星功勋荣誉章。

★**唐照国**（1915—1989），原名唐兆秀，四川营山人。1933年9月参加红军。1934年4月加入中国共产党。1935年春参加长征。曾任红四、红二方面军总医院洗衣连连长，曾在红军师范学校和抗日军政大学学习，曾在八路军总部及华北军区后勤部工作。参加过平津战役和渡江战役。1952年进入华北军区干部休养团休养，1954年离休。

★**陶才桢**（1919—　），四川达县人。1935年初参加红军，不久随红四方面军参加长征。1937年随老红军丈夫莫钧涛到八路军驻西安办事处，在新华日报社从事报纸发行工作。1938年至1939年，到延安陕北银行工作，随军转战，曾在陕甘宁边区银行工作。1949年至1953年在中国人民银行陕西省分行工作。1953年至1958年在中国人民银行总行工作。1958年因病退休。1986年离休。

★**陶淑良**（1910—1937），四川苍溪人。出身于武术世家，从小善武技，能歌舞。1927年到成都女子师范学校读书，加入中国共产党。1929年夏，受中共四川省委军委派遣随杨克明前往涪陵、丰都等地开展革命工作（后与杨克明结婚），任宣传干事。后又转战于通江、苍溪、广元一带。1933年3月，中共川陕省委在通江组建妇女独立营，担任营长。1935年2月，任妇女独立团二团副团长。在反"六路围攻"中，率部顺利完成阻击任务。长征开始后，改任妇女独立团一团团长，全团随主力红军相继转至松潘、理番、杂谷脑等地作战。1936年11月，随红西路军西渡黄河，调任红五军后勤部军需处副处长。1937年1月，在与敌作战中壮烈牺牲。

★**黄琳**（1917—1987），四川通江人，开国少将任荣的夫人。8岁当童养媳。1933年参加红军，被分配在红四方面军总医院做卫生员，不久调给总医院政治部主任张琴秋当勤务员。1935年春随红四方面军长征。后因张琴秋调离，又被分配到炊事班当炊事员。第三次过草地后，调出炊事班当卫生员，曾任护士长。1937年8月，和教导师政治教员任荣结婚。新中国成立后，历任东北军区政治部指导员、青年科长、政治协理员等职。1961年1月，在陆军三十八军政治部离休。1964年主动支持丈夫任荣将军赴西藏工作。1987年10月病逝于武汉军区总医院。

★**阎新**（1921—1993），原名颜四香、颜秀英，四川巴中人。1933年参加红军，被编入红四方面军第三十一军政治部当勤务员。1934年7月起，历任红四方面军妇女独立团二团一连班长、排长和代理连长。1935年随红四方面军长征。1936年8月调到红二方面军，先后在军政治部卫生所、陕北云岩妇女学校、陕甘宁边区荣军学校工作。1949年3月，在天津市第九区（今红桥区）工作。新中国成立后，先后在湖南人民革命大学、湖南行政学院工作。

★**梁金玉**（1918—2018），四川通江人。1934年11月和哥哥梁金海一起参加红军。1935年2月，编入红四方面军运输队，任副班长。1935年春随红四方面军参加长征。哥哥梁金海在草地牺牲。1936年加入中国共产党，随后进入延安妇女学校学习，后任部队医院护士。1938年与老红军张忠结婚。新中国成立后，曾在江苏、安徽等地工作，曾任江苏省丹阳县（今丹阳市）县委书记。1955年被授予上尉军衔。1982年离休。1985年到苏州定居休养。曾荣获三级八一勋章、三级独立自由勋章、三级解放勋章、二级红星荣誉章。

★**彭少华**（1915—　），四川阆中人。1933年参加红军。1933年至1937年，先后任妇女独立团战士，红四方面军第三十一军总医院护士，陕西省延长县总卫生部护士、炊事员，延安县地区医院、中央党校护士。1935年春随红四方面军长征。抗日战争时期，任八路军抗大医务室护士、八路军一二九师三八五旅驻庆阳生产部队工作员。解放战争时期，历任延安联防司令部军人服务社工作员、西北运输部家属队工作员、西南运输部军人合作社保管员等职。新中国成立后，任西南军区直属部队保管员。

★**彭克昌**（1913—2009），四川通江人。1932年参加红军，先后在红四方面军建立的川陕革命根据地赤北县保卫局担任侦察员和保存科科长。1934年任红四方面军总医院三分院一所排长。1935年春随红四方面军参加长征。长征结束后，先在红二方面军卫生部妇女连任党支部书记，接着进入延安卫戍司令部师范学校学习半年，随后在太行山八路军后勤部工作。接着又参加解放战争。新中国成立后，1953年调商业部行政科工作。1955年底病休，后改离休。

★**韩明珍**（1920—2012），四川巴中人。1933年10月参加红军，最初在军需被服厂工作。1935年春随红四方面军参加长征，调到妇女独立团。1936年8月，参加腊子口战斗。1937年在延安与同样参加了长征，曾任红一军团供给部警卫连副连长、红军独立团副官的福建籍红军范振华结为夫妻。随后参加了抗日战争、解放战争。曾任太行山军工部前线卫生所看护排长、炮弹装药组组长，先后荣立二等功、三等功，在战争中脑部严重受伤。1948年11月加入中国共产党。新中国成立后，先后在重庆市16号信箱休养，国营第四九七厂基建科、人防办工作。1985年离休。

★**韩珍**（1922—1999），原名何珍贤，四川旺苍人。1933年10月参加红军，同年12月加入中国共产主义青年团，1938年12月加入中国共产党。1935年春随红四方面军参加长征。曾任红四方面军总政治部宣传队宣传员、妇女独立团战士、总医院护士，野战医院药局消毒员，甘肃庆阳教导师医院护士长。抗日战争时期，曾入延安中国女子大学、八路军卫生学校学习，先后担任中央保育院主任司药、延安保育院医务所司药。解放战争时期，历任后方卫生部门诊部司药、东线卫生部材料科司药、第四野战军留守处卫生所所长。新中国成立后，曾在中南军区后勤部卫生部速成学校当学员，曾任河南省郑州市技工学校党总支书记。

★**程淑珍**（1921—1994），四川巴中人。1933年与父亲一起参加红军，同年加入中国共产主义青年团。1935年随红四方面军长征，任红四方面军政治部新剧团跳舞股股长。长征结束后，随西路军参加西征。在西征作战中腿部负伤掉队失散，后在甘肃景泰县喜泉乡安家落户。

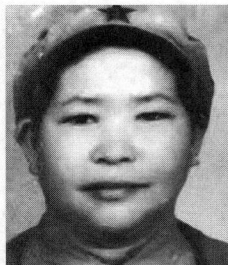

★**傅安帮**（1918—1971），原名傅安邦，四川平昌人。自幼父母双亡，14岁时被迫当童养媳。1933年10月，在三哥傅安贵的带领下参加红军，被分配到红四方面军救护队当卫生员。1935年春，随红四方面军参加长征。1936年10月会宁会师后，随西路军参加西征。1937年西路军兵败后被马家军俘虏，在狱中坚贞不屈，受尽折磨，落下严重眼疾。同年，在党的营救下回到延安，由组织安排到张村驿卫校（后更名为白求恩卫生学校）学习，加入中国共产党。1947年随中央军委撤离延安，调到东北工作。1951年参加抗美援朝，随医疗队入朝参战，1953年回国。后定居于重庆市歌乐山红军干休所。1956年离休。

★**童云**（1920—2015），四川城口（今属重庆市）人。幼时父母双亡，10岁被抵债做了童养媳。1933年8月参加革命，任城口县坪坝区苏维埃政府宣传员。1934年2月参加红军，在红四方面军第四军供给部当缝纫工人。1935春随红四方面军长征。1936年12月到达甘肃庆阳，编入红军教导师。1937年9月在陇东办事处当油印员。1938年7月加入中国共产党。1939年1月起先后在延安中央军委供给部训练队和中国女子大学特一班学习。学习期间被评为"一等开荒英雄""二等学习模范"。1940年6月调延安中央医院任护士、班长。新中国成立后，历任一八一师休养所指导员、遂宁军分区司令部指导员、遂宁地委组织部干部科副科长、绵阳地委直属机关委员会副书记、绵阳军分区机关政治协理员等职务。曾获三级八一勋章、三级独立自由勋章、三级解放勋章、二级红星功勋荣誉章。1961年被授予少校军衔。1966年离休。

★**谢元珍**（1915—2018），四川南江人。出生不久就被送人，后来又当了童养媳。1932年参加红军，被编入红四方面军第三十一军医院，担任护士。1935年春参加长征，担任护士班长。长征结束后，在延安的医院工作，并与一名江西吉安籍红军干部杨汉辉结婚。1937年加入中国共产党。参加了抗日战争和解放战争。后在广州转业。离休后，与丈夫回到吉安定居。2008年5月，向四川地震灾区捐款2万元。2009年1月受到胡锦涛总书记接见。

★**谢玉清**（1912—2015），四川万源人。1933年参加红军。1935年3月随红四方面军参加长征。参加过剑门关、千佛山、雁门关等战斗战役。1935年6月在汶川县板门关战斗中负伤，被留在当地老百姓家中养伤，从此与红军部队失去联系。后与其他几位受伤失散女红军一路乞讨到灌县（今都江堰市）土桥乡安家落户。2000年，被认定为失散红军。

★**鄢秀英**（1921—2012），四川巴中人，开国少将黎有章的夫人。1934年2月参加红军，任红四方面军总部宣传队宣传员，1935年春参加长征。1937年1月进入红军大学学习。1938年6月加入中国共产党。抗日战争时期，任八路军随营学校卫生队卫生员。1938年与黎有章结婚。1939年9月，任抗日军政大学山东一分校卫生员、司药。解放战争时期曾任部队司药。1947年9月任华东野战军第十三纵队卫生队司药。1949年2月任中国人民解放军第三十一军卫生所司药。新中国成立后，任解放军第三十一军、第二十九军卫生所司药，第二十九军托儿所、福州军区司令部军医等职。1955年从军队复员。1987年回归部队（正师级待遇）。1955年荣获三级八一勋章、三级独立自由勋章、三级解放勋章。1988年荣获二级红星功勋荣誉章。

★**蒲秀珍**（1915—1976），四川南江人。1933年3月参加革命，5月加入中国共产主义青年团，10月参加红军。1936年加入中国共产党。1935年春随红四方面军参加长征。参加了抗日战争和解放战争。曾任红四方面军西康甘孜兵站医院看护班长，甘肃陇东庆阳县（今庆阳市）妇联主任，一二九师三八五旅政治部民运干事，中国人民解放军第十八军妇女干校保教股长、政治协理员和西藏军区第一保育院院长等职。曾荣获三级八一勋章、三级独立自由勋章、三级解放勋章。1962年离休。

★**雷秀珍**（1919—2017），四川巴中人，自幼父母双亡，与哥哥姐姐相依为命，三兄妹主要靠沿街乞讨为生。1933年底，与哥哥雷崇德、姐姐雷玉珍一起参加红军，先后在红四方面军总政治部任通讯员和宣传队员。1935年春，兄妹三人随红四方面军参加长征。在长征中，姐姐牺牲。1936年11月，编入西路军妇女抗日先锋团参加西征。在西征中被俘，惨遭酷刑，坚贞不屈，死里逃生，辗转西宁。1952年随夫定居山西省文水县孝义镇孝义村。2016年荣获中国工农红军长征胜利80周年纪念章。

★**廖正芳**（1915—2009），四川阆中人。1933年参加红军，1937年加入中国共产党。1935年春随红四方面军参加长征，曾任第三十一军二七六团宣传队宣传员、妇女独立团排长。新中国成立后，曾任新疆生产建设兵团农业建设第四师子女学校副校长、党委副书记，伊犁哈萨克自治州妇联主任，新疆军区伊犁军分区后勤部副政治委员等职。

★**廖殿明**（1917—2009），原名廖德明，四川阆中人，开国少将刘昌的夫人。1933年参加红军。1933年加入中国共产主义青年团。1935年转入中国共产党。1933年至1937年，先后任红四方面军宣传员，附属医院、中央总卫生部采购员。1935年春随红四方面军参加长征。抗日战争时期，任陕西关中保安司令部妇女工厂厂长、陕西关中新镇县三区妇联主任、新四军华中干部队工作人员。解放战争时期，任内蒙古昭乌达盟林西县委妇女部长、二十分区政治部组织科干事，内蒙古军区骑兵第三师政治部直工科副科长。新中国成立后，任内蒙古军区政治部直工科副科长、内蒙古军区直属幼儿园主任。1980年，当选为内蒙古自治区第四届政协委员、自治区妇联执委。荣获三级八一勋章、二级解放勋章、二级红星功勋荣誉章。

★**谭新华**（1917—2014），四川宣汉人。1933年11月参加红军，先后任红四方面军第三十三军宣传员、医院看护、班长、排长。1935年春随红四方面军第三十三军医院开始长征。长征结束后，由共青团员转为共产党员。1937年2月，任红一方面军第四后方医院卫生队长。1939年，任军委第二后方医院二所护士班长。1940年，任中央军委疗养院护士班长。1941年1月，调到安塞县（今延安市安塞区）高家沟口的军委疗养院任护士班长。同年7月，与中央军委疗养院政治干事马云峰结婚。1943年4月，任中央军委荣誉军人学校卫生所护士班长。新中国成立后，任空军第六航校主管出纳。转业后长期担任街道居委会党支部书记兼主任。曾荣获三级八一奖章、三级独立自由奖章和三级解放奖章，被选为北京市第六次妇女代表大会代表。

★**翟清明**（1913—2000），四川旺苍人。1933年参加红军，曾当过战士、宣传员。1935年春随红四方面军参加长征，到达陕北。1937年加入中国共产党，同年经组织批准同四川富顺籍老红军郭林森结婚。曾任区、镇妇救会主任。1949年随军南下，到达重庆。1951年进入重庆市工农干部学校学习。后任重庆市文化局影剧场经理处管理员，唯一电影院副经理，工人电影院、重庆市大坪剧场经理。1983年离休。

★**黎萍**（1919—1999），原名黎忠孝，四川巴中人，开国中将陈仁麒的夫人。1933年4月参加红军，同年6月加入中国共产主义青年团。

1935年7月转入中国共产党。土地革命战争时期，曾任红四方面军妇女独立团战士、野战医院洗衣队副队长、红四方面军总部烽火剧团宣传员等职。1935年春随红四方面军参加长征。抗日战争时期，任甘肃省镇原县委会收发员、陕甘宁边区陇东特委合作社生产员、环庆专署曲子县（今甘肃省庆阳市环县曲子镇）一区妇联主任。解放战争时期及新中国成立后，曾任第四十八军司令部招待所政治指导员、第二十一兵团幼儿园主任、军委炮兵司令部办公室保密员，并曾在成都军区司令部管理局工作。1955年荣获三级八一勋章、三级独立自由勋章、三级解放勋章。1988年荣获二级红星功勋荣誉章。

★**薛莲萍**（1921—2007），原名薛玉兰，四川旺苍人。1933年4月参加红军，1935年春随红四方面军长征。1937年1月加入中国共产党。曾任红四方面军第三十一军班长、排长、保安队队长，红四方面军政治部文工团宣传员。参加了抗日战争和解放战争，曾在八路军一二九师随营学校、抗日军政大学第七分校当学员，曾任中国人民解放军第三兵团三十一师政治部组织干事、营教导员等职。新中国成立后，调到西南军区政治部工作。1978年从部队离休后，回到旺苍县老红军光荣院休养。曾荣获二级红星功勋荣誉章。临终前，她嘱咐亲人把自己一生的积蓄20万元全部捐献给旺苍县东河小学，用来修建一个图书室（建成后被命名为"莲萍书屋"）。

附录 一

红一、二方面军及红二十五军长征女战士名录

（按姓氏音序排列）

红一方面军长征女战士名录（共32名）

蔡　畅（原名蔡咸熙）　　蔡云香　　　　　　陈慧清

邓六金　　　　　　　　邓颖超　　　　　　甘　棠（原名阚思颖）

贺子珍　　　　　　　金维映（原名金爱卿）　康克清（原名康桂秀）

李伯钊（原名李承萱）　李桂英（原名李桂红）　李坚真（原名李见珍）

李建华（原名涂秀根）　廖似光（原名廖娇）　刘彩香（又名刘采霞）

刘群先（原名刘琴仙）　刘　英　　　　　　彭　儒（原名彭良凤）

钱希均　　　　　　　邱一涵　　　　　　王泉媛（原名欧阳泉媛）

危拱之（原名危玉辰）　危秀英　　　　　　吴富莲

吴仲廉　　　　　　　萧月华　　　　　　谢　飞（原名谢琼香）

谢小梅　　　　　　　杨厚珍　　　　　　曾　玉

钟月林（原名钟玉林）　周越华（原名周月华）

以上除蔡云香是普通战士外，其余31名全是女干部，彭儒参加长征后不久因病返回根据地。

红二方面军长征女战士名录（共44名）

陈琮英　　　　　　　陈罗英　　　　　　陈琼英

陈月英　　　　　　　邓六姑　　　　　　杜永新

杜玉珍　　　　　　　段六姑　　　　　　范庆芳（范琴芳）

侯月英　　　　　　　胡越强　　　　　　胡玉梅

胡自强	蹇先佛	蹇先任
李　贞	李　智	李　芝（原名李金香）
刘大妹（刘大梅）	马积莲	马忆湘
戚元德	秦金美	石　芝
汤伍姑	文新妹	吴友香
伍秋姑	伍玉莲	徐远德
许　清	夏玉莲	谢金莲
殷成福	尹菊英	曾纪林
曾红林（原名曾凤英）	张四妹（原名张玉英）	张吉兰
张金莲	张士美	张秀梅
周雪林	朱国英	

红二十五军长征女战士名录（共7名，均为护士）

曹宗楷	戴觉敏	田喜兰（田希兰）
余　光（原名余国清）	曾纪兰（曾继兰）	张桂香
周东屏（原名周少兰）		

资料来源：

①中共中央党史研究室第一研究部.红军长征史［M］.北京：中共党史出版社，2006.

②王继凯.长征巾帼——特殊的群体［J］.百年潮，2016（8）.

注：红一方面军中参加长征的女干部、红二十五军中参加长征的女战士人数及人名已有明确记载而基本没有争议，而对红二方面军中参加长征的女红军人数及其姓名则尚无定论，各说不一，兹据有关资料暂记为44名。随中央红军（红一方面军）长征的女红军除32名女干部、战士外，还有一些女战士没有留下姓名。

附录二

红四方面军长征女战士名录（共1373名）

（按姓氏音序排列）

艾　萍（原名杨宗秀）	艾芝荣	安明秀
安钦林（原名安玉芳）	安天芳	安秀英
安玉美	安玉英	白金贵
白莲明	白太香	白芝秀
包东香	边银香	卞树伦
波　洛（原名何申正）	卜钱福	蔡德珍
蔡桂英	蔡君平	蔡萍迹
蔡思莲	蔡文莲	蔡玉兰
蔡元祯	曹喜如	曹秀英（原名曹玉兰）
曹　云	常根香	常玉琴
车秀才	陈宝青	陈伯珍（原名陈子秀）
陈茶清	陈茶秀	陈春香
陈德明	陈登光	陈登英
陈恩玉	陈尔英	陈发云
陈桂香	陈桂儿	陈桂兰
陈桂平	陈焕英（原名程焕英）	陈惠芳
陈慧芳	陈家芳	陈金华
陈金妹	陈久红（原名程天友）	陈兰英
陈莲英	陈美珍	陈　明
陈明杰	陈明秀	陈　其

陈群英	陈绍清	陈世英
陈素娥	陈素珍	陈桃远
陈天游	陈万芳	陈文卿
陈五洲	陈香兰	陈秀英
陈学芬	陈学英	陈颜秀
陈映民（又名王营）	陈玉桂	陈玉莲
陈玉清	陈玉荣	陈在如（曾用名孙再茹）
陈真仁（原名陈锦云）	程　桂（原名程明光）	程菊芳
程淑珍	程学英	程云先
崔大珍	崔秀英	崔　珍（原名崔秀珍）
代其玉	戴光荣	戴清华
戴天秀	戴文秀	戴秀英
旦春兰	党文秀	党秀英
党之光	邓金莲	邓全斗
邓树珍	邓天育	邓庭玉
邓廷珍	邓兴发	邓秀英（全香）
邓宇蓝（原名邓玉兰）	邓玉莲	邓远征（原名邓南香）
丁　桂	丁　虹	董贵民
董桂芳	董少珍	董秀清
董秀英	杜长荣	杜桂英
杜世才	杜世英	杜文凯
杜希健	杜兴兰	杜秀兰
杜秀英	杜秀珍	杜银章
杜永莲	杜玉芳	杜正英
杜芝田	段玉明	段玉茹

樊秀英	范崇玉	范明秀
范秀英	方金莲	方玉珍
费习英	冯朝珍	冯桂芳
冯国英	冯华英	冯　辉（原名冯贵英）
冯露珍	冯明英	冯培珍
冯淑珍	冯水花	冯　苏（原名冯翠兰）
冯素珍	冯田秀	冯文秀
冯秀英	冯秀珍	冯　新
冯有莲	冯玉莲	冯玉珍
伏德荣	伏士英	伏香子
付秀英	付云儿	傅安帮（原名傅安邦）
傅海山	傅青一	傅秀珍
高璧陞（高璧升）	高莱玲（又名莱玲）	高莲英
高秀英	高余屏	高玉萍（原名高玉春）
高泽升	葛菊英	葛新才
龚德义	龚家淑	龚勘真
龚少明	龚玉珍	龚正秀
芶兴珍	芶玉兰	芶春莲
芶贵英	芶三春	芶维芳（原名芶莲英）
芶先珍	芶兴发	芶秀英
芶元珍	芶正芳	芶正兰
官学英	贯文翠	光　锋（原名杨春莲）
桂惠琴	郭长春	郭春花
郭大清	郭荣珍	郭秀英
郭永珍	桂长荣	韩阿色（原名刘秀英）

韩国均	韩明珍	韩秀珍
韩英珍	韩玉清	韩　珍（原名何珍贤）
韩宗惠	韩祖比德	郝正南
何长英	何成秀	何　炽（原名何征友）
何翠华	何德珍	何丁香
何发英	何福祥	何　光
何光壁	何光春	何光明
何光秀	何贵友	何桂香
何桂英	何建平	何进香
何开华	何开珍	何克春
何克华	何　兰（原名何桂芝）	何连芳
何连海	何连英	何连芝
何　琳	何曼秋	何　沛（原名何自珍）
何青兰	何儒寿	何　锐
何世桂	何素珍	何天娣
何天秀	何万秀	何文秀
何兴莲	何秀仁	何秀英
何秀云	何秀贞	何义芳
何有莲（何阿乙舍）	何玉兰	何玉莲
何玉珍	何元秀	何云秀
何泽礼	何占清	何章芬
何芝芳	何子友	贺春香
贺德珍	贺　林	贺林声（原名贺秀英）
贺淑芳	贺治珍（原名贺子珍）	霍守云（又名唐桂香）
侯发银（原名侯发珍）	侯国春	侯开芳

侯开兰	侯开英	侯立珍
侯 敏	侯前进	侯绍芬
侯守玉	侯素明	侯素珍
侯秀英	侯秀珍	侯正芳
侯正兴	侯正英	胡长兰
胡春秀	胡桂香	胡国清
胡 杰（原名胡忠华）	胡 莲	胡梅兰
胡 敏	胡仕荣	胡廷秀
胡秀英	胡 莹	胡玉兰
华全双	华秀珍	黄碧珍
黄成秀	黄崇英	黄丁香
黄光秀	黄海云	黄家娌
黄家清	黄金莲	黄菊芳
黄 琳	黄明花	黄思贵
黄新兰	黄雄秀（又名方明秀）	黄秀英
黄言超	黄永章	黄玉莲
黄玉书	黄 云	黄真秀
黄正秀	霍淑珍	纪国秀
姬玉珍	贾德福	贾凤武
贾克林	贾兰英（原名贾秀英）	贾能清
贾秀珍	贾 义（原名贾林清）	贾 晔
简道英	建 华（原名白蒲秀）	姜菊昆
姜 萍	姜秀英	姜秀珍
姜玉兰	蒋桂芳	蒋焕香
蒋秀英	金秋敏	金玉兰

金玉香	金玉秀	金兆秀
靳秋明	巨林秀	康大芳
康德芳	康桂英	康仕珍
康秀英	克喜阿宝	寇吉英
寇继兰	寇家妹	莱　玲（原名高莱玲）
赖清林	赖清云	雷秀珍
雷玉珍	黎　萍（原名黎忠孝）	李阿英
李保珍	李本英	李碧蓝
李彩绣	李长珍	李　超（原名李登福）
李朝春	李朝珍	李承英
李大山	李德安	李登玉
李登荣	李定英	李冬儿
李凤莲	李福生	李福英
李付清	李富春	李富德
李关兰	李光明（原名华金香）	李　贵（原名李言秀）
李国元	李桂芳	李桂英
李桂珍	李桂芝	李涵珍
李鸿翔	李　华（原名张天禄）	李华明
李　健（曾用名苟兴润、苟月英）	李介元	李金莲
李金卓	李菊德	李菊香
李开芬	李开英	李克芬
李克良	李　兰	李兰香
李兰英	李　林（原名李玉和）	李　琳（原名任秀祥）
李　玲	李　敏（原名李子明）	李　明
李明清	李　萍（原名李富德）	李其芝

李清玉	李清芝	李 平
李三珍	李山仁	李尚英
李生华	李世明	李素芳
李 桃	李天秀	李文华
李文英	李先才	李先福（原名李克）
李先秀	李先英（又名李永觉）	李先珍
李显英	李香玲	李新兰
李兴秀	李 秀	李秀华
李秀兰	李秀清	李秀英
李秀云	李秀贞	李秀珍
李冶兰	李义芳	李永珍
李友发	李玉和	李玉兰
李玉莲	李玉南	李玉新
李玉珍	李元发（又名李元秀）	李占芳
李 珍	李正丙	李正芝
李正国（又名林波）	李政芳	李芝实
李芝珍	李志禄（原名李明香）	李志路
李志明	李志真	李中贵
李中兰	李中秋	李中珍
李忠秀	李自珍	良 梅（原名杨先福）
梁金昌	梁金玉	廖赤健
廖殿明（原名廖德明）	廖桂兰	廖华仙
廖佳慧	廖仕芳	廖文英
廖永芸	廖珍秀	廖正芳
廖正英	林 波	林光桃

林桂珍	林 江（原名向光莲）	林月琴
刘百兴	刘朝清	刘朝秀
刘成清	刘 春（原名刘成林）	刘大清
刘德英	刘桂芳	刘桂兰
刘桂英	刘光秀	刘汉润
刘洪全	刘华英	刘焕儿
刘 坚（原名萧成英）	刘金龙	刘进生
刘静清	刘可英	刘立清
刘林香	刘 玲（原名刘秀英）	刘明清
刘倩云	刘尚荣	刘尚贤
刘绍莲	刘世英	刘仕春
刘顺德（原名刘顺英）	刘素华	刘素清
刘素文	刘素珍	刘天佑
刘万春	刘万清	刘万寿
刘万树	刘文兰	刘文品
刘文泉	刘文秀	刘文英
刘文治	刘香兰	刘孝友
刘秀芬	刘秀清	刘秀顺
刘秀英	刘学芝	刘 毅（原名姚明善）
刘永福	刘永兰	刘玉兰
刘玉萍	刘 钊	刘照林（原名刘仕英）
刘则清	刘振德	刘振清
刘卓儿	刘子秀	刘宗秀
龙凤英	龙会珍	龙秀英
龙玉孝	龙正英	卢桂秀

卢全英	卢秀英	卢秀珍
鲁素香	路子南	罗 飞
罗贯飞	罗桂林（英）	罗桂先
罗桂芝	罗家华	罗家银
罗兰英	罗莲菁	罗 林
罗茂芝	罗明秀	罗 屏
罗 萍（原名罗桂南）	罗琼芳	罗淑章
罗述芳	罗天英	罗万秀
罗秀英	罗秀珍	罗映珍
罗永芬	罗秀珍	罗芝兰
罗志清	罗忠秀	吕桂兰
吕敏芝	吕明珍	吕清云
马朝清	马冬花	马法土麦
马光清	马桂花	马桂香
马国香	马国芝（原名马花凤）	马海吉亚
马海吉者（原名张令令）	马金莲	马金英
马奎宣（原名苏光明）	马露珍	马培珍
马万珍	马香云	马秀英
马玉兰	马玉莲	马玉秀
马远飞	马正英	马中德
马忠莲	毛太珍（原名代弟）	毛秀英
毛远征	梅秀兰	孟 青（原名夏明秀）
孟 瑜（原名李翠芝）	米秀莲	米秀英
苗玉香	闵洪慈	莫金香
牟炳贞	牟桂兰	牟桂英

母明秀	母应莲	母朝秀
母宗秀	年明秀	聂召莲
潘家珍	潘金荣	潘文秀
潘雪莲	潘仲美	庞济轻
庞家珍	庞秀英	庞永芬
裴树德	彭彬	彭春英
彭德华	彭光秀	彭克昌
彭明顺	彭少华	彭绍兰
彭素（原名廖国卿）	彭秀珍	彭友华
彭云	彭珍（原名彭玉茹）	彭真
彭仲美	蒲碧秀	蒲发清
蒲桂芳	蒲桂元	蒲菊英
蒲前福	蒲群玉	蒲润秀
蒲素珍	蒲文清	蒲秀才
蒲秀英	蒲秀珍	蒲云
戚永洁（杰）	戚正芬	齐曼（原名向金兰）
钱桂英	钱家华	钱家银
乔兰英	乔士贞	乔旭光
秦桂平（又名秦玉华）	秦廷福	秦仪华
秦云杰	邱秀英	邱雪林
曲飞（原名罗坤）	屈萍（原名屈正香）	屈萍
瞿清明	权桂芳（原名权怀昌）	权卫华（原名权克英）
全家华	全秀英	冉登明
冉清贤	冉秀英	冉秀珍
任碧三（又名冶莫言）	仁青香	任淑珍（贞）

任伍文	任玉兰	任玉珍
任芝芳	沙常花	沙秀英
邵桂英	邵成香	沈继凤
沈　林（原名沈秀英）	沈秀英（沈珍）	沈玉芳
盛文秀	施兰青	石桂英
石乐全	石全英	石秀英
史朝珍	史成英	史家林
史群英	史　珍	舒光明
宋朝清	宋德珍	宋九莲
宋开碧	宋莲珍	宋　林
宋南珍	宋时华	宋淑华
宋学珍	苏碧珍	苏成亮
苏诚华	苏崇秀	苏大芳
苏　凤（原名陶万荣）	苏桂（贵）莲	苏国英
苏　力	苏　林（原名李成碧）	苏佩珍
苏　平	苏　琴（原名施光珍）	苏秀英
苏玉秀	苏友清	苏　智
孙桂英	孙开康（原名孙开禄）	孙　克（原名孙文莲）
孙培香	孙培秀	孙天仁
孙梓英	索秀英	谭桃秀
谭桃英	谭天珍	谭相公
谭新华	谭新明	谭秀英
唐成英	唐成芝	唐凤安
唐桂英	唐桂贞	唐仕银
唐树林	唐秀兰	唐秀英

唐照国（原名唐兆秀）	唐智秀	唐正明
陶才桢	陶加芬	陶淑良
陶淑贞	陶秀英	田翠莲
田桂英	田金秀	田英杰
童　云	涂必珍	涂大桂
涂元秀	万光秀	万曼琳
万子英	汪桂香	汪桂英
汪桂贞	汪荣华	王安华
王长德（原名王秀英）	王　超	王成玉
王春春	王大英	王道模
王德芳	王德秀	王德银
王定国	王凤莲	王凤仙
王凤英	王贵卿	王桂兰
王桂英	王国安	王国英
王海会	王海仕	王含世
王家秀	王建芝	王俊玲
王　克（原名王子明）	王兰英	王理诗
王连芳	王能香	王其元
王秋贵	王全英（原名桂香）	王　群
王少兰	王少连	王生珍
王世莲	王世祥	王世珍
王仕英	王淑琴	王淑英
王树华	王顺洪	王素莲
王素清	王天明	王维珍
王文书	王文珍	王希云

王显兰	王香莲	王小莲
王小荣	王小英	王孝莲
王新兰（原名王心兰）	王兴琼	王兴术
王秀芳	王秀兰	王秀莲
王秀英	王秀元	王秀贞
王秀珍	王学农	王学荣
王学文	王义秀	王英
王瑛	王引香	王永兰
王永忠	王友桂（原名王维香）	王友珍
王玉春	王玉凤	王玉兰
王玉莲	王玉香	王玉珍
王云	王芸（原名王文友）	王月英
王泽莲	王泽南	王志成
王志德	王志兰	王中才
王子俊	魏纯兰	魏开珍
魏清明	温秀英	文良芳
文林（原名文定珍）	文清	翁琳（原名翁世秀）
邬家珍	邬先碧	吴朝祥
吴春花	吴光秀	吴桂莲
吴桂英	吴国秀	吴兰英
吴联翔	吴明兰	吴清香
吴少清	吴顺英	吴新珍
吴秀兰	吴秀林	吴秀英
吴秀珍	吴彦香	吴隐
吴英才	吴英文	吴永富

吴志君	吴志强	吴珍子
吴忠莲	伍登秀	伍兰英（又名伍登英）
伍秀珍	武正秀	夏察容中
夏建民	夏健民（原名夏孟芝）	夏孟之
夏　明（又名夏蒙清）	夏秀英	夏应山
夏月英	鲜开芳	鲜开珍
向翠华（原名向翠花）	向代明	向莲明
向思玉	向秀英	向玉文
项秀英	肖春香	肖桂珍
肖连芳	肖汝存	萧光秀
萧志珍	谢常花（华）	谢朝华
谢德全	谢华秀	谢金花
谢　明	谢世强	谢秀英
谢玉清	谢元珍	邢文芳
邢学春	邢洪坤	邢吉凤
熊超喜	熊翠兰	熊秀英
熊芝兰	徐荷莲	徐美莲
徐明凤	徐世淑	徐秀英
许发英	许明桂	许明贵
许其秀	许文明	许学明
薛毕生	薛莲萍	薛秀英
薛正香	荀祥贞	荀祥正
鄢秀英	严　诚（原名严少诚）	严达梦
严大秀	严明英	严　荣
严如林	严秀英	严照英

阎桂明	阎桂秀	阎 新（原名颜秀英）
阎 秀	阎秀文	阎秀珍
颜 基	颜鲁秀	颜绍真
晏清云（原名晏实贵）	杨 柏（原名高文应）	杨本珍
杨成章	杨春英	杨翠兰
杨登福	杨登秀	杨凤莲
杨贵卿	杨桂兰	杨桂英
杨国金	杨国钦	杨国秀
杨华英	杨 辉	杨吉安
杨建华	杨建孔	杨金莲（原名班登卓）
杨金玉	杨君华	杨开珍
杨兰芳	杨 磊（原名杨宗兰）	杨理明
杨连香	杨 林（原名杨绍清）	杨林平
杨 柳	杨明杰	杨明珍
杨启芳	杨启珍	杨 琴（通江人）
杨其芝	杨 琴（苍溪人）	杨庆玉
杨绍德	杨少清	杨世桂
杨淑兰	杨树青	杨树珍
杨素华（原名杨正秀）	杨素珍	杨文局（曾名杨文菊）
杨文智（原名陈文智）	杨文珠	杨相廷（又名侯玲芳）
杨秀兰（原名杨中云）	杨秀莲	杨秀英（藏名阿初）
杨秀珍	杨银本	杨玉贵
杨玉花（华）	杨玉秀	杨云珍
杨振德	杨征鹏（原名郑中英）	杨正宣
杨芝兰	姚才昌	姚康秀

姚树兰	姚玉珍	姚芝珍
冶梅艳	叶　冰	叶　林
叶　琳（曾名何秀英）	叶　玲	易术明
益么女	殷秀山	银　花
尹清平	尹西芳	营明新
雍德珍	油光文	于碧秀
于光梅	于秀英	余朝秀
余金莲	余开秀	余　明（又名李林）
余　仁（原名徐思淑）	余树清	余万芬
余　唯	余秀明	余秀英
余月英	袁朝珍	袁大秀
袁候女	袁启发	袁先义
袁秀英	岳开珍	岳　克（原名岳三妹）
岳　坤	岳兰芳（原名方兰芳）	岳　琴（原名岳桂香）
岳世珍	岳素云	泽仁卓玛（原名张金桂）
曾从桂	曾方秀	曾广澜
曾金蓉	曾学珍	翟清明
詹应香	张阿旺	张炳红
张才（彩）扬	张茶清	张　诚（原名张宜秀）
张春英	张崇德	张崇珍
张传玉	张大秀	张大友
张大英	张德英（又名张兰）	张德知
张桂芳	张桂花	张桂兰
张桂莲	张桂清	张桂香
张桂英	张洪碧	张洪珍

张怀碧	张怀珍	张　惠
张吉珍	张金香	张金玉
张敬珍	张继兰	张　静（原名侯文秀）
张九顺	张克勤	张兰芝
张莲茹	张莲秀	张莲英
张梅英	张美英（又名周海力买）	张明莲
张明全	张明秀	张明珍
张　沛（原名张天兰）	张　萍（原名张先秀）	张琴秋
张清莲（原名张桂莲）	张琼芳	张秋双
张仁晓	张荣桂	张荣清
张少珍	张绍清	张绍益
张世琴	张世秀	张仕秀
张淑珍	张　苏（原名张德义,曾名张甦）	张素英
张素珍	张索非亚	张天兰
张调女	张庭福（曾名张庭富）	张万年
张万秀	张　文（原名张熙泽）	张文贵
张文秀	张喜莲	张仙修
张显明	张兴易	张秀潮
张秀芳	张秀清	张秀英
张秀珍	张学兰	张学霞
张　艺（原名张永英）	张银贞	张　英
张英桂	张英珍	张永芳
张永珍	张玉梅	张玉明
张玉清	张玉珍	张元珍
张　云（原名张先珍）	张月英	张正辉

张正秀	张子槐	张子清
张宗秀	赵璧仙	赵碧轩
赵德英	赵发云	赵桂英
赵华修	赵惠兰	赵桂兰
赵建英	赵杰贤	赵九茹
赵兰	赵兰英	赵兰珍
赵莲清	赵莲英	赵玲
赵梅英	赵明光（原名赵桂英）	赵明英
赵明珍	赵启仁	赵巧先
赵全贞	赵顺德	赵四桂
赵素青	赵素珍	赵天林
赵万珍	赵文华	赵文桂
赵文秀	赵先璧	赵秀英
赵英	赵英明	赵应兰
赵应香	赵玉兰	赵玉香
赵玉祥	赵元青	赵元英
赵元珍	赵云秀	赵正富
赵珍连	赵之秀	赵子科
赵珠明（原名赵兰昌）	郑德秀	郑光辉
郑光明	郑桂秀	郑兰芳
郑兰英	郑清芝	郑天秀
郑庭玉	郑文英	郑先如
郑秀英	郑玉香	钟成秀
钟秀英	钟英贵	钟玉萍
仲开秀	仲淑兰	周发奎

周光荣	周红珍	周金莲
周金芝	周苦娃	周　明（原名吕秀英）
周明贵	周明光	周　平（原名周简平）
周起义（原名周其玉）	周时清	周世永
周述芳	周文英	周秀英
周治君	周玉如	周正祥
朱德云	朱光英	朱桂芳
朱莲贞	朱培珍	朱世清
朱淑芳	朱素兰	朱庭寿
朱秀英	朱学文	朱应明（又名陈四妹）
朱有才	朱兆兰	朱志秀
卓布草	邹秀英	邹映兰
邹玉兰	左秀英	

主要资料来源：

①四川省妇女联合会. 巴蜀巾帼壮歌——红四方面军女战士革命斗争实录［M］. 成都：四川人民出版社，1993.

②曾志. 长征女战士（第一卷）［M］. 长春：北方妇女儿童出版社，1986.

③曾志. 长征女战士（第二卷）［M］. 长春：北方妇女儿童出版社，1987.

④董汉河. 西路军女战士蒙难记［M］. 北京：解放军文艺出版社，1989.

⑤瞭望编辑部. 红军女英雄传［M］. 北京：新华出版社，1986.

⑥中共中央党史研究室第一研究部. 红军长征史［M］. 北京：中共党史出版社，2006.

⑦四川省阿坝藏族羌族自治州妇女联合会. 女红军在雪山草地［M］. 成都：四川民族出版社，1990.

⑧中国延安精神研究会. 长征女红军名单（共428名）. 内部资料. 2014.

⑨中共阆中市委党史研究室. 阆中籍长征女红军名录. 内部资料. 2016

⑩孙兆霞. 西征中的红军女战士［M］. 兰州：甘肃人民出版社，1993.

⑪麻琨、安永香主编. 中国工农红军西路军将士名录. 内部资料. 2018.

主要参考书目

1. 中共中央党史研究室第一研究部. 红军长征史 [M]. 北京：中共党史出版社，2006.

2. 中国工农红军第一方面军战史编委会. 中国工农红军第一方面军战史 [M]. 北京：解放军出版社，1993.

3. 中国工农红军第二方面军战史编委会. 中国工农红军第二方面军战史 [M]. 北京：解放军出版社，1992.

4. 中国工农红军第四方面军战史编委会. 中国工农红军第四方面军战史 [M]. 北京：解放军出版社，1992.

5. 军事科学院军事历史编研所. 中国工农红军长征全史（三）：红四方面军征战记 [M]. 北京：军事科学出版社，2006.

6. 中共四川省委党史研究室. 红军长征在四川（修订版） [M]. 成都：四川人民出版社，2017.

7. 曾志. 长征女战士（第一卷） [M]. 长春：北方妇女儿童出版社，1986.

8. 曾志. 长征女战士（第二卷） [M]. 长春：北方妇女儿童出版社，1987.

9. 瞭望编辑部. 红军女英雄传 [M]. 北京：新华出版社，1986.

10. 瞭望编辑部. 红军女英雄传（增补本） [M]. 北京：新华出版

社，1989.

11. 董汉河. 西路军女战士蒙难记［M］. 北京：解放军文艺出版社，1989.

12. 四川省阿坝藏族羌族自治州妇女联合会. 女红军在雪山草地［M］. 成都：四川民族出版社，1990.

13. 李安葆，刘录开. 女红军长征记［M］. 北京：中国妇女出版社，1991.

14. 四川省妇女联合会. 巴蜀巾帼壮歌——红四方面军女战士革命斗争实录［M］. 成都：四川人民出版社，1993.

15. 席君. 巾帼悲歌——女红军长征全景报告［M］. 成都：四川人民出版社，1995.

16. 刘青霞，汤洛，华杉. 中国女红军——纪念长征胜利60周年［M］. 西安：陕西人民出版社，1996.

17. 马宏伟. 长征中的女红军［M］. 北京：军事科学出版社，2004.

18. 冰山. 寻找女红军［M］. 北京：中国三峡出版社，2004.

19. 黄国柱，张雅宾，孙伟. 我的长征——寻访健在老红军（上、下）［M］. 北京：解放军文艺出版社，2005.

20. 孙兆霞. 西征中的红军女战士［M］. 兰州：甘肃人民出版社，1993.

21. 常敬竹. 战地女杰：长征中的红军女战士［M］. 北京：中共党史出版社，2006.

22. 潘宏，马宏伟. 爱在长征中［M］. 北京：中央文献出版社，2006.

23. 四川省妇女联合会. 妇女之路——新民主主义革命时期的四川妇女［M］. 成都：四川人民出版社，1991.

24. 汤华明. 千里征战人未还——长征，散落的红星［M］. 武汉：武汉出版社，2019.

25. 中共广州市委宣传部，广州人民广播电台.留住红军的声音［M］.广州：广州出版社，2007.

26. 李芝兰.巾帼壮歌——川陕苏区女红军纪实［M］.北京：大众文艺出版社，2008.

27. 中共旺苍县委宣传部.红军妇女独立师［M］.北京：大众文艺出版社，2009.

28. 王忱，江山.中国女红军长征记［M］.北京：华艺出版社，2012.

29. 彭俊礼.通江女红军［M］.北京：中国文史出版社，2015.

30. （美）杨海伦.选择革命——长征中的红军女战士［M］.北京：中共中央党校出版社，2011.

31. 陈宇.长征精神万岁［M］.济南：黄河出版社，1996.

32. 徐向前.历史的回顾［M］.北京：解放军出版社，1988.

33. 《李伯钊文集》编辑委员会.李伯钊文集［M］.北京：解放军出版社，1989.

34. 萧云.我的母亲——长征中最小的女红军［M］.北京：中国文联出版社，2004.

35. 张文.我的红军之路［M］.北京：解放军出版社，2012.

36. 何丽.我的红军母亲蒲文清［M］.北京：中国民主法制出版社，2015.

37. 赵小波等.长征文化资源（四川段）集萃［M］.成都：四川人民出版社.2013.

38. 中共成都市委党史研究室.红军在成都［M］.北京：中共党史出版社，2014.

39. 中共旺苍县委党史研究室.川陕苏区旺苍红军名录［M］.北京：

团结出版社，2017.

40. 中国人民解放军文艺史料编辑部. 中国人民解放军文艺史料选编（红军时期）［M］. 北京：解放军出版社，1986.

41. 中国人民解放军成都部队川陕革命根据地军事斗争史编委会. 巴山烽火：川陕革命根据地回忆录［M］. 成都：四川人民出版社，1981.

42. 中央档案馆. 红军长征档案史料选编［M］. 北京：学习出版社，1996.

43. 张春燕. 向东找太阳：寻访西路军最后的女战士［M］. 北京：解放军文艺出版社，2014.

44. 中共中央党史研究室第一研究部. 巾帼红军忆长征（上、下）［M］. 北京：中共党史出版社，2017.

45. 秦生. 红西路军史［M］. 北京：中国社会科学出版社，2011.

46. 柳建辉. 川陕忠魂［M］. 北京：中共党史出版社，2012.

47. 阚兆江，闫东. 长征的故事［M］. 北京：人民出版社，2019.

48. 李跃新等. 走完长征的女红军［M］. 北京：人民出版社，2020.

49. 何光表. 川陕苏区的妇女状况［M］. 北京：作家出版社，2007.

50. 顾秀莲. 20世纪中国妇女运动史（上卷）［M］. 北京：中国妇女出版社，2008.

后 记

　　作为一位历史学者和党校教员，研究和宣传举世闻名的红军长征是我义不容辞的责任。经研究发现，在所有参加长征的女红军中，四川籍女红军占绝大部分，并有单独的军事建制；她们理想信念坚定，英勇顽强，大部分在长征中壮烈牺牲或流落失散各地，其幸存者在后来的奋斗中继续发扬长征精神，为中国革命和建设做出了重要贡献。然而长期以来，对此进行系统反映的论著却寥寥无几，专门撰写川籍长征女红军的图书更付阙如。因此，在中国工农红军长征胜利80周年之际，我们策划组织编写了一部集中反映参加长征的川籍女红军的读物——《长征中的川籍女红军》。该书出版发行以来，引起社会较大关注，反响很好。近年，我们开始对原书进行全面修订、增补、完善，正文增加了100多位川籍女红军的简介和3位川籍女红军的长篇专文，附录增列了300余位长征女战士的姓名，并增加了100余张珍贵照片。相信这部增订本是党史学习教育的一部极为真实生动的教材和辅助读物。

　　本书的编写，首先得到了中共四川省委党校（四川行政学院、四川长征干部学院）各有关领导和专家教授的大力支持和指教。我们还有幸得到了原中共中央文献研究室第一编研部主任熊华源（本书顾问），原中共中央党史研究室第一研究部前后两任主任霍海丹和蒋建农，中国社会科学院近代史研究所研究员陈铁健、朱东安，以及中共中央党校原副教育长、中国现代史学会原常务副会长柳建辉教授，中央电视台著名编导闫东（本书顾问）、中红网总编辑江山，四川大学陈廷湘教授、杨天宏教授，四川师范大学侯德础教授、王晓焰教授，军事科学院军队政治工作研究院解放军党史军史研究中心郑林中校，四川省历史学会原副会长、四川开放大学沈庆生教授，中南民族大学詹全友教授，西南大学刘增宪教授等专家学者的热情关心、支持和指教。中共四川省委党史研究室原副主任江红英（现任四川省地方志办公室副主任）、四川省档案馆二级巡视员高勇研究馆员、原成都军区某部政委管严（本书顾问）、达州市委党史研究室主任蒋吉平、达州市通川区委党史研究室主任李崇荣、通江县委党史研究室主任熊洁、阆中市委党史研究室主任李宏、广元市委党史研究室副主任杨先茂、旺苍县委党史研究室主任翟礼周、苍溪县委党史研究室主任曹子安、理县党史研究和地方志编纂中心主任岳云刚、甘肃省社会科学院研究员董汉河、甘肃省迭部县党史县志办主任王建国、成都红军后代联谊会会长余昂、湖北红军精神研究专业委员会副秘书长胡忆朝、红军后代联谊会兰州分会秘书长马玉虎、上海红军后代联谊会会长邓玉平等同志给予了大力支持。四川省妇女联合会妇女研究所提供了宝贵资料，前后两任所长刘恒、杨薇为本书编写提出了很好的建议。川陕苏区红军将帅碑林纪念馆终身名誉馆长张崇鱼、川陕革命根据地红军烈士纪念馆馆长薛元勋、长征女红军精神研究会有关负责人等同志也给予了热情帮助。本书顾问熊华源先生仔细审阅了全部书稿，提出了许多宝贵意见。在此深表感谢！

　　本书由30多位作者参与撰稿，其中杨绍明、杨李、何丽、谢亚旭、萧云、何光瑢、朱新春、谭戎生、龙铮、刘蒨、时军、李馨、李军、李开建、李开祥、崔小芹、崔利群、甘延华、刘南征等19位红军后代提供了15篇文稿，董良翚、洪炜、刘建等160多位红军后代为本书编撰提供资料或审读文稿。他们字斟句酌，付出了许多辛劳。川籍女红军蒲秀珍之女王小玲、赵桂兰之女王亚琴为本书修复红军老照片做了许多非常细致的工作。

在本书修订过程中，还得到了华西都市报·封面新闻编委、廉政报道部总监、首席记者曹笑的大力支持，我应邀参加了由他策划组织安排的庆祝中国共产党成立100周年封面新闻大型系列专题栏目之一"我的长征·寻找最后的川籍女红军"采访组，先后采访了当时全国各地7位健在的川籍长征女红军及其亲属，从而为本书的增订提供了许多珍贵资料。本书两位副主编杨国军（四川师范大学历史文化与旅游学院党委书记）、胡正旗（川北医学院副教授）也做了不少具体工作，撰写了部分稿件。四川辞书出版社社长杨斌、原总编辑王祝英、责任编辑胡彦双和杨丽为此书编辑出版付出了大量心血。在此一并致谢。

尽管我们做了很大努力，但因时间、资料和水平等有限，书中不妥之处仍在所难免，敬请读者批评指正。书中所收录人物若有错漏等不够完善之处，衷心希望知情者不吝指教和提供可靠资料，以便今后进一步修订。

王友平（376273783@qq.com）

2024年3月